근재집

이 책은 2020 · 2021년도 정부(교육부)의 재원으로 한국고전번역원의 지원을 받아
수행된 '권역별거점연구소협동번역사업'의 결과물임.

This work was supported by Institute for the Translation of Korean Classics-Grant funded by the Korean Government.

한국고전번역원 한국문집번역총서/성신여자대학교 고전연구소

근재집 4

近齋集

박윤원 지음
朴胤源

김창효 옮김
이영준

일러두기

1. 이 책의 번역 대본은 한국고전번역원에서 간행한 한국문집총간 제250집에 실린《근재집(近齋集)》으로 하였다. 번역 대본의 원문 텍스트와 원문 이미지는 한국고전종합DB(http://db.itkc.or.kr)에서 확인할 수 있다.
2. 내용이 간단한 역주는 간주(間註)로, 긴 역주는 각주(脚註)로 처리하였다.
3. 한자는 필요한 경우 이해를 돕기 위하여 넣었으며, 운문(韻文)은 원문을 병기하였다.
4. 맞춤법과 띄어쓰기는 한글 맞춤법과 표준어 규정을 따랐다.
5. 이 책에서 사용한 부호는 다음과 같다.
   ( ) : 번역문과 음이 같은 한자를 묶는다.
   〔 〕: 번역문과 뜻은 같으나 음이 다른 한자를 묶는다.
   " " : 대화 등의 인용문을 묶는다.
   ' ' : " " 안의 재인용 또는 강조 문구를 묶는다.
   「 」: ' ' 안의 재인용을 묶는다.
   『 』: 「 」 안의 재인용을 묶는다.
   《 》: 책명 및 각주의 전거(典據)를 묶는다.
   〈 〉: 책의 편명 및 운문·산문의 제목을 묶는다.

차례

근재집 제13권

서書

근재집 제14권

서書

근재집 제15권

서書

근재집 제16권

서書

근재집

제13권

書서

김성지[1] 만근 에게 줌

與金成之 晩根

영남(嶺南)의 읍재(邑宰)의 자리를 얻었는데 심정(心情)이 과연 어떠하십니까? 5마(五馬)[2]를 귀하게 여기십니까? 백 리(百里) 지방을 작다고 여기십니까? 봉격(奉檄)[3]의 마음에 반드시 스스로 기쁘실 것이니, 고을의 재정이 넉넉하고 부족함을 따질 것이 없을 것입니다.

이미 성상(聖上)께 하직 인사를 올렸다고 들었지만, 떠나는 사람은 바쁘고 남아 있는 사람은 병이 들어 작별을 나누지 못하고 작별 후에는 또 몇 년이나 서로 떨어져 지낼지를 알지 못하니, 멀리서 바라보며 암연(黯然)한 마음을 어찌지 못합니다.

편지지를 앞에 놓고 당부 드릴 만한 말이 없어서 다만 명도(明道) 선생께서 유안례(劉安禮)에게 답한 편지의 말[4]을 들어 이를 외울 뿐입

1 김성지(金成之) : 김만근(金晩根 1745～?)으로 자는 성지(成之), 본관은 안동(安東)이다. 1768년(영조44) 식년 생원시에 합격하고 의흥 현감(義興縣監) 등의 벼슬을 지냈다. 의흥은 지금의 경상북도 군위(軍威)이다.

2 5마(五馬) : 지방 수령을 가리키는 말이다. 한(漢)나라 때 태수(太守)가 다섯 필의 말이 끄는 수레를 타고 부임하였던 데에서 유래하였다.

3 봉격(奉檄) : 자신을 지방 수령에 임명한다는 격서(檄書)를 받고 벼슬길에 나가는 것으로 어버이를 봉양하기 위해 벼슬함을 이른다. 후한(後漢)의 모의(毛義)가 집이 가난하고 어머니가 연로하였는데, 수령으로 삼는다는 격서가 오자 매우 기뻐하며 벼슬에 나아가니 사람들이 모두 천하게 여겼다. 그러나 어머니가 세상을 떠난 뒤에는 천거되어도 나아가지 않자, 비로소 사람들은 그가 벼슬길에 나아간 것이 어머니를 위해서였음을 알았다는 고사에서 왔다. 《後漢書 卷39 劉平等列傳》

니다. "백성에게 임하여서는 백성들로 하여금 각각 그들의 정(情)을 얻게 하고 아전을 거느릴 적에는 자신을 바르게 하여 남을 바루어야 한다."라고 하였으니, 이 두 가지 외에는 별다른 방법이 없을 듯합니다. 어떻게 생각하시는지 모르겠습니다.

오직 임지로 내려가는 길이 편안하고 길(吉)하기 만을 천만 기원할 뿐입니다.

4 명도(明道)……말 : 명도 선생은 북송의 대학자인 정호(程顥)를 이르고 유안례(劉安禮)는 정호의 문하(門下)인 유입지(劉立之)로 안례는 그의 자이다. 유안례가 백성을 대하는 도리를 묻자, 명도 선생이 말씀하기를 "백성들로 하여금 각각 그들의 정(情)을 다하게 하여야 한다." 하였으며. 아전을 거느리는 도를 묻자, "자신을 바르게 하여 남을 바루어야 한다." 하였다. 《二程全書 明道行狀》

이지경[5] 정재 에게 답함

答李止卿 定載

지난번 편지는 글의 뜻이 정중(鄭重)하니 저를 비루하게 여기지 않으시고 인정해 주시는 뜻에 깊이 감사드리지만, 다만 한두 가지도 기대에 부응할 만한 것이 없으니, 진실로 스스로 부끄럽고 한(恨)스럽습니다.

일상(日常)의 응접(應接)하는 사이에 허물이 더욱 많아짐을 느끼고 있습니다. 스스로 생각하건대 고요한 때에 함양(涵養)하는 공부가 없기 때문에 걸핏하면 잘못을 저지르는 것이니, 매우 두려워할 만한 일입니다. 삼가 본원(本原)상에서 다소나마 힘쓰고자 하는 것이 있는데, 그 요점(要點)은 '주일 무적(主一無適)'[6] 네 글자의 비결입니다. 바라건대 좌하와 이를 공유(共有)하고자 하는데 어떻게 생각하실지 모르겠습니다.

고명(高明)께서 거처하시는 미원(薇園 지금의 경기도 가평군 설악면 일대)

5 이지경(李止卿) : 이정재(李定載)로 지경은 자로 보인다. 인적사항이 자세하지 않은데, 《녹문집(鹿門集)》에도 녹문 임성주(任聖周, 1711~1788)에게 예(禮)를 질의하여 답을 받은 편지 두 편이 실려 있다.

6 주일무적(主一無適) : 북송의 도학자인 이천(伊川) 정이(程頤)가 경(敬)을 설명하기 위해 제시한 명제이다. 주일은 하나를 위주로 한다는 뜻으로 마음을 전일(專一)하게 하는 것이고, 무적(無適)은 옮겨 감이 없다는 뜻으로 마음을 하나에 집중시켜 이탈되지 않도록 하는 것이다. 《이정수언(二程粹言)》 권상(卷上)에 "주일(主一)을 경이라 하고, 무적(無適)을 일(一)이라 한다."라고 하였다.

이라는 땅은, 일찍이 듣건대 선현(先賢)들께서 소요(逍遙)하시던 곳으로 산수(山水)가 매우 아름답다고 하니, 어찌 '반곡(盤谷)으로 돌아가는 그대를 따라가〔從子于盤〕'[7] 노닐고 싶은 바람이 없겠습니까. 하지만 이 몸의 계책(計策)이 졸렬하여 포계(匏繫)[8]와 같은 점이 있으니 크게 탄식할 뿐입니다.

7 반곡(盤谷)으로……따라가 : 이 내용은 당나라 때 문호인 한유(韓愈)가 이원(李愿)이 벼슬을 사직하고 물러가 반곡(盤谷)에 은거하고자 할 적에 그를 송별하는 뜻으로 지은 〈반곡으로 돌아가는 이원을 전송하는 서〔送李愿歸盤谷序〕〉의 "반곡으로 돌아가는 그대를 따라가〔從子于盤兮〕, 나의 여생 마치며 노니리라."라고 한 구절을 인용한 것이다."

8 포계(匏繫) : 한 곳에 매달려 있는 뒤웅박이라는 말로, 여기에서는 자유롭지 못한 자신의 처지를 비유한 것이다. 《논어》〈양화(陽貨)〉에 공자가 "내가 어찌 뒤웅박과 같아서 한 곳에 매달려 있어 먹지 못하는 것과 같겠는가?〔吾豈匏瓜也哉! 焉能繫而不食?〕"라고 탄식한 데에서 유래하였다.

이지경에게 답함

答李止卿

편지에 쓰신, 예(禮)에 대한 의문은 다 잘 살펴보았습니다. 합장(合葬)한 지 3년 내에 묘제(墓祭)를 지낼 경우에 대해 남계(南溪 박세채(朴世采))의 설은 앞뒤로 두 가지가 있어 똑같지 않으니, 하나는 합장하기 전의 옛 묘소에는 단헌(單獻)[9]으로 묘제를 행하고 새 묘소에는 삼헌(三獻)으로 행하는 것이고, 또 하나는 찬품(饌品)과 복색(服色)을 구별하여 행하는 것은 어려울 듯하다는 것입니다.

저는 뒤의 설이 옳다고 생각합니다. 분묘(墳墓)는 궤연(几筵)과 같지 않으니, 탁자를 하나로 하여 제사 지내는 것이 어찌 문제가 되겠습니까. 수암(遂菴 권상하(權尙夏)) 어른과 도암(陶菴 이재(李縡))께서 비록 합제(合祭 고(考), 비(妣)를 합하여 제사함)는 온당하지 않은 듯하다고 하였으나, 신주(神主)를 합독(合櫝)하지 않으면 합제할 수 없지만 분묘를 이미 합장하였으면 합제하지 않을 수 없습니다. 형편이 똑같지 않으면 예(禮) 또한 달라지니, 굳이 '삼년 내에는 궤연을 달리한다'는 예문(禮文)을 가지고 여기에 예(例)를 들어 견줄 필요는 없을 듯합니다.

술잔을 올리는 수(數)는 율곡 어른과 구봉(龜峰 송익필(宋翼弼))께서는 새 묘와 옛 묘에 모두 단헌이 마땅하다 하였고, 복색은 최마(衰麻)와 직령(直領)의 사이라고 하였습니다. 우암(尤菴) 어른은 높은 분을

9 단헌(單獻) : 제사 지낼 적에 초헌(初獻), 아헌(亞獻), 종헌(終獻)으로 세 번 술을 바쳐야 하는데, 이를 줄여 술을 한 차례만 올리는 것을 말한다.

위주로 하여야 한다고 논하신 적이 있었지만, 또 최유화(崔有華)의 질문에 답하여 말씀하시기를 "합장한 뒤에 비록 옛 묘소에 압존(壓尊) 되더라도 최복(衰服)을 벗고 행하기는 어렵다." 하셨으니, 이는 간편하여 쉽게 따를 수 있을 듯합니다. 어떻게 생각하십니까?

대저 합장한 지 3년 내에 묘제를 지내는 것은 고례(古禮)에는 없는 것이니, 어떻게 근거를 상고할 수 있겠습니까. 오직 응당 후대의 현인들의 여러 설을 참작하여 헤아려 대처하여야 합니다.

시아버지가 며느리의 상(喪)을 주관할 적에 남편도 자식도 없는 자는 복(服)이 다하면 궤연을 철거한다는 한 조항은 저는 이미 사경(士敬 오희상(吳熙常))과 함께 의논하여 정하였는데, 편지에 말씀하신 바가 참으로 저의 의견과 부합하니, 매우 다행입니다. 사계의 설에 "아우의 상에 후사가 없으면 -원문 결락- 상을 따른다."[10] 운운한 것은, 자신의 복이 기년복(朞年服)이기 때문에 이렇게 말한 것입니다.

또 '그 정황상 차마 하지 못할 바가 있다'고 말한 것은 또한 졸곡(卒哭)을 지내면 곧바로 궤연을 철거함을 말한 것입니다. 며느리의 상을 9개월이 되어 철거한다면 졸곡을 하고 철거하는 것과는 오래고 빠른 것이 서로 현격하니, 또한 차마 할 수 없다고 논할 수는 없습니다.

노복(奴僕)을 위하여 상제(祥祭)와 담제(禫祭)를 지내는 것에 대해, 도암은 비록 동춘당(同春堂 송준길(宋浚吉)) 어른의 설을 따르고자 하였으나 여전히 "끝내 부족한 점이 있는 듯하다."라고 하셨으니, 그렇다면

10 원문……따른다 : 저본에는 '依【缺】喪'으로 되어 있다. 바로 뒤에 있는 "자신의 복이 기년복(朞年服)이기 때문에 이렇게 말한 것입니다."라는 문장에 의거하면, 결자는 '기(期)' 자인 듯하다.

결단코 행할 수 있다고 말한 것이 아닙니다. 이 내용은 수암 어른의 설에도 있는데 이것이 준엄하고 바른 듯하니, 영연(靈筵)을 철거함은 복(服)이 다하는 것으로 한계를 삼습니다. 우암 어른께 정론(定論)이 있으니, 멀리 《예기》 〈상복소기(喪服小記)〉의 주(註)의 설을 인용할 필요 없이 결정하신 것입니다.

본친(本親) 형제를 위해 기년복(期年服)을 입는 것은 마땅히 논하지 말아야 할 듯합니다. 남계(南溪) 또한 말씀하기를 본친에 관계되지 않는다고 하였습니다. 《예기》 〈단궁(檀弓)〉의 '노나라 사람이 아침에 상제를 지냈다〔魯人朝祥〕'는 조(條)의 주에 보이는 '24개월'이란 글은 과연 의심할 만합니다. 어찌 상제를 지내는 달이 끝나지 않았다고 하여 상제를 지내는 달을 달 수(數)에 계산하지 않을 수 있겠습니까. 아니면 '24'는 25의 오류인가요?

이지경에게 줌

與李止卿

오사집(吳士執)의 부인(婦人)은 굳센 정절(貞節)이 탁월하여 존경할 만하니,[11] 사집의 집안에 모범이 되는 교화(敎化)를 더욱 잘 볼 수 있습니다. 정포(旌褒)[12]하자는 의론을 발한 지가 바야흐로 오래되었는데 지금까지 적막하게 들리는 말이 없으니, 이는 주장하는 자가 없어서 그런 듯합니다. 그러나 반드시 창도(倡道)하는 자가 있을 것입니다.

11 오사집(吳士執)의……만하니 : 오사집은 오윤상(吳允常, 1746~1783)으로, 사집(士執)은 그의 자이고 호는 영재(寗齋), 본관은 해주(海州)이다. 대제학(大提學)을 지낸 순암(醇菴) 오재순(吳載純)의 아들로, 김원행(金元行)의 문하에서 배웠으며, 학문으로 명성이 높았다. 근재 박윤원의 지기(知己)이다. 그 부인은 광산 김씨로 현령(縣令) 김상성(金相聖)의 따님인데 남편이 별세하자 따라 순절하여 뒤에 정려(旌閭)되었다. 《梅山集 卷35 軍資監正吳公墓碣銘 -幷序○戊申-》

12 정포(旌褒) : 효자·충신·열녀나 나라에 큰 공이 있는 사람에게 정려문(旌閭門)을 지어 주어 포상(褒賞)함을 이른다.

서도경[13] 유증 에게 답함

答徐道卿 有曾

문 《예기》 〈잡기(雜記)〉에는 "졸곡(卒哭)에 효자(孝子)라 칭한다." 하였는데, 《의례》와 《가례》에서는 "부제(祔祭) 때에 효자라 칭한다." 라고 하여 두 가지 설이 다르니,[14] 무엇 때문입니까?

답 〈잡기(雜記)〉에 "졸곡에는 효자라 칭한다."라고 한 것은 주(註)의 설의 오류인 듯하니, 마땅히 《의례》와 《가례》를 옳은 것으로 삼아야 합니다.

문 《상례비요(喪禮備要)》의 주에 "요질(腰絰)을 올이 풀어진 채로 늘어뜨리다가 졸곡 때에 비로소 올을 꼰다."라고 하고, 연제(練祭) 이후에는 올을 꼬는지 안 꼬는지에 대해 지적하여 논한 것이 없습니다. 근래의 풍속에 연질(練絰)이라고 하는 것은 처음부터 늘어뜨리는 것

13 서도경(徐道卿) : 서유증(徐有曾)으로 도경은 자로 보인다. 인적 사항은 미상인데, 《일성록(日省錄)》 정조 17년(1793) 5월 22일 기사에 "휘릉 참봉(徽陵參奉) 서유증(徐有曾)은 본릉의 능관(陵官)으로 품계를 올리라고 명하였다."는 내용이 보이며, 《조선왕조실록》 순조 5년(1805) 9월 22일 기사에 "신천 군수(信川郡守) 서유증"이란 내용이 보이는데 동일인물인지는 미상이다.

14 예기……다르니 : 《예기》 〈잡기(雜記)〉에는 "제사에서는 '효자(孝子)'나 '효손(孝孫)'이라 칭하고, 상사(喪事)에서는 '애자(哀子)'나 '애손(哀孫)'이라 칭한다."라고 하였고, 《의례》 〈사우례(士虞禮)〉에는 "우제(虞祭)와 졸곡(卒哭)에서는 '애자'라 칭하고, 부제(祔祭)·연제(練祭)·상제(祥祭)·길제(吉祭)에서는 '효자'라 칭한다."라고 하였으므로 이렇게 말한 것이다.

이 없고 허리에 두르고 서로 묶을 뿐입니다. 혹자는 이르기를 "연질은 노끈을 엮어 아래로 3척(尺)을 늘어뜨리되 올을 풀어진 채로 두지 않고 꼰다."라고 하는데, 합당한 말인지 알지 못하겠습니다.

답 연복(練服)의 요질은 비록 올이 풀어진 채로 늘어뜨리지 않으나 마땅히 올을 꼬아서 늘어뜨리는 것이 있을 듯합니다. 요질은 바로 대대(大帶)와 같고 요질을 늘어뜨리는 것은 바로 대대의 신(紳)과 같으니,[15] 만약 늘어뜨리는 것이 없다면 이는 신이 없는 대대와 같습니다. 어찌 이런 대대가 있겠습니까.

연질이 초상(初喪) 때의 효대(絞帶)[16]와 똑같다고 말하는 것은 다만 삼중사고(三重四股)[17]를 가리킨 것일 뿐이요 양쪽 끝의 본래의 모습을 보존하지 않는 것이라고 말하는 것이 아닙니다. 저는 그러므로 매양 연질에는 마땅히 늘어뜨리는 것이 있어야 한다고 말하는 것입니다. 그러나 남계(南溪)가 혹자의 질문에 답하여 말하기를 "이미 '3일을 기다렸다가 올을 꼰다'는 글이 없으니, 그렇다면 마땅히 행해야 할 예절이 본래 없는 것이다." 하였으니,[18] 이는 애당초 늘어뜨리지 않고자

15 요질은……같으니 : 대대(大帶)는 남자(男子)의 심의(深衣)와 여자(女子)의 원삼(圓衫)에 허리를 두르는 넓은 띠를 이르는데, 상복(喪服)의 요질(腰絰)은 이 대대를 형상한 것이다. 신(紳)은 대대의 단 아래에 늘어진 부분을 말한다. 길이는 3척(약 70cm)이고, 이것을 앞에서 매어 띠를 죄고 아래로 늘어뜨렸다.

16 효대(絞帶) : 상복 제도에 있어서 참최복을 입는 사람이 두르는 허리띠로, 마(麻)를 꼬아서 만든 것이다. 《儀禮 喪服》

17 삼중사고(三重四股) : 네 가닥의 삼으로 꼰 노끈을 다시 세 겹으로 꼰 것이다.

18 남계(南溪)가……하였으니 : 이 내용은 《남계외집(南溪外集)》 권8 〈이인보의 질문에 답함〔答李仁甫問〕〉에 보인다.

한 것입니다. 과연 이 설이 따를 수 있는 것인지 모르겠습니다.

문 소상(小祥)의 갈대(葛帶)는 네 가닥의 삼으로 꼰 노끈을 다시 세 겹으로 꼬아 만든다는 것은 마땅히 《예기》〈간전(間傳)〉에서 논한 바와 같이 하여야 합니까?[19]

답 갈대를 네 가닥의 삼으로 꼰 노끈을 다시 세 겹으로 꼬아 만든다는 것은, 〈간전〉에 이미 그 글이 있으니, 마땅히 따라야 합니다.

문 소상일에는 채소와 과일을 진설하고 그 앞에서 마땅히 조곡(朝哭)[20]하여야 합니까?

답 《가례(家禮)》 소상(小祥) 조의 "아침과 저녁의 곡을 그친다.〔止朝夕哭〕"라는 글은 제사를 마친 뒤에 해당되는 것이니, 그렇다면 제사를 지낼 적에 채소와 과일을 진설한 앞에서 마땅히 조곡이 있어야 함은 의심할 것이 없습니다.

문 신독재(愼獨齋 김집(金集))께서 말씀하기를 "다만 하나의 신위(神

19 소상(小祥)의……합니까 : 《예기》 〈간전(間傳)〉에 "우제(虞祭)와 졸곡제(卒哭祭) 이후에는, 삼으로 꼬아 만든 수질(首絰)과 요질(腰絰) 등의 마복(麻服)을 버리는데, 갈대(葛帶)는 삼중이다."라고 하였는데, 그 주에 "장사 지낸 뒤에는 갈질로 허리에 띤 마질을 바꾸는데, 크기는 예전의 마질보다 약간 작다. 네 가닥을 꼬아 만들되 보태어 포개면 삼중(三重)이 된다. 한 가닥을 꼰 것이 일중(一重)이고 두 가닥을 합쳐 줄 하나를 만든 것이 이중(二重)이고, 또 합하여 줄 하나를 만든 것이 삼중이다."라고 하였으므로 이렇게 말한 것이다. 《禮記大全 卷37 間傳》

20 조곡(朝哭) : 거상(居喪) 중인 사람이 소상(小祥) 때까지 아침마다 궤연(几筵) 앞에서 곡(哭)하는 일을 이른다.

位)를 모시는 자가, 기제(忌祭)를 그대로 사당에서 행한다면 고사(告辭)에 마땅히 '청컨대 신주(神主)를 내어 전당(前堂)[21]으로 나아가고자 합니다.'라고 해야 한다." 하였는데, 신주를 내오는 예절을 행하는 자는 마땅히 이 고사를 써야 하지만, 신주를 내오는 예절을 행하지 않는 자는 마땅히 어떻게 축문을 만들어야 합니까?

답 기제를 사당에서 행하면서 신주를 내어 오는 예절을 행하지 않는 경우에는, 신독재 선생께서 정한 고사 중에 있는 '출취전당(出就前堂)' 중의 취(就) 자는 타당한 것이 아닙니다. 이에 의당 말을 만들어 고쳐야 할 듯한데 또한 근거할 만한 것이 없으니, 고사를 빼도 무방할 듯합니다.-신주를 내오는 예절을 행하지 않는다고 말한 것은 신주의 몸체를 받들어 독 밖으로 내옴을 말한 것은 아니겠지요? 제 생각으로는 신주를 독(櫝) 밖으로 받들어 내오지 않는 것이 비록 《가례》의 본래의 뜻은 아니지만, 다만 도자(韜藉)[22]를 벗기는 것 또한 신주를 내오는 일이라고 말할 수 있습니다. 어떻게 생각하시는지 모르겠습니다.-

문 《국조오례의(國朝五禮儀)》에 '시제(時祭)를 사당에서 지낸다'고 말하였으니, 이로 보면 신주를 받들어 자리로 나아가는 예절이 없는 듯합니다. 고사를 또한 마땅히 빼야 합니까?

답 시제는 마땅히 《가례》에 의거하여 정침(正寢)에서 지내야 하지만

21 전당(前堂) : 동헌(東軒)이나 서헌(西軒)과 같이 손님을 접대하는 정침(正寢)으로, 옛날에는 정침이 앞에 있었기 때문에 이렇게 불렀다.

22 도자(韜藉) : 신주(神主)의 주독(主櫝)을 싸는 집으로, 위와 측면 부분을 도(韜)라 하고 바닥 부분을 자(藉)라고 하는데 비단을 겹으로 포개 붙여서 만든다. 《朱子家禮 家禮圖》

만약 《국조오례의》를 따라 사당에서 지낸다면, 신주를 내어 올 경우의 고사는 혹 신독재의 설을 참조하여 '출취전당(出就前堂)'으로 만들면 되지 않을런지요? 신주를 내오는 예절을 행하지 않는 경우는 또한 마땅히 고사를 빼야 합니다.

서도경에게 답함

答徐道卿

문 대상(大祥) 축문의 '야처(夜處)' 아래에 "조심하고 삼가서 몸을 게을리하지 않았습니다.〔小心畏忌 不惰其身〕"라는 여덟 글자가 있어야 합니까?[23]

답 대상의 축문에는 마땅히 '소심외기 불타기신(小心畏忌不惰其身)' 이란 말이 있어서는 안 될 듯합니다. 이 여덟 글자가 소주(小註)에 들어가 있기 때문에, 예(禮)를 좋아하는 가문들이 소상의 축문에서 이 여덟 글자를 제거하고 쓰지 않는다고 일찍이 들었으니, 뜻이 준엄하고 바른 듯합니다. 그렇다면 대상의 축문에서는 더욱 논하여서는 안 되니, 본래 대상의 축문에 통용(通用)된 것이 아니기 때문입니다.

문 조모(祖母)의 승중상(承重喪)[24]의 부묘(祔廟)하는 고사에 이미

23 대상(大祥)……합니까 : 《가례》 〈상례(喪禮) 소상(小祥)〉에 "축문은 앞과 같이 하는데, 다만 '세월이 머물지 않아 벌써 소상이 되었습니다. 아침 일찍 일어나 밤늦게 잠들도록〔夙興夜處〕 조심하고 삼가서 몸을 게을리하지 않았으며〔小心畏忌, 不惰其身〕 슬픔과 그리움에 편치 않았습니다. 감히 결생(潔牲)·유모(柔毛)·자성(粢盛)·예제(醴齊)로 이 상사를 올리오니 부디 흠향하소서.'라고 한다." 하였으므로, 대상 축문에도 똑같이 '소심외기 불타기신(小心畏忌不惰其身)' 여덟 글자를 써야 하는지를 물은 것이다.

24 승중상(承重喪) : 아버지를 여의어 승중한 장자가 조부모의 상을 당하여 입는 복이다. 조부상인 경우에는 참최 삼년복(斬衰三年服)을 입고, 조모상인 경우는 자최 삼년복(齊衰三年服)을 입는다.

조고(祖考)와 예위(禰位 아버지의 신위)를 나열하여 극항(極行)[25]으로 썼다면, 이 이하에는 새로운 신위를 마땅히 연서(連書)하지 말아야 합니까?

답 대상의 부묘 고사는 이미 예위를 나열하여 쓰는 중에 있는데, 이 이하에 선조비(先祖妣)를 이어 쓰되 극항으로 쓰지 않는 것은 온당하지 않을 듯합니다. 그러나 이 부분은 압존(壓尊)의 의미가 비교적 무거우니, 양단(兩端)을 잘 고려하여 한 자를 낮춰 써서 상황에 맞게 대처하는 것이 마땅할 듯한데, 어떻게 생각하시는지 모르겠습니다. ○다시 생각해보니, 한 자를 낮춰 쓰는 것은 초솔(草率)하고 간략할 듯하니, 극항으로 써도 무방합니다.

문 조비(祖妣)의 승중상을 마치고 신위(神位)를 사당에 들일 적에 조고(祖考)와 예위(禰位)는 이미 정위(正位)에 들어 있으니, 그렇다면 새로운 신위를 굳이 동쪽 측면에 서쪽을 향하여 부(祔)할 필요가 없는 것입니까?

답 대상(大祥)에 신위를 사당에 들일 적에 예위가 이미 정위에 있는데 조비의 신위를 여전히 동쪽 벽에 봉안(奉安)함은 존비(尊卑)의 차례에 있어 온당하지 않을 듯합니다. 만약 사계(沙溪 김장생(金長生)) 어른께서 구준(丘濬)의 《가례의절》에 의거하여 말씀하신 '곧바로 아버지의 감(龕)에 부(祔)한다'는 글을 쓴다면, 조비는 바로 조고에 부하고 굳이 동쪽 벽에 봉안하는 제도를 쓸 필요가 없습니다.

25 극항(極行) : 존경의 표시로 해당 글자를 별행(別行)하고 다른 줄보다 높게 쓰는 것을 이른다.

그러나 사계 어른의 말씀 아래에 혹자가 운운하기를 "우선 조비를 감에 부했다가 아버지에게 합사할 때를 기다려 고례(古禮)의 남은 뜻을 보존하고자 한다."라고 하자, 사계께서 "다시 자세히 살펴보아야 한다."라고 말씀하셨으니, 장차 무엇을 따라야 할지 모르겠습니다.

그러나 제 생각에는 비록 이미 사당에 들였더라도 여전히 동쪽 벽에 자리하게 하는 것은, 할아버지에게 부하는 것에 중(重)함을 돌려서 점차 길(趌)함으로 나아가는 뜻이 있으니, 비록 우선 동쪽 벽에 봉안하더라도 굳이 존비(尊卑)가 뒤집힌다고 혐의할 것이 없습니다. 어떻게 생각하십니까? 만약 끝내 온당하지 않다고 여기신다면, 구준의 《가례의절》이나 사계 어른의 설을 쓰는 외에는 다른 방도가 없습니다.

서도경에게 답함

答徐道卿

문 지자(支子)[26]로서 제사를 대행하는 자가 형망제급(兄亡弟及)[27]의 경우가 아니면, 각각의 신위(神位)를 합제(合祭)하는 축문에 죽은 형의 신위를 마땅히 현형(顯兄)이라고 칭하고 정위(正位)에 자리하게 해야 합니까?

답 제사를 대행하는 지자가 이미 형망제급에 해당되지 않으니, 그렇다면 현형(顯兄)이라고 칭하는 자는 바로 마땅히 정위에 들일 자입니다. 다만 미처 후사(後嗣)를 세우지 못했기 때문에 이러한 의문이 있게 된 것입니다. 그러나 현형은 이미 종가의 적장자(嫡長子)이니, 그렇다면 방계(傍系)의 친척 중에 후사가 없어 반부(班祔)[28]한 자와 같지 않습니다. 이에 합제할 적에 마땅히 정위의 반열에 두어야 하고 마땅히 부식(祔食)하는 예를 써서는 안 됩니다.

다만 고사(告辭)를 고쳐 쓴다면 현형을 선조의 정위 아래에 나열하여 써서는 안 될 듯합니다. 아버지가 살아 계실 때에 그 형의 신주에

26 지자(支子) : 적장자(嫡長子)나 선조를 계승한 적계(嫡系)의 아들인 종자(宗子)에 상대되는 말로, 적처(嫡妻)의 차자(次子) 이하와 첩의 아들 등 모두를 일컫는 말이다.

27 형망제급(兄亡弟及) : 형이 죽으면 아우가 형을 대신해서 종통(宗統)을 잇는 것을 말한다.

28 반부(班祔) : 방친(傍親)으로 후사가 없는 사람 등을 종가의 사당에 반차(班次)에 따라 합부(合祔)하는 것을 말한다.

망자(亡子)라고 썼는데 망자의 신위는 바로 부식하는 신위이니, 현형이라고 고쳐 쓰기 전에 각각의 신위들과 나란히 쓰는 것은 온당하지 않은 바가 있습니다. 현형이라고 고쳐 쓴 사유를 별도로 글을 만들어서 현형의 본래 신위에 고하는 것이 마땅함을 얻을 듯합니다. 이것은 어머니를 먼저 여읜 자가 아버지 상을 마친 뒤에 선비(先妣) 신위의 신주를 고쳐 쓸 때에 별도로 선비의 신위에 고하는 것과 대략 서로 비슷하니, 이와 같이 행하는 것은 무방합니다. 두루 물어 대처하는 것이 어떨런지요.

현형을 정위에 나열한다는 한 구절은 다시 생각해보니 온당하지 않은 듯합니다. 형은 비록 방계의 친척으로 반부한 자와 같지 않지만, 미처 후사를 세우지 못했다면 고위(考位)[29]를 이루지 못합니다. 고위를 이루지 못하면 정위가 될 수 없습니다. 또 정위에 나열하고자 하더라도 실로 장애(障礙)가 되는 것이 있습니다. 만약 제사를 대행하는 아우로 하여금 고조(高祖)의 제사를 받들게 한다면 고조로부터 현형에 이르기까지 다섯 정위가 되어, 또한 5대를 제사한다는 혐의에 가깝게 될 듯하니, 어찌 난처한 일이 아니겠습니까.

그렇다면 현형의 신위를 부득불 우선 부위(祔位)로 처리하되 사당 안의 동쪽 벽에 서쪽을 향하게 하여 합제하고 축문은 부식하는 글을 사용하며, 후사를 세우기를 기다린 뒤에 비로소 옮겨 정위에 올리는 것이 사리에 맞을 듯한데, 어떻게 생각하시는지 모르겠습니다.

29 고위(考位) : 돌아가신 아버지와 각 대의 할아버지의 위패(位牌)를 말한다.

서도경에게 답함

答徐道卿

편지에 말씀하신 바는 삼가 다 잘 살펴보았습니다. 본가(本家)가 3대의 제사를 대행하고 있다면 현형(顯兄)을 정위(正位)로 받들어도 5대를 제사한다는 혐의는 없으나, 형의 신위를 고위(考位)와 나란히 놓는 것은 끝내 대단히 온당치 않습니다. 또 예(禮)는 반드시 통용(通用)된 이후에 쓸 수 있는데, 4대의 제사를 받드는 분들이 이것을 하지 못하는데, 어떻게 다만 3대의 제사를 받드는 분이 이것을 행할 수 있겠습니까. 이는 편벽(偏僻)된 논의입니다. 본령(本領)이 바르지 못하면 온갖 일이 모두 잘못됩니다. 지금 후사를 세우지 못했고 또 아우가 종통을 잇지 않았는데, 양쪽 사이에서 편의(便宜)를 구하고자 한다면 어찌 합당한 도리가 있겠습니까.

대저 제사를 대행하는 자가 '신주를 고쳐 쓰는 것〔改題〕'은 우암(尤菴) 어른 이후로 이미 허락되지 않은 것인데도, 처음 보내온 편지에 신주를 고쳐 쓰는 것이 마땅한지를 질문하지 않으시고 다만 현형의 신위를 정위로 삼아야 하느냐 합부해야 하느냐를 물으셨을 뿐입니다. 말씀하신 바를 재차 생각해보았고 또 도암(陶菴 이재(李縡))의 설을 들어 보여주셨으니, 그렇다면 생각하건대 신주를 고쳐 쓰는 것은 행하기 어려운 일이라고 반드시 의심하셨을 것입니다. 그런데 지금 이 말씀의 뜻은 또 신주를 고쳐 쓰는 것을 굳게 작정하신 듯하니, 이는 어째서입니까? 저는 삼가 미혹되는 바입니다.

도암의 두 가지 설에서는 전설(前說)이 준엄하고 바릅니다. 제사를 대행하는 자가 신주를 고쳐 쓸 수 없는 것은 분명합니다. 이미 신주를 고쳐 쓸 수 없다면, 누대에 걸쳐 신주의 방제(旁題)[30]를 옛것 그대로 할 뿐입니다. 오직 마땅히 후사 세우기를 기다린 뒤에 선조의 신주와 현형의 신주를 고쳐 써야 합니다.

다만 길제(吉祭) 한 가지 일에 있어 이를 행해야 하는지 여부에 대해서는 선배들이 논급(論及)한 곳이 없으니, 어떻게 해야 옳은지 알지 못하겠습니다. 저의 생각으로는 신주를 고쳐 쓰지 않았으면 길제를 굳이 행할 만한 의리가 없으니, 제사를 대행하는 자가 다만 길제의 달 정일(丁日)에 사차(私次 사사로이 머물러 있는 곳)에서 길복으로 갈아입는 것은 무방할 듯합니다. 부디 예(禮)에 밝은 사람들에게 자세히 물어서 처리하시기 바랍니다.

만약 길제를 지내지 않는 것을 서운하게 여기신다면, 시제(時祭)의 예(例)에 따라 지내되 축문에는 마땅히 '제사를 대행하는 자〔攝祀子〕'라고 스스로 칭해야 하니, 비록 신주 옆에 쓰여 있는 내용과 서로 달라도 또한 의리에 해롭지 않습니다. 기일(期日) 수일 전에 '후사를 세울 수 없어서 지손(支孫)이 감히 신주를 고쳐 쓰지 못한 채 제사를 대행한다'는 뜻으로 글을 지어 고유(告由)하는 것이 마땅합니다. 바라건대 재량하여 취사(取捨)하시기 바랍니다.

30 신주의 방제(旁題) : 신주의 아랫부분 왼쪽에 제사를 받드는 사람의 이름을 쓰는 것을 이른다.

서도경에게 줌

與徐道卿

어제 올린 예설(禮說)에 대해 고견은 어떠하십니까? 《예의유집(禮疑類輯)》[31]을 다시 상고(詳考)해보니, 남계(南溪 박세채(朴世采))가 어떤 사람에게 답한 하나의 설이 있었는데, 자못 제사를 대행하는 자의 개제(改題)를 허용하고자 하였습니다. 이에 그 대강을 간추려 기록하여 올리니 한번 살펴보시기 바랍니다.

제가 생각하건대, 남계의 설이 비록 이와 같으나 우암(尤菴) 어른과 도암(陶菴)께서 모두 개제를 불가하다고 하였습니다. 그렇다면 남계의 설을 대번에 따르기 어려울 듯하니, 이는 종통(宗統)의 의리를 엄하게 하는 것이 중하기 때문입니다.

이미 편지를 왕복하여 논란한 일에 대해 그 설을 마치고자 하기 때문에 이에 받들어 고하니, 부디 바라건대 대가(大家)께서 상량(商量)하여 그 정밀한 뜻을 얻어서 예(禮)를 강론(講論)하는 유익한 일로 삼으시는 것이 어떻겠습니까?

○우암이 말씀하기를 "상을 마치고 조천(祧遷 신주를 체천함)하는 예(禮)의 경우는 임시로 대행하는 사람이 감히 할 수 있는 일이 아니다."라고 하였습니다.

31 예의유집(禮疑類輯) : 겸재(謙齋) 박성원(朴聖源, 1697~1767)이 우리나라 제현의 예설(禮說)을 종류별로 나누고 묶어 편집한 책이다. 본집 24권, 목록 2권, 부록 2권, 합 28권 15책으로, 1783년(정조7)에 간행되었다.

○도암이 말씀하기를 "제사를 대행하는 것은 한때에 임시로 변통하는 방도에 지나지 않는데, 신주를 개제(改題)하고 조천을 행하는 것은 바로 종자(宗子)로 자처하는 것이니, 만만(萬萬) 온당하지 않다."라고 하였습니다.-위는 모두 《예의유집》 체천(遞遷) 조에 보입니다.-

○남계가 말씀하기를 "상제(祥祭), 담제(禫祭)에 있어 개제하는 등의 일은 마땅히 섭주(攝主 제사를 대행하는 자)가 주관하여야 한다. 섭주의 의미는 《예기》 〈증자문(曾子問)〉에 갖추어져 있고 또 주자가 진안경(陳安卿)에게 답한 편지에 보인다. 이미 고(孤)라고 칭하고 자(子)라고 칭했으니, 그렇다면 개제와 조천(祧遷)에 있어서는 혹 부득이 상주(喪主) 노릇을 하지 않을 수 없을 듯하다."라고 하였습니다.-위는 《예의유집》 섭주봉사(攝主奉祀) 조에 보입니다.-

남계의 뜻은 제사를 대행하는 것과 개제를 하나로 관통하는 일로 여긴 것인데, 인용한 것이 그다지 적확(的確)하지 않고 또 '사혹(似或)'의 '혹(或)' 자와 '약주(略主)'의 '약(略)' 자가 어세(語勢)가 약하며 또 느슨하니, 반드시 따라 행할 만한 것인지 모르겠습니다.

서도경에게 답함
答徐道卿

문 지금 한 서자(庶子 서출(庶出))가 모친상을 당했는데, 적모(嫡母)가 생존해 있어 자신이 무슨 복을 입어야 하는지에 대해 의문을 가지고 있습니다. 이에 대한 한강(寒岡 정구(鄭逑))과 도암(陶菴)의 설이 상반(相反)되는데, 도암은 《가례(家禮)》에 의거하여 자최삼년(齊衰三年)이라고 하였습니다. 이에 《가례회성(家禮會成)》[32]을 상고해보니, 과연 이렇게 해석한 것이 있었습니다. 또 《가례원류(家禮源流)》[33]의 '첩자복도(妾子服圖)'를 보니 마땅히 기년복을 입는 것이 마땅하다고 되어있습니다. 그런데 《상례비요》의 자최삼년 조에 '그 어머니를 위한 복과 같다'는 글이 있고 또 '적모가 살아있으면 강복한다'는 글이 없습니다. 또 팔모도(八母圖)[34] 서모(庶母) 조에 다만 '아버지의 후사

32 가례회성(家禮會成) : 명(明)나라 학자인 위당(魏堂)이 저술한 책으로,《주자가례》의 글을 분석하여, 여러 경전에 실린 예교(禮敎)들을 각 조목의 아래에 기재하고, 자신의 견해와 《가례의절(家禮儀節)》의 주석을 첨부한 책이다.

33 가례원류(家禮源流) : 주자의 《가례》 본문을 기본으로 하여 《의례(儀禮)》, 《주례(周禮)》, 《예기(禮記)》에서 관계되는 것을 뽑아 주(註)를 붙여 원(源)이라 하고, 주자 이후 여러 학자들의 예설(禮說)을 모아 유(流)로 삼아, 가례의 연원과 발달 과정을 정리한 책이다. 유계(兪棨, 1607~1664)가 편찬한 것을 윤선거(尹宣擧, 1610~1669)가 수정하였고, 윤증(尹拯, 1629~1714)이 증보하였다.

34 팔모도(八母圖) : 팔모에 대한 복제의 도식으로 〈상복도(喪服圖)〉 중의 일부이다. 팔모는 적모(嫡母)·계모(繼母)·양모(養母)·자모(慈母)·가모(嫁母)·출모(黜母)·서모(庶母)·유모(乳母)이다. 자모는 어미가 죽은 뒤에 자기를 길러 준 서모(庶

가 되면 시마복을 입는다'는 글만 있을 뿐이어서 《가례원류》의 도식 및 한강의 도식과 또한 같지 않으니, 어느 것을 따라야 할지 모르겠습니다.

답 편지에 말씀하신 '서자는 적모(嫡母)가 살아있으면 자신을 낳아준 어머니를 위해 강복하여 기년복을 입는다'는 내용은 고례(古禮)와 《개원례(開元禮)》[35]에 있는데 유독 《가례》에는 이에 대해 말하지 않았습니다. 이는 비록 의심할 만하나, 《가례》는 다만 본래의 복(服)을 들었을 뿐인데, 《가례회성》에 이렇게 해석한 것이 있고, 《가례원류》 소주(小註)에 또한 이르기를 "기년복이다."라고 하였으니, 이는 바로 《가례》에 구비되지 않은 것을 보완한 것입니다.

그렇다면 도암은 마침 이에 대해 미처 대조하고 상고하지 못하여 《가례》의 삼년복의 논(論)을 따른 것이 아니겠습니까. 《상례비요》의 경우 비록 '적모가 살아있으면 강복한다'는 글이 없으나 또한 '적모가 살아있더라도 그대로 삼년복을 입는다'는 글도 없어서 또한 이 글이 구비되지 않았으니, 이는 아마도 《가례》와 같은 경우인 듯합니다.

제 생각으로는 앞의 한강의 설과 뒤의 《가례원류》의 첩자복도는 여기에 의거하여 기년복을 말한 것이니, 마땅함을 얻은 듯합니다. 또 《대명령(大明令)》[36]에 "서자가 낳아주신 어머니를 위하여 자최기년복

母)를 이른다.

35 개원례(開元禮) : 당(唐)나라 현종(玄宗) 개원(開元) 연간에 칙명에 의해 서견(徐堅), 소숭(蕭崇) 등이 150권으로 편찬한 《대당개원례(大唐開元禮)》를 말한다. 길례(吉禮), 빈례(賓禮), 가례(嘉禮), 군례(軍禮), 흉례(凶禮)의 다섯 가지로 분류되었다.

36 대명령(大明令) : 중국 명(明)나라의 행정 법전으로, 이령·호령·예령·병령·

을 입는다.〔庶子爲所生母 齊衰期〕"라고 실려 있는데, 그 주에 이르기를 "적모가 살아 있는 자이다."라고 하였으니, -비록 본래의 《대명령》 책은 보지 못하였으나 다른 책에 인용된 것이 이와 같습니다.- 주(周)나라의 제도를 따르는 뜻[37]으로 이를 준행(遵行)해도 또한 무방한데, 어떻게 생각하시는지 모르겠습니다.

혹자가 말하기를 "적모가 살아 있는 경우 비록 복을 늘려 삼년복을 입더라도, 굳이 양존(兩尊)으로 여겨 혐의할 것이 없다. 집안에 양존이 없다는 뜻은 아버지가 살아계실 때 어머니 상을 당한 경우에 말할 수 있는 것이요, 적모가 살아 있을 때 자신을 낳아준 어머니의 상을 당한 경우에 말할 수 있는 것이 아니다. 아버지의 경우 자식을 압존(壓尊)[38]하지만 적모의 경우는 서자(庶子)를 압존하지 않으니, 《가례》와 《상례비요》에서 강복(降服)을 말하지 않은 것은 바로 이 뜻이다."라고 하였는데, 이 설을 어떻게 생각하실지 모르겠습니다.

형령・공령의 여섯 편으로 나뉘어, 총 145개의 조항으로 구성되어 있다. 1368년에 간행되었다.

37 주(周)나라의……뜻 : 지금 시대(時代)의 예제(禮制)를 따름을 말한다. 《논어》 〈팔일(八佾)〉에 "주(周)나라는 하(夏)・은(殷) 이대(二代)를 보았으니, 찬란하다. 그 문(文)이여! 나는 주(周)나라를 따르겠다.〔吾從周.〕"라고 한 공자의 말씀에서 나온 것이다.

38 압존(壓尊) : 어른을 존대하는 마음이 더 높은 어른 앞에서는 눌림을 당하여 줄어듦을 이른다. 예를 들면 아버지와 어머니에게는 모두 삼년복을 입어야 하나, 만일 아버지가 생존해 계시고 어머니가 먼저 별세한 경우에는 아버지에게 눌림을 당하여 삼년상을 입지 못하고 기년상을 입는 따위를 이른다.

서도경에게 답함

答徐道卿

이미 혈속(血屬)이 있다면 비록 나이가 차지 않았더라도 마땅히 제사를 대행시켜야 하니, 주사(主祀)와 섭사(攝祀 제사를 대행함)를 논할 것이 없습니다. 이는 《의례문해(疑禮問解)》에서 말한 "젖먹이 아이는 그 이름을 정하여 방제(旁題)에 쓴다."는 것[39]과 그 의리가 다르지 않을 것 같습니다. 어찌 나이에 구애되겠습니까.

만약 혹자의 설을 따라서 종제(從弟)를 섭주(攝主)로 삼는 경우, 장래에 이 아이가 장성해서 또 제사를 대행하게 되면 진실로 개제(改題 신주를 고쳐 쓰는 것)를 빈번히 한다는 혐의가 있을 것이니, 또한 일이 난처해지는 단서가 없지 않을 것입니다. 제 생각으로는, 이 아이의 이름으로 방제를 쓰는 것이 가장 좋을 듯한데, 어떻게 생각하십니까?

39 의례문해(疑禮問解)에서……것 : 《의례문해》는 사계(沙溪) 김장생(金長生)이 문인과 친우들의 예(禮)에 관한 질문에 답변한 내용을, 아들 김집(金集)과 문인 송시열(宋時烈), 이유태(李惟泰), 윤선거(尹宣擧) 등이 교정하여 유별로 엮은 책으로 관혼상제(冠婚喪祭) 등 사례(四禮) 전반을 다루고 있으며 이 중에서도 상례(喪禮)에 대한 내용이 자세하다. 《의례문해》의 이 내용은 《남계집(南溪集)》 권39 〈답양계통문 신미추답(答梁季通問辛未追答)〉에 보인다.

내제 유사현[40] 한석 에게 답함

答內弟兪士玄 漢石

소상(小祥)에 변복(變服)[41]할 적에, "공쵀복과 같다.〔如功衰〕"라는 문장이 있기[42] 때문에 여러 집안에서 참최(斬衰)의 연복(練服)[43]의 가장자리를 꿰매는 집이 많은데, 선배들이 말하기를 "만약 연복의 가장자리를 꿰맨다면 참최삼년의 뜻이 아니다."라고 하니, 이 때문에 차이가 있어서 결단하기 어려운 것이네. 우리 외가(外家)에서 전일에 이미

40 내제(內弟) 유사현(兪士玄) : 유한석(兪漢石)으로 박윤원의 외숙 쪽의 아우이며 사현은 자로 보인다. 유한석은 용인 현령(龍仁縣令)을 지냈다. 내제는 외종(外從) 아우를 이른다. 지금과 달리 예전에는 자기 집에서 밖으로 나간 것을 외(外)라 하여 고모의 아들을 외 또는 표(表)라 하고, 자기 집으로 시집온 어머니의 친정을 내(內)라 하였다.

41 변복(變服) : 상(喪)을 치르며 시간이 지남에 따라 상복을 바꾸어 입는 것을 말한다. 소상(小祥)에는 계속 입고 있던 상복을 연복(練服)으로 갈아입으며 대상(大祥)에 연복을 벗는 것 등을 말한다.

42 공쵀복(功衰服)과……있기 : 공쵀복은 대공(大功) 9월의 상복을 이르는 말인데, 삼년상을 당하여 소상(小祥)이 지난 뒤에 입는 연복(練服)을 말하기도 한다. 연복을 만드는 데 사용하는 마포(麻布)의 승수(升數)가 대공복을 만드는 데 사용하는 마포와 같기 때문에 이렇게 칭한다. 《예기집설》〈단궁(檀弓)〉에 남전 여씨(藍田呂氏)가 "연복(練服)의 승(升)은 공쵀복(功衰服)과 같아야 한다."라고 하였고, 사계 김장생의 《상례비요(喪禮備要)》〈소상(小祥)〉 조에 "의상은 제도가 대공의 쵀복(衰服)과 같다.〔制如大功衰服.〕"라고 하였다.

43 연복(練服) : 연사(練絲)로 만든 상복(喪服)으로, 소상(小祥) 뒤로부터 대상(大祥) 전까지 입는 상제(喪制)의 옷을 이른다. 연사는 생사(生絲)에 상대되는 말로, 무명과 모시 등의 생사를 잿물에 담갔다가 삶은 뒤에 물에 빨아 말려서 희고 광택이 나게 만든 실을 말한다.

행했던 예(例)에서도 이를 듣지 못했으니, 상량(商量)하여 처리하기 바라네.

연관(練冠)[44]의 끈에 대해, 《가례》와 《상례비요》에는 비록 언급된 것이 없지만, 이미 "관은 초상(初喪)의 제도와 같이 한다."라고 하였으니, 그렇다면 참최(斬衰)의 관끈을 연제(練祭) 때에도 마땅히 써야 할 것이네. 다만 그 끈은 마땅히 숙마(熟麻 누인 삼 껍질)로 만들어야 할 듯하네. 요질(腰絰)에 이미 숙마를 사용했으니, 그렇다면 관끈만 홀로 생마(生麻)를 써서는 안 되기 때문이네.

44 연관(練冠) : 친상(親喪)을 당한 사람이, 기년(朞年)이 지나 소상을 지낼 적에 쓰는 거친 베로 만든 관이다.

유사현에게 줌

與兪士玄

외조부 천장(遷葬) 시에 좌우(左右)[45]가 시마복(緦麻服)을 입는다는 한 가지 조목에 대해, 지난겨울 얼굴을 마주하고 논할 때에 "비록 장손(長孫)이라도 할아버지를 위하여 승중(承重) 삼년복을 입은 적이 없다면 마땅히 시마복을 입어서는 안 될 듯하다."라고 하였네.

그런데 근간에 《의례문해》에서 사계(沙溪 김장생(金長生))께서 《통전(通典)》[46]의 글을 인용한 것을 상고해보니, 이미 장손이라면 비록 할아버지를 위하여 삼년복을 입은 적이 없더라도 할아버지를 개장(改葬)할 때에 또한 마땅히 시마복을 입어야 한다고 하였네. 이 설을 기록해 올리니, 반드시 송사준(宋士俊)[47]과 상의하고 또 근세의 예가(禮家)에서 통행되는 예(例)를 묻는 것이 어떻겠는가?

45 좌우(左右) : 본래 측근에서 신변의 일을 처리하는 사람을 이르는데, 옛날에는 상대방을 직접 호칭하는 것을 결례로 생각하여 '좌우' 또는 '하집사(下執事)'라고 써서 공경하는 뜻을 표시하였다.

46 통전(通典) : 당(唐)나라 중기의 재상(宰相)이자 학자인 두우(杜佑, 735~812)가 지은 제도사(制度史)로, 현종(玄宗) 때 유질(劉秩)이 편찬한 《정전(政典)》을 근간으로 하고 상고시대로부터 당나라 천보(天寶) 연간에 이르기까지 역대의 자료를 모아, 식화(食貨)·선거(選擧)·직관(職官)·예(禮)·악(樂)·병(兵)·형(刑)·주군(州郡)·변방(邊防) 등의 9개 부문으로 나누어 총 2백 권으로 편찬한 책이다.

47 송사준(宋士俊) : 송택규(宋宅圭, 1737~1783)로 사준은 그의 자이고 본관은 은진(恩津)이다. 우암 송시열 집안의 종손으로 임천 군수(林川郡守) 등을 지냈으며 《송자대전(宋子大全)》 간행에 공을 세웠다.

유사현에게 답함
答兪士玄

문 어떤 사람이 상(喪)을 당하여 장례를 치를 달이 다음 해 정월(正月)인데, 이 해의 운수가 맞지 않는다고 하여 장차 섣달 안에 날짜를 골라 합장(合葬)하고자 합니다. 그러나 사대부 집안에서 예월(禮月)[48]을 기다리지 않고 과장(過葬)[49]보다 미리 장례하는 것은 온당하지 못함이 있지 않겠습니까?

답 망자가 관직에 있는 사람이 아니라면 그래도 옛날 "사(士)는 한 달을 넘겨 장사 지낸다."는 글을 인용할 수 있네. 그러나 만약 대부라면 3개월을 기다리지 않고 장사 지내는 것은 근거할 만한 것이 없을 듯하네. 합장이 비록 중하나 갈장(渴葬)[50]은 끝내 온당하지 않으니, 예월에 권폄(權窆)하고 다시 길한 해를 기다리는 것만 못하네.

48 예월(禮月) : 신분에 따라 정해지는 장례하는 달을 가리킨다. 죽은 뒤 천자는 일곱 달, 제후는 다섯 달, 대부는 석 달, 사는 한 달이 지나서 장사 지낸다.

49 과장(過葬) : 계급과 신분에 따라 각각 일정한 기일이 지난 다음에 장사(葬事)를 치르던 일. 또는 그 장사를 이른다.

50 갈장(渴葬) : 예제에 정해진 장사를 지낼 기일을 기다리지 않고 미리 장사를 지내는 것을 말한다.

유사현에게 답함

答兪士玄

영질부(令姪婦)[51]의 부고(訃告)에 '아무개의 실내(室內 부인)'라고 썼다면 망인(亡人)의 이름을 쓰는 것이 편안하지 못한 점이 있네. 비록 10세의 아이라도 만일 이미 지은 관명(冠名)[52]이 있다면 '유수재(兪秀才) 아무개의 대부인(大夫人)'이라고 쓰는 것이 참으로 마땅하나, 보는 자들이 쉽게 알지 못할 것이네. 내 생각으로는 부고의 좌하(座下)에, 마땅히 상(喪)의 예를 대행하여 주관하는 것을 써서 이르기를 "유석사(兪碩士) 아무개의 종질부(從姪婦) 모씨(某氏)가 세상을 버렸습니다. 운운." 하는 것이 변례(變禮)에 맞을 듯하네. 어떻게 생각하는지 모르겠네.

51 영질부(令姪婦) : 상대방 조카며느리에 대한 존칭이다.

52 관명(冠名) : 관례(冠禮)때 아명(兒名)을 버리고 새로 지은 이름을 가리킨다.

유사현에게 답함

答兪士玄

"부인(婦人)의 상(喪)에 우제(虞祭)와 졸곡제(卒哭祭)는 남편이나 아들이 주관하고, 부제(祔祭)는 시아버지가 주관한다."는 것이 비록 《예기》 〈상복소기(喪服小記)〉의 글이지만, 지금 이를 따를 수 없네. 아버지가 살아 계시면 아버지가 상주(喪主)가 된다는 뜻을 가지고 논하면, 자부(子婦)의 상에 우제와 졸곡제, 부제로부터 소상과 대상에 이르기까지 모두 시아버지가 주관한다는 것을 선현들이 이미 정해 놓으셨으니, 의심할 만한 것이 없을 듯하네.

시아버지가 자부에게 고하는 축문이 《상례비요》에는 과연 실려 있지 않으니, 마땅히 대략 고쳐 글을 지어서 사용해야 하네. 수암(遂菴) 어른의 설에 손부(孫婦)의 우제와 졸곡제 축문에 "서글프고 쓰라린 심경을 스스로 감내할 수 없다.〔悲念酸苦 不自堪勝〕"라고 하였으니, 이 축사를 자부의 상에 통용하여도 무방하네.

외제 이사장[53] 단형 에게 답함

答外弟李士長 端亨

질문한 변례(變禮)는 마땅히 《통전(通典)》의 설로 처리하여 그대로 기년복을 입어야 함에 의심할 것이 없으니, 이는 아버지가 살아 계실 적에는 차마 바꿀 수가 없는 것이네. 다만 어머니 상에 아직 장례를 치르기 전에 아버지가 돌아가셨다면, 어머니를 장례할 때에 신주에 '죽은 아내〔亡室〕'라고 쓰는 것은 의미가 없으니, '현비(顯妣)'라고 써야 되네. 하지만 소상과 대상에 그대로 아버지가 살아 계신 것처럼 하여도 두 가지 일이 서로 방해가 되지 않네.

이와 같이 행하는 것이 이미 예가(禮家)의 정론(定論)이니, 신주에 쓸 때와 소상, 대상을 치를 때에 사유를 갖추어 고한다면 일이 또한 순탄하여 구차하지 않을 것이네. 이는 내가 억측한 설이 아니고 선유(先儒)들께서 헤아려 정한 것이네.

53 이사장(李士長) : 이단형(李端亨)으로 사장은 자이다. 박윤원의 고모의 아들인바, 아버지는 목사(牧使) 이광회(李匡會)이다. 《本集 卷30 祖考通德郞府君墓誌》

박사수[54] 천지 에게 답함
答朴士粹 天至

사유(四有)[55]는 마음과 물건이 접할 때의 일이고 오벽(五辟)[56]은 몸과 물건이 접할 때의 일입니다. 그러므로 사유는 마음이 바르지 않은 병통이 되고 오벽은 몸이 닦이지 않은 병통이 되는 것입니다.

범연히 보면, 오벽의 경우 또한 마음이 바르지 않은 병통이라고 말할 수 있을 듯합니다. 그렇지만 사유를 이미 떨쳐 버려 마음이 이미 바르게 되었더라도 그 몸을 단속하여 살피지 못하면 사람을 대하고 물건을 접할 때에 여전히 혹 편벽됨이 있게 되니, 이것이 어찌 몸이 닦이지 않은 병통이 아니겠습니까. 그렇다면 오벽은 바로 마음이 바르게 된 이후의 일이니, 마음이 바르지 않은 병통이 될 수가 없습니다.

오벽이 병통이 됨은 사유에 비하면 가볍습니다. 《대학》 전7장 경문의 '마음이 있지 않음〔心不在焉〕'을 설명하는 구절인 '보아도 보이지

54 박사수(朴士粹) : 박천지(朴天至)로 사수는 자로 보이는데, 인적사항은 미상이다.

55 사유(四有) : 마음의 평정을 잃게 하는 네 가지 요인으로, 마음에 있는 분치(忿懥)·공구(恐懼)·호요(好樂)·우환(憂患)을 이른다. 《대학장구》 전7장에 "이른바 '몸을 닦음이 그 마음을 바룸에 있다.'는 것은 마음에 분치하는 바를 두면 그 바름을 얻지 못하며, 공구하는 바를 두면 그 바름을 얻지 못하며, 좋아하는 바를 두면 그 바름을 얻지 못하며, 우환하는 바를 두면 그 바름을 얻지 못한다."라고 보인다.

56 오벽(五辟) : 사람의 마음을 편벽되게 만드는 다섯 가지를 가리키는 말로, 《대학장구》 전8장에 "사람은 친히 하고 사랑하는 바에 편벽(偏僻)되며, 천히 여기고 미워하는 바에 편벽되며, 두려워하고 존경하는 바에 편벽되며, 가엽게 여기고 불쌍히 여기는 바에 편벽되며, 오만하고 태만히 하는 바에 편벽된다."라고 보인다.

않고 들어도 들리지 않음〔視不見聽不聞〕'이란 것은,[57] 바로 무심의 병통으로 오벽과 같지 않으니, 뒤섞어서 말해서는 안 됩니다.

57 대학……것은 : 《대학장구》 전7장에 "마음이 있지 않으면 보아도 보이지 않고, 들어도 들리지 않고, 먹어도 그 맛을 알지 못한다." 하였다.

임득여[58] 노 에게 줌
與任得汝 魯

〈계사전(繫辭傳)〉에서 말한 "도(道)를 계속하는 것은 선이다.〔繼之者善〕"는 구절[59]은 천명(天命)이 유행(流行)함에 나아가 말한 것이요, "도를 갖추고 있는 것은 성이다.〔成之者性〕"는 구절은 사람과 물건이 부여(賦與)받음에 나아가 말한 것입니다. 맹자가 말씀하신 '성선(性善)'은 '성지자성(成之者性)'의 '성(性)' 자에다가 '계지자선(繼之者善)'의 '선(善)' 자를 취하여 근원으로 거슬러서 말한 것입니다.

'도를 계속함〔繼之〕'으로부터 '도를 갖춤〔成之〕'에 이른다면 어찌 성의 본래의 선함이 생생하게 드러나지 않겠습니까. 이것이 아성(亞聖 맹자)께서 하신 말씀의 본래의 뜻입니다.

장자(長子)의 복제(服制 상복(喪服)의 제도)는 우재(尤齋 송시열(宋時烈))께서 '박사원(朴士元)에게 준 편지'에는 기년복(朞年服)이라고 밝혀져 있습니다. 그러나 '박수여(朴受汝)에게 답한 편지'를 보면 참최복(斬衰服)이 옳은 듯한데, '박수여에게 답한 편지'를 따르는 사람들은 심지어

58 임득여(任得汝) : 임노(任魯, 1755~1828)로 득여는 자이고 호는 영서거사(穎西居士), 본관은 풍천(豊川)으로 주기론(主氣論)을 주장한 녹문(鹿門) 임성주(任聖周)의 문인이다. 천거로 충원 현감(忠原縣監) 등을 역임하였다.

59 계사전(繫辭傳)에서……구절 : 이 내용은 《주역》 〈계사전 상〉의 "한 번 음(陰)이 되고 한 번 양(陽)이 되는 것을 도(道)라고 하니, 이를 계속하여 하는 것은 선(善)이요, 이를 갖추고 있는 것은 성(性)이다."라는 구절을 가리킨 것이다.

초년설과 만년설의 차이로 분변하고자 합니다. 그러나 편지에 이미 연조(年條)가 없어서 문집에 수록된 순서를 가지고 오로지 초년설과 만년설을 구분하여야 하는데, 어떨지 모르겠습니다.

몇 년 전 오사집(吳士執)의 상(喪)에 그의 아버님 판서(判書)께서[60] 기년복을 입으셨는데, 그 당시 사우(士友)들 중에 예(禮)를 아는 자들이 모두 옳게 여겼으니, 행하는 자가 많은 예(例)를 따르는 것이 허물을 줄이는 뜻에 부합할 듯합니다.

부모의 봉휘지일(奉諱之日 기일(忌日))은 상(喪)의 여분(餘分)입니다. 자식은 부모에게 종신(終身)의 상을 치릅니다. 옛날에는 비록 기일에 제사를 지내는 일이 없었으나, 이날이 되면 다른 사람의 조문을 받았으니, 옛날 사람들이 이날에 어떻게 대처하였는지를 알 수 있습니다. 지금의 풍속은 재계(齋戒)를 파(罷)했다고 하여 멋대로 설(說)을 만들어 출입하는 것으로는 부족하여 심지어 과거에 응시하기까지 하는데, 이것이 어찌 마음에 편안하겠습니까. 벼슬하는 것과 과거에 응시하는 것은 결코 똑같지 않습니다. 관직에 있는 자가 틈을 내지 못하면 혹 제사에 참여하지 못하는 것은 그래도 괜찮으니, 어찌 사적인 일로 공사(公事)를 폐할 수 있겠습니까.

과거는 스스로 자신의 영예(榮譽)를 구하는 일입니다. 이에 거취(去就)가 자신에게 달려 있고 다른 사람에게 달려 있지 않으니, 상(喪)의

60 오사집(吳士執)의……판서(判書)께서 : 오사집은 오윤상(吳允常, 1746~1783)으로, 사집(士執)은 그의 자이고 호는 영재(寧齋), 본관은 해주(海州)이다. 미호(渼湖) 김원행(金元行)의 문인으로 학문으로 명성이 높았으며 박윤원과 절친한 사이였다. '그 아버님 판서'는 대제학(大提學)을 지낸 순암(醇菴) 오재순(吳載純 1727~1792)으로 1790년(정조14) 이조 판서에 제수되었기 때문에 이렇게 칭한 것이다.

여분인 제삿날에 영예를 구하는 일을 행하더라도 마음에 편안한 자들이 있는 것입니다. 일찍이 혹 이것을 가지고 사람들에게 말해 주었으나 분명하게 이 뜻에 합(合)하는 자는 보지 못했고 또 과거와 벼슬이 같지 않음을 알지 못하니, 진실로 답답합니다.

임득여에게 답함

答任得汝

좌하(座下)의 편지가 홀연히 이르러 편지를 열어 보고 막 더워지는 날씨에 그대의 체후가 깨끗하고 편안함을 알았으니, 구구한 이 몸은 이미 위로되고 근심이 풀림을 이기지 못하였습니다. 더구나 그 사이에 장쾌한 유람(遊覽)을 마련하여 금강산(金剛山) 일만 이천 봉의 형승(形勝)을 대략 둘러보고 돌아왔으니, 기이하고 또 장쾌합니다.

누추한 제 이름을 신선(神仙)의 폭포 바위 위에서 찾아보았던 것은, 바로 농암(農巖) 어른의 시(詩)에 이른바 "푸른 벼랑 두루 주유(周遊)하여 새겨진 묵은 글들 찾아보네.〔巡遍蒼崖覓舊題〕"라는 의미였습니다. 좌하께서 이때 잠깐 저와 함께 유람할 뜻을 가지셨다니, 의당 맑은 흥취가 마찬가지임을 묵묵히 이해하신 것이요, 저 또한 이 말을 들음에 마치 신령스럽고 기묘한 풍광을 다시 유람하는 것처럼 흔연(欣然)하여 병중(病中)의 회포가 잠시 다시 소생하였으니, 참으로 다행입니다.

죽서루(竹西樓)[61]의 풍류는 듣기만 해도 기뻐할 만한 것이었으니, 봉래산(蓬萊山) 소식과 함께 막상막하입니다. 명승지를 유람하다 우연

61 죽서루(竹西樓) : 삼척도호부(三陟都護府) 읍성(邑城) 내에 있는 누각의 이름이다. 《신증동국여지승람(新增東國輿地勝覽)》에는 "객관(客館) 서쪽에 있다. 절벽이 천 장이고 기이한 바위가 총총 섰다. 그 위에 나는 듯한 누를 지었는데 죽서루라 한다. 아래로 오십천(五十川)을 내려다보고, 냇물이 휘돌아서 못을 이루었다. 물이 맑아서 햇빛이 밑바닥까지 통하여, 헤엄치는 물고기도 낱낱이 헤아릴 수 있으니, 영동(嶺東)의 절경이다."라고 하였다.

히 만나는 즐거움을 이 일로 인하여 상상해 볼 수 있었습니다. 이만 줄입니다.

오사경[62] 희상 에게 줌
與吳士敬 熙常

보내주신 〈서문(序文)〉은 의론(議論)이 공평하고 바르며 문자(文字)는 고상하고 깨끗하며 그 안에 법도(法度)가 삼연하니, 이로써 한유(韓愈)와 구양수(歐陽脩)의 뒤를 이었다고 말해도 어렵지 않을 것입니다. 족하(足下)의 나이가 지금 한창 어리고 공부한 것이 그다지 오래되지 않았는데, 어느 겨를에 숙련(熟練)됨이 여기까지 이르렀는지 모르겠습니다. 참으로 두려울 만합니다.

그러나 지금 부족한 것은 기이하고 강건한 기세(氣勢)와 탁 트이고 호탕한 기운인데, 이는 오직 독서에 달려 있을 뿐이니, 독서를 더욱 많이 하고 글을 쓰면 점차 성대(盛大)함에 이를 것입니다. 어찌 대번에 완비되기를 바랄 수 있겠습니까.

이에 그대에게 권면하고자 하는 것이 있습니다. 살펴보건대 서문 중에 이백(李白)과 두보(杜甫)를 작고 또 비루하다고 여겼으니 또한 한유와 구양수에 대해서도 마땅히 이렇게 여길 것입니다. 지금 바로 이를 모방하여 말해 보건대, 어찌 문(文)을 가지고 시(詩)에 견준다고

62 오사경(吳士敬) : 오희상(吳熙常, 1763~1833)으로 사경은 자이고, 호는 노주(老洲), 본관은 해주(海州)로 박윤원의 절친한 친구인 오윤상(吳允常)의 아우이자 제자이다. 1800년(정조24) 천거로 세자익위사 세마(世子翊衛司洗馬)에 제수되고, 황해도 도사 등을 지낸 뒤, 벼슬에서 물러나 은거하고 이후 찬선(贊善) 등 여러 관직에 제수되었으나 모두 사양하고 나아가지 않았다. 성리학에 조예가 깊어 이황(李滉)과 이이(李珥)의 설을 절충하였다.

하여 도(道)에 가까운 것이 되겠습니까. 문을 시에 견주면 진실로 도에 가까운 듯하나 똑같이 말단일 뿐이니, 또한 귀하게 여길 것이 없습니다.

족하는 일찍부터 위기지학(爲己之學)[63]에 유념하고 다만 여사(餘事)로서 문묵(文墨)을 즐겼으니, 그 본말(本末)과 경중(輕重)의 구분과 같은 것은 또한 이미 깊이 알고 있을 것입니다. 이에 의당 외면을 힘쓰고 내면을 힘쓰지 않는 근심은 없을 것이나, 열뇨(熱鬧)한 것은 좋아하기 쉽고 냉담(冷淡)한 것은 싫어하기 쉬우니,[64] 좋아하기 쉬운 것이 싫어하기 쉬운 것을 빼앗는다면 또 차츰차츰 화려함이 진실함을 이기는 데에 이르지 않을 줄을 어찌 알겠습니까. 제가 일찍이 도학(道學)과 문장(文章)을 겸하여 공부하는 자를 보았는데, 스스로 빈주(賓主)의 구분을 안다고 말하였으나, 그의 행위를 모두 살펴보니 외면에 힘쓰는 것이 많고 내면에 힘쓰는 것이 적음을 면치 못하는 일이 빈번하게 있었습니다. 주자께서 "도학을 배우는 근면함이 문장을 짓는 공력만 못하다."라고 하신 말씀이 바로 이것을 가리킨 것입니다. 어찌 족하가 마땅히 살피고 경계해야 될 일이 아니겠습니까. 깊이 성찰하시기 바랍니다.

63 위기지학(爲己之學) : 자신을 위한 학문으로 남에게 알려지기 위해 하는 위인지학(爲人之學)과 대칭되는 말이다. 공자(孔子)의 "옛날에 배우는 자들은 자신을 위해 공부하였는데 지금에 배우는 자들은 남을 위해 공부한다."라고 한 말씀에서 온 것이다. 《論語 憲問》

64 열뇨(熱鬧)한……쉬우니 : 열뇨는 열렬하고 시끌벅적하다는 의미로 사서(史書)를 읽으면서 느끼는 맛을 말하고 냉담은 냉정(冷靜)하고 담박하다는 의미로 경서(經書)를 공부하면서 느끼는 맛을 말한다. 주자가 여백공(呂伯恭)에게 답한 편지에 "사서(史書)는 요열(鬧熱)하고, 경서는 냉정하고 담박하다."라고 보인다. 《朱子大全 卷33 答呂伯恭》

제가 이미 그대의 글을 청하여 보았으니, 이를 돌려드림에 이르러 한마디 말이 없을 수 없기에 문득 감히 생각한 바를 간략히 서술하니, 청컨대 이것을 가지고 영백씨(令伯氏)[65]에게 질정하면 영백씨께서 반드시 나의 말이 불가(不可)한 것이라고 말하지는 않을 것입니다.

65 영백씨(令伯氏) : 오희상의 친형이자 스승인 오윤상(吳允常)을 가리킨다.

오사경에게 줌

與吳士敬

《중용》의 귀신장(鬼神章)[66]에서 “양양하게 있는 듯하다.〔洋洋如在〕”라는 구절의 아래에 《시경》의 한 구절[67]을 인용한 것은 그 의의(意義)가 실로 긴절하고 묘합니다. 보아도 보이지 않으며 들어도 들리지 않음은 ‘은(隱)’이고 사물(事物)의 근간이 되어 빠뜨릴 수 없다는 것은 ‘비(費)’이니, 이것이 귀신의 전체(全體)이고, 그 아래는 바로 제사의 귀신을 말하여 사물의 근간이 되어 빠뜨릴 수 없다는 것의 증거를 밝힌 것이니, 그렇다면 ‘양양여재(洋洋如在)’는 ‘비’가 됩니다.

‘은’은 진실로 ‘비’ 가운데에 있으나, 또한 ‘비’의 가운데에 나아가 ‘은’을 말하고자 하였기 때문에 여기에서 또다시 시를 인용하여 ‘예측할 수 없다〔不可度思〕’는 구절을 가지고, ‘보아도 보이지 않으며 들어도 들리지 않는다〔視不見 聽不聞〕’는 뜻을 만들었습니다. 또 마지막에 ‘은미한 것이 드러난다〔微之顯〕’는 구절로 맺었는데, ‘미(微)’는 바로 ‘불가탁사(不可度思)’이고 ‘현(縣)’은 바로 ‘양양여재’이니, ‘비’와 ‘은’을 말한 뜻이 포괄적이고 치밀합니다. 《중용장구대전(中庸章句大全)》의 소주

66 귀신장(鬼神章) : 《중용》의 제16장으로 “공자께서 ‘귀신의 덕(德) 됨이 지극하구나.’ 하였다.”로 시작하여 “은미한 것이 드러나니 성실함을 가릴 수 없음이 이와 같구나!”라는 말로 끝난다.

67 시경의 한 구절 : 《시경》 〈대아(大雅) 억편(抑篇)〉의 한 구절로 “신(神)이 오시는 것을 예측할 수 없으니, 하물며 신을 싫어할 수 있겠는가.〔神之格思, 不可度思, 矧可射思.〕”라는 내용이다.

(小註)에 보이는 진씨(陳氏)의 설[68]은 취할 만한 듯한데, 어떻습니까?

68 중용장구대전(中庸章句大全)의……설 : 진씨(陳氏)는 원(元)나라의 학자인 진력(陳櫟, 1252~1334)으로, 자는 수옹(壽翁), 호는 동부노인(東阜老人)인데 흔히 신안진씨(新安陳氏)로 불렸다. 송(宋)나라가 망한 뒤에 은거하면서 주자를 종주(宗主)로 삼고 저술에 전념하였다. 진씨의 설은 《중용장구대전》 제16장의 "陰陽合散無非實者, 其發見之不可揜, 如此."라는 구절에 달린 소주에 보인다.

오사경에게 줌

與吳士敬

족하(足下)의 글을 받들어 읽어보고 돌려드립니다. 권중업(權中業) 사문(斯文)[69]은 어진 분으로 진실로 세상에 드문 인물이니, 더욱 서글프고 안타깝습니다. 정(情)이 극진한 글이 스스로 법도(法度)를 이루어서 간략하고 예스럽고 순수하고 깨끗하니, 이를 읽어 봄에 사랑할 만하였습니다.

망령되이 비루한 평(評)을 바쳐서 혹 찌를 붙이고 혹 본문에 글을 끼워 넣었는데, 이는 반드시 이렇게 고치라는 것이 아니고 애오라지 저의 뜻을 말씀드린 것일 뿐입니다.

69 권중업(權中業) 사문(斯文) : 권중업(權中業, 1764~1784)은 자가 홍지, 본관은 안동(安東)으로 부친은 오희상(吳熙常)의 장인인 권제응(權濟應)이며, 고조는 한수재(寒水齋) 권상하(權尙夏)이다. 사문은 본래 유학(儒學)이란 의미이나 사람의 이름이나 성씨(姓氏) 아래에 붙여 쓰면 유학자(儒學者)라는 의미가 되는데 나이에 크게 상관없이 사용되었다.

오사경에게 답함

答吳士敬

문 《중용》 귀신장(鬼神章) 수절(首節)[70]의 '위덕(爲德)' 두 글자는 '미(微)'와 '현(顯)'을 포함하여 말한 것이니, 성정(性情)은 '미'이고 공용(功用)은 '현'입니다. 귀신장 두 번째 절[71]의 '보아도 보이지 않으며 들어도 들리지 않는다〔視不見 聽不聞〕'는 '은(隱)'이고 '사물의 근간이 되어 빠뜨릴 수 없다〔體物不遺〕'는 '비(費)'입니다. 세 번째 절[72]은 '현'을 말하였고, 네 번째 절[73]은 '미'를 말하였으며 마지막 절[74]에 또 '미'와 '현'을 총괄하여 '성(誠)' 자를 말하여 수절의 '위덕'에 응(應)하였습니다. 이를 전년(前年)에 선형(先兄 영재(寧齋) 오윤상(吳允常))께 질의하여 모두 인정을 받았는데 오직 "네 번째 절은 '미'를 말하였다."라

70 중용 귀신장(鬼神章) 수절(首節) : 귀신장은 제16장이며 수절은 "공자께서 말씀하셨다. '귀신의 덕됨이 지극하구나.'〔子曰 : '鬼神之爲德, 其盛矣乎!'〕"이다.

71 귀신장 두 번째 절 : 두 번째 절의 내용은 "보아도 보이지 않으며 들어도 들리지 않으나 사물의 근간이 되어 빠뜨릴 수 없다.〔視之而弗見, 聽之而弗聞, 體物而不可遺.〕"이다.

72 세 번째 절 : "천하의 사람들로 하여금 재계하고 깨끗이 하며 의복을 성대히 하여 제사를 받들게 하고는 양양하게 그 위에 있는 듯하며 그 좌우에 있는 듯하다.〔使天下之人, 齊明盛服, 以承祭祀, 洋洋乎如在其上, 如在其左右.〕"이다.

73 네 번째 절 : "《시경》에 이르기를 '신의 옴을 예측할 수 없으니, 하물며 신을 싫어할 수 있겠는가.' 하였다.〔詩曰 : '神之格思, 不可度思, 矧可射思?'〕"이다.

74 마지막 절 : "은미한 것이 드러나니, 성의 가릴 수 없음이 이와 같구나.〔夫微之顯, 誠之不可揜, 如此夫!〕"이다.

는 한 가지는 문합(脗合)[75]에 이르지 못했습니다.

답 귀신장의 '위덕' 두 글자의 뜻은 편지에서 말하신 것이 대체로 맞지만, 다만 "곧바로 '귀신이 지극하구나.'라고 말하여 '위덕'이란 자가 없다면, 이는 오히려 단지 기(氣)만을 말한 것이다."라고 말하신 것과 같은 것은, 도리어 논자(論者)가 이 '덕' 자를 이(理)의 자구(藉口 구실이나 핑계)로 인식하게 될까 우려됩니다. 지금 이를 고쳐서 "'위덕'이란 자가 없다면 양능(良能)과 공용(功用)의 의사(意思)를 드러내지 못한다."라고 하는 것이 어떨지 모르겠습니다.

대저 덕은 다만 이 귀신일 뿐이고 귀신 또한 이 덕이니, '귀신의 덕됨〔鬼神之爲德〕'이라고 말한 것은 바로 '귀신이 귀신이 되는 소이(所以)'라고 말한 것입니다. 이는 마치 남의 선(善)을 말하면서 '아무개의 위인됨〔某之爲人〕'이라고 말하는 것과 같으니, 여기의 모(某)와 인(人)이 어찌 두 사람이겠습니까. 고견에 '위(爲)' 자를 귀신을 위주로 본 것은 진실로 옳습니다.

네 번째 절에 인용한 시 한 조목은 그대의 설과 저의 견해가 서로 부합하니, 매우 다행입니다. 선백씨(先伯氏 오윤상)께서 시의 세 구절을 '은'의 뜻으로 보려고 하지 않으신 것은, 세 번째 절의 '양양하게 있는 듯하다〔洋洋如在〕'는 것이 '사물의 근간이 되어 빠뜨릴 수 없다〔體物不遺〕'는 것이 되는 것은 《중용장구》에서 말한 바이나, 네 번째 절의 '예측할 수 없다〔不可度思〕'는 것이 '보지 않고 듣지 않는 것〔不見不聞〕'이 된다고는 《중용장구》에서 말하지 않았기 때문입니다.

75 문합(脗合) : 입술의 상하가 맞는 것처럼 어떤 일이 꼭 맞아떨어지는 것을 이르는 말이다.

그러나 《중용장구》에서 이에 대해 생략하고 말하지 않은 것은 독자(讀者)로 하여금 뜻을 이해하기를 바랐을 뿐입니다. '비'와 '은'은 두 가지 물건이 아닙니다. 비를 말하면 은은 이 가운데에 있으니, 굳이 별도로 은을 말할 필요가 없습니다. 그러므로 백씨(伯氏)의 뜻은 또한 이를 주장한 것인 듯합니다.

그러나 앞의 장(章)과 뒤의 장이 모두 비를 말하고 은을 말하지 않았는데 이 귀신장은 비와 은에 대해 반드시 두 가지를 다 말하였으니, 두 번째 절이 이것입니다. 두 번째 절에서 이미 '보아도 보이지 않고 들어도 들리지 않는다〔視不見 聽不聞〕'는 것을 은이라 하고 '사물의 근간이 되어 빠뜨릴 수 없다〔體物不遺〕'는 것을 비라 하였으면 세 번째 절의 '양양하게 있는 듯하다〔洋洋如在〕'는 것과 네 번째 절의 '예측할 수 없다〔不可度思〕'는 것이 비와 은에 나뉘어 속함을 알 수 있습니다.

네 번째 절이 은을 말한 것이기 때문에 그 아래에 바로 '은미한 것이 드러난다〔微之顯〕'는 구절로 이어받았는데, '미' 자가 앞에 있어서 시(詩)의 '불가탁사(不可度思)'라는 한 구절과 딱 들어맞으니, 글의 기세와 어법(語法)이 지극히 묘합니다.

만약 '불가탁사'가 은의 뜻이 아니라고 한다면 마지막 절의 '미' 자는 곧바로 위로 '시불견청불문(視不見 聽不聞)'의 구절과 이어지게 되는데, 둘의 사이가 조금 멉니다. 또 시(詩)를 말한 이 한 구절이 다만 윗글의 '제사를 받들게 하다〔承祭祀〕'는 구절을 이어받아 삼가지 않을 수 없음을 말하였다면 의미가 적을 듯하니, 시를 인용한 뜻은 필시 비와 은을 가리켜 말한 것일 것입니다.

오사경에게 줌

與吳士敬

보여주신 《맹자》의 '심조지이도장(深造之以道章)'[76]에 대한 의심스러운 뜻은 분석이 매우 정미하고 자세하니, 근간에 깊은 뜻을 생각하여 찾은 공부를 증명할 수 있습니다. 그러나 이 장의 정의(正義)에 대해 아직도 투철하게 알지 못하는 점이 있는 듯한데, 저의 소견(所見)을 다 늘어놓고 가르침을 구하여도 괜찮겠습니까?

제가 "이 장은 지(知)를 위주로 말한 것이다."라고 한 것은, 이 장 안에서 완전히 행(行)을 말하지 않았다고 말한 것이 아니요, '이용함이 깊음〔資深〕'과 '근원을 만나게 됨〔逢原〕'은 행이지만 실은 지에도 속한다고 한 것입니다. 어째서이겠습니까? '군자가 깊이 나아가기를 도로써 함〔深造之以道〕'은 바로 지의 공부이고, '자연히 얻음〔自得〕' 이하 네 가지는 모두 지의 효험(效驗)입니다. '거함이 편안함〔居安〕'은 그 아는 바에 거한다는 것이고 '이용함이 깊음'은 그 아는 바를 이용한다는 것이고, '근원을 만나게 됨'은 그 아는 바를 만나게 된다는 것입니다. '이용함이 깊음'과 '근원을 만나게 됨'은 진실로 행이지만 본래 지의

76 맹자의 심조지이도장(深造之以道章) : 《맹자》 〈이루 하(離婁下)〉 편의 제14장으로 전문은 아래와 같다. "군자가 깊이 나아가기를 도로써 함은 자득하고자 해서이니, 자득하면 거함이 편안하고, 거함이 편안하면 이용함이 깊고, 이용함이 깊으면 좌우에서 취하여 씀에 그 근원을 만나게 된다. 그러므로 군자는 자득하고자 하는 것이다.〔君子深造之以道, 欲其自得之也, 自得之則居之安, 居之安則資之深, 資之深則取之左右, 逢其原, 故君子, 欲其自得之也.〕"

효험에 나아가 행을 말한 것이니, 이 또한 어찌 지에 속한 것이 아니겠습니까.

무릇 경전(經典)의 글 뜻은 마땅히 주객(主客)을 나누어 보아야 하니, 이곳에서는 행이 객이 되고 지가 주가 됩니다. 《대학》의 지지(知止)와 능득(能得)[77], 《논어》의 박문(博文)과 약례(約禮)[78]와 같이 지와 행으로 나누어 말한 것이 아닙니다. 제가 이 장에서 지가 주가 된다고 보고자 한 것은 이 때문입니다. 만약 고견(高見)과 같이 이 장의 '자연히 얻음'과 '거함이 편안함', '이용함이 깊음'과 '근원을 만나게 됨'이 각각 지와 행의 경계를 차지하고 있다면, '군자가 깊이 나아가기를 도로써 함'이라는 말에서 이미 지의 공부를 말하였는데 어찌하여 다시 행의 공부를 말하지 않고 다만 지의 효험에 나아가 행을 말했단 말입니까? 여기에서 '이용함이 깊음'과 '근원을 만나게 됨'이 또한 지에 속함을 알 수가 있습니다.

또 그대의 설에 '자연히 얻음'을 지의 시작이라고 하였는데, '자연히 얻음'은 궁리(窮理)와 격물(格物)이 다한 곳인데 어찌 지의 시작이라고 말할 수 있겠습니까. '이용함이 깊음'을 행의 점진적인 것이라고 하였는

77 지지(知止)와 능득(能得) : 지지는 마땅히 그쳐야 할 곳 즉 바로 지선(至善)이 있는 곳을 안다는 것으로 지(知)의 공부(工夫)에 해당하고 능득은 능히 그 그칠 바를 얻는다는 뜻으로 행(行)의 공부에 해당된다. 《대학》 경(經) 1장에, "그칠 데를 안〔知止〕 뒤에 정함이 있으니, 정한 뒤에 능히 고요하고 고요한 뒤에 능히 편안하고 편안한 뒤에 능히 생각하고 생각한 뒤에 능히 얻는다.〔能得〕"라고 보인다.

78 박문(博文)과 약례(約禮) : 박문은 글을 널리 배우는 것으로 지(知)의 공부에 해당하고 약례는 몸을 예(禮)로 묶는 것으로 행(行)의 공부에 해당한다. 공자가 "문에 널리 배우고 예로써 요약하면〔博學於文, 約之以禮〕 도에 위배되지 않을 것이다."라고 한 데서 나왔다. 《論語 雍也》

데, '이용함이 깊음'은 실천(實踐)이 무르익은 것인데 어찌 행의 점진적인 것이라고 말할 수 있겠습니까. 행의 점진적인 것이라면 이는 이용함이 오히려 얕은 것〔淺〕이고 깊은 것이 아닙니다.

이 장 안에 있는 세 개의 '즉(則)' 자는 서로 연관시켜 보아야 합니다. 이미 자연히 얻었으면 곧바로 편안히 거할 수 있고 이미 편안히 거하였으면 바로 이용함을 깊게 할 수 있고 이미 이용함을 깊게 하였으면 바로 근원을 만날 수 있으니, 차서(次序)와 시종(始終)이 있는 것이 아닙니다. 채허재(蔡虛齋)[79]가 말하기를 "'자연히 얻음'은 그 근원을 얻는 것이니, '이용함이 깊음'이 '거함이 편안함'을 잇고 '근원을 만나게 됨'이 '이용함이 깊음'을 잇는 것에 집착하지 말아야 한다."라고 하였으니, 이 설이 참으로 좋습니다.

그대의 설은 아래 장의 《집주(集註)》와 《혹문》에서 말한 것과 앞의 장의 남은 뜻을 이은 것을 가지고, 다만 '자연히 얻음'을 가리켜 말한 것이라고 하였습니다. 그러나 '이용함이 깊음'과 '근원을 만나게 됨'이 아니면 '자연히 얻음'이라고 말할 수가 없습니다. 이미 '자연히 얻음'을 가리켰다면 '이용함이 깊음'과 '근원을 만나게 됨'은 실로 이 가운데에 포함되어 있는 것입니다. 앞의 장과 뒤의 장이 다만 말에 상세함과 간략함이 있을 뿐입니다. 어떻게 생각하십니까? 저의 견해는 이와 같으니, 부디 다시 답장을 보내주시기 바랍니다.

79 채허재(蔡虛齋) : 명나라의 학자 채청(蔡淸, 1453~1508)으로 허재는 그의 호이고 자는 개부(介夫)이다. 1470년 진사에 급제하여 잠시 관직 생활을 하다 고향으로 돌아와 학문에 전념하였다.

오사경에게 줌

與吳士敬

《대학》 정심장(正心章)에 있어 정(靜)의 한쪽을 마땅히 포함하여 보아야 하니, 별도로 탐구할 만한 부분은 없습니다. 유체(留滯)와 기대(期待)[80]는 사물이 이미 지나가고 아직 오지 않은 때에 있으니, 이때에 유체하고 기대하지 않을 수 있으면 흉중(胸中)에 한 가지 일도 없어서 마땅히 미발(未發)이 됩니다. 그렇지 아니하여 유체와 기대가 있게 되면 이미 동(動)한 것이니, 어찌 미발이라고 할 수 있겠습니까. 편지에 말씀하신 것이 모두 맞습니다.

80 유체(留滯)와 기대(期待) : 이 내용은《주자어류(朱子語類)》 권16 〈대학(大學)〉 전(傳) 7장에 "마음이 조금이라도 사물에 얽매이면 곧 동요되는 바가 된다. 사물에 얽매이는 것이 세 가지가 있으니, 혹 일이 아직 오지 않았을 적에 자신이 먼저 기대하는 마음〔期待底心〕이 있는 것이고, 혹 일에 이미 지나가야 하는데 또 항상 가슴속에 머물러 두어〔留滯〕 잊지 못하는 것이고, 바로 일에 응할 때에 마음에 편중됨이 있는 것이니, 이는 모두 사물에 매이고 속박당하는 것이다.〔纔繫於物, 心便爲其所動. 其所以繫於物者有三, 或事未來, 而自家先有期待底心; 或事已應去了, 又却長存在胸中, 不能忘却; 正應事之時, 意有偏重, 這都是爲物所繫縛.〕"라고 보인다. 이에 대해 《갈암집》 권16 〈권여행(權汝行)의 문목에 답함〉에 참고할 만한 내용이 있으므로 소개한다. "희(喜)·노(怒)·우(憂)·구(懼) 네 가지가 아직 이르지 않았는데 미리 생각이 일어나는 것은 '기대하는 병통〔期待之病〕'이고, 네 가지가 바야흐로 이르렀을 때 치우치는 바가 있는 것은 '치우치는 병통〔偏係之病〕'이네. 네 가지가 이미 지나갔는데 아직도 스스로 집착하는 것은 '집착하는 병통〔留滯之病〕'이네. 네 가지가 하나라도 있다면 마음이 비고 고요하지 못하여 욕심이 움직이고 정(情)이 우세해지게 되니, 이는 바로 '마음을 쓰는 병통〔有心之病〕'이라네."

오사경에게 답함

答吳士敬

자부상(子婦喪)의 제도가 이미 아홉 달의 기한(期限)에서 다한다면 열 번째 달의 초하루에 은전(殷奠)[81]을 행해서는 안 될 듯합니다. 제 생각에는 먼저 사당에 들인 뒤에 다례(茶禮)를 행하는 것이 옳습니다.

별도로 전(奠)을 진설하는 것에 이르러는 끝내 정(情)이 예(禮)를 이김에 가깝고 또한 의(義)로써 만든 것인 듯하니, 감히 단언할 수가 없습니다.

81 은전(殷奠) : 상례(喪禮)에서 평소에 올리는 조석전(朝夕奠)과는 달리, 특별히 성대하게 제수(祭需)를 갖추어서 올리는 것을 이른다.

오사경에게 답함

答吳士敬

아버지가 자식을 제사하는 축문(祝文)에 아버지의 이름을 쓰지 않는다는 한 조목은 과연 제주(題主)[82]와 축문의 글이 다르다는 혐의가 있으나, 이는 불안(不安)함을 피하고자 한 것입니다. 만약 전인(前人)의 정설(定說)이 있다면 어찌 애당초 생각을 많이 허비할 것이 있었겠습니까. 비록 적확(的確)한 근거는 없으나 이와 같이 행하는 것이 마음 씀이 완전(宛轉)하니, 제주와 축문의 글이 다른 것이 또한 어찌 문제가 되겠습니까.

대저 축문은 굳이 제주의 글자 수를 다 써야 되는 것이 아니라서 직함(職銜) 외에는 신주의 글자를 쓰지 않으니, 그렇다면 제주에는 이름을 쓰나 축문에 이름을 쓰지 않는 것 또한 하나의 방도입니다. 그러나 이는 고설(瞽說)[83]이니, 어찌 자신하겠습니까. 또 어찌 사람들의 의송(疑訟)[84]을 면할 수 있겠습니까. 제주에는 이름을 쓰는 것이 근엄(謹嚴)하니, 저는 이에 감히 동춘당(同春堂 송준길(宋浚吉)) 어른의 뜻을 따를 수 없습니다.

82 제주(題主) : 장례를 마치고 신주(神主)의 앞면에 상주(喪主)와의 친족 관계와 직함을 쓰고 뒷면에 망자의 이름과 자(字) 등을 쓰는 것을 이른다.

83 고설(瞽說) : 이치에 맞지 않는 어리석은 말이란 뜻으로 자신의 견해를 낮추어 말하는 것이다.

84 의송(疑訟) : 원래 죄가 있는지 없는지 의심스러운 송사(訟事)를 가리키는 말인데, 여기서는 사람들이 의심하여 펴는 쟁론(爭論)의 의미로 쓰인 것으로 보인다.

오사경에게 줌
與吳士敬

'재(才)' 자를 논한 글은 뜻이 치밀하고 말이 통창(通暢)하며 식견과 견해가 정밀하고 투철하니, 저로 하여금 존경하게 합니다. 다만 "이(理)는 바로 성이 갖추어져 있는 것이다.〔理卽性之具〕"라는 구절의 '구(具)' 자는 병통이 있을 듯합니다. 이 '구' 자는 원래 《대학장구(大學章句)》의 '구중리(具衆理 온갖 이를 갖추고 있다)'의 '구' 자인데, '구중리'라는 말은 실로 '기로써 이(理)를 갖추고 있다〔以氣具理〕'는 말입니다. 족하의 설 중의 '성지구(性之具)'는 바로 '이(理)로써 이를 갖추고 있다〔以理具理〕'는 말이 되니, 온당하지 않을 듯합니다. '구' 자를 '진(眞)' 자로 바꾸는 것이 어떻겠습니까? 다른 글자는 온당하지 않습니다.

"물욕에 빠지는 것이 된다.〔爲物欲所陷溺〕"라는 구절은 성(性)이 빠지는 것입니까? 심(心)이 빠지는 것입니까? 제 생각에는, '연(然)' 자의 아래 '위(爲)' 자의 위에 심 자를 놓는 것이 좋을 듯한데, 어떻게 생각하십니까?

오사경에게 줌
與吳士敬

근간에 《예기》를 상량(商量)해보니, '천묘주(遷廟主 체천할 신주)'라는 말이, 〈증자문(曾子問)〉에 보입니다. 경(經)의 본문을 가지고 살펴보건대, "재거(齊車)에 실은 것은 반드시 높일 분이 있어서이다."라고 말한 것[85]은, 체천할 신주를 가장 높은 것으로 여기기 때문에 받들어 가는 것인 듯합니다.

친(親)이 다하지 않은 신주는 종묘(宗廟)에서 제사하기 때문에 받들어 갈 수가 없어서 이와 같이 하는 것입니까? 아니면 별도의 의의(意義)가 있는 것입니까? 다시 상량하여 가르쳐 주십시오.

85 경(經)의……것 : 이 내용과 관련된 〈증자문〉의 원문은 아래와 같다. "증자(曾子)가 묻기를 '옛날에 군대가 출동할 때 반드시 체천(遞遷)할 신주(神主)를 가지고 갔습니까?' 하니, 공자께서 '천자가 순수할 때에 체천할 신주를 가지고 가서 이것을 재거에 실은 것은 반드시 높일 분이 있음을 말하는 것이다.〔天子巡守, 以遷廟主行, 載于齊車, 言必有尊也.〕 지금 일곱 사당의 신주를 취하여 가니, 이는 잘못이다.' 하였다."

오사경에게 줌
與吳士敬

지금 《국조상례보편(國朝喪禮補編)》 제4권의 〈수교분류(受敎分類)〉 계령조(戒令條)를 상고해 보니, 여기에 실린 선왕조(先王祖)의 전교(傳敎)에 이르기를 "나라의 예법에는 국상(國喪) 중에 장례를 금하는 사례가 없고, 도리에 있어서도 달을 넘길 수 없으니, 공제(公除)[86]의 전후(前後)를 막론하고 장례를 지내도록 허락한다."라고 하였습니다.

'공제의 전후를 막론한다'는 글로 보면 국상의 인산(因山)[87] 날짜를 정하기 전이라도 사인(私人)들의 장례를 마땅히 치러야 한다는 것은 의심이 없습니다. 지금 의론하는 자들이 온당하지 않다고 말하는 것은 미쳐 《국조상례보편》 제4권의 〈수교분류〉의 조문을 상고하지 못해서 그런 듯합니다.

종전에는 선현들이 인산의 날짜를 정하기 전에 사인들의 장례를 행하게 하는 것은 곤란하다는 의론을 가졌으나, 그 뒤에 《국조상례보편》의 〈수교분류〉 편이 있게 되자, 마땅히 조정의 법령을 따라서 이를 행해야 했습니다. 고견은 어떠한지 모르겠습니다. 저의 생각은 장례의 기일을 미루지 않으려고 하는데, 이는 실로 가벼운 상(喪)을 먼저 하

86 공제(公除) : 국상(國喪)을 당하여 조의를 표하는 뜻으로 일정 기간 일반 공무를 중지하다가 그 기간이 지나 상복을 벗는 일을 말한다.

87 인산(因山) : 조선시대 국장(國葬)을 이르는 말로 태상왕과 그 비, 왕과 왕비, 왕세자와 그 빈, 왕세손과 그 빈의 장례를 이른다.

는 뜻[88]을 주장하고 또 장례를 허락하는 조정의 명령을 따르고자 해서 입니다.

88 가벼운……뜻 : 이 내용은 《예기》 〈증자문(曾子問)〉에 증자가 부모의 상이 동시에 났을 때 어느 분을 먼저 하고 어느 분을 뒤로 해야 하느냐고 묻자, 공자께서 "장례는 복이 가벼운 분을 먼저 장례하고 복이 무거운 분을 나중에 장례한다.〔先輕而後重〕"라고 대답한 내용을 말한 것이다.

오사경에게 답함
答吳士敬

편지 한 편을 감히 먼저 보내지 못하여 다만 가슴이 답답하게 맺혀 있었는데, 이번에 족하의 편지를 받아 열어 보고 비 내리는 중에 어버이 모시고 학문에 열중하는 체후(體候)가 깨끗하고 건승(健勝)하심을 알았으니, 구구한 이 몸은 우러러 위로를 받았습니다.

척말(戚末)[89]은 근일(近日) 이래로 마음이 송구(悚懼)함을 이기지 못하여 '깊은 못에 임하고 살얼음을 밟는다〔臨淵履氷〕'는 구절로도 오히려 그 두려움을 말하기에 부족하였습니다. 그런데 그대의 권면하고 경계함이 간절하고 지극하니, 감히 가슴에 새기지 않을 수 있겠습니까. 지척(咫尺)의 거리에서 서로 격조하였으니, 어느 때에나 얼굴을 마주하고 가르침을 받을 수 있을지 모르겠습니다. 이만 줄입니다.

89 척말(戚末) : 성(姓)이 다른 겨레붙이를 상대하여 자신을 낮추어 이르는 말이다.

오사경에게 답함
答吳士敬

부위(祔位)[90]에게 올리는 묘제(墓祭)의 축문이 예서(禮書)에 보이지 않으니, 시제(時祭)와 다른 별도의 축문의 한 예(例)는 없을 듯합니다. 그렇다면 군이 부식(祔食)이라는 말이 있고 없고에 구애될 필요가 없을 듯합니다.

그러나 만일 기제(忌祭)의 예(例)를 따르고자 하여 아내나 아우 이하의 묘에 올리는 제사에 또한 축문을 쓴다면, 형세상 마땅히 '첨소(瞻掃 무덤을 살피고 쓺)'의 '첨(瞻)' 자를 '전(展)' 자로 바꾸고 '감모(感慕 마음속 깊이 사모함)'의 '모(慕)' 자를 '창(愴)' 자나 '염(念)' 자로 바꾸어 써야 하지 않겠습니까? 오직 그대가 헤아려 처리하기에 달려 있을 뿐입니다.

체천할 신주를 받들 적에 반드시 새 사당에서 하는 것은 여러 사당의 신주 중에 가깝기 때문입니다. 저의 억견(臆見)은 이와 같은데 예(禮)의 뜻이 미묘하니, 끝내 자세히 이해하기가 어렵습니다.

90 부위(祔位) : 정위(正位)에 상대되는 말로, 정위에 부식(祔食)하는 신위를 이른다.

오사경에게 줌

與吳士敬

수재(秀才) 유구환(兪久煥)[91]의 상(殤)은 매우 참혹하니, 무슨 말을 하겠습니까. 그는 집안의 기보(奇寶 훌륭한 보배)이고 덕(德) 있는 집안의 택상(宅相)[92]이었는데, 천운(天運)에 막혀 성취되지 못함이 안타깝습니다.

그 조부(祖父)인 여성(汝成 유한준(兪漢雋)의 자)은 참으로 문궁(文窮)[93]이었습니다. 그대는 일찍이 그의 스승이 되었으니 슬퍼하고 애도하는 마음을 어찌 견디십니까? 이 마음이 서글퍼서 또한 스스로 진정할 수가 없습니다.

91 유구환(兪久煥) : 1773~1787. 자는 원시(元視), 본관은 기계(杞溪)로 박윤원의 절친한 친구인 저암(著菴) 유한준(兪漢雋)의 손자이며 오희상(吳熙常)의 제자이다.

92 택상(宅相) : 원래 집터의 풍수지리 형상을 가리키는 말인데 훌륭한 외손(外孫)이란 의미로도 쓰인다. 진(晉)나라 위서(魏舒)가 어려서 고아가 된 탓에 외가인 영씨(甯氏) 집에서 자랐는데, 영씨가 집을 새로 지을 적에 풍수를 보는 자가 "귀한 외손이 나올 것이다."라고 하였고, 이에 위서가 "응당 외가를 위해서 택상대로 되겠다."라고 하더니, 후일 상서랑(尙書郞)이 되었다는 고사에서 유래하였다. 《晉書 卷41 魏舒列傳》

93 문궁(文窮) : 당나라 문호인 한유(韓愈)가 지은 〈송궁문(送窮文)〉에 보이는 한유를 괴롭히는 지궁(智窮), 학궁(學窮), 문궁, 명궁(命窮), 교궁(交窮)의 다섯 궁귀(窮鬼) 중의 하나이다. 문궁에 대해 한유는 "문궁은 한 가지 재능을 전일(專一)하게 하지 않아 기기괴괴(奇奇怪怪)하니, 세상에 베풀 수가 없고 다만 스스로 기쁘게 한다."라고 하였다.

오사경에게 줌

與吳士敬

길(吉)한 날 좋은 때에 영종자(令從子 상대방의 조카를 높인 칭호) 수재(秀才)의 관례(冠禮)와 혼례(婚禮)가 차례대로 순조롭게 이루어졌으니, 생각하건대 매우 즐겁고 기쁘실 것입니다. 고례(古禮)에 비록 혼인(婚姻)은 축하하지 않는다고 하였으나 백씨(伯氏)의 신후(身後)에 후사(後嗣)가 있어 성장(成長), 자립(自立)하여[94] 엄연(儼然)하게 누대의 조상 제사의 주인이 되었습니다. 이 사람이 선조의 아름다움을 잇고 가학(家學)을 계술(繼述)하는 것이 모두 이날에서 비롯되니, 실로 친척과 지우들이 함께 기뻐할 일입니다. 또 어찌 축하가 없을 수 있겠습니까.

94 백씨(伯氏)의……자립(自立)하여 : 백씨는 노주(老洲) 오희상(吳熙常)의 형이자 스승인 영재(寧齋) 오윤상(吳允常)을 이르며 신후(身後)는 사후(死後)를 이른다. 오윤상은 집안의 장자(長子)였으나 자식 없이 일찍 죽었기 때문에 오희상이 자신의 큰아들을 오윤상의 양자로 보내어 집안의 제사를 받들게 하였다. 위에서 말한 영종자(令從子)는 바로 양자로 간 오희상의 아들을 말한 것이다. 오윤상은 박윤원과 절친한 사이였다.

오사경에게 답함

答吳士敬

말씀하신 것은 삼가 모두 잘 살펴보았습니다. 유집(遺集)[95] 가운데 〈십익변(十翼辨)〉과 〈도징사전(陶徵士傳)〉[96] 두 편을 마땅히 산삭(刪削)해야 할 항목에 둔 것에 대해, 비록 그 곡절(曲折)을 말하지 않더라도 이해해 줄 수 있을 듯하기에, 다만 저의 의사(意思)를 드러내지 않았을 뿐입니다. 지금 힐책을 받았으니, 대략 이에 대해 논해 보겠습니다.

〈십익변〉에서 《주역(周易)》의 〈문언(文言)〉과 〈계사전(繫辭傳)〉을 곧바로 자사(子思)가 지었다고 단언하신 것은 창설(創說 처음 만들어 낸 설)이 될 듯하니, 이는 구양수(歐陽脩)의 의론[97]을 따른 것이나 조금

95 유집(遺集) : 오희상의 생부(生父) 오재순(吳載純, 1727~1792)이 남긴 문집 《순암집(醇庵集)》을 이른다. 오재순은 자가 문경(文卿), 호가 순암으로 1772년(영조48) 정시 문과에 급제하고 벼슬이 판중추부사에 이르렀는데 문장에 뛰어나 대제학을 지냈다. 겸손하고 과묵하여 정조의 깊은 사랑을 받았다.

96 십익변(十翼辨)과 도징사전(陶徵士傳) : 〈십익변〉은 《순암집》 권9에 실려 있으나, 〈도징사전〉은 실려 있지 않은바 산삭된 것으로 보인다.

97 구양수(歐陽脩)의 의론 : 구양수(1007~1072)는 북송(北宋) 정치가이자 문장가로 자는 영숙(永叔), 호는 취옹(醉翁)·육일거사(六一居士)이다. 당송팔대가의 한 사람으로 한유(韓愈)에게 깊은 영향을 받았고, 문장으로 명성이 높았다. 구양수의 의론은 《구양문충집(歐陽文忠集)》 권78 〈역동자문(易童子問)〉에 "동자가 묻기를 '〈계사전(繫辭傳)〉은 성인(聖人)이 지은 것이 아닙니까?' 하자, 답하기를 '어찌 〈계사〉뿐이겠는가. 〈문언(文言)〉과 〈설괘(說卦)〉 이하가 모두 성인이 지은 것이 아니며, 여러 설이 뒤섞여

다른 것입니다. 그러나 전집(全集)의 전아(典雅)한 문장이 유독 이 편에서는 도리어 신기(新奇)함에 관련되었으니, 이 때문에 제가 산삭하고자 한 것입니다.

〈도징사전〉에 이르러는, 저는 일찍이 한유(韓愈)의 〈모영전(毛穎傳)〉을 부박(浮薄)하고 공허한 장난스런 글로 여겼으니, 지각(知覺)이 없는 한 가지 물건을 어찌 사람으로 의인화(擬人化)하여 말할 수 있겠습니까. 이는 작자(作者)에 있어서 마땅히 본받아서는 안 되는 것이니, 이 때문에 또 산삭하고자 한 것입니다. 고견은 과연 어떠하신지 모르겠습니다.

오직 〈왕씨백이논변(王氏伯夷論辨)〉은 비록 연옹(淵翁)과 같지 않으나,[98] 또한 문제될 것이 없습니다. 이 편은 산(刪) 자로 표(標)한 적이 없으니, 반드시 문집에 싣지 않고자 한 것이 아닙니다. 다시 상량하고 처리하십시오.

있으니 또한 한 사람의 말이 아니다.' 하였다."라고 보인다.

98 왕씨백이논변(王氏伯夷論辨)은……않으나 : 〈왕씨백이논변〉은 북송(北宋)의 재상인 왕안석(王安石)이 지은 〈백이론(伯夷論)〉에 대해 논변한 글로, 《순암집(醇庵集)》 권9에 보인다. 연옹(淵翁)은 삼연(三淵) 김창흡(金昌翕)으로 삼연은 왕안석(王安石)의 〈백이론〉이 독자적인 논의로 옳은 견해이며 오랫동안 전해져서 굳어진 설을 왕안석이 척안(隻眼)으로 깨뜨려 낸 것이라고 하였으므로 말한 것이다. 김창흡의 논의는 《삼연집(三淵集)》 권33 〈일록(日錄)〉 3월 초1일 조에 보인다.

오사경에게 답함
答吳士敬

부인(婦人)의 복제(服制)는 비록 기년복(朞年服)이나 예(禮)의 본의(本意)로 보면 마땅히 최복(衰服)[99]을 갖춰야 하는데, 민간(民間)에서 최복을 갖추지 않은 것은 재력이 없어 갖출 수가 없기 때문입니다. 비록 삼년상을 지내지는 않더라도 최복은 대수(大袖)와 장군(長裙)[100]의 제도를 쓰는 것이 마땅할 듯한데, 어떻게 생각하십니까? 《예의유집(禮疑類輯)》을 다시 더욱 자세히 보았으나, 이동(異同)과 분규(紛糾)를 진실로 사정(査定)하기가 어렵습니다.

계후자(繼後子 양자로 후사를 잇는 자)는 사종(四種)의 조목[101]에 해당되

99 최복(衰服) : 거친 베로 만든 상복이란 의미로, 오복(五服) 중 참최(斬衰)와 자최(齊衰)가 해당된다.

100 대수(大袖)와 장군(長裙) : 대수는 큰 소매가 달린 윗옷으로 《국조오례의》에 우리나라의 장삼(長衫)이라 하였다. 장군은 긴 치마로, 길이가 땅에 끌릴 정도이며, 베 6폭으로 만든다.

101 사종(四種)의 조목 : 종통을 이은 아들이라도 부모가 그를 위해 삼년복을 입지 않는 네 가지 경우를 말하는데, 《의례주소(儀禮註疏)》 권29 〈상복(喪服)〉의 가공언(賈公彦)의 소(疏)에 "비록 승중(承重)을 했어도, 삼년복을 입지 않는 네 가지 종류가 있다. 첫째는 정(正)·체(體)이기는 하나 전중(傳重)하지 못한 것〔正體不得傳重〕이니 적자가 폐질이 있어서 종묘를 주관할 수 없는 경우요, 둘째는 전중은 했으나 정·체가 아닌 것〔傳重非正體〕이니 서손(庶孫)이 뒤를 이은 경우요, 셋째는 체이기는 하지만 정이 아닌 것〔體而不正〕이니 서자(庶子)가 뒤를 이은 경우요, 넷째는 정이기는 하지만

지 않으니, 소(疏)에 있는 '양타자(養他子)'[102]의 '양(養)' 자는 바로 수양(收養)을 가리켜 말한 것입니다. 제 생각에는 본래 이와 같으나 남의 후사를 잇는 자는 여러 아들과 똑같다는 것은 이미 우암(尤菴) 어른의 설에 있으니, 오직 삼가 준행(遵行)할 뿐입니다. 이는 감히 자신을 믿지 않고 스승을 믿는다는 뜻에서 나온 것인데, 어떻게 생각하는지 모르겠습니다.

체가 아닌 것〔正而不體〕이니 적손이 뒤를 이은 경우를 말한다."라고 보인다.

102 소(疏)에 있는 양타자(養他子) : 소는 《예기주소》 〈상복소기(喪服小記)〉의 공영달(孔穎達)의 소를 이른다. 양타자는 '다른 사람의 아들을 길러 후사로 삼는다는 의미의 '양타자위후(養他子爲後)'의 줄임말이다. 정현(鄭玄)의 주(註)에 "전중(傳重)하려는 자가 적(適)이 아닐 경우에는, 그에 대한 복(服)을 서자(庶子)처럼 입는다."라고 하였는데, 소(疏)에 "장차 전중할 사람이 적자가 아니라는 것은 적자가 없어서 서자로 전중을 하거나 다른 사람의 아들을 길러 후사로 삼은 것을 말한다.〔將所傳重非適者, 爲無適子, 以庶子傳重, 及養他子爲後者也.〕"라고 하였다.

오사경에게 답함

答吳士敬

문 유월장(踰月葬)[103]에 졸곡(卒哭)은 3개월을 기다리지 않음은 이미 도암(陶菴 이재(李縡))의 설이 있으나, 혹자는 말하기를 "상고(上古)에는 귀천(貴賤)을 불문하고 모두 삼월장(三月葬)이었다. 대부(大夫)와 사(士)의 등급을 나눔은 바로 중고(中古)의 일이니, 사는 비록 달을 넘겨 장례하나 졸곡은 3개월을 기다리는 것이 마땅하다."라고 하니, 이는 바로 김 장령(金掌令)[104]의 논입니다. 어떻게 하는 것이 합당한지 알지 못하겠습니다.

답 질의하신 예절(禮節)의 경우, 저는 이에 대해 마음에 항상 의혹하였습니다. 사람들이 처자(妻子) 이하의 상(喪)에는 대부분 '사(士)는 달을 넘겨 장례한다는 제도'를 쓰고 어버이 상에는 이 제도를 쓰지 않으니, 이는 이미 고례(古禮)의 본래의 뜻이 아닙니다. 또 장례는 사(士)의 제도를 쓰고 졸곡은 3개월을 기다리는 대부(大夫)의 제도를

103 유월장(踰月葬) : 달을 넘겨 장례를 지내는 것을 말한다. 《춘추좌씨전(春秋左氏傳)》 은공(隱公) 원년 조에 "대부는 죽은 지 석 달 만에 장사를 지내니 이는 동료 관원들이 오기를 기다리는 것이요, 사(士)는 달을 넘겨서 장사를 지내니 이는 친척들이 모이기를 기다리는 것이다.〔士踰月, 外姻至.〕"라고 보인다.

104 김 장령(金掌令) : 현재 사헌부(司憲府)의 장령으로 있거나 장령 벼슬은 지낸 성이 김씨인 사람을 가리키는데, 김종후(金鍾厚, 1721~1780)로 보인다. 김종후는 자가 백고(伯高), 호가 본암(本菴), 본관이 청풍(淸風)이다. 1741년(영조17) 식년 생원시에 합격하고 학행으로 천거되어 벼슬이 장령에 이르렀으며 예학(禮學)에 밝아 《가례집고(家禮集考)》를 편찬하였다.

쓰는 것은 또한 반박(斑駁 여러 가지가 뒤섞임)일 듯하니, 이것이 제가 의혹하는 점입니다. 그러나 근세에 이미 사와 대부를 구분하지 않고 모두 3개월에 장례하니, 그렇다면 2개월에 장례하는 것은 끝내 부장(報葬)[105]이 됩니다.

민간에서는 혹 나이 많은 어버이가 계시다거나, 혹 산운(山運)[106]에 구애되어 3개월을 기다리지 않고 장례를 지내고는, 갈장(渴葬)[107]이 될까 혐의하여 번번이 고례(古禮)의 '사(士)는 달을 넘겨 장례한다'는 글을 인용하여 설을 만듭니다. 그러나 달을 넘겨 장례하는 것은 다만 일의 형편에 따른 것이요 고례라고 하여 증거로 삼기는 어렵습니다. 그렇다면 달을 넘겨 장례를 치르는 자는 부장의 예(例)를 써서 졸곡은 반드시 3개월을 기다려 지내는 것이 마땅하니,[108] 도암의 설은 따르기 어려울 듯합니다. 어떻게 생각하시는지 모르겠습니다.

105 부장(報葬) : 가난이나 기타의 사정으로 인하여 예(禮)에서 정한 날짜보다 일찍 지내는 장사를 말하는 것으로, 《예기집설(禮記集說)》〈상복소기(喪服小記)〉의 주(註)에 "보(報)'는 '부(赴)'로 읽으니, 급하다는 뜻이다."라고 하였다.

106 산운(山運) : 묏자리의 좋고 나쁨에 따라 생기는 운수를 말한다.

107 갈장(渴葬) : 예제(禮制)에 정해진 장례를 지낼 기일을 기다리지 않고 서둘러 장례를 지내는 것을 말한다. 《春秋公羊傳 隱公三年》

108 부장의……마땅하니 : 《예기주소(禮記註疏)》〈상복소기(喪服小記)〉에 "부장(報葬)한 자는 즉시 우제를 지내야 하지만 졸곡제는 석 달 뒤에 지내야 한다."라고 하였으므로 이렇게 말한 것이다.

오사경에게 답함

答吳士敬

문 우제(虞祭) 후와 졸곡 전의 기간에 있어, 주거(住居)를 같이하는 사람의 대공복(大功服)의 다례(茶禮)는 마땅히 폐해야 합니까?

답 《격몽요결(擊蒙要訣)》에 이르기를 "기년복과 대공복의 장례 전에 시제(時祭)를 폐할 수 있고, 주거를 달리한다면 비록 장례 전이라도 시제 외의 초하루와 보름의 참례(參禮)와 속절(俗節)[109]의 참례는 모두 행해야 한다."라고 하였으니, 주거를 같이하는 사람의 장례가 끝나면 비록 졸곡 전의 참례라도 폐할 수 있는 의리는 없는 듯한데, 하물며 장례일이 지난 지 이미 오래된 경우에 있어서이겠습니까.

109 속절(俗節) : 설, 대보름, 한식, 단오, 추석, 중양(重陽), 동지, 납일(臘日)과 같이 세속에서 제삿날 이외에 철이 바뀔 때마다 사당이나 조상의 묘에 제철 음식을 올리는 날을 이른다.

오사경에게 답함

答吳士敬

우제(虞祭)와 부제(祔祭)와 연제(練祭)의 날짜가 초하루에 있게 되면 '하루에 두 번 제사 지내지 않는다〔一日不再祭〕'는 의리에 의해 삭전(朔奠)은 마땅히 진설하지 않습니다. 삭전이 비록 삼헌(三獻)이 아니나 실로 은전(殷奠)[110]이기 때문입니다. 《의례(儀禮)》〈사상례(士喪禮)〉에 "삭일에는 하실(下室)에서 궤전(饋奠)하지 않는다."[111]는 구절의 소(疏)에 이르기를 "은전에는 본래 서직(黍稷)을 차리기 때문에 다시 음식을 올리지 않는 것이다."라고 하였습니다.

고례에 삭전에 상식(上食)이 있음은 분명하니 상식을 갖추지 않으면 삭전을 이루지 못합니다. 이날 이미 졸곡을 지내고 또 삭전을 거행한다면 이는 아침의 상식을 거듭 행하는 것이니, 삭전을 진설하지 않음을 의심할 것이 없습니다.

110 은전(殷奠) : 70쪽 주81 참조.

111 하실(下室)에서 궤전(饋奠)하지 않는다 : 하실은 내당(內堂)이나 연침(燕寢)과 같은 의미로, 생시에 음식을 먹고 일을 보던 곳을 말한다. 궤전(饋奠)은 거상하는 동안 제사의 형식을 갖추지 않고 아침과 저녁에 음식을 올리는 예를 말한다.

오사경에게 답함
答吳士敬

문 내일(來日) 합독(合櫝)[112]하는 것은, 반복해서 생각해 보니 끝내 온당하지 못함을 깨닫습니다. '담월(禫月 담제(禫祭)를 지내는 달)에 길제를 행하면, 늦춰 달을 넘기기를 기다려 합독한다'는 것으로 보면 대번에 대상(大祥)의 날짜에 합독하여서는 안 될 듯합니다. 또 내상(內喪 여인(女人)의 상)으로 말하면 비록 복(服)이 다하는 날 궤연(几筵)을 철거하였더라도 실로 그 날짜를 계산해보면 한 해에 지나지 않으니, 이 신주와 저 신주를 내일 합독하는 것은 갑작스러울 듯합니다.

저의 견해는, 아버지가 살아 계실 적에 어머니 상을 당하여 심상(心喪)을 하는 사람은 비록 절박(節拍)이 없으나 오히려 상복을 벗는 달을 계산하여 길(吉)함으로 나아가니, 이 일 또한 이것에 의거하여 합당(合當)한 달을 계산하여 합독하는 것이 좋을 듯합니다. 그러나 고인(古人)의 분명한 말이 없어 억측으로 결단하기 어려울 듯하니, 부디 지도와 가르침을 내려 주시기 바랍니다.

또 담월에 길제를 행하더라도 여전히 배향하지 않는다는 것은 그 뜻이 다만 슬픔을 잊지 못한다는 것입니까? 아니면 별도의 뜻이 있는 것입니까?

답 내일 합독하는 것은 과연 대번에 한다는 혐의가 있을 듯합니다.

112 합독(合櫝) : 부부의 신주(神主)를 한 독(櫝) 안에 넣는 것을 말한다. 독은 신주를 넣어두는 궤(櫃)이다.

다음 달 초하루를 기다려 합독하는 것이 혹 가능합니까? '합당한 달〔當合之月〕'이라고 하는 것은 일을 미루는 것이 될 듯하니, 본복(本服)으로 기년과 9월을 쓰는 뜻이 아닙니다.

심상(心喪)을 하는 사람은 상복을 벗는 달에 길(吉)함으로 나아간다는 예(例)는 또한 여기에 인용할 수 있는 것이 아닌데, 어떻게 생각하시는지 모르겠습니다. 이는 변례(變禮)[113]의 큰 절목(節目)에 관계됩니다. 갑자기 생각하여 정할 수 있는 것이 아니니, 미리 연구하지 못한 것이 한스럽습니다. 그러나 우선 배향하지 못하는 예(例)를 쓰고 기다리면서 서서히 다시 생각하는 것도 무방합니다.

담월에 길제를 행하더라도 여전히 배향하지 않는 것은 슬픔을 잊지 못한다는 뜻이지, 다른 뜻은 없는 듯합니다. 사당에 들이는 날에 합독하는 것은 끝내 점차적인 뜻이 없을 듯합니다. 그러므로 '사당에 배알하여 얼굴을 마주할 때에 시제(時祭)를 행하는 집안에서는 마땅히 시제를 인(因)하여 합독한다'는 설이 있는데, 귀댁에서는 시제를 행하지 않으니 그렇다면 다음 달 초하루 제사를 지낼 때에 합독하는 것이 가장 마땅함을 얻을 듯합니다.

113 변례(變禮) : 일반적인 예를 상례(常禮)라 하며, 일반적인 경우가 아니고 특별한 경우에 해당하는 예를 변례라 한다.

오사경에게 답함

答吳士敬

문　합독의 일에 대해서는 이미 다음 달 초하루를 기다려 행하라는 가르침을 받았으나 따를 근거가 없는 듯하니, 납월(臘月 섣달)이 되기를 기다려 길제의 달에 나아가는 것만 못합니다. 비록 길제(吉祭)를 지내지 않더라도 근거할 것이 있을 듯합니다.

답　다음 달 초하루에 합독하라는 것은, 담월에 길제를 지내는 자는 다음 달에 소뢰(小牢)[114]로 배향하는 예(禮)를 쓰고자 한 것인데, 어찌 전혀 따를 근거가 없다고 말하십니까? 이 예(禮)에 대해서는 선배들 중에 말하신 분이 없습니다. 사례(事例)가 풍부한 《예의유집(禮疑類輯)》[115]에서도 보이는 것이 없으니, 어느 곳에서 분명한 증거를 찾아낼 수 있겠습니까. '예(禮)에 분명히 기록된 조문(條文)이 없으면 당연히 비슷한 조문을 참조해야 한다'는 것은 바로 이러한 것들을 가리키는 것입니다.

3년의 상에는 길제 때에 마땅히 합독하여야 하지만 담월의 길제에는 여전히 배향하지 않다가 달을 넘기기를 기다려 소뢰로 배향하고, 기년의 상에는 담월의 길제가 없으니 첫 기일(忌日)에 합독해야 하지만 오히려 합독하지 않고 다음 달 초하루를 기다려 합독하는데, 이는 모두

114　소뢰(小牢) : 제례(祭禮)의 규모를 지칭하는 용어로서, 희생으로 소・양・돼지를 사용하는 경우를 태뢰(太牢)라고 하고, 양과 돼지만 사용하는 경우를 소뢰라고 한다.

115　예의유집(禮疑類輯) : 도암(陶庵) 이재(李縡)의 문인인 겸재(謙齋) 박성원(朴聖源, 1697~1767)의 저술로, 자세한 내용은 37쪽 주31 참조.

슬픔을 잊지 못하는 뜻이지만 달을 넘김은 똑같습니다. 돌아보건대 이것을 비슷한 조문으로 취하여 쓸 수 없단 말입니까? 또 노(魯)나라 사람 가운데 아침에 대상(大祥)을 지내고 저녁에 노래를 부른 자가 있었는데, 부자께서 말씀하시기를 "한 달만 더 넘겼으면 좋았을 것이다."라고 하셨습니다.[116]

합독은 순길(純吉)[117]의 예(禮)입니다. 그러므로 대상의 날에 차마 곧바로 순길을 행할 수가 없어서 다음 달 초하루를 기다려 이를 지내는 것이니, 이는 참으로 "한 달만 더 넘겼으면 좋았을 것이다."라고 하신 공자의 뜻을 얻은 것입니다. 어떻게 생각하십니까?

납월(臘月)의 납(臘) 자는 정(正) 자의 오류(誤謬) 입니까? 10월에 대상을 치렀으면 정월(正月)이 길월이 됩니다. 그러나 기년상에는 원래 길제가 없으니, 예(禮)에 어찌 16개월의 길제가 있겠습니까. 아버지가 살아 계실 때의 어머니의 상은 15개월에 담제를 지내는데, 또한 16개월에 길제를 지내는 일은 없습니다. 그렇다면 16개월에 합독하는 것은 전혀 예(禮)의 뜻을 이루지 못할 듯합니다. 만약 내상(內喪)이 일주년에 미치지 못하여 합독이 매우 시급하다 하여, 영수씨(令嫂氏)[118]의 첫 기제(忌祭)를 기다려 이를 행하고자 한다면 혹시라도 가(可)할 것이나. 정월은 너무 근거가 없습니다. 그러나 제가 생각하건대 끝내 다음 달 초하루에 하는 것이 옳다고 여겨집니다.

116 노(魯)나라……하셨습니다 : 이 내용은 《예기》 〈단궁 상(檀弓上)〉에 보인다.

117 순길(純吉) : 상복을 벗고 완전한 길복(吉服)으로 갈아입는 것을 말한다.

118 영수씨(令嫂氏) : 상대방 형제의 아내를 존칭한 말이다.

오사경에게 답함

答吳士敬

문 《맹자》 경계장(經界章)의 "주나라 사람은 철법(徹法)을 썼다.〔周人以徹〕"라는 구절의 '철(徹)' 자는, 알지 못하겠습니다. 공(貢)과 조(助)와 통용하는 것으로 보아야 합니까? 아니면 '통력계분(通力計分)'[119]으로 보아야 합니까? 만약 '통력계분'으로 말한 것이라면 글 뜻에 있어 한쪽으로 편벽될 듯합니다.

답 '주인이철(周人以徹)'의 '철' 자는 공과 조와 통용하여 말한 것이 아니고 '통력계분'으로 말한 것이니, 다만 본문 《집주(集註)》의 균(均) 자의 의미[120]로 말한 것이 아닙니다. 《논어》의 '유약합철장(有若盍徹章)' 주의 "노동력을 통하여 합작해서 이랑을 계산하여 균등하게 수확한다.〔通力合作 計畝均收〕"라는 글을 가지고 보면 더욱 분명합니다. 주나라 사람들은 참으로 공과 조를 통용하였지만 이 '철' 자의 의미는 이 말을 가리킨 것이 아닙니다. 다만 '통력계분'으로 보는 것이 한쪽으로 편벽됨에 이르지 않을 듯합니다.

119 통력계분(通力計分) : 8가구가 힘을 모아 경작하고 수확은 이랑 수를 계산하여 분배한다는 의미이다. 《맹자》 〈등문공 상(滕文公上)〉에 "8가구가 정(井)을 함께하여 경작할 때는 힘을 모아 일하고 수확할 때는 이랑 수를 계산하여 분배한다.〔耕則通力而作, 收則計畝而分.〕 그러므로 철이라고 이른 것이다."라고 보인다.

120 집주(集註)의……의미 : 《맹자집주》에 주자가 "철(徹)은 통한다〔通〕는 뜻이고, 고르게 한다〔均〕는 뜻이다."라고 주석한 것을 말한다.

오사경의 기사(記思)에 대해 찌를 붙여 논한 글

오사경 《대학》 전5장(傳五章)의 '이미 알고 있는 이치〔已知之理〕'의 '이지(已知)'는 《소학》의 '지(知)'를 가리킨 것인 듯합니다.

논 '이지'는 《소학》의 '지'가 아닙니다. 우암(尤菴) 어른께서 '격물치지(格物致知)로 인한 지'라고 말씀하신 것이 참으로 바른 뜻을 얻었습니다.

오사경 '사물의 이치를 연구함〔格物〕'에 있어 우리 마음에 이미 알고 있는 이치로 인(因)하지 않는다면, 범연히 만물의 이치를 보고자 함으로 쉽게 흐를 것입니다.

논 만물의 이치는 바로 우리 마음의 이치이니, 나누어 둘로 만드는 것은 '말의 병통〔語病〕'이 될 듯합니다.

오사경 전7장(傳七章)에 대해 유겸산(兪兼山)[121]이 말하기를 "경이직지(敬以直之 경(敬)하여 마음을 곧게 함)는 존양(存養)과 성찰(省察)[122] 두

121 유겸산(兪兼山) : 유숙기(兪肅基, 1696~1752)로 겸산은 그의 호이고 자는 자공(子恭), 본관은 기계(杞溪)이며 삼연(三淵) 김창흡(金昌翕)의 문인이다. 1715년(숙종 41) 생원시에 1등으로 합격하고 벼슬은 전주 판관(全州判官) 등을 지냈다. 학문이 높아 명성이 있었으며 많은 저서를 지었다.

122 존양(存養)과 성찰(省察) : 존양은 마음을 보존하여 성을 기르는 것〔存心養性〕을 이르며, 성찰은 자신의 사욕을 살펴 이를 막는 것을 이른다. 《중용》 제1장에 "군자(君子)는 보지 않는 데에도 삼가며 듣지 않는 데에도 두려워한다." 하였는데, 이것은 정(靜)할 때의 존양 공부를 말한 것이며, 이어 "숨겨진 것보다 드러남이 없으며 작은 일보다 나타남이 없다. 그러므로 군자는 그 홀로를 삼가는 것이다." 하였는데, 이것은 동(動)할 때의 성찰 공부를 말한 것이다. 주자는 집주에서 제1장의 이 부분을 "존양과

가지의 공부를 겸하여 든 것이다."라고 하였습니다. 《대학혹문(大學或問)》에 이르기를 "일찍이 하루라도 경(敬)에서 떠날 수 없다.〔未始一日而離乎敬〕"[123]라고 하였으니, 그렇다면 격물(格物)·치지(致知)·성의(誠意)·정심(正心)·수신(修身)·치국(治國)·평천하(平天下)에 모두 경이 있는 것이니, 하필 이 장의 경을 '나라를 다스리는 법〔治法〕'이라고 하여 마침내 동(動)과 정(靜)을 관통하는 공부라고 말할 것이 있겠습니까?

정(靜)의 체(體)의 영역은 다만 '곧음〔直〕'과 '곧지 않음'으로 논할 수 있는 것이 아닙니다. 만약 이 장을 가지고 "동(動)할 때의 공부이고, 효과를 거둠에 미쳐서 체(體) 또한 확립된다."라고 말하는 것은 괜찮지만, 만약 곧바로 "동과 정의 공부를 겸하여 들었다."라고 말한다면 옳지 않을 듯합니다.

또 살펴보건대, 《기문록(記聞錄)》[124]에 "《대학》의 주정(主靜)[125] 공부는 오직 이 장(章)에만 있다."라고 하였는데, 곧바로 주정 공부라고 한다면 '겸하여 들었다〔兼擧〕' 한 것에 비하여 더욱 온당하지 않을 듯합

성찰의 요점"이라고 주하였다.

123 未始一日而離乎敬 : 저본에는 '미시(未是)'로 되어 있으나 《대학혹문(大學或問)》에 의거하여 '미시(未始)'로 바꾸어 번역하였다.

124 기문록(記聞錄) : 남당(南塘) 한원진(韓元震)이 지은 《경의기문록(經義記聞錄)》을 이른다.

125 주정(主靜) : 도덕(道德)의 수양(修養) 방법으로 마음을 고요한 상태로 유지하여 외물에 의해 움직이지 않게 함을 이른다. 주돈이(周敦頤)의 《태극도설(太極圖說)》에 "성인(聖人)은 중(中)·정(正)·인(仁)·의(義)로 정하되, 정(靜)을 주장하여 사람의 표준을 세우셨다."라고 보인다.

니다.

논 겸산의 설을 그르다고 말할 수 없을 듯합니다. 《대학》의 정심(正心) 공부는 체(體)를 버려두고 오직 용(用)만을 말하는 것은 아닙니다. 또 용은 바르지 못하고 유독 체만이 바를 리는 없습니다. 이미 용의 바르지 못함을 말하였으면 체의 바르지 못함 또한 이 안에 있는 것입니다. 그러므로 '경이직지'라고 하여 반드시 체와 용을 모두 바르게 하고자 한 것입니다. 겸산의 뜻은 실로 여기에서 나온 것이니, 어찌 잘못이겠습니까.

그대의 논(論)에 이른바 "정(靜)의 체(體)의 영역은 곧음과 곧지 않음으로 논할 수 있는 것이 아니다."라는 것은 그 본연(本然)을 말하면 옳습니다. 그러나 체가 때로 확립되지 못하면 그 본연의 바름을 잃게 되니, 확립되지 못함은 또한 곧지 못한 것이요 존양하여 그 본체의 바름을 회복시키면 이 또한 곧게 되는 것입니다. 그렇다면 체 위에서는 다만 곧을 '직' 자에 대해 말할 수 없단 말입니까? 또 그대가 논한, "동할 때의 공부이고, 효과를 거둠에 미쳐 체 또한 확립된다."라는 말 또한 고단(孤單)한 듯합니다. 만약 체를 확립시키는 것이 다만 용이 효과를 거둠에 의거한다면 성찰이 있는데도 존양이 없는 것이 가능해지는데, 또한 옳지 않을 듯합니다.

《기문록》의 설은 비록 의심할 만한 것인 듯하나, 또한 마땅히 활간(活看)[126]하여야 합니다. 아마도 이는 《대학》의 다른 장에는 정(靜) 공부를 찾을 만한 곳이 없고 오직 정심장(正心章) 만이 정(靜)을 겸하

126 활간(活看) : 글을 볼 때에 글자나 글귀에 얽매이지 않고 전체의 뜻을 널리 보아 본의를 파악함을 가리킨다.

여 볼 수 있으므로 이렇게 말한 것이니, 또한 동(動)의 한쪽을 오로지 버린 것이 아닙니다.

오사경 경이직내(敬以直內)……동하는 곳은 또한 내외(內外)가 있습니다.

논 '경이직내'와 '의이방외(義以方外 의로써 밖의 일을 바르게 함)'는 진실로 내(內)와 외(外)를 상대하여 말한 것이요, 경(敬)과 직(直)은 본래 동(動)과 정(靜)을 겸합니다.

김성보[127] 종선 에게 답함

答金城甫 宗善

문 《의례경전통해(儀禮經傳通解)》[128]를 상고해 보면, 연복(練服)[129]은 부판(負版)과 벽령(辟領)[130]을 제거하지 않고 7승의 실을 써서 새로 제작하고 다만 연관(練冠)과 베로 만든 심의(深衣)[131]를 입는다고 하였으며, 《가례(家禮)》에는 부판과 벽령과 최(衰)[132]를 제거하고 상복(上服)과 하복(下服)을 모두 마전한다고 하였으며, 《상례비요(喪禮備要)》에는 상복과 하복을 마전하지 않으며 부판을 제거한다고 하였습

127 김성보(金城甫) : 김종선(金宗善, 1766~1810)으로 성보는 자이고, 호는 송재(松齋), 본관은 청풍(淸風)으로 박윤원(朴胤源)의 문인이다. 정조의 비인 효의왕후(孝懿王后)의 조카로 척신(戚臣)의 자격으로 기용되어 벼슬이 형조 참판에 이르렀다.

128 의례경전통해(儀禮經傳通解) : 주자가 《의례》를 중심으로 《예기》와 경사(經史)에 있는 예설(禮說), 선유(先儒)들의 학설을 모아 편찬한 책이다.

129 연복(練服) : 소상(小祥) 때부터 대상(大祥) 때까지 입는 상복이다. 초상 때에는 누이지 않은 생포(生布)로 지은 상복을 입지만, 소상 때가 되면 전에 입었던 상복을 벗고 누인 연포(練布)로 상복을 지어 입는다.

130 부판(負版)과 벽령(辟領) : 부판은 어깨와 등에 걸쳐 입는 거친 삼베 조각이고, 벽령은 부판의 양쪽 옆 깃 아래에 댄 베 조각으로 적(適)이라고도 한다.

131 심의(深衣) : 선비들이 편안하게 거처할 때 입던 웃옷으로, 주로 백색의 천으로 만드는데, 직령(直領)으로 된 깃과 단, 도련 둘레에 검은색의 선(線)을 둘렀다. 제조 방법이 분명치 않아 조선 시대의 유학자들이 각자의 설을 가지고 만들어 입는 경우가 많았다.

132 최(衰) : 참최복과 자최복에서 길이가 6촌이고 너비가 4촌이 되도록 거친 마포(麻布) 한 조각을 잘라서 가슴 부위에 붙인 것을 말한다.

니다. 이미 전적으로《가례》를 따르는 것도 아니고 또《의례》를 따르는 것도 아니라면, 마땅히《의례》를 따라 새로 제복(祭服)을 만들되 이 부판과 벽령과 최, 세 가지를 제거하지 않는 것이 어떨지 모르겠습니다.

답 소상의 공최복(功衰服)[133]에 부판과 벽령과 최를 제거한다는 내용은《가례》에 있고《상례비요》가 이를 따랐습니다. 그렇다면 마땅히 제거해야 함에 의심할 것이 없으니, 멀리《의례》를 끌어와서 의심과 논란을 두어서는 안 됩니다.《상례비요》는 바로 후대의 현자가 참작하여 가감해서 만든 책이니, 마땅히 이를 준용(準用)하여야 합니다. 어찌 옛것에 집착할 필요가 있겠습니까.

보내오신 편지에, "《상례비요》에서 상복과 하복을 마전하지 않는다고 한 것은《의례》를 따른 것이고 부판과 벽령을 제거한다고 한 것은《가례》를 따른 것이니, 이는 반쯤 오르다 아래로 떨어짐에 귀결될 것이다."라고 의심하였으나, 사계(沙溪) 어른의 뜻은 실로 두 예(禮)를 종합적으로 참고하여 쓰고자 하신 것입니다. 후학(後學)들이 어찌 준행하지 않을 수 있겠습니까. 또《상례비요》는 비록 상복과 하복을 마전하지 않음을 먼저 말하였으나, '연(然)' 자 아래에 다시 장횡거(張橫渠)의 마전한다는 설을 인용하였으니, 이를 살펴보면《상례비요》에서도 반드시 마전하지 않아야 한다는 뜻은 보이지 않습니다. 그러므로 민간에서 왕왕 대강 마전하여 사용하는 자들이 있는 것입니다.

133 공최복(功衰服) : 삼년상을 당하여 소상(小祥)이 지난 뒤에 입는 참최복을 말한다.

문 신발은 짚신을 그대로 신고 바꾸지 않는 것이 어떻습니까?《상례비요》의 승구(繩屨)는 제도(制度)를 알지 못하겠습니다.
답 반드시 예(禮)에 따라 신발을 신고자 한다면 마땅히 승구를 신어야 하지만, 근세의 사대부 집안에서 이를 행하는 경우가 드무니, 짚신을 그대로 신는다고 하여 무슨 문제가 되겠습니까. 승구의 제도는, 일찍이 그 모양을 본 적이 있는데 세속의 마교(麻屩 베로 만든 미투리)가 아닙니다. 짚신과 다르지 않으나 거칠게 누인 삼을 써서 만들었습니다.

문 《가례부주(家禮附註)》[134]의 양씨(楊氏)의 설에는 '겁(袷)'의 제도가 있으나, 《상례비요》에는 있지 않습니다. 지금 이를 쓰고자 하니, 겁은 지금의 이른바 동정(同定)과 같은데, 그 제도는 어떠합니까?
답 상복의 겁의 제도는 《의례》의 정문(正文)과 《가례》의 도식(圖式)에는 있지 않으나, 《의례》의 주(註)와 《상례비요》의 주에는 모두 있으니, 상고하심이 어떠합니까? 이른바 겁은 바로 깃 안에 가하여 겹쳐 재봉하는 것이니, 이는 지금의 동정이 아닙니다.

문 갈대(葛帶)는 삼중사고(三重四股)[135]로 만드는 것이지만 세속에서는 교대(絞帶)와 질대(絰帶)[136]를 쓰고 삼중(三重)의 제도를 쓰지 않

134 가례부주(家禮附註) : 주자의 문인인 신재(信齋) 양복(楊復)이 편찬한 《가례잡설부주(家禮雜說附註)》를 이른다.

135 삼중사고(三重四股) : 네 가닥의 삼으로 꼰 노끈을 다시 세 겹으로 꼰 것이다.

136 교대(絞帶)와 질대(絰帶) : 교대는 참최복(斬衰服)의 하나로, 씨가 달리는 삼을 섞어 꼬아 만든 요질(腰絰)이고, 질대는 상복(喪服)을 입을 때 머리와 허리에 두르는 삼으로 된 띠를 말한다.

으니, 산수(散垂)[137]를 없애는 것이 어떠합니까?

답 갈대의 삼중사고는 마땅히 《예기》〈간전(間傳)〉의 글을 따라서 산수가 없어야 합니다.

문 정복(正服)은 마전하지 않는데, 포심의(布深衣)[138]는 마전합니까?

답 정복은 마전하지 않으나 포심의는 마땅히 중단의(中單衣)[139]의 예(例)를 따라 마전해야 합니다.

문 남계(南溪 박세채(朴世采))가 '갈대(葛帶)는 구련자(漚練者)[140]를 쓴다.'라고 하였는데, 구련하면 바로 청올치(青兀絺)[141]이니, 어떨지 모르겠습니다.

답 갈대 청올치 설은 우암 어른께서 상복(喪服)에 마땅치 않다고 말씀하였습니다. 거친 껍질을 대략 물에 담가 다스리면 청올치와 같지는 않을 것입니다.

137 산수(散垂) : 풀어서 드리운다는 말로, 요질 양 끝에다 삼을 풀어 술처럼 다는 것을 말하는데, 풀어진 채 띠고 있다가 성복(成服)이 끝나면 그것을 묶는다.

138 포심의(布深衣) : 검은 베로 띠를 두른 흰 심의를 말한다.

139 중단의(中單衣) : 조복(朝服)이나 제복(祭服)의 속에 받쳐 입는 옷을 말한다.

140 구련자(漚練者) : 무엇을 말하는지 미상이다. 《상변통고》 권19 〈상례 소상 연복을 진설함〔陳練服〕〉에는 '마전한 것'으로 해석하였는데, 분명하지 않다.

141 청올치(青兀絺) : 국립국어연구원의 《표준국어대사전》에는 순우리말의 청올치를 "칡덩굴의 속껍질. 베를 짤 수도 있고 노를 만드는 재료로도 쓴다."라고 하였는데, 여기의 '청올치(青兀絺)'와 같은 것인지는 미상이다.

문 신발의 제도는 마땅히 '거칠게 누인 삼〔麤熟麻〕'을 써야 되는데, 세속에서는 혹 '누인 삼〔熟麻〕'을 씁니다. 도식을 가지고 보면 예(禮)가 아닌 듯한데, 어떨지 모르겠습니다.
답 신발의 경우 승구(繩屨)를 쓰려고 한다면 마땅히 고제(古制)를 따라야 하는데 고제는 자세히 알지 못하니, 이와 같은 경우는 지금 세속에서 쓰는 것을 따르더라도 무방할 듯합니다.

문 부인(婦人)의 연복(練服)은, 《의례》를 가지고 보면 마전하지 않음을 의심할 것이 없는데, 《상례비요》에서는 '조금 거칠게 누인 포(布)'를 쓴다고 한 것은 어째서입니까? 최복(衰服)의 제도는 고례(古禮)를 쓰면서 장군(長裙)의 제도를 쓰지 않는다면, 지금 이를 절단할 리가 없지 않겠습니까?[142]
답 부인의 연복의 경우, 남자의 복을 마전하지 않으니 그렇다면 부인의 복 또한 마전하지 않는 것이 마땅할 것입니다. 《상례비요》에서 '조금 거칠게 누인 포를 쓴다'고 한 것은 《가례》에서 나온 것입니다. 대공복이 '조금 거칠게 누인 포'인데 연복이 바로 공최(功衰)[143]이기

142 최복(衰服)의……않겠습니까 : 장군(長裙)은 긴 치마로 《오례의》에 따르면 길이는 땅에 끌릴 정도이며, 거친 생포 6폭으로 만든다고 하였다. 이 내용은 주자의 《가례》 〈상례(喪禮) 소상(小祥)〉의 '막차(幕次)를 설치하고 연복을 진설한다.〔設次, 陳練服.〕'는 조목에 "남자들은 연복으로 관을 쓰고 수질, 부판, 벽령, 최를 제거한다. 부인들은 긴 치마를 절단하여 땅에 끌리지 않도록 한다.〔婦人截長裙, 不令曳地.〕"라고 하였으므로 말한 것이다.

143 공최(功衰) : 삼년상을 당하여 소상(小祥)이 지난 뒤에 입는 참최복을 말한다. 참최복을 만드는 데 사용하는 마포(麻布)의 승수(升數)가 대공복을 만드는 데 사용하는 마포와 같기 때문에 이렇게 칭한다. 《예기》 〈단궁(檀弓)〉의 《집설(集說)》에 남전

때문입니다. 이미 장군이 아니라면 이를 자른다는 글을 시행할 곳이 없습니다.

문 교대(絞帶)는 반드시 전폭(全幅)을 사용한다는 것은 고례(古禮)에 보이지 않는데, 세속에서는 반드시 전폭을 사용하니, 어떨지 모르겠습니다.
답 교대에 전폭을 사용함은, 포대(布帶)의 경우 넓이를 중(重)하게 여기기 때문입니다.

문 누이의 상을 지난달에 당했는데, 그때 진질(疹疾 열병(熱病))이 막 심해져서 미처 성복하지 못했다가 이번 달에 비로소 성복하였습니다. 복제(服制)는 마땅히 지금 달부터 계산하여 9개월을 해야 합니까?
답 기년복과 대공복의 달수는 처음 사망하였을 때부터 계산한다는 사계(沙溪) 어른의 설이 있는 것을 이전에 보았으니, 《의례문해(疑禮問解)》[144]를 상고해 보는 것이 어떻겠습니까?

문 연제(練祭)를 이미 지내고 대공의 상을 만났다면 마땅히 고례를 따라 마질(麻絰)을 착용하고 마대(麻帶)를 갈대(葛帶) 위에 두르고 관(冠)은 마전하지 않은 관을 써야 되는데, 이는 상복을 입고 집안에

여씨(藍田呂氏)가 "연복(練服)의 승(升)은 공최복(功衰服)과 같아야 한다."라고 하였고, 김장생(金長生)의 《상례비요(喪禮備要)》 〈소상(小祥)〉조에 "의상은 제도가 대공(大功)의 최복(衰服)과 같다."라고 하였다.

144 의례문해(疑禮問解) : 사계(沙溪) 김장생(金長生)이 문인과 친우들의 예(禮)에 관한 질문에 답변한 내용을 엮은 책으로, 자세한 내용은 42쪽 주39 참조.

있을 때를 가리키는 것입니까? 아니면 대공복의 상가(喪家)에 있을 때를 가리키는 것입니까?

답 고례가 비록 이와 같으나 다 행하기는 어려울 듯합니다. 연제 후에 경포중특(輕包重特)[145]한다는 글이 고례에 있으나 지금의 세속에서는 이를 행하는 자가 드무니, 그렇다면 연제 뒤에 대공의 상을 당한 자가 또 어찌 마대와 갈대를 겹쳐서 두를 수 있겠습니까.

제 생각으로는 오직 대공의 상 제전(祭奠)에 참례하여 곡할 때에만 그 상복을 입고 제전이 끝나면 다시 중복(重服)을 입어야 할 뿐입니다. 어떻게 생각하십니까?

문 고례(古禮)에 따라 문(免)[146]을 하되 띠를 흩어 드리우며 문은 두건 위에 가하고자 합니다. 관(冠)과 질(絰)은 모두 졸곡에 이르러 벗을 수 있습니까?

145 경포중특(輕包重特) : 중한 상(喪)과 가벼운 상을 함께 당했을 경우, 비교적 가벼운 신체 부위에는 두 상의 복을 함께 입고 중한 부위에는 한 상의 복만을 입는 것을 말한다. '포(包)'는 겸한다는 뜻이고 '특(特)'은 겸하지 않는다는 말이다. 《예기》 〈간전(間傳)〉에 "참최상(斬衰喪)에서 우제와 졸곡을 지내고 난 뒤에 자최상(齊衰喪)을 당했을 경우, 가볍게 여기는 부위에는 포를 하고 중하게 여기는 부위에는 특을 한다."라고 하였는데, 소(疏)에서 "남자의 경우 가볍게 여기는 부위가 허리이므로 자최의 요대를 한 상태에서 참최의 요대를 겸하여 맬 수 있고, 부인의 경우 머리를 가볍게 여기므로 자최의 수질을 한 상태에서 참최의 수질을 겸하여 쓸 수 있다. 그래서 가볍게 여기는 부위에는 포를 한다고 한 것이다. 남자의 경우 머리를 중하게 여기므로 참최의 수질만 단독으로 남기고, 여자의 경우 허리를 중하게 여기므로 참최의 요대만 단독으로 남긴다. 이것이 바로 중하게 여기는 부위에 특을 하는 것이다."라고 하였다.

146 문(免) : 고대 상복(喪服)의 하나로, 관(冠)을 벗고 괄발(括髮)하며 너비가 1치인 흰 베 조각을 머리에 두르는 것이다.

답 계빈(啓殯)[147]한 뒤에 띠를 흩어 드리우는 한 가지 일은 마땅히 행해야 하지만, 상(喪)의 처음에 문을 행하지 않았으면 이를 생략해도 됩니다. 애시(哀侍)[148]께서 예(禮)를 논한 것을 삼가 살펴보건대 고처(古處 옛 도리로 처신함)를 고집하는 부분이 많아서 주부자(朱夫子)께서 《의례》와 《서의(書儀)》를 참고하여 쓰신 뜻과 같지 않으니, 부디 다시 생각해 보시기 바랍니다.

147 계빈(啓殯) : 장례 절차에서 발인을 하기 위해 빈소(殯所)를 열어 영구(靈柩)를 꺼내는 의식이다.

148 애시(哀侍) : 우리나라의 서간(書簡)에서 주로 쓰이는 용어로, 양친(兩親) 중 한 분의 상을 당했을 경우 삼년상을 치르는 동안에 상주(喪主)를 호칭하는 말이다.

김성보에게 답함

答金城甫

문 사당에 고하는 말은 기일(期日) 하루 전에 고해야 합니까? 아니면 새벽을 기다려 제사를 지낸 뒤에 고해야 합니까?

답 사당에 고하는 말은 바로 기일 하루 전에 고하는 것이요, 새벽을 기다려 제사를 지낸 뒤에 고하는 것이 아닙니다. 대상(大祥) 조의 주(註)에 "먼저 사당에 고하지 않으면 안 된다.〔不可不先告祠堂〕"라고 한 글을 살펴보건대, 여기의 '선(先)' 자는 기일 전을 이른 것입니다.

문 6대조의 신위를 체천(遞遷)하지 않았기 때문에, 고조(高祖)의 신위를 별묘(別廟)에 옮겨 봉안하는데, 고하는 말을 또한 별묘에도 행해야 합니까?

답 별묘에는 굳이 별도로 고하지 않아도 될 듯합니다.

문 대상(大祥) 때 쓰는 망건(網巾)에 대해, 사계(沙溪 김장생(金長生)) 어른께서 말씀하시기를 "희고 거친 말총과 검고 거친 말총을 섞어서 만들어 쓴다."라고 하셨는데, 이 제도는 세상 사람들을 놀라게 하는 것에 가까우니, 어떨지 모르겠습니다.

답 망건을 희고 거친 말총과 검고 거친 말총을 섞어서 만든다는 것은 비록 사계 어른이 말씀하신 것이나 세상 사람들을 놀라게 하는 것이니, 따르기 어려울 듯합니다. 우암(尤菴) 어른의 책 속에 '말총 또한 가(可)하고 베 또한 가하다'는 글이 있다고 도암(陶菴 이재(李縡))이 말하였으니, 그렇다면 말총으로 만든 것에 흰 베로 꾸미는 것 또한 무방할 듯합니다.

문 포립(布笠) 아래에 포모(布帽 베로 만든 두건)을 쓰는 것은 예(禮)의 뜻이 아닐 듯합니다. 삼가 《예기》 〈간전(間傳)〉을 살펴보건대 소호(素縞)[149]가 있고, 구준(丘濬)의 《가례의절(家禮儀節)》에는 포대(布帶)[150]가 있으니, 이 두 글에 의거하여 희고 가는 베로 효건(孝巾 상중에 착용하는 베로 된 두건)을 만들어서 한가하게 거처할 때에 입는 복장으로 삼는 것이 어떠합니까?
답 구준의 《가례의절》의 효건은 본래 상관(喪冠)에 받쳐 쓰는 물건인데, 대상 뒤에 이미 상관을 버리면 효건은 다시 쓸 것이 아닙니다. 세속에서 사용하는 포모를 따르는 것만 못합니다. 두건의 머리가 뾰족하여 참으로 이것만 쓰기는 어렵지만, 질병이 있을 때라면 사용하지 않을 수 없습니다. 한가하게 거처할 때에는 또한 백립(白笠)을 쓰니, 굳이 별도로 관을 만들 필요가 있겠습니까?

문 소상(小祥)의 축문에 "조심하고 삼가서 몸을 게을리하지 않았습니다.〔小心畏忌 不惰其身〕"라는 여덟 자가 있지만, 《상례비요》를 보면 대상(大祥) 이후에는 이것이 빠져있으니, 《가례》를 따라 이 여덟 자를 제거하는 것이 어떻겠습니까?

149 소호(素縞) : 흰 생견으로 만든 관에 흰 명주 베로 선을 두른 것을 이른다.
150 포대(布帶) : 교대(絞帶)와 같이 혁대를 본뜬 것으로, 자최(齊衰) 이하에서 착용하는 것이다.

답 소상의 축문의 '소심외기 불타기신(小心畏忌不惰其身)'의 여덟 자를 남계(南溪 박세채(朴世采))가 이르기를 "마땅히 소상에 쓰고 대상에 써서는 안 된다."라고 하였으니, 이에 의거하여 제거하는 것이 마땅합니다.

문 신주를 받들어 사당에 들인 뒤에, 선고(先考)의 감실(龕室) 안에 부(祔)합니까? 아니면 동쪽 벽 아래에 부합니까?
답 '선고의 감실에 부한다'는 것은 바로 구준의 《가례의절》의 내용인데, 《상례비요(喪禮備要)》의 주를 살펴보건대 이를 따르고자 하였습니다. 그러나 그 아래에 또 혹자의 설을 싣고 "다시 상세히 살펴보아야 한다."라고 하였습니다.[151] 제 생각으로는 혹자의 설에 "또 증조비(曾祖妣)에게 부하는 것이 고례(古禮)의 뜻에 가깝다."라고 한 것이 참으로 옳습니다. 그러므로 이를 따르고자 합니다. 동쪽 벽의 제도를 반드시 따르고자 하는 경우라면 상주(喪主)께서 말씀하신 것이 마땅한 듯합니다.

151 상례비요(喪禮備要)의……하였습니다 : 《상례비요》에 실린 내용은 아래와 같다. "아버지가 먼저 돌아가시고 어머니 상(喪)의 상제(祥祭)를 마쳤을 때는 구준의 《가례의절》을 따라 선고(先考)의 감실(龕室)에 부(祔)하고 합사(合祀)할 때를 기다렸다가 합독(合櫝)함이 합당하다. 대개 《의례》에는 담제(禫祭)를 지내는 달에 길제(吉祭)를 지내면서 아직 고위(孤危)에 배위(配位)하지 않으니, 이로써 미루어 보면 어머니의 상을 마치자마자 곧 선고와 함께 합독해서는 안 됨이 분명하다. ○혹자가 말하기를 '아버지가 비록 먼저 사당에 들었고, 어머니 상을 마쳤더라도, 또한 증조비(曾祖妣)에 부(祔)하여, 합사(合祀)할 때를 기다렸다가 선고에게 배위(配位)함이 고례(古禮)의 본뜻에 가깝다.'라고 하니, 다시 상세히 살펴보아야 한다."

문 노복(奴僕)들의 복색(服色)은 주인의 복을 따라 흰색 전립(氈笠)을 쓰는 것이 바른 예(禮)에 가장 가까울 듯합니다. 만일 그렇지 않다면 검은색 전립에 흰 끈을 매는 것이 어떨지 모르겠습니다.

답 대상 뒤에 노복들이 흰색 전립을 쓰는 것이 바른 예에 가까우나, 노복들이 많아 다 쓰기가 어렵다면 검은색 전립에 흰 끈을 매는 것 또한 크게 문제가 되지는 않습니다.

김성보에게 답함
答金城甫

담제(禫祭)의 날짜를 점칠 때에 비록 배교(环珓)[152]를 사용할 수는 없으나, 고유(告由)는 진실로 마땅히 전월(前月) 하순(下旬)에 행해야 합니다. 다만 그 사이에 날짜가 너무 많아서 사고(事故)가 생길지 알기 어려우니, 인가(人家)에서는 이 때문에 대부분 기일(期日) 3일 전에 고합니다. 이것이 간편(簡便)한 듯한데, 어떨지 모르겠습니다. 하루 전에 고하는 것은 너무 촉박합니다.

담제의 제사가 끝난 뒤에 미길복(微吉服)[153]을 입는 한 가지 일은 본래 예가(禮家)에 하나의 논쟁거리입니다. 고금(古今)의 의복(衣服)의 제도가 결코 똑같지 않은데도 이를 뒤섞어서 논하기 때문에 항상 서로 합치하지 못하여 행하는 바에 차이가 있는 것입니다.

한쪽에서는 담제에 칠립(漆笠 옻칠을 한 갓)·청포(靑袍 푸른 색 도포)·흑사대(黑絲帶 검은 명주실로 짠 띠)를 입고 길복(吉服)이라고 하고 제사가 끝난 뒤에 칠립·백포(白袍 흰 도포)·백사대(白絲帶 흰 명주실로 짠 띠)나 혹 삼승아청대(三升鴉靑帶)[154]를 입고 미길복(微吉服)이라고

152 배교(环珓) : 옛날에 점을 칠 때 사용하던 도구로, 조개껍질처럼 양쪽 조각이 떨어졌다 붙었다 할 수 있도록 옥이나 대나무로 만들어서 땅바닥에 던져 그 모양을 보고 길흉(吉凶)을 점쳤다. 환교(環珓)라고도 한다.

153 미길복(微吉服) : 아직 완전히 길하지는 않고 조금 길한 복을 말한다.

154 삼승아청대(三升鴉靑帶) : 3승(升)의 검푸른 색 비단으로 짠 띠이다.

하며, 또 한쪽에서는 담제에 칠립·백포·흑사대를 입고 길복이라고 하고 제사가 끝난 뒤에 참포립(黲布笠 검푸른 베로 만든 갓)·참포대(黲布帶 검푸른 베로 만든 띠)·백포나 혹 백직령(白直領)[155]을 입고 미길복이라고 하니, 이 때문에 서로 차이가 있게 되는 것입니다.

이 두 가지를 가지고 논해 보건대 전자(前者)가 옳고 후자(後者)가 잘못입니다. 참포립과 참포대를 미길복이라고 말하지만 참포립과 참포대는 실로 심상(心喪)의 복색입니다. 미흉복(微凶服)이라고 하는 것은 괜찮지만 미길복이라고 하여서는 안 됩니다. 일찍이 듣건대 농암(農巖) 선생께서 담제 뒤에 참포립을 입는 것은 잘못이고 담제가 끝난 뒤에 인하여 칠립을 쓴다고 하였으니, 담제 뒤에 어찌 복제(服制)가 있어서 스스로 담복인(禫服人)이라고 칭한단 말입니까. 담제 뒤에는 스스로 마땅히 평상시와 같다고 하여야 합니다.

《예기》〈상대기(喪大記)〉에 이르기를 "담제를 마치면 종어(從御)하고 길제(吉祭)를 마치면 본래의 침소를 회복한다.〔禫而從御 吉祭而復寢〕"라고 하였는데,[156] 혹 '어(御)' 자와 '침(寢)' 자에 차이가 있습니까? '어'는 방시(旁侍 곁에서 모심)를 이르고 '침'은 임석(衽席 침실의 잠자리)을 이르는 것입니까? 그러나 예(禮 〈상대기〉)에 이르기를 "상을 마칠 때까지 부인과 잠자리를 같이하지 않는다.〔終喪不御於內〕"라고 하여, '어' 자와 '침' 자가 그 뜻이 다른지 알지 못하겠으니, 매우 의심스럽습니다.

155 백직령(白直領) : 흰색 모시로 만든 웃옷으로, 곧은 깃에 동정과 고름이 있다.

156 예기……하였는데 : 저본에는 〈잡기(雜記)〉로 되어 있으나 《예기》에 의거하여 〈상대기(喪大記)〉로 바로잡았다. 이 글의 '종어(從御)'에 대해서는 정현(鄭玄)은 "부인을 거느리는 것이다.〔御婦人也.〕"라고 하였고, 두예(杜預)는 "정사에 종사하여 직무를 다스리는 것이다.〔從政而御職事.〕"라고 하여 두 가지 설이 있다. 《禮記註疏 喪大記》

담제를 마치면 종어(從御)한다는 것은 고례에는 비록 이와 같으나, 마땅히 '길제를 마치면 본래의 침소를 회복한다'는 것을 바름으로 삼아야 합니다.

김성보에게 답함

答金城甫

계후자(繼後子 후사를 잇는 양자)의 상(喪)은 장자(長子)의 참최복(斬衰服)으로 한다는 한 가지 조목의 가르침에 있어 제가 의심하는 바가 고명(高明)의 뜻과 본래 같으나, 우암(尤菴) 어른께서 박사원(朴士元)[157]에게 답한 편지가 자못 준절(峻截)하니, 어길 수 없을 듯합니다. 그러므로 연전(年前)에 이 예(禮)를 써야 할 경우를 당한 인가(人家)에서 찾아와 묻기에 '감히 자신을 믿지 못하고 스승을 믿는다'는 의리를 따라 우선 내 자신의 의심하는 바는 놓아두고 우암 어른의 설을 들어 답하였습니다. 이에 그 집안에서는 이를 따라 참최복을 입지 않았습니다.

이 일에 대해 우암 어른의 설은 전후(前後) 두 가지가 있는데, 후설이 바로 애시(哀侍)[158]께서 인용한 박수여(朴受汝)[159]에게 답한 편지의 내용입니다. 전설과 후설이 똑같지 않음이 진실로 의심할 만하지만,

157 박사원(朴士元) : 박광일(朴光一, 1655~1723)로 사원은 그의 자이고 호는 손재(遜齋), 본관은 순천(順天)이다. 우암(尤菴) 송시열(宋時烈)의 문하에서 수학하여 권상하(權尙夏), 정호(鄭澔) 등과 교유하며 학문 연구에 힘썼고, 학문으로 명성이 높았다.

158 애시(哀侍) : 부모상을 당한 상주(喪主)를 호칭하는 말이다.

159 박수여(朴受汝) : 박중회(朴重繪, 1664~1691)로 수여는 그의 자이고 호는 소은(素隱), 본관은 순천(順天)이다. 우암(尤庵) 송시열(宋時烈)의 문인으로 송시열이 제주(濟州)로 귀양 갈 때 안여해(安汝諧) 등과 함께 배송(陪送)하였다.

전설은 《예의유집(禮疑類輯)》[160]에 들어가 있는데 후설은 들어가 있지 않습니다. 《예의유집》의 편차(編次)가 이미 근세의 숙유(宿儒)의 손에서 나왔으니, 그렇다면 마땅히 취사(取捨)의 권형(權衡)이 있을 것입니다. 그러므로 저는 《예의유집》을 상고하고서 전설을 따르고자 한 것입니다.

지금 보내온 편지에서, 뒤에 있는 것을 정론(定論)으로 삼아 후설을 따르고자 하시니, 연조(年條)의 선후는 과연 분명한 것입니까? 근거할 만한 연조가 없다면 편지 안에 흩어져 나오는 것의 순서를 가지고 초년설과 만년설의 구분을 무리하게 정해서는 안 될 듯합니다. 정자(程子)의 복의(濮議)[161] 중 적자(嫡子)는 범연(泛然)히 논한 부자(父子)의 대체(大體)가 된다는 것은 따로 하나의 의리가 됩니다. 그렇다면 이 '적(嫡)' 자는 분명한 증거가 될 수 없습니다. 이전에 수암(遂菴 권상하(權尙夏)) 어른의 설을 보지 않은 것은 아니나, 그 설에도 끝내 미확정의 표현이 있습니다. 이 때문에 따를 수 없는 것입니다.

선현(先賢)들이 논하신 바가 이미 차이가 있으니 진실로 절충(折衷)하기 어렵습니다. 그러나 주부자(朱夫子)께서 "한 가지 책을 가지고

160 예의유집(禮疑類輯) : 도암(陶庵) 이재(李縡)의 문인인 박성원(朴聖源, 1697~1767)의 저술로, 자세한 내용은 37쪽 주31 참조.

161 정자(程子)의 복의(濮議) : 복의에 있어서의 정자의 주장을 가리킨다. 복의는 송(宋)나라 영종(英宗)의 친부인 복안의왕(濮安懿王)의 추숭(追崇) 문제를 둘러싸고 일어난 논쟁을 말한다. 사마광(司馬光)과 왕규(王珪) 등 대간(臺諫)은 백부〔皇伯〕로 대우해야 한다고 주장했고, 구양수(歐陽脩)와 한기(韓琦) 등은 아버지〔皇考〕로 해야 한다고 주장하여 서로 대립하였는데 결국 사마광과 왕규 등이 조정에서 축출되는 것으로 마무리되었다. 《宋史 卷245》 이때 정자는 팽사영(彭思永)을 대신하여 상소하여 백부로 대우해야 한다고 주장하였다.

전거(典據)로 삼을 수 있으면 충분하다."라는 가르침을 가지고 대처하면, 우암 어른의 후설과 수암 어른의 설을 써서 계후자도 참최복을 입는 것이 불가(不可)할 것이 없지 않겠습니까. 그러나 이는 예(禮)의 대절(大節)로 인가(人家)에서 각각 자신의 소견대로 행하여 혹 참최복을 입고 혹은 참최복을 입지 않아서 반세기 동안 서로 어긋나서 매우 뒤섞여 있으니, 어떻게 귀일(歸一)시켜야 할지 모르겠습니다.

김성보에게 답함

答金城甫

문 개장(改葬)을 사당에 고하는 축사를 지을 적에 '고애손(孤哀孫)'이라고 칭해야 합니까? 우리나라 감실(龕室)의 제도는 《가례》와 달라서, 형편상 술과 과일을 차려 해당 신위(神位)에게 고하는 예(禮)를 단독으로 행하기가 어려우니, 신주를 청사(廳事)에 내어 행하는 것이 어떻습니까?

답 개장을 사당에 고하는 축사에는 마땅히 '고애(孤哀)'라고 칭해서는 안 될 듯합니다. 졸곡 후의 부제(祔祭)부터는 효자(孝子)라고 칭하여 소상(小祥)과 대상(大祥), 담제(禫祭)에 이르기까지 모두 그러합니다. 인가에서 소상과 대상의 축문에 반드시 '고애'라고 칭하는 것은 예문(禮文)을 깊이 상고하지 못했기 때문입니다.

사당 안에 모시고 있는 마땅히 천장(遷葬)할 신위에게 고유(告由)함에 있어, '청사에 모시고 나가서 행한다'는 글이 없습니다. 이에 단독으로 하나의 신위 앞에 술과 과일을 차리는 것은 온당하지 않을 듯하나, 세밀히 따져보면 다만 해당 신위에 일이 있어서 이를 고하는 것이니, 또한 혐의할 것이 없습니다.

일찍이 보건대 우암(尤菴) 선생께서 "감실에 간격이 있으면 단독으로 행해도 혐의가 없다."라고 하셨는데, 이는 감실의 제도가 갖춰진 것이 아니라면 행하기 어려울 듯하다고 한 것이나, 제 생각으로는 반드시 옳지는 않을 듯합니다. 어떨지 모르겠습니다.

문 조고의 산소를 파토(破土)[162]하는 날짜를 금월(今月) 13일로 정하였으니, 선영(先塋)에 고하고 사유(事由)를 고하는 일을 마땅히 이날 행해야 하고 출구(出柩)[163]는 19일에 있어야 합니다. 그때에 또 선영에 고하고 산신(山神)에게 고하는 일이 없을 수가 없으니, 축사를 짓는 것을 어떻게 합니까? 술과 과일을 차리지 않습니까?

답 무덤을 허무는 일과 출구의 날짜가 같지 않은 것은 바로 감여술(堪輿術 풍수지리설)로 인하여 그런 것입니다. 그러나 예가(禮家)는 다만 무덤을 열 때에만 후토신(后土神)에게 제사하고 무덤에 축문을 고할 뿐인데, 시속(時俗)에서는 그렇지 않아서 파토할 때에 고하고 계묘(啓墓)[164]할 때에 또다시 고합니다. 이에 두 번의 일을 하느라 고사 또한 뜻이 중첩(重疊)됨을 면치 못하니, 저는 일찍이 이에 대해 깊이 의심하였지만 설을 만들지는 못했습니다.

그러나 남계(南溪)가 파토의 고사(告辭)에 대한 질문을 받고 "지금 장차 파분(破墳 무덤을 허뭄)하려 합니다."라는 글을 써서, 이로써 《상례비요》의 계묘(啓墓) 축사인 "지금 장차 개장(改葬)하려고 합니다."라는 글과 분별하고자 하였으니, 그의 뜻이 두 번 고한다고 단정함을 알 수가 있습니다. 부디 남계의 예설을 상고하여 대처하는 것이 어떻겠습니까? 두 차례 고할 때에 술과 과일은 모두 진설하지 않을 수 없습니다.

162 파토(破土) : 무덤을 만들기 위하여 풀을 베고 땅을 파는 일을 말한다.

163 출구(出柩) : 무덤을 옮길 때 무덤 속으로부터 관을 들어내는 일을 말한다.

164 계묘(啓墓) : 이장(移葬)이나 반장(返葬)을 하기 위해 묘를 허무는 것을 말한다.

문 선영(先塋)에 고할 적에 축관(祝官)을 시켜 이를 행하게 합니까? 아니면 상주 본인이 스스로 행해야 합니까?
답 선영에 고하는 것이 새로운 상(喪)의 3년 이내라면, 축관을 시켜 행하는 것이 마땅할 듯합니다.

문 세속(世俗)에서 새로운 상(喪)을 만나 장차 아버지나 혹 어머니의 산소에 합장(合葬)하고자 발인(發靷)하여 산 아래에 이르렀다가, 산변(山變)[165]을 당해 천장(遷葬)하는 경우가 왕왕 있는데, 으레 빈소를 따로 만들고 각각 상식(上食)을 진설합니다. 다만 고비(考妣)의 두 신위(神位)를 오랜 세월이 지난 뒤에 일시에 출구(出柩)하는 경우에 있어서는, 집에서 지내는 제사를 합설(合設)하는 뜻을 따라 다만 하나의 신위와 하나의 탁자만을 설치하고 밥과 국은 각각 진설하되 나물과 과일은 함께 진설합니다. 혹 각각 진설하더라도 이는 다만 상식과 전(奠)에 있어서만이요, 교의(交椅)[166]와 향상(香床)[167]은 굳이 각각 설치할 필요가 없을 듯합니다. 어떨지 모르겠습니다.
답 천장은 한결같이 초상(初喪)의 예(禮)를 따르니, 비록 두 신위를 오랜 세월이 지난 뒤에 일시에 출구하더라도 마땅히 '해상(偕喪)[168]에는 빈소를 따로 한다'는 글을 따라 교의(交椅)와 탁자 및 궤전(饋奠)[169]

165 산변(山變) : 뫼를 쓴 일로 말미암아 생기는 산송(山訟)을 말한다.

166 교의(交椅) : 신주나 혼백상자 등을 놓아두는 다리가 긴 의자이다.

167 향상(香床) : 제사 때에 향로나 향합(香盒)을 올려놓는 상이다.

168 해상(偕喪) : 부모나 조부모 등 가까운 친족의 상이 겹쳐서 난 것으로 병유상(竝有喪)이라고도 한다.

169 궤전(饋奠) : 매장하기 전까지 제사 형식을 갖추지 않고 음식을 올리는 예를 말한다.

을 모두 마땅히 각각 진설하고 차례에 따라 행해야 합니다.

문 만약 각각 진설하는 예(禮)를 따른다면, 우제(虞祭)와 궤전 또한 각각 진설하고 선후에 따라 행해야 합니까?

답 우제와 궤전 또한 마땅히 선후에 따라 행해야 합니다.

김성보에게 답함

答金城甫

편지에서 하신 말씀은 삼가 다 잘 살펴보았습니다. 재차(再次) 고유하는 것에 대해 고명(高明)은 편지에서 의미가 중첩된다고 하여 의심하였습니다. 그렇다면 남계(南溪)의 설은 끝내 따를 수 없는 것입니까? 그러나 날짜가 그다지 서로 멀지 않으니, 후토신(后土神)에게 제사하는 것과 선영(先塋)에 고하는 것을 모두 파토(破土)하는 날보다 먼저 행해서, 변통(變通)의 방도를 쓰는 것도 무방할 듯합니다. 어떻게 생각하십니까?

면례(緬禮 이장(移葬))할 때에 시마복(緦麻服)을 입는 것은 출구(出柩)하는 날에 마땅히 행해야 합니다. 예(禮)의 뜻이 단연코 이와 같은데 또 무엇을 의심하십니까?

김성보에게 답함
答金城甫

예서(禮書)를 읽는 일에 진력(盡力)하고자 한다고 하시니, 매우 좋습니다. 주부자(朱夫子)의 가르침을 따라 《예기》와 《의례》를 아울러 읽되 각 편(編)들의 선후 차례를 또한 《주자대전》에 실린 내용에 의거하여 읽는 것이 안 될 것이 없습니다. 그러나 고인들이 장례를 치르기 전에는 상례(喪禮)를 읽고 장례를 치른 뒤에는 제례(祭禮)를 읽는다는 구절을 가지고 보면, 〈사관례(士冠禮)〉·〈혼례(昏禮)〉·〈연례(燕禮)〉·〈향음주례(鄕飮酒禮)〉·〈향사례(鄕射禮)〉 등의 편은 읽기에 알맞은 때가 아닌 듯하니, 어떨지 모르겠습니다. 굳이 구애를 받아야 합니까?

《예기》의 〈악기(樂記)〉는 악장(樂章)과 다름이 없으니 결코 읽어서는 안 됩니다. 사서(四書) 중에 시를 인용한 곳은 굳이 폐할 것이 없으니, 다만 낮은 목소리로 읽어 나가면 무방합니다. 상중의 독서는 음성을 좋게 꾸미려 해서는 안 되니, 또한 주자의 가르침이 있습니다.

김성보에게 답함

答金城甫

바로 그대의 편지를 받고, 효자의 체후(體候)가 매서운 추위를 잘 이겨내고 있음을 공경히 알았으니, 위로됨이 끝이 없습니다.

저는 뜻밖에 일명(一命)의 관직[170]을 제수받는 은혜를 입었으니, 성상(聖上)의 은혜에 감축(感祝)하고 있습니다. 출처(出處)에 대해서는 비록 '마시는 물의 차갑고 따뜻함은 스스로 아는 것'[171]이라고 말하나, 또한 마땅히 붕우들과 강론(講論)해야 할 일입니다. 지금 가르침을 내려 주신 것이 진지하고 간절하여 저의 처지와 도리를 가지고 말씀하시니, 실로 이것이 사랑하는 뜻에서 나온 것임을 저 또한 어찌 모를 리가 있겠습니까.

다만 나이가 장차 60세에 가까워짐에 질병으로 빨리 노쇠해져서 바로 고질병을 앓는 자와 같아서, 실로 근력(筋力)을 써서 분주히 다닐 희망이 없으니, 비록 벼슬길을 따르고자 하나 이는 형편상 어쩔 도리가 없어서이고, 감히 자신을 높이는 것이 아닙니다. 이것은 자로(子路)가

170 일명(一命)의 관직 : 조정으로부터 임명받는 최하위의 관직으로 조선조의 경우는 종9품이다.

171 출처(出處)에……것 : 출처는 도(道)를 펼 만하면 조정에 나아가 벼슬하고 그렇지 못하면 물러나 은거함을 이른다. 원문의 '냉난자지(冷煖自知)'는 스스로 알아서 일을 결정함을 말한 것으로, 수당(隋唐) 시기의 고승인 몽산(蒙山) 도명 선사(道明禪師)의 "예컨대 사람이 물을 마심에 차고 따뜻함은 스스로 아는 것이다.〔冷煖自知.〕"라는 말을 원용한 것이다. 《五燈會元 卷2 袁州蒙山道明禪師》

말한 것과 같지 않으니,[172] 다행히 죄가 없을 수 있지 않겠습니까? 한번 생각해보시기 바랍니다. 이만 줄입니다.

172 자로(子路)가……않으니 : 자로가 말한 것은《논어》〈미자(微子)〉에, 세상을 버리고 은거하는 노인에게 자로가 "벼슬하지 않는 것은 의리가 없으니, 장유(長幼)의 예절도 폐할 수 없는데 군신(君臣)의 의리를 어찌 폐할 수 있겠는가. 자기 몸을 깨끗이 하고자 큰 인륜을 어지럽히는 것이다.〔不仕無義, 長幼之節不可廢也, 君臣之義如之何其廢之? 欲潔其身而亂大倫.〕" 한 구절을 가리키는 듯하다.

김성보에게 답함
答金城甫

면복(緬服)[173]을 입고 있는 중에, 본래 신위(神位)의 기제사를 지내게 되어 면복 차림으로 장차 제사를 치르려 하는데, 이에 분명한 근거가 없습니다. 우암(尤菴) 어른이 논하신 바를 가지고 보면, 묘제(墓祭)에 이미 면복을 입었다면 기제와 묘제는 똑같으니, 마땅히 편지에서 말씀하신 대로 하여야 합니다. 다만 선고(先考)와 선비(先妣)의 제사를 아울러 지내는 자는, 선비를 위한 면복을 선고의 기제에 입어서는 안 될 듯하고 선고를 위한 면복을 선비의 기제에 입어서는 안 될 듯하니, 이 곡절(曲折)을 또한 마땅히 자세히 헤아려야 할 듯합니다.

173 면복(緬服) : 조상의 무덤을 이장할 때 다시 입는 상복으로 시마복(緦麻服)이다.

김성보에게 답함

答金城甫

아내 상(喪)의 기년복 중에, 선조(先祖)의 기제를 지낼 적에 삼헌(三獻)을 올리는지 여부는 선배들이 논한 것을 볼 수 없습니다. 비록 삼년상의 체재(體裁)를 갖추었다고 하나 끝내 삼년상을 치르는 상인(喪人)과는 차이가 있기 때문에, 선조의 제사에 삼헌을 올리기를 평상시와 똑같이 하는 것입니까? 혹자가 말하기를 "주부(主婦)의 상중에 마땅히 성대한 제사를 지내서는 안 되니, 선조의 기제에 단헌(單獻)으로 지내는 자들이 많다."라고 하는데, 과연 근거한 바가 있는지 모르겠습니다. 이와 같은 집안들은 마땅히 아내 상의 담제(禫祭)가 끝난 뒤라야 선조의 기제에 비로소 삼헌을 하여야 할 것입니다.

김성보에게 답함

答金城甫

자문(諮問)을 구하신 부묘(祔廟) 한 조항은, 전년(前年)에 찾아와 이를 물은 사람이 있었습니다. 이에 제가 대답하기를 "예위(禰位 아버지의 신위)가 이미 정위(正位)에 있는데 조비(祖妣)의 신위를 여전히 동쪽 벽에 봉안하는 것은 존비의 차서(次序)로 보아 온당하지 않을 듯하다." 라고 하였습니다.

그러나 대상 때 사당에 들이면서 여전히 동쪽 벽에 봉안하는 것은, 실로 조고(祖考)와 합부(合祔)하는 것에 중(重)함을 돌려서 점차 길(吉)함으로 나아가는 뜻이 있는 것이니, 조비의 신위가 예위 아래에 있는 것이 바로 사리(事理)와 형편상 자연스러운 것입니다. 굳이 존비의 차서가 뒤집혔다고 혐의할 것이 없는데, 귀가(貴家)에서는 어떻게 대처하시는지 모르겠습니다. 존고조(尊高祖)의 신위를 이미 꺼내어 별도의 사당에 모셨다면 새 신위의 대상(大祥) 이후에 이를 별도의 사당에 부(祔)하는 것은 타당하지 않을 듯합니다.

대상 이후에 사당에 부(祔)함에 있어, 길제(吉祭) 때에 마땅히 사당에 들이는 것을 위주로 한다면, 마땅히 들여야 할 사당을 버리고 별도로 세운 사당에 나아가는 것은 의의가 없을 듯합니다. 애가(哀家 상(喪)을 당한 상대방의 집안)에서 당한 것과 같은 경우는 마땅히 《예기》 〈상복소기(喪服小記)〉의 '할아버지가 없으면 고조에게 합부한다'는 글을 따라서 존조비(尊祖妣)의 신위를 불천위(不遷位)인 존6대조비(尊六代祖妣)의 신위에 합부(合祔)해야 합니다. 어떻게 생각하시는지 모르겠습니다.

할아버지에게 합부하느냐 고조에게 합부하느냐를 막론하고 다만 존위(尊位)의 설을 따른다면, 합부하는 신위를 동쪽 벽에 서쪽을 향하게 두는 것이 의미가 매우 근엄(謹嚴)하니, 고명이 말한 존위를 낮은 자리에 둔다는 혐의에 끝내 구애되어서는 안 됩니다. 그러나 만일 구준(丘濬)의 《가례의절(家禮儀節)》을 따라 곧바로 아버지의 감실에 합부하고자 하는데, 양창독(兩牕櫝)[174]이 협소하여 두 신위를 수용하기가 어렵다면, 양창독을 우선 제거하고 감실(龕室)의 안이 충분히 두 신위의 좌식(坐式)[175]을 수용할 수 있는 것을 사용하여 새 신위를 합부하는 것이 또한 마땅할 듯합니다.

다만 '담월의 길제에도 여전히 배향하지 않아서 축문을 고비(考妣)에게 각각 다른 판(板)을 쓴다'는 의미로 본다면, 비록 아버지의 감실에 이미 받들어 합부하였더라도 여전히 합독하지 않았으면 길제 전의 초하루와 보름, 절일(節日)에 하나의 탁자에 같이 제사 지내는 것은 매우 온당하지 않습니다. 두 개의 탁자로 각자 제사 지내는 것이 마땅하니, 또한 모름지기 이것을 상량(商量)해야 합니다.

174 양창독(兩窓櫝) : 신주를 모셔 두는 궤로 전면에 두 쪽의 문을 단 것이다. 양창독에는 주로 부부(夫婦) 양위(兩位)의 신주를 모신다.

175 좌식(坐式) : 한 위(位)의 신주를 모셔 두는 좌대(坐臺)이다.

김성보에게 답함
答金城甫

보내온 편지에서 말씀하신 부묘(祔廟) 한 가지 일은, 당초 부제(祔祭)에 '중일이부(中一而祔)'[176]의 구절을 곧바로 따르지 못하여 이 혐의의 단서를 초래한 것이 한스럽습니다. 부제(祔祭)는 존고조비(尊高祖妣)의 신위에 행하고 부묘(祔廟)는 존6대조비(尊六代祖妣)에게 부(祔)하니, 이는 참으로 가지런하지 못함이 있습니다. 그러나 예(禮)가 예외적인 상황에 이르렀다면 어찌 상규(常規)로 논할 수 있겠습니까. 그것이 권도(權道)를 써야 할 경우에 있다면 오직 마땅히 이와 같이 행할 뿐입니다. 두 사당에 아뢰는 고사는 글을 만들기가 매우 어려워 다만 이렇게 지어 올리니, 부디 재량하여 쓰시는 것이 어떻겠습니까?

대상의 부묘 고사(告辭)는 각 신위를 나열한 아래에 이르기를,

"이번에 선조비(先祖妣) 모봉 모씨(某封某氏)의 대상이 이미 이르러 예(禮)에 마땅히 합부하여야 하는데, 현고조비(顯高祖妣) 모봉 모씨의 신주를 내와 별묘(別廟)에 모셨기 때문에 현고조비에게 합부할 수 없습니다. 이에 장차 '중일이부'의 글을 따라서 현6대조비(顯六代祖妣) 모봉 모씨에게 합부하려 하오니, 감회와 슬픔을 이길 수 없습

176 중일이부(中一而祔) : 사당에 신주(神主)를 합부할 때 소목(昭穆) 법에 의거하여 가운데 한 자리를 걸러 손자는 아버지 한 대를 건너뛰어 할아버지에게 합부하는 법을 이른다.

니다. 삼가 술과 과일을 가지고, 운운."

이라고 합니다.

○별묘에 올리는 고사는 현고조고비(顯高祖考妣)를 나열한 아래에 이르기를

"이제 선조비 모봉 모씨의 대상이 이미 이르러 예에 마땅히 현고조비에 합부하여야 합니다. 그러나 현고조비의 신주가 별묘에 있기 때문에 받들어 합부할 수가 없습니다. 이에 장차 '중일이부'의 글을 따라서 현6대조비 모봉 모씨에게 합부하려 하오니, 당초에 고조비에게 부제를 지낸 뜻과 같지 않습니다. 이는 변례에 관계되어 마땅히 사유를 말씀드려야 하기에 삼가 술과 과일을 가지고, 운운."

이라고 합니다.

김성보에게 답함
答金城甫

보내온 편지에서 보여주신 송(宋)과 임(任) 두 군자(君子)의 설은 모두 선현들이 말하지 않은 것이니, 제가 생각하건대 이와 같이 전에 없던 것을 처음 만들어서 행해서는 안 될 듯합니다. 상(喪)이 이어졌더라도 합사(合祀)하기 전에는 전상(前喪)을 합독(合櫝)할 수 없으니, 이것이 바로 좌하(座下)가 마주친 변례(變禮)인 것입니다. 설령 10년의 오랜 세월에 이르더라도 또한 어쩔 수가 없습니다.

송씨(宋氏)의 설은 미리 이것을 걱정하여 변통(變通)하고자 하여 합사하지 않고 먼저 고위(考位)에 배향하자는 것이니, 의기(義起)[177]한다는 혐의가 없겠습니까. 또 예(禮)라는 것은 반드시 하나의 꿰미처럼 관통된 뒤에야 행할 수 있는데, 고조(高祖)를 계승하는 종자(宗子)가 마땅히 체천(遞遷)해야 하는 것이 여기에 장애가 될 것이니, 그렇다면 이 설은 끝내 행할 수 없을 듯합니다.

임씨(任氏) 친구가 인용한 "합사 시에 먼저 배향한다. 운운." 한 것은, 살펴보건대 《상례비요(喪禮備要)》 길제(吉祭) 조의 주(註)에 이르기를 "제사할 때 신위를 합한다."라고 하였으니, 그렇다면 이는 제사와 배향이 분명하게 선후가 있다고 논할 수 없는 것입니다. 좌하께서 일시(一時)의 일을 가지고, 저것을 취하면서도 이것을 인용하여 분변할

177 의기(義起) : 예문(禮文)에는 없지만 의리에 입각해서 새로운 예(禮)를 만드는 것을 말한다.

수 없다고 하신 것은 마땅합니다.

임씨의 설은 또 '담월에 길제를 행하고 달을 넘겨 배향한다'는 글을 인용하여, 합사하는 달을 중하게 여기고 합독은 제사를 지내느냐 않느냐에 관계되지 않는다고 말하였으나, 다만 먼저 합사하고 뒤에 배향하는 것이 과연 먼저 배향하고 뒤에 합사하는 증거가 될 수 있을지 모르겠습니다. 그다지 사실에 부합하지 않을 듯합니다.

담월에 길제를 지내지만 여전히 배향하지 않는 것은 어째서입니까? 소(疏)에 이르기를 "슬픔을 잊지 못하여 마치 상중(喪中)인 것처럼 한다."라고 하였으니,[178] 이를 가지고 살펴본다면 합독의 한 가지 일이 길제와 견주어 더욱 길한 일임을 알 수 있습니다. 이미 길제를 지내고서도 여전히 배향하지 않는데, 길제를 지내지도 않고 배향할 수 있겠습니까. 이것으로 행하기 어려움을 아는 것입니다.

3, 40년 동안 후사를 세우지 못한 것에 이르러 너무 오랫동안 합사하지 못함을 근심한다면, 좌하께서 "주부(主婦)와 아우와 조카들이 있는데, 임시로 제사를 주관하여 합독할 자가 어찌 없겠는가."라고 말씀하신 바를 가지고 이 의문을 풀 수 있습니다.

이 예(禮)에 대한 저의 소견(所見)이 우연히 좌하와 서로 같습니다. 좌하의 설 가운데의 "여러 사당의 신주를 모은다.〔聚群廟主〕"라는 글을 가지고 논해보면, 옛날에는 상을 치르는 3년 동안 제사를 지내지 않았으니, 제사를 지내지 않을 때라면 어찌 합독을 논하겠습니까. 고견이 진실로 옳습니다.

178 소(疏)에……하였으니 : 소는 가공언(賈公彦)의 소이다. 이 소는 《의례주소(儀禮注疏)》 권(卷)14 〈사우례(士虞禮)〉의 '기이소상(朞而小祥)' 조에 보인다.

김성보에게 줌

與金城甫

천장(遷葬)할 적에 영침(靈寢 대렴(大殮)한 뒤 시신을 두는 곳)의 이불과 베개를 다시 만드는 뜻에 대해 얼마 전에 우암(尤菴) 어른의 설을 인용하여 대답하였는데, 다시 생각해보니 수암(遂菴 권상하(權尙夏))께서 "이미 평소에 쓰던 이불과 베개가 없는데, 며칠 동안 사용하기 위하여 새로 마련하여 비치하기가 진실로 어렵다."라고 하여, 따르지 않으려 한다고 말하셨으니, 모름지기 두 분 선생의 설 중에서 일의 형편에 따라 헤아려 행해야 할 것입니다.

김성보에게 줌

與金城甫

면복(緬服)을 입고 있는 동안, 제사에 찬품(饌品)을 더 차려서 평상시와 달리한다는 것에 대해서는 선배들의 설이 보이지 않습니다. 또 3개월 안에 행하는 것을 가지고 3년 안에 행하는 것과 견준다면, 이는 끝내 길게 끄는 것이 될 듯합니다. 고례(古禮)에서는 개장(改葬)의 시마복(緦麻服)은 장례하면 바로 상복을 벗었는데, 뒤에 후(厚)함을 따르는 의리를 써서 그대로 3개월 동안 상복을 입었습니다.

그러나 이 3개월 안에 지내는 제사의 예절을 굳이 삼년상 동안에 제사하는 예(例)를 따라 행할 필요는 없습니다. 어떻게 생각하십니까? 설날과 단오(端午) 두 명절에 대한 말씀은 묘제(墓祭)를 이른 것입니까? 묘제와 묘사(廟祀)를 막론하고 다만 평상시와 같이 하는 것이 마땅합니다.

김성보에게 답함

答金城甫

흰색 두건을 쓰고 염(斂)에 참관하는 것은 본래 효자(孝子 부모의 상을 당한 상주)의 일이니, 우암(尤菴) 어른께서 비록 기복인(期服人 기년복을 입는 사람)에게도 미루어 사용하게 하고자 하였으나, 이는 따르기 어려울 듯합니다.

흑포립(黑布笠 검은 색깔의 베로 싼 갓)이 길관(吉冠 길례(吉禮)에 쓰는 관)이 아니라는 것은 이미 수암(遂菴 권상하)의 설에 있으니, 우선 소렴(小斂) 전에는 흑립(黑笠)을 썼다가 소렴 후에 비로소 두건과 수질(首絰)과 요질(腰絰)을 쓰는 것이 마땅합니다. 어떻게 생각하십니까?

새벽에 사당에 배알(拜謁)하는 일을 성복(成服) 전에 폐하는지 여부는 비록 분명한 근거가 없으나, 상가(喪家)에서 통용되는지 여부를 막론하고 빈(殯)을 마치기 전에는 매우 비통하고 경황이 없으니, 우선 폐하여도 무방할 듯합니다.

산빈(山殯)[179]이 비록 영폄(永窆 영원히 모실 산소)과 다르나, 영구(靈柩)가 이미 집을 떠났다면 곧바로 조조(朝祖)[180]를 행하지 않아서는 안

179 산빈(山殯) : 이장할 때 산에 임시로 묘를 만들어 짚으로 덮어놓는 것이다.

180 조조(朝祖) : 발인(發靷)하기 하루 전에 영구(靈柩)를 모시고 사당으로 가서 조상을 뵙는 의절이다. 이는 생전에 외출하려면 반드시 조상에게 고했던 것을 본뜬 것인

됩니다. 비록 혼상(魂箱 혼백(魂帛)을 담는 상자)으로 영구를 대신하더라도 군이 영폄의 때를 기다릴 필요가 없습니다. 어떻게 생각하십니까?

발인하는 날 혼백(魂帛)과 널을 산 아래로 함께 가져갔다가 초빈(草殯)[181]한 뒤에는 마땅히 본가(本家)로 혼백을 봉안하여 돌아와 궤전(饋奠)을 행해야 하니, 혼상은 비록 조조(朝祖)가 끝났더라도 다시 집으로 가지고 와도 무방할 듯합니다. 예(禮)에 본래 "장례 뒤에 혼상을 집으로 가지고 왔다가, 삼우(三虞)를 기다려 이를 묻는다."는 글이 있습니다.

초빈한 뒤에 혼백을 우선 본가로 다시 가져와 봉안하나, 명정(銘旌)은 그대로 깃대를 제거하고 널 위에 두는 것이 옳습니다. 명정은 널에 속하니 서로 떨어지게 하여서는 안 되기 때문입니다.

조전(祖奠)과 견전(遣奠)은 영폄(永窆)한 뒤에야 비로소 행할 수 있습니다.

데, 후세에는 가묘(家廟)가 협소한 관계로 혼백(魂帛)으로 대신하였다. 《가례(家禮)》 〈상례(喪禮)〉에 "발인 하루 전날에 조전(朝奠)을 올리면서 영구(靈柩)를 옮길 것을 고유(告由)한다. 영구를 받들어 조묘에 알현시킨다."라고 한 구절이 보인다.

181 초빈(草殯) : 어떤 사정이 있어 장례를 속히 치르지 못하고 시신을 방 안에 둘 수 없을 경우, 밖에 관을 놓고 이엉 따위로 그 위를 이어 눈비를 가릴 수 있도록 덮어 두는 일을 이른다.

김성보에게 답함

答金城甫

문 잠곡(潛谷)[182] 선조가 사당에서 친진(親盡)[183]된 뒤에, 여러 후손들이 재물을 모아 집을 사서 별묘(別廟)를 세우고 장방(長房)의 이름으로 개제(改題)[184]하여 옮겨 봉안하고, 지손(支孫) 중에 집이 없는 자로 하여금 들어가 살면서 별묘를 지키게 하였습니다.

그런데 작년 가을 조정(朝廷)에서 잠곡 선조를 불천위(不遷位)[185]로 지정하였으니, 바로 마땅히 개제하고 종가(宗家)로 옮겨 봉안하였어야 했는데, 종손(宗孫)이 승중조모상(承重祖母喪)을 당하였습니다. 혹자가 이르기를 "어명(御命)이 내렸는데 아직도 개제하지 않은 것은 참으로 예(禮)를 잃은 것이다. 급히 개제하여 종가로 옮겨 봉안하지 않으

182 잠곡(潛谷) : 김육(金堉 1580~1658)의 호이다. 자는 백후(伯厚), 본관은 청풍(淸風)이며, 1623년에 인조가 즉위하자 의금부 도사에 임명되었다가 증광 문과에 장원으로 급제하여 정언에 임명되었으며, 효종 때 영의정에 임명되었는데, 대동법(大同法)의 확장 실시에 힘을 기울여 충청도에 시행하는 데 성공하였다. 시호는 문정(文貞)으로 잠곡서원에 독향(獨享)되었다.

183 친진(親盡) : 사당(祠堂)에 모시고 제사 지내는 대수(代數)가 다한 것을 말한다. 백성은 4대(代)가 넘을 때, 왕가(王家)에서는 5대가 넘으면 친진이 된다.

184 개제(改題) : 죽은 이의 관직명이나 봉사손의 이름 등 신주에 기록된 사항을 고쳐 쓰는 것으로, 추증이나 삭탈 등 관직에 변동이 있게 되거나 친진(親盡)하여 봉사손이 바뀌었을 경우에 개제한다.

185 불천위(不遷位) : 나라에 큰 공이 있어 조정에서 제사를 지내는 대가 다한 뒤에도 그 신주를 체천(遞遷)하지 않고 영원히 모시도록 허락한 신위(神位)를 이른다.

면 안 된다. 이 일은 아버지 상(喪)에 3년 이내에 하는 것과는 아주 다르니, 조금도 혐의할 것이 없다."라고 하고, 혹자는 "이미 처음에 예(禮)를 잃었으니, 그렇다면 3년 동안 성대한 제사를 거행하지 않은 지금에 이르러 굳이 개제할 필요가 없다. 조금 기다렸다가 상이 끝나 협제(祫祭)할 때에 개제하고 옮겨 봉안하는 것만 못하다."라고 하여 의론이 같지 않으니, 장차 누구의 말을 따라야 합니까?

이는 마땅히 장방의 모친상 중에 종가에서 친진이 되어 체천하는 고조(高祖)의 신위를 옮겨 봉안하는 경우를 방거(旁據 따를 근거)로 삼아야 하나, 개제 여부는 상고할 곳이 없습니다. 또 종숙(宗叔)께서 돌아가셨을 때에 그 아들이 어렸기 때문에, 신주에 현벽(顯辟)이라고 쓰고[186] 그 이상(以上)의 여러 신위를 아직 개제하지 못한 것이 지금 12년이 되었습니다. 불천위를 개제한 뒤에 고조(高祖) 이하의 여러 신위도 또한 마땅히 일체 개제하여야 합니까?

답 존선조(尊先祖) 잠곡공을 불천위로 하라는 조정의 성명(成命)이 이미 내렸는데, 아직도 장방(長房)의 집안에 봉안하고 있는 것은 결코 온당하지 않은 듯합니다. 제 생각으로는, 먼저 종가(宗家)로 옮겨 봉안하되 개제는 종손이 상복을 벗기를 기다렸다가 행해도 무방할 듯합니다. 종손이 이미 상중(喪中)에 있으니, 그렇다면 불천위의 신위를 개제하는 일로 인하여, 여러 신위를 아울러 일체(一體) 개제하는 것은 불가합니다. 여러 신위를 바로 개제하지 못한다면 불천위에 쓰인 장방

186 신주에 현벽(顯辟)이라고 쓰고 : 현벽은 신주(神主)나 축문(祝文)에서 아내가 죽은 남편을 이르는 말이다. 종숙이 돌아가셨을 적에 망자의 부인이 상주(喪主)가 되어 망자의 신주를 만들고 현벽이라고 쓴 것이다.

의 방제(旁題)를 바꿀 수가 없는데, 지금 상중이라 성대한 제사를 지내지 않는 때이니 장애될 일이 없을 듯합니다. 또 조정의 명령이 내렸는데 개제의 일을 곧바로 행하지 않은 것은 비록 일을 지체시키는 것인 듯하나 종손에게 사유가 있으니, 이렇게 하지 않을 수 없습니다.

문 첩손부(妾孫婦)를 적조고(嫡祖姑)에게 합부하는 일은 이미 가르침을 들었습니다. 혹자가 말하기를 "이미 경(經)에 근거가 없으니, 그렇다면 '친한 사람에게 합부한다〔祔於親者〕'[187]는 글을 원용해서 첩조고(妾祖姑)에게 합부하는 것이 보다 더 마땅하다."라고 하는데, 이 주장이 어떻습니까?

답 첩손부를 적조고에게 합부하는 일은, 그 남편을 조고에게 합부하는 것으로 살펴보면 굳이 말할 필요가 없습니다. 어찌 경에 근거한 것이 아니라고 하겠습니까. '친한 사람에게 합부한다'는 글은 전실(前室)과 후실(後室)의 조비(祖妣)를 가리킨 것입니다. 만약 첩조고에게 합부한다면 이는 예(禮)의 뜻이 아닐 듯합니다.

187 친한 사람에게 합부한다 : 이 내용은 《예기》 〈상복소기(喪服小記)〉에 "며느리는 조고(祖姑)에게 합부하지만, 조고가 세 사람일 경우에는 친한 사람, 즉 시아버지의 생모(生母)에게 합부한다."라고 보인다.

김성보에게 답함
答金城甫

문 안동(安東)에 계신 족조(族祖)의 외동 손자가 후사 없이 죽었는데, 후사를 세우지 못하였고 다만 한 명의 과부(寡婦)가 있을 뿐입니다. 가까운 친척으로는 소공(小功)에서 시마(緦麻)로 강복(降服)된 숙부가 있을 뿐인데, 마땅히 이 과부가 상(喪)을 주관하여야 합니까? 복(服)은 비록 가벼우나 그 숙부가 상을 주관하여야 합니까?

현벽(顯辟)으로 신주를 쓴다면 상이 끝난 뒤에 새 신주를 마땅히 정위(正位)에 들여야 하는데, 고조(高祖)의 신위를 마땅히 매안(埋安)해야 합니까? 후사를 세우기 전에 신주를 먼저 매안하는 일은 온당치 못한 바가 있지만 한 사당에 5대를 모시는 것 또한 예(禮)에 어긋나니, 어떻게 해야 예(禮)에 부합되겠습니까?

그 숙부가 만일 상을 주관한다면 상이 끝난 뒤에, 마땅히 그 친속(親屬)으로서 여러 신주를 개제해야 합니까? 망자의 증조(曾祖)는 바로 그 숙부의 본생조고(本生祖考)인데 가장 높은 신위를 백증조(伯曾祖)라고 쓴다면 그 조고에 대해서 또 백(伯) 자로 칭하는 것은 또한 어떨까 싶으니, 종(從) 자로 대신해도 괜찮습니까?

그 숙부가 상을 주관하는 것이 이미 임시로 대행하는 것이니, 그렇다면 여러 신위를 굳이 개제하지 않아도 됩니까? 후사를 세우는 일이 어느 때일지 모르는데 그 사이에 망자의 방제를 그대로 두는 것은 또한 매우 구차하고 일마다 방해가 되어 변고(變故)에 대처하는 방도가 되지 못하니, 부디 자세한 가르침을 내려 주시기 바랍니다.

답 현벽이라고 신주에 쓰는 한 가지 일에 있어 사계(沙溪)께서 논하신 것을 살펴보면, 상을 주관할 남자가 한 명도 없는 뒤에야 비로소 할 수 있습니다. 비록 시마・소공의 친척이라도 만약 상을 주관할 남자가 있으면 부인(婦人)으로 하여금 상을 주관하게 할 수 없습니다.

현벽이라고 신주에 쓴다면, 부인은 초헌(初獻)을 하기 어려우니, 우제(虞祭)와 졸곡(卒哭), 소상(小祥)과 대상(大祥) 때에 남편의 가까운 친척으로 하여금 이 제사들을 대행하게 하되, 축문은 "주부 아무개가 남편의 친척 아무개에게 부탁하여 감히 현벽께 밝게 고합니다.〔主婦某氏 屬夫某親 敢昭告于顯辟〕"라고 하는 것이 바로 근세에 통행되는 예(禮)입니다. -제사를 대행하는 자가 항렬이 낮으면 '촉(屬)' 자를 '사(使)' 자로 바꾸고, 모친(某親) 아래에 이름을 써야 합니다.-

현벽이라고 신주에 쓰는 것은, 어쩔 수가 없어서 일시의 임시방편을 사용한 데서 나온 것이니, 그렇다면 상이 끝난 뒤에 어찌 개제(改題)와 체천(遞遷)과 매안(埋安)의 예(禮)를 행할 수 있겠습니까. 당나라 주원양(周元陽)의 《제록(祭錄)》에 "신부 모씨가 현구고에게 제사한다.〔新婦某氏 祭顯舅姑〕"라는 글이 있으나, 대구(大舅 시할아버지) 이상은 미루어 적용할 수가 없습니다. 이에 오직 마땅히 후사를 세우기를 기다릴 뿐입니다. 새로운 상(喪)의 신주를 우선 조부의 감실에 합부하여 동쪽 벽에 서쪽을 향하여 두었다가, 후사를 세운 뒤에 먼저 옮기는 것을 고하는 것이 옳을 것입니다.

만약 사계(沙溪)의 뜻을 따라서 망자의 숙부가 조카의 상을 주관한다면 이는 부인이 상을 주관하는 경우와 똑같지 않지만 또한 일시(一時)의 임시방편으로 상을 대행하는 것입니다. 상이 끝난 뒤에 체천하고 개제하는 예를 행해서는 안 되니, 이는 종자(宗子)로 자처한다는 혐의가 있기 때문입니다. 우암(尤菴) 어른과 도암(陶菴)께서 이에 대해 모두 지극히 준엄(峻嚴)하셨으니, 부디 《예의유집》을 상고해 보시는 것이 어떻겠습니까? 임시방편으로 대행하는 자가 이미 곧바로 체천하는 일을 행하지 못한다면, 제주(題主) 중에 백(伯) 자를 쓰느냐 종(從) 자를 쓰느냐는 지금 논할 필요가 없습니다. 후사를 세우는 일이 얼마나 빠를지 알 수 없으나 또한 마땅히 기다려야 할 뿐입니다. 그 사이에 사당의 선대(先代) 신주의 방제(旁題)에 망자의 이름이 그대로 있는 것이 비록 구차하나, 또한 어쩔 수가 없습니다.

문 면례(緬禮)할 적에 영좌(靈座 혼백이나 신위(神位)를 모셔 놓은 자리)를 설치하지 않고 다만 널 앞에 탁자를 설치하고 궤전(饋奠)하는 것은 어떨지 모르겠습니다.
답 면례할 적에 어찌하여 영좌를 설치하지 않는다고 하는 것입니까? 《상례비요》에 영좌를 설치한다는 글이 있습니다. 만약 남기신 의복이 있으면 영좌 위에 놓아두고, 없다면 다만 교의(交椅)를 설치하는 것이 마땅합니다.

문 새로운 상(喪)을 장례하기 전에 고비(考妣)의 면례를 행한다면 영구(靈柩)가 나가는 날부터 하관(下棺)할 때까지 상식은 평소대로 합니까?
답 말씀하신 것이 마땅합니다.

근재집

제14권

書서

김홍지[1] 시근 에게 답하다
答金興之 著根

자네가 편지로 보여 준 일에 대해서는, 주자(朱子)의 가르침 중 내외종(內外從) 남매끼리 부부가 되는 것이 마땅하다는 의리를 가지고 말하자면 이성(異姓)의 근족(近族)은 의당 결혼이 불가한 것이 없으나 다만 우리나라는 중국(中國)과 똑같지 않아서 국속(國俗)이 외가(外家)를 중요하게 여긴다네. 게다가 신랑감의 외가 쪽 칠촌은 형제의 항렬이 아니니, 신랑감 모친의 처지로 말하면 오촌 당숙(堂叔)과 사돈이 되는 것으로, 이는 온당하지 못할 듯하네. 세상 사람들이 육촌을 사돈으로 삼는 것은 풍속이 돼버린 지가 이미 오래되었지만, 오촌끼리 사돈이 된다는 것은 아직 들어보지 못하였다네. 그래서 가벼이 의논할 수 없으니, 예(禮)를 잘 아는 이에게 다시 물어서 처리하라는 뜻으로 그 집안에다 말해 주어야 할 것일세. 이렇게 하는 것이 어떻겠는가. 예(禮)는 예와 지금에 따라서 마땅한 바가 각기 다르므로 나의 견해가 이러할 뿐이라네.

1 김홍지 : 김시근(金著根, 1755~1825)으로, 박윤원의 매제 김재순(金在淳, 1733~?)의 양자이다.

김흥지[2]에게 답하다

答金興之

양자가 본생친(本生親)을 위하여 복(服)을 입는 동안에 사용하는 자칭(自稱)에 대해서는, 사계(沙溪)의 설(說)을 따르면 상인(喪人)이라 일컬어야 하고[3] 우암(尤庵 송시열(宋時烈))의 설(說)을 따르면 복인(服人)이라 일컬어야 하니, 이는 각각 근거한 바가 있을 걸세. 예가(禮家)가 본생친을 위하여 입는 복(服)을 백숙부모(伯叔父母)를 위하여 입는 것과 똑같이 하였으니,[4] 그렇다면 복인이라는 칭호가 실로 엄격하고도 정당한 것이 되지만 세상에는 이를 실행하는 자가 드물다네. 비록 상인이라고 일컫더라도 이것이 이미 문원공(文元公 김장생(金長生))께서 정하신 바이니, 그렇다면 이 또한 불가함이 되지 않는다네. 오직 당사자가 그 뜻에 편안한 바를 따라서 조처하는 데에 달려 있을 뿐이니, 나 역시 감히 어느 하나를 지적해서 결단하지 못하겠네.

2 김흥지 : 김시근(金蓍根, 1755~1825)으로, 박윤원의 매제 김재순(金在淳, 1733~?)의 양자이다.

3 사계(沙溪)의……하고 : 이와 관련된 내용은 《사계전서》 권41 소재 《의례문해(疑禮問解)》 〈상례(喪禮) 서소(書疏)〉의 '본생친상서소식(本生親喪書疏式)'에 보인다.

4 예가(禮家)가……하였으니 : 예법에 따르면 다른 사람의 양자로 들어가 후사가 된 자는 본종(本宗)을 위하여 복(服)을 입을 경우 등급을 낮추어서 입는데, 본생부모가 사망하였을 때는 그 등급을 낮추어서 백숙부모가 사망하였을 때 입는 자최 부장기를 입는다. 《家禮 本宗五服之圖》《沙溪全書 卷24 家禮輯覽圖說 爲人後者爲本宗降服圖》

김가일[5] 노경 에게 답하다

答金可一 魯敬

문　승중손(承重孫)이 부친과 조부의 상(喪)을 한꺼번에 당하였을 적에 부친의 상(喪)이 선조부(先祖父)의 장사 전에 있으면 지복(持服)은 진실로 마땅히 그 무거운 쪽으로 따라서 입어야만 할 것인데, 전상(前喪 부친상)의 궤연(几筵)에 올리는 상식(上食)에 대해서는 마땅히 각각 그 해당하는 복(服)을 입어야 합니까? 아니면 중상(重喪 무거운 상(喪))의 참최(斬衰)를 바꾸지 않고서 예(禮)를 행해야 합니까?

답　참최는 그 장사를 치르기 전에는 감히 복(服)을 바꾸지 못하니, 이것이 바로 예(禮)일세. 부친상은 이미 장사를 치렀는데 조부의 상(喪)은 아직 장사를 치르지 못하였으니, 그렇다면 조부의 상(喪)에 해당하는 참최 차림으로 부친상의 궤전(饋奠)[6]에 참여하는 것이 진실로 예의(禮意)에 부합하네. 그리고 장사를 치른 뒤에 이르러서야 비로

5　김가일(金可一) : 김노경(金魯敬 1766～1837)으로, 자는 가일, 호는 유당(酉堂), 본관은 경주(慶州)이다. 1801년에 선공부정(繕工副正)을 지내고, 1805년 현감으로서 증광 문과에 병과로 급제, 지평을 거쳐 승지·이조참판 및 경상도와 평안도의 관찰사를 지냈다. 또 1819년, 예조판서를 비롯하여 이조·공조·형조·병조의 판서를 역임하였다. 그 뒤 대사헌을 거쳐 1827년에 판의금부사·광주부유수·지돈녕부사 등의 요직을 거치고, 사행(使行)으로서 1809년 동지 겸 사은부사로, 1822년에는 동지사로 연경에 다녀왔다. 글씨를 잘 써 아들인 김정희(金正喜)에게 큰 영향을 끼쳤다.

6　궤전(饋奠) : 본래 빈소에다 제사의 형식을 갖추지 않고 음식을 올리는 예(禮)를 가리킨다. 이후 거상하는 동안 정식 제사의 형식을 갖추지 않고 아침과 저녁에 음식을 올리는 예(禮)를 주로 가리키게 되었다.

소 각각 그 해당하는 복(服)을 입을 수 있다네.

문 새로 당한 상(喪)의 장사를 치를 때 마땅히 선비(先妣)의 묘를 옮겨야만 하는데, 같은 날 합폄(合窆)하는 경우는 마땅히 사당에 고하는 예절이 있어야만 합니다. 그 고사(告辭 고유하는 글)는, 승중손이 마땅히 주관해야 하는데, 이때 그 자칭(自稱)은 '고애손(孤哀孫)'으로 합니까? 아니면 응당 '효손(孝孫)'이라 일컬어야 합니까?

답 부친상에서 아직 장사를 치르지 않았을 때 모친의 묘를 개장(改葬)하는 경우 사당에 고하는 예절에 대하여 사계(沙溪 김장생(金長生)) 께서는 주인이 직접 고한다고 하셨네. 이것을 예증으로 삼는다면 승중손이 마땅히 주관해야 하는데, 그 고사에서의 자칭은 마땅히 '고애손'이라고 해야 할 것이니, 이는 대체로 부제(祔祭)[7]를 지낼 때야 비로소 효자(孝子)나 효손(孝孫)이라 일컫고 장사를 치르기 전에는 '효(孝)'라고 일컬을 수 없기 때문일세. 다만 주인이 장사를 치르기 전에 직접 손을 씻고 제수를 올려 전(奠)을 지내며 고하는 것은 타당하지 못한 것 같네. 우암(尤庵 송시열(宋時烈))께서는 이에 대하여 "축(祝)으로 하

7 부제(祔祭) : '부(祔)'란 곧 '제부(隮祔)'를 가리킨다. '제(隮)'는 '올리다'라는 뜻이고 '부(祔)'는 '붙이다'·'합사(合祀)하다'라는 뜻으로, 죽은 자의 신위를 소목(昭穆)의 차례에 맞추어 그 해당하는 조부나 조모의 신위 곁으로 올려붙여서 함께 모시고 제사를 지내는 것이다. 특히 졸곡(卒哭)을 지낸 바로 그다음 날 '갓 죽은 자의 신주〔新主〕'를 받들어 사당에 가서 해당하는 조부나 조모의 신주 곁에다 잠시 함께 모셔 두고 지내는 제사를 가리킨다. 제사가 끝나면 도로 신주를 받들어 본래 있던 정침(正寢)의 영좌(靈座)로 돌아와 모시고 있다가 죽은 지 2주년이 되는 대상(大祥)을 지낸 뒤에야 비로소 사당으로 들인다.

여금 이를 행하게 한다."[8]라고 말씀하셨으니, 이 말씀을 따라 쓰는 것이 마땅하네.

문 비위(妣位)의 면례(緬禮)는, 제 선인(先人)께서 살아 계실 때부터 경영하였기에 이미 사당에 고하고 파구분하였습니다. 이제 장차 합부(合祔)하려고 하면 또 '합부하려 한다.'라는 내용으로 널을 꺼낼 때 다시 고해야 합니까?

답 묘소를 열 때 고유하는 글〔啓墓告辭〕은 '금장개장(今將改葬)' 네 글자를 마땅히 '금장천부어현조고신영(今將遷祔於顯祖考新塋)'으로 바꾸어야 하니, 수암(遂庵)의 설(說)이 이와 같네.[9] 사당에 고유하는 글〔祠堂告辭〕의 '개장모소(改葬某所)'라는 말도 '금장천부어현조고신영(今將遷祔於顯祖考新塋)……'으로 고쳐야 한다고 하였네.[10]

문 선영에 고하는 축(祝)은 마땅히 신상(新喪 새로 난 상(喪))의 폄례(窆禮 장례(葬禮))를 가지고 고하는 내용으로 삼아야 하는데, 구상(舊喪 기존의 상(喪))에서 면례로 합부하는 것도 나열하여 고해야만 하는 것입니까? 게다가 선인의 친산(親山) 및 조위(祖位)의 산소가 모두 동일한 산의 안에 있으면 또한 각각 고합니까? 아니면 가장 높은 분에게만

8 축(祝)으로……한다 : 이 말은 《송자대전》 권102 〈답민정능(答閔靜能) -정묘팔월일일(丁卯八月一日)-〉에 보인다.

9 묘소를……같네 : 이와 관련된 내용은 《한수재집》 권17 〈답박덕재(答朴德載)2〉에 보인다.

10 사당에……하였네 : 이와 관련된 내용은 《한수재집》 권17 〈답박덕재(答朴德載)2〉에 보인다.

고합니까?

답 선영에 고할 때는 마땅히 새로 장사 지내는 것 및 천부(遷祔 널을 옮겨서 합장함)한다는 내용으로 함께 고해야만 하는데, 장지(葬地)의 원근이 똑같으면 가장 높으신 분에게 고하고 원근이 똑같지 않으면 마땅히 동혈(同穴)의 존자에게만 고할 뿐인바, 이는 바로 남계(南溪 박세채(朴世采))의 설(說)이니, 이에 따라 행하는 것이 마땅할 듯하네. 선묘(先墓)의 위(位)에 고하는 것은, 만약 종자(宗子)의 집안에서 주관하는 바이면 마땅히 종자의 이름을 고유하는 글에 적어야 할 것인데, 종자가 비록 직접 찾아가지 못하는 상황이더라도 마땅히 그 고사에 '사모(使某 아무개를 시켜서)'의 예(例)를 써야만 하네.

문 선인에게 이미 가증(加贈)의 은전이 내려졌으니, 선비도 따라서 추증될 겁니다. 그러나 선인은, 삼년상을 치르는 동안에는 이미 개제(改題 고쳐 적음, 개제주)할 수 없을 것입니다. 이번 합부할 때 명정(銘旌)에다 가증의 고(誥 관고(官誥), 고명(誥命))를 써야 마땅할 텐데, 이렇게 하는 것이 어떠할는지 알지 못하겠습니다.

답 명정은 광중(壙中)에 한번 들어가면 변개할 수 있는 때가 없네. 비록 미처 개제하지 못하였더라도 명정에는 의심할 것도 없이 마땅히 가증의 봉고(封誥)를 써야만 하네. 개제는 진실로 삼년상이 다 끝나기를 기다려야 마땅하나 고묘(告廟)는 비록 장사를 치르기 전일지라도 마땅히 해야만 하니, 그러한 뒤에 명정에다 가증의 봉고를 쓰는 것이 비로소 내력이 있게 될 것일세.

문 고비를 합폄하여 하관할 때 마땅히 복(服)이 가벼운 분을 먼저 하고 복(服)이 무거운 분을 나중에 해야 할 것인데,[11] 구의(柩衣)와 명정(銘旌)을 정돈하는 것[12] 및 현훈(玄纁)을 드리는 것[13]은 마땅히 어느 분을 먼저 해야 합니까?

답 구의와 명정을 정돈하는 것이나 현훈을 드리는 것은 모두 장례에 속하니, 역시 가벼운 상(喪)을 먼저 해야만 하네.

문 장례를 치를 때 하관이 축시에 해당하여 형편상 날이 저문 다음 산에 올라가야 할 텐데, 석곡(夕哭)은 산에 올라간 다음에 해야 마땅

11 복(服)이……것인데 : 해당 원문은 '선경후중(先輕後重)'이다. 이 말은, 본래 부모의 상이 함께 났을 경우 그 장사(葬事)는 상대적으로 복(服)이 가볍고 지위가 낮은 사람을 먼저 하고 상대적으로 복(服)이 무겁고 지위가 높은 사람을 나중에 해야 한다는 뜻이다. 환언하면, 가벼운 상인 모친상의 장사를 먼저 치르고, 무거운 상인 부친상의 장사를 나중에 치른다는 의미인바, 《예기》 〈증자문(曾子問)〉에 실린 공자의 말씀에 보인다.

12 구의(柩衣)와……것 : 이와 관련된 내용은 《가례》 〈상례(喪禮) 급묘 하관 사후토 제목주 성분(及墓下棺祠后土題木主成墳)〉의 "이에 하관한다.〔乃窆.〕"에 관한 원주(原註)에 "이미 하관하였으면 재차 구의와 명정을 정돈하여 평정하도록 해야 한다.〔已下, 再整柩衣銘旌, 令平正.〕"라고 보인다.

13 현훈(玄纁)을 드리는 것 : 영구가 장지에 이르러 하관한 다음 상주(喪主)가 죽은 사람에게 마지막 예물로 비단을 주는 것을 가리킨다. '현훈'이란 광중에 넣는 검은 비단과 붉은 비단을 말한다. 이와 관련된 내용은 《가례》 〈상례(喪禮) 급묘 하관 사후토 제목주 성분(及墓下棺祠后土題木主成墳)〉의 "주인이 폐백을 드린다.〔主人贈.〕"에 관한 원주(原註)에 "검은 비단 여섯과 붉은 비단 넷을 쓰는데, 각각 길이가 1장 8척이다. 주인이 이것을 받들어 영구 곁에 두고서 재배하고 머리를 조아린다. 자리에 있는 사람들은 모두 곡으로 슬픔을 다한다. 집이 가난하여 혹 이 수효를 갖출 수 없으면 검은 비단과 붉은 비단을 각각 하나씩만 써도 된다.〔玄六纁四, 各長丈八尺. 主人奉置柩旁, 再拜稽顙, 在位皆哭盡哀. 家貧或不能具此數, 則玄纁各一可也.〕"라고 보인다.

합니까? 또한 조곡(朝哭)과 조전(朝奠)에 모두 방해됨이 있으니, 장차 어떻게 해야 합니까? 또한 영침(靈寢)에 관한 한 가지 절차는 또한 마땅히 생략해야 합니까?

답 날이 저문 다음 영구를 받들고서 산에 올라가면 산에 올라간 다음 마땅히 석곡을 해야 할 것이네. 하관을 비록 축시에 거행하더라도 축정(丑正)을 기다려서 거행하면 축초(丑初)부터 조곡과 조전을 잇따라 거행할 수 있으니, 어찌 방해되는 지경에 이르겠는가. 영침에 관한 한 가지 절차는 생략해도 문제 될 것이 없을 듯하네.

문 승중손이 조부모의 장사를 치를 때 또 그 부친의 면례(緬禮)를 행하면 '상(喪)이 다 끝났을 때의 전(奠)'은 마땅히 무거운 상(喪)을 먼저 하고 가벼운 상(喪)을 나중에 해야 하니, 비록 여러 날이 지나더라도 반드시 조부의 상(喪)에서 장례를 치르고 초우를 끝마치기를 기다린 뒤에야 비로소 부친의 면례를 치른 뒤의 전(奠)을 거행하는 것입니까?

답 조부의 상(喪)에서 장사를 치르기 전에 그 부친의 묘를 개장하는 것에 대해서는, 이미 '가벼운 상(喪)을 먼저 하고 무거운 상(喪)을 나중에 한다.'라는 예(禮)를 적용한 이상 면례를 치른 뒤의 전(奠)은 조부의 우제가 다 끝나기를 기다려서 거행하는 것이 마땅하네. 비록 여러 날이 지난다고 하더라도 무슨 문제 될 것이 있겠는가.

문 승중손이 상사를 주관하는데 그 나이가 어려서 장지에 직접 나아가 볼 수 없으므로 그의 본생 부친으로서 상인(喪人)인 자가 수상(隨喪)하게 되면, 축문의 내용 가운데 마땅히 조어(措語)가 있어야 할 것입니다. 그런데 이는 '타인으로서 섭행하는 경우'와는 다른 점이 있을 듯하니, 어떻게 말을 만들어야 합니까?

답 축문의 조어는 "고애손 아무가 나이가 어려서 아직은 수상하지 못하기에 계부 아무에게 맡겨서 감히 분명하게 고하나이다.〔孤哀孫某 幼未隨喪 屬季父某 敢昭告〕……"라고 하는 것이 마땅하네.

대체로 예가(禮家)는 본생 부친을 백부나 숙부로 칭하니, 마땅히 그 항렬에서의 순서를 따라서 적어야 할 것일세. 게다가 본생 부친의 이름을 그대로 적는 것이 온당하지 못한 듯하더라도 압존(壓尊)[14]은 피할 수가 없다네.

14 압존(壓尊) : 상대적으로 더 존귀한 대상으로 말미암아 그보다 덜 존귀한 대상에게 당연히 갖춰야 할 예를 갖추지 못하거나, 어른에 대한 공경을 그보다 더 높은 어른 앞에서, 혹은 특별한 이유로 인하여 억누르는 것이다. 대표적인 예로 '부재모상(父在母喪)'을 들 수 있다. 본래 모친이 돌아가시면 자최 3년의 복을 입어야 마땅하나 살아 계신 부친이 상주가 되므로 상기를 자최 장기로 줄여서 복상하는바, 이것도 압존에 의해서이다.

송질 계문[15] 흠서 에게 답하다
答宋姪稽文 欽書

부친이 조부의 상(喪)을 치르다가 돌아가셨으면 조부를 위하여 복(服)을 입는다는 이 한 가지 사안에 대해서 우옹(尤翁 송시열(宋時烈))께서는 "마땅히 대복(代服)[16]을 해야 한다."라고 하셨으니, 의심할 것도 없이 이 말씀을 준행해야 한다. 사계(沙溪 김장생(金長生))의 설(說)은 아직 확정되지 못한 의론인 것 같다. 이는 대체로 조부의 상(喪)에는 단 하루라도 상주가 없어서는 안 되어서 대복이 중요한 것이 되니, '자식이 그 어버이를 차마 죽은 이로 대하지 못한다.'라는 뜻이 여기에서는 상대적으로 가벼운 것이 되기 때문에 그러하다. 여호(黎湖 박필주(朴弼周))의 설(說)은 아직 듣지 못하였다. 삭망전(朔望奠)이나 혹 조전(朝奠)을 올릴 때 그 복(服)을 받아서 입는 것은 바로 퇴계(退溪)의 설(說)이다.[17] 그러나 우옹께서는 '후상(後喪 뒤에 난 상(喪))에서 성복(成服)한 그다음 날에 곧바로 대복을 한다.'라고 하셨으니, 마땅히 이 견해를 올바른 것으로 삼아야 한다.

15 송질 계문(宋姪稽文) : 송흠서(宋欽書, 1759~1809)로, 자는 계문, 호는 호은(湖隱), 본관은 은진(恩津)이다. 부친은 송택규(宋宅圭, 1737~1783)이다. 송시열의 8세손으로, 관직은 부사를 지냈다. 사후 이조참판을 증직하였다.

16 대복(代服) : 다른 사람이 입어야 하는 상복을 대신 입는 것이다.

17 삭망전(朔望奠)이나……설(說)이다 : 이와 관련된 내용은 《퇴계집》 권41 〈여종도(與宗道) -기미(己未)-〉 및 《남계집》 권45 〈강학논례(講學論禮) 답김사직문(答金士直問) -상례(喪禮)○경오오월사일(庚午五月四日)-〉 등에 보인다.

조모의 상(喪)과 부친상을 한꺼번에 당한 경우는, 복(服)을 가지고 말하면 참최가 중하지만, 세(世)를 가지고 말하면 조모가 중하다. 우옹(尤翁 송시열(宋時烈))께서는 일찍이 '마땅히 조모의 복(服)을 입어야만 한다.'[18]라고 하셨으니, 이것이 옳을 듯하다.

대신하여 복(服)을 받아서 입을 때 마땅히 두 대(代)의 연궤(筵几 궤연(几筵), 영좌(靈座))에다 아뢰어야 할 것인데, 분묘에는 굳이 아뢸 필요가 없다.

상중에는 담제(禫祭)를 지내지 않는 법이니, 종손(宗孫)이 담제를 거행하지 않으면 숙부들은 다만 사차(私次 사사로이 머물러 있는 곳)에서 곡하고 상복(祥服)을 벗을 뿐이고 감히 제사를 거행할 수 없는 것이다. 이에 대해서는 이미 선현의 확정된 의론이 있다.

18 마땅히……한다 : 이 말은 《송자대전》 권119 〈답홍우징(答洪禹徵)〉에 보인다.

유질 사옹 노주 에게 답하다

答兪姪史翁 老柱

문 어버이의 기제사가 바로 다음 날에 있는데, 이때는 이미 제대로 된 예(禮)를 갖추어 정식 제사를 지낼 수 없는 상황인 만큼 마땅히 단헌무축(單獻無祝 무축단헌)으로 거행해야 할 것입니다. 출주 고사(出主告辭)[19]도 없어야 마땅합니까?

답 이미 '단헌'으로 거행하게 된 이상 '무축'이 마땅하니, 단헌과 무축은 본래 동일한 맥락의 일이다. 만약 단헌으로 거행하는데 축문이 있으면 아마도 반상낙하하는 꼴이 될 듯하니, 이때는 결코 감히 제대로 된 예(禮)를 갖춰서는 안 된다. 그래서 축문은 마땅히 빠뜨려야 할 것인데, 출주 고사로 말하면, 그것을 사용한들 무슨 문제 될 것이 있겠는가.

19 출주 고사(出主告辭) : 사당에서 제청(祭廳)으로 신주를 옮기기 전에 제사를 위해 신주를 꺼낸다고 고유(告由)하는 일, 또는 그런 내용으로 작성한 일종의 축문 자체를 가리킨다.

박도기[20] 화문 에게 답하다

答朴道器 和文

'불편불의(不偏不倚)'[21]의 뜻에 대해서는 일찍이 듣건대 미호(渼湖) 김 선생(金先生)[22]께서 이를 해석하실 적에 "'불편'은 위치의 측면에서 한 말로 동쪽으로도 가지 않고 서쪽으로도 가지 않은 것이며, '불의'는 당체(當體)의 측면에서 한 말로 동쪽으로도 서쪽으로도 기울지도 않고 떨어지지도 않는 것이다."[23]라고 하셨는바, 이는 선배의 설(說)들 가운데에 그 무엇보다도 명백하고 분명한 듯하니, 이를 통해서 잘 이해할 수 있을 것 같네. 그대가 보내온 글의 내용은 아마도 모두 옳지 않은 듯하네. 무릇 '불의'라고 한 것은 다만 마음이 사물에 기울지 않음

20 박도기(朴道器) : 박화문(朴和文, 1754~1812)으로, 본관은 고령(高靈), 자는 도기이다. 1800년(정조 24)에 천거되어 장릉 참봉에 제수되었다. 이후 의영고 봉사, 태릉 직장, 평시서 주부를 거쳐, 1805년(순조5)에 화순 현감이 되었다.

21 불편불의(不偏不倚) : 이는 '중용(中庸)'의 '중(中)' 자에 대한 주희의 정의로, 《중용장구》 첫머리 서명의 아래에 보인다.

22 미호(渼湖) 김 선생(金先生) : 김원행(金元行, 1702~1772)으로, 본관은 안동, 자는 백춘(伯春), 호는 미호, 또 다른 호는 운루(雲樓)이다. 김창협(金昌協)의 손자로 입양되었으며, 이재(李縡)의 문인이다. 1719년 진사시에 합격하였으나 신임사화 때 할아버지 김창집(金昌集) 및 아버지와 형들이 죽임을 당하자, 벼슬을 포기하고 학문에 전념하였다. 당시 호론(湖論)과 낙론(洛論)의 대립 속에서 할아버지 김창협의 학설을 이어받아 낙론을 지지하였다. 저서에 《미호집》이 있으며, 시호는 문경(文敬)이다.

23 불편은……것이다 : 이 말은 현재 《미호집》 권6 〈답김백고(答金伯高)〉에 보이는 내용이다.

을 가지고 말한 것일 뿐인데, 그대의 논설에서는 '공부가 심력(心力)에 의지〔倚靠〕하지 않는 것'으로 보고자 하니, 이는 이미 본래의 뜻이 아닐세. 게다가 '불편불의'란 본래 동시에 나란히 말씀한 것으로, '불편'의 뒤에 또 '불의'가 있지는 않은데, 그대의 뜻은, "'불편'이란 '계신공구(戒愼恐懼)'[24]하여 아직 지극히 정(靜)함에 이르지 않은 초기에서 말할 수 있으며, '불의'란 그 지킴을 잃어버리지 않아 미발(未發)의 극공(極工 극공(極功))인 시기에서 말할 수 있다."라고 여겼네. 하지만 이렇게 여긴 것은 '불편불의'를 가지고 선후가 있는 것으로 삼아서 두 층(層)으로 만드는 것이니, 역시 올바른 뜻을 잃은 것이네.

또 보내 준 편지에서는 주자께서 인심(人心)과 도심(道心)에 대해 논하시며 "억지로 잡으면 인심의 경지를 떠나지 못하는 것이다.〔强把捉則未離人心之境〕"라고 하신 말씀[25]을 인용하였는데, 이것으로 말하면 더욱더 합당하지 않네. 대체로 미발이란 마음의 체(體)이고 인심과 도심이란 마음의 용(用)일세. 그런데 지금 마음의 용(用)을 가지고 마음의 체(體)에다 뒤섞어서 보는 것은 아마도 원두(源頭 발원, 근원)에 대해 헷갈려 잘못 안 것 같으니, 부디 다시 생각해 보게나.

24 계신공구(戒愼恐懼) : 이는 《중용》에 언급된 수양법으로, 제1장 제2절에 "도라는 것은 잠시도 떠날 수 없으니, 떠날 수 있으면 도가 아니다. 이런 까닭으로 군자는 그 눈으로 보지 않는 상황에서도 경계하고 삼가며 그 귀로 듣지 않는 상황에서도 두려워하는 것이다.〔道也者, 不可須臾離也, 可離非道也. 是故君子戒愼乎其所不睹, 恐懼乎其所不聞.〕"라고 한 데에 보인다. 《中庸章句 第1章》 보통 축약하여 '계신공구'라고 하는데, 이 수양법은 미발 공부(未發工夫), 경 공부(敬工夫), 정시 공부(靜時工夫) 등등으로도 불린다.

25 주자께서……말씀 : 이와 관련된 내용은 《회암집》 권32 〈답장경부(答張敬夫)〉와 동서 권42 〈답오회숙(答吳晦叔)〉에 보인다.

어성지 재상 에게 답하다
答魚成之 在象

생부(生父 본생 부친)의 소후부(所後父)는 자기 자신에게 생조(生祖 본생 조부)입니다. 일찍이 보건대, 두 대에 걸쳐 계절(繼絶)한 자가 소후부의 본생 부친에 대해 '생조'라고 칭하였으니, 이미 소후부의 생부에 대해 생조라고 칭한 이상 생부의 소후부에 대해서도 마땅히 '생조'라고 칭해야만 하는 것은 이동(異同)이 없을 듯합니다.

생부에 대해서 백부나 숙부라고 칭하는 것은, 이미 정자(程子)께서 정하신 바가 있습니다. 이것으로 미루어 보면 생조도 종조(從祖)이니, 위로하는 편지〔慰書〕에서의 칭위(稱謂 칭호)는 보내오신 편지의 내용대로 하는 것이 옳을 듯합니다. 다만 생부에 대해서는 강복하여 자최 부장기를 입어서 백부나 숙부를 위한 복(服)과 똑같이 하는데, 생조에 대해서는 대공을 입어서 종조를 위하여 입는 소공과 똑같지 않으니, 그렇다면 곧장 종조를 위하는 예(例)를 적용하는 것도 합당하지 않은 듯합니다. 이것이 참으로 의심할 만한 점이 됩니다.

세속에서 본생 부친상을 당한 사람을 위로할 때 '선본생부군(先本生府君)'이라고 칭하는 경우가 많으니, 그렇다면 지금 그 생조의 상(喪)에도 '존생조 모위(尊生祖某位)'라고 칭하는 것이 그다지 문제 될 것은 없을 듯합니다. 이렇게 하는 것이 어떨는지 모르겠습니다. 그 사람의 평상시 속칭(屬稱)[26]을 친조부에 관한 예(例)로 적용하는 것은 크게

26 속칭(屬稱) : 이는 본래 '신주(神主)'와 관련된 용어로, '속(屬)'이란 고(高), 증

불가하니, 서찰이나 문자(文字 글, 문사)에 있어서 마땅히 '생조'나 혹은 '대부(大父)'라고 써야 할 것이되 말로 부르는 것은 마땅히 백조부나 숙조부의 예(例)를 써야 할 것입니다. 다시 생각해 보니, 생조를 위하여 비록 대공을 입으나 그 칭호는 백조부나 숙조부에 관한 예(例)를 따르는 것이 끝내 엄격할 듯합니다.

(曾), 조(祖), 고(考) 등을 이르고, '칭(稱)'이란 관직이나 호(號)·항렬의 차례 등을 이른다.《二程文集 卷11 伊川文集 作主式》 여기서는 거상 중에 있는 사람을 위로하는 서찰을 비롯한 그와 관련된 여러 글 등의 내용에서 돌아가신 분과 그 사람 사이의 관계를 나타내는 '칭위(稱謂)'를 뜻한다.

김질 중순[27] 이호 에게 답하다

答金姪仲純 履祜

치재(致齊)에는 출입하지 못하고 산재(散齊)에는 출입을 허락하니,[28] 산재에는 비록 문상하거나 문병하지 않으나 혹 일상적인 출입은 해도 될 듯하다. 그러나 이 또한 마땅히 그 긴급함과 완만함을 살펴보아서 조처해야 할 것이다. 만약 다른 곳에서 제사를 거행하고 또한 자기 자신이 제사에 직접 참여하지 않으면 비록 재계하는 날을 당하더라도 긴절한 출입과 문상이나 문병을 혹 행할 수도 있을 듯하지만, 어버이의 기제사로 말하면, 그 슬픔이 자기 자신에게 있으니, 어찌 다른 사람을 문상할 수 있겠는가. 기일에 재계를 파한 뒤 출입하는 것을 세속에서 행하는 경우가 많은데, 이는 몹시 잘못된 것이다. '기(忌)'라는 것은

27 김질 중순 : 김이호(金履祜, 1762~1818)로, 본관은 안동, 자는 중순·중수(仲綏)이며, 부친은 김재행(金在行)이다.

28 치재(致齊)에는……허락하니 : 제사의 재계는 산재(散齋)와 치재(致齋)로 나뉘는데, 산재는 제삿날이 다가오면 조문하거나 문병하지 아니하여 흐트러진 마음을 거두는 것이며, 치재는 제삿날이 임박하여 음악을 듣지 않고 출입하지 않으면서 오로지 제사의 대상만을 생각하여 정성을 지극히 하는 것이다. 본래 《예기》 〈제통(祭統)〉에는 "7일 동안 산재하여 심신을 안정시키고 3일 동안 치재하여 심신을 가지런히 한다.〔散齊七日, 以定之, 致齊三日, 以齊之.〕"라고 하였는데, 《국역율곡선생전서》 제27권 소재 《격몽요결》 〈제례(祭禮)〉에는 "시제(時祭)에는 산재 4일에 치재 3일을 하고, 기제(忌祭)에는 산재 2일에 치재 1일을 하고, 참례할 경우는 재숙(齋宿) 1일을 한다."라고 하였는바, 우리나라는 보통 율곡 이이의 설을 따라 시제에는 4일 동안 산재하고 3일 동안 치재하며, 기제에는 2일 동안 산재하고 1일 동안 치재하였다.

슬픔을 머금고 있어서 다른 일에는 마음이 미칠 수 없음을 말하니,[29] 어찌 출입할 수 있겠는가. 마땅히 상지여(喪之餘)[30]로 조처해야 할 뿐이다.

29 기(忌)라는……말하니 : 송준길(宋浚吉)이 기제의 뜻에 대해 질문했을 때, 김장생(金長生)이 "기(忌)란 슬픔을 머금고 있어서 다른 일에 마음이 미칠 수 없다는 말이지 제사의 이름이 아니다.〔忌者, 含恤而不及他事之謂, 非祭名也.〕"라고 말한 뒤, 《예기》 및 선유(先儒)의 설을 들어 그 의미를 설명한 적이 있다.《同春堂別集 卷3 上沙溪先生》 또한 이 설명은 《의례문해(疑禮問解)》에도 보인다.

30 상지여(喪之餘) : '거상(居喪)을 마치고 난 나머지'라는 뜻으로, 통상 삼년상을 다 끝마치고 지내는 기제(忌祭)를 이른다. 이재(李縡)의 《사례편람(四禮便覽)》 권8 〈기일(忌日)〉에 "한 분의 신위만 설치하는 것이 올바른 예이다. 대개 기일이란 바로 상(喪)의 나머지이다.〔只設一位, 禮之正也. 蓋忌日乃喪之餘.〕"라고 하였다.

김중순[31]에게 답하다
答金仲純

부친과 조부의 묘소가 고조와 증조의 묘소와 같은 산 능선에 있거나 혹은 서로 바라볼 수 있을 정도로 가까운 기슭에 있으면, 종가(宗家)가 술과 과일을 가지고 고조와 증조에게 제사를 지내는데, 지손(支孫)이 찬품(饌品)을 갖추어 부친과 조부에게 제사를 지내는 것이 비록 온당치 못한 듯하나 실제로는 제사를 주관하는 자가 한 사람의 몸이 아닌 이상 풍녜(豐暱)의 혐의[32]가 없다. 전에 대하였을 때 이미 이러한 뜻을 대략 고했었는데, 다시 생각해 보면 제대로 예(禮)를 갖추어서 정식으로 거행함도 끝내 불가함이 없을 것이다.

대체로 옛적에 적사(適士)는 2묘(廟)이고 관사(官師)는 1묘(廟)이고 서인(庶人)은 그저 그 아비의 사당에만 제사를 지낼 뿐이었다.[33]

31 김중순 : 김이호(金履祜, 1762~1818)로, 본관은 안동, 자는 중순·중수(仲綏)이며, 부친은 김재행(金在行)이다.

32 풍녜(豐暱)의 혐의 : 다른 선조들은 염두에 두지 않은 채 자기 부친만을 위하여 존숭하는 것을 말한다. 이는 《서경》 〈상서(商書) 고종융일(高宗肜日)〉에 "제사를 주관하여 거행함에 오직 아비의 사당에만 풍성하게 하지 마소서.〔典祀無豐于昵.〕"라고 한 데서 유래하였다. 해당 원문의 '닐(暱)'은 '닐(昵)'과 통하는바, '닐(昵)'은 부묘(父廟)를 뜻하는 경우 '녜(禰)'로 발음한다.

33 옛적에……뿐이었다 : '적사'란 상사(上士)로, 중국의 고대 관직 품계의 하나인바, 지위가 하대부(下大夫)의 다음이고 중사(中士)보다 높다. '관사'란 제후의 중사와 하사(下士)로서, 한 관서의 장(長)이 된 자이다. 이와 관련된 내용은 모두 《예기》에 보이는데, 〈왕제(王制)〉에 따르면 사(士)는 1묘(廟)이며, 서인(庶人)은 정침(正寢)에서 제

우리나라의 사인(士人)이 비록 고조와 증조까지 제사를 지내지만, 고례(古禮)에 근거해서 말하면 고조와 증조 이상은 제사를 지내지 못하는 것이다. 지손의 처지로 말하면, 제대로 예(禮)를 갖추어 그 부친과 그 조부에게 제사를 지내고, 종가의 고조위(高祖位)·증조위(曾祖位)에 대한 제의(祭儀)와 그 풍성함과 간략함이 똑같지 않음을 가지고 혐의쩍게 여기지 않으니, 이는 그 의(義)가 바로 이러한 것이다. 게다가 친진(親盡)한 묘소가 같은 산 능선에 있는 경우 찬품의 가짓수를 줄이고 일헌(一獻 단헌(單獻))으로 거행한다는 사옹(沙翁 김장생(金長生))의 설(說)이 있다. 지금 그대의 집안이 처한 상황이 비록 친진한 경우와 다른 점이 있으나 선현이 논한 바를 가지고 절충하면 또한 참고하여 적용할 한 가지 단서가 될 수 있다. 내 견해가 이와 같고, 마침 예(禮)를 잘 아는 한 사우(士友)와 함께 강구해 보았는데, 그 의론이 또한 똑같으니, 마땅히 이를 채용해야 할 것이다.

사를 지낸다고 하였고, 〈제법(祭法)〉에 따르면 적사는 고묘(考廟)와 왕고묘(王考廟)를 두고, 관사는 그저 고묘만을 둘 뿐인데 왕고는 묘가 없으므로 고묘에서 제사 지낸다고 하였다. 이 내용은 《중용》 제19장 제3절의 《장구》 및 대전본 소주에도 실려 있다.

김중순[34]에게 답하다

答金仲純

삭망참례(朔望參禮)[35]에서 신선한 물고기를 가지고 과일을 대신하는 것이 무슨 문제 될 것이 있겠는가. 망일(望日)에 분향하는 것은 신알(晨謁)과는 다르니, 비록 제사를 주관하는 사람이 아니라고 하더라도 역시 이를 행할 수 있다. 여기에 대해 무슨 의심할 것이 있겠는가.

34 김중순 : 김이호(金履祜, 1762~1818)로, 본관은 안동, 자는 중순·중수(仲綏)이며, 부친은 김재행(金在行)이다.

35 삭망참례(朔望參禮) : 초하루와 보름마다 사당에 모신 모든 조상에게 참알배례(參謁拜禮)하는 것을 말한다.

김중순[36]에게 답하다

答金仲純

그대가 물어본 여러 조목에 대해서는 삼가 자세히 살펴보았다. "상복은 거듭 강복하지 않는다.〔服不再降〕"라고 한 것은, 다만 두 여자가 각각 출가하고 두 남자가 각각 다른 사람의 후사가 된 경우를 가지고 말한 것일 뿐이다.[37] 만약 이로 말미암아 다른 복(服)까지 뒤섞어 보아서 '무릇 복(服)이란 모두 거듭 강복하지 않는다.'라고 여기면 이는 잘못된 것이다. 복(服)을 거듭 강복하는 경우는 매우 많으니, 《상례비요》에 실린 〈위인후자위본종강복도(爲人後者爲本宗降服圖)〉에서 이를 고찰해 보면 또한 알 수 있다. 그 도(圖)에 이르기를, "종조자매에 대해서는 시마인데, 출가하였으면 복(服)이 없다.〔從祖姊妹 緦 嫁無〕"라고 하였으니, '종조자매'란 바로 재종자매(再從姊妹)이다. 그대의 당숙께서는 이미 양자(養子)로 나가서 그 집의 대를 이었다. 그렇다면 다른 사람에게 시집간 그 딸의 상(喪)에 대하여 그대는 복(服)이 없음이 분명하니, 의심할 것이 무엇이 있겠는가.

36 김중순 : 김이호(金履祜, 1762~1818)로, 본관은 안동, 자는 중순·중수(仲綏)이며, 부친은 김재행(金在行)이다.

37 상복은……뿐이다 : 이와 관련된 내용은 《대당개원례(大唐開元禮)》 권132 〈대공(大功) 성인구월(成人九月) 강복(降服) 위여자자적인자(爲女子子適人者)〉에 다음과 같이 보인다. "출가하여 강복하는 것은 두 여자가 각각 출가하였더라도 거듭 강복하지 않는다. 만일 두 남자가 각각 다른 사람의 후사가 된 경우라고 하더라도 역시 이와 똑같다.〔出降者, 兩女各出, 不再降. 若兩男各爲人後者, 亦如之.〕"

그대의 본생가에서 27일에 기제사를 지내야 하면, 24일부터는 상차(喪次 상주가 거처하는 곳)를 오가서는 안 되는 것이다. 대체로 기제사는 산재가 2일이고 치재가 1일이니,[38] 그렇다면 24일이 산재의 첫날로서 범염(犯染)해서는 안 되는 때이다. 상(喪)에 대해 이미 복(服)이 없는 만큼 성복하는 날에 비록 찾아가서 모이지 않더라도 역시 아무런 문제될 것이 없으니, 이는 중요시하는 바가 제사에 있으므로 그러한 것이다. 23일의 안에 한번 상측(喪側 상을 당한 곳)에 찾아가서 곡하는 것으로 말하면, 우선 제사를 거행한 뒤를 기다려서 다시 찾아가는 것이 마땅하니, 이렇게 하는 것이 어떻겠는가.

천신(薦新)은 삭망과 절일에 함께 설행하는 경우가 아니면 생선과 과일 따위는 신알을 통하여 올리고, 비록 술을 사용하더라도 모사(茅沙)에 술을 부어 강신(降神)하지 않는다. 단지 '분향재배(焚香再拜)'라고 하였을 뿐이니, 이는 대체로 이 '재배'를 가지고 '참신(參神)'으로 삼은 것이다. 그러므로 별도로 '참신'이라고 말하지 않은 것이다. 그렇다면 분향재배한 뒤에 술을 따르고 또 재배하고 장차 거두려고 하면 재배하고 사신(辭神)하여 총 세 차례 재배할 뿐이다. 이는 대체로 삭일에 비하여 가벼우므로 간략하게 하는 쪽을 따른 것이다.

38 기제사는……1일이니 : 이와 관련하여 《국역율곡선생전서》 제27권 소재 《격몽요결》 〈제례(祭禮)〉에는 "시제에는 산재 4일에 치재 3일을 하고, 기제에는 산재 2일에 치재 1일을 하고, 참례할 경우는 재숙 1일을 한다.〔時祭則散齊四日, 致齊三日, 忌祭則散齊二日, 致齊一日, 參禮則齊宿一日.〕"라고 하였다.

고구(羔裘)와 현관(玄冠) 차림으로 조문하지 않는 것[39]이 예(禮)이니, 조문할 때는 마땅히 흰색 옷과 흰색 띠〔帶〕를 사용해야 할 것이지만 이미 조문하고 난 뒤에 다시 찾아가면 비록 백포(白袍)에 흑대(黑帶) 차림으로 곡읍의 예(禮)를 행하더라도 무슨 문제 될 것이 있겠는가. 게다가 우연히 출입으로 인하여 상가에 이르렀는데 착용한 바가 만약 청포(青袍)이면, 청포는 흑대와 비교할 때 순길(純吉)[40]이 되므로 들어가서 곡하는 것은 온당하지 못한 듯하니, 다른 날을 기다려서 흰색 옷을 입고 다시 오는 것이 옳다. 그렇지 않고서 슬픔을 쏟아 내는 데에 급급하면 또한 어찌 굳이 복색에 구애될 필요가 있겠는가. 이러한 문제는 그 사세(事勢)를 따라서 처리하는 것이 바로 변통하는 방도이다.

39 고구(羔裘)와……것 : '고구'는 새끼 양의 가죽으로 만든 옷이고, '현관'은 검은 비단으로 만든 관으로, 이 말은 《논어》 〈향당(鄕黨)〉 제6장에 보인다. 이에 대한 주희의 《집주》에 "초상에는 흰 것을 위주로 하고, 길사에는 검은 것을 위주로 한다. 조문할 때 반드시 옷의 색깔을 바꾸는 것은, 죽은 이를 애도하기 위해서이다.〔喪主素, 吉主玄, 弔必變服, 所以哀死.〕"라고 설명하였다.

40 순길(純吉) : '완전히 길함'이라는 뜻으로, 상복을 벗고 완전한 길복(吉服)으로 갈아입는 것, 또는 그러한 옷인 순길복(純吉服)을 뜻한다.

김녹여 기윤 에게 답하다

答金祿汝 基胤

보내 주신 편지에서 다소간의 내용을 통하여 지취의 소재가 속학(俗學)의 과구(科臼 틀, 굴레)를 초탈하여 의리(義理)의 실지(實地)에 종사하는 것임을 알게 되었으니, 우리 무리 가운데에 참으로 쉽사리 얻지 못할 분입니다. 매우 흠앙하는 바입니다. 다만 어리석고 비루한 저에게 부탁하시면서 붙이신 칭위(稱謂)가 정도를 지나치는 바람에 저로 하여금 움츠러들게 하며 부끄러워서 땀이 나도록 하니, 부디 지금 이후로는 이러한 칭위를 붙이지 말아서 저의 이 사사로운 마음을 편안하게 해 주십시오. 이렇게 하시는 것이 어떻겠습니까.

별지를 통해 보여 주신 내용은, 비록 묻기를 좋아하시는 정성에서 나온 것이지만, 이는 되레 귀머거리에게 청력을 빌리는 꼴이나 진배없습니다. 대답해 드리고자 하면 제 지식이 망매(茫昧)하여서 발휘할 수 없을 뿐만 아니라 또한 감히 무리하게 억견(臆見)을 가지고 쉽사리 붓끝에서 드러낼 수는 없는 노릇입니다. 이 때문에 전부터 다른 사람과 답문한 경우가 극히 적으니, 유독 좌하께만 숨기는 것은 아닙니다.

게다가 이웃 사이라서 때때로 서로 만나 볼 수 있습니다. 피차간에 각각 의심나는 점이 있으면 직접 만나 의논하기가 참으로 좋으니, 어찌 굳이 문자(文字 글, 문사)를 쓸 필요가 있겠습니까. 만약 저를 비루하다고 여기지 않으시고 다시 외람되게도 찾아와 주신다면 마땅히 어리석은 견해를 올리는 의리를 다하여서 마음을 다 쏟아 나열하여 아뢸 것입니다. 어찌 생각하십니까. 어찌 생각하십니까.

이계술[41] 요헌 에게 답하다

答李季述 堯憲

거상 중 장사를 치르기 전에 선대(先代)의 기일을 만난 경우 상식(上食)에 소찬(素饌)을 사용하는 것에 대해서는 선현들의 설(說)이 한두 가지에 그치지 아니하였으니, 마땅히 이에 근거하여서 거행해야만 하네. 장사를 치르기 전에는 이미 상생(象生)[42]의 뜻이 있으니, 그렇다면 속절(俗節)에 올리는 전(奠)은 비록 상식과 다른 점이 있더라도 역시 고기를 사용해서는 안 되네. 어찌 생각하는가. 어찌 생각하는가. 평상시 선대의 기제사에 대하여 재계하는 날에 행소(行素)[43]를 하는 것은 예(禮)의 올바름이 아니니, "이날은 고기를 먹지 않는다."라고 한 글[44]

41 이계술(李季述) : 이요헌(李堯憲, 1766~1815)으로, 본관은 전주(全州), 자는 계술, 호는 소소옹(笑笑翁)이다. 1785년(정조9) 무과에 급제해 오위도총부도사에 임명되었다. 그 뒤 선전관 등 여러 군직(軍職)을 거치면서 정조의 총애를 받았다. 순조 등극 후 좌승지·우승지를 지내고 외직으로 나가 황해도병마절도사·경기도수군절도사·영변부사 등을 역임하였다. 1811년 겨울에 홍경래(洪景來)가 청북(淸北)에서 난을 일으키자, 양서순무사(兩西巡撫使)에 임명되었다. 1812년 병조판서를 거쳐 한성판윤·금위대장을 역임하였다. 1813년 지중추부사로 지의금부사·지훈련원사를 겸했고, 1814년 형조판서에 제수되었다가 이듬해 죽었다. 시호는 숙렬(肅烈)이다.

42 상생(象生) : 살아 있을 적의 일을 본떠서 한다는 뜻으로, 죽은 자를 아직 살아 있는 것으로 여겨서 모든 의식 절차를 여기에 맞추어 행하는 것이다.

43 행소(行素) : 주로 상중(喪中)에 고기나 고기가 들어 있는 음식을 먹지 않고 채식하는 것을 가리킨다.

44 이날은……글 : 이는 《가례》 〈제례 기일(忌日)〉에 "이날은 술을 마시지 않고, 고기를 먹지 않고, 음악을 듣지 않는다.〔是日, 不飮酒, 不食肉, 不聽樂.〕"라고 한 것을

을 가지고 보면 오직 당일에만 소찬을 사용하는 것이 예의(禮意)에 부합할 듯하네.

가리킨다.

부합할 듯하네.

이계술[45]에게 답하다
答李季述

문 그저 조고(祖考)의 제사만 받드는 어떤 이가 있습니다. 그런데 이 사람이 한 달 안에 조모의 상(喪)과 부친상을 거듭 당하였고, 결복(闋服)이 다만 몇 달밖에 남지 않은 상황에서 또 모친상을 당하였습니다. 그러므로 전상(前喪 앞서 난 상)의 담제와 길제를 아직 거행하지 못하였으니, 이런 상황이면 조비(祖妣)의 신주를 조고의 신주에 합독(合櫝)할 수 없을 것입니다. 이제 후상(後喪 뒤에 난 상, 모친상)의 복(服)을 벗은 뒤에 장차 조고께 합하여 제사 지내는 예(禮)를 거행하고자 하는데, 조비의 상(喪)이 다 끝났는데도 길제를 아직 거행하지 못한 곡절을 일찍이 단 한 번도 고하지 못하였습니다. 이제 만약 합제 축문(合祭祝文)만 가지고 사용하면 일이 매우 불분명하게 됩니다. 그리고 이미 판(版 축판)을 달리한 것이 아닌 이상 또한 조비의 신위에 별도로 고할 방도가 없으니, 어떻게 하면 마땅함이 될는지 알지 못하겠습니

45 이계술(李季述) : 이요헌(李堯憲, 1766~1815)으로, 본관은 전주(全州), 자는 계술, 호는 소소옹(笑笑翁)이다. 1785년(정조 9) 무과에 급제해 오위도총부도사에 임명되었다. 그 뒤 선전관 등 여러 군직(軍職)을 거치면서 정조의 총애를 받았다. 순조 등극 후 좌승지·우승지를 지내고 외직으로 나가 황해도병마절도사·경기도수군절도사·영변부사 등을 역임하였다. 1811년 겨울에 홍경래(洪景來)가 청북(淸北)에서 난을 일으키자, 양서순무사(兩西巡撫使)에 임명되었다. 1812년 병조판서를 거쳐 한성판윤·금위대장을 역임하였다. 1813년 지중추부사로 지의금부사·지훈련원사를 겸했고, 1814년 형조판서에 제수되었다가 이듬해 죽었다. 시호는 숙렬(肅烈)이다.

다. 조고의 개제주(改題主)는 마땅히 길제를 지내기 하루 전에 해야만 하니, 그렇다면 그때 별도로 축문을 달리해 말을 만들어서 조비께 고유해야 마땅합니까?

답 길제를 지내기 하루 전에 조고의 개제축(改題祝 위패를 다시 쓸 때의 축문)에 조어(措語)를 삽입하여서 아뢰는 것이 마땅할 듯하고, 조비의 신위에 대해서는 별도로 축사(祝辭 축문)를 사용하여서 고하는 것도 문제 될 것이 없네.

조고의 신위에 고하는 축문의 내용은 마땅히 다음과 같아야 할 것이네. "유세차 간지 모월 간지삭 모일 간지에 효손 아무는 감히 현조고 모관 부군께 분명하게 고하나이다. 삼가 아룁니다. 선조비 모봉 모씨와 선고 모관의 상기가 장차 다 끝나려고 하는데, 모년 모월에 선비가 세상을 떠나니, 상중에 담제와 길제를 아직 거행하지 못하였습니다. 이제 선비의 상이 이미 다 끝나서 장차 길제를 거행하려고 하오니, 현조고의 신주는 예법상 마땅히 글자를 고쳐 써야 합니다. 세대의 차서가 차례대로 옮겨지니, 사무치도록 서글픈 이 마음을 견디지 못하겠기에 삼가 술과 과일을 차려 놓고서 경건히 고하는 정성을 펴나이다. 삼가 고하나이다.〔維歲月日干支 孝孫某 敢昭告于顯祖考某官府君 伏以先祖妣某封某氏暨先考某官 喪期將盡 於某年某月 而先妣棄世 喪中禫吉未行 今者妣喪已畢 將行吉祭 顯祖考神主禮當改題 世次迭遷 不勝感愴 謹以酒果 用伸虔告 謹告〕" ○조비의 신위에 고하는 축문의 내용은 "감조곡우현조비모봉모씨(敢昭告于顯祖妣某封某氏)"의 아래에다 "삼가 아룁니다. 현조비와 선고 모관의 상기가 장차 다 끝나려고 하는데, 모년 모월에 선비가 세상을 떠나니, 상중에 담제와 길제를 아직 거행하지 못하였습니다. 이제 선비의 상이 이미 다 끝나서 장차 내일 현조고와 현조비를 합사하는 예를 추후해 거행하려고 하오니, 사무치도록 서글픈 이 마음을 견디지 못하겠기에 삼가 차려 놓고서〔伏以顯祖妣暨先考某官 喪期將盡 於某年某月 而先妣棄世 喪中未行禫吉 今者妣喪已畢將以來日 追行顯祖考顯祖妣合享之禮 不勝感愴 謹以〕……"라고 해야 할 것이네.

이계술[46]에게 답하다

答李季述

사계(沙溪 김장생(金長生))의 의론 중 '마땅히 선조(先祖)라고 칭해야 한다.'라고 말씀하신 것은 불천지위(不遷之位)에 대해서 범범하게 논하신 것 같네. 우암(尤庵 송시열(宋時烈))께서 "별자(別子)에 대해서는 '시조(始祖)'라고 칭한다."[47]라고 말씀하신 것이 바로 존택(尊宅)에서

46 이계술(李季述) : 이요헌(李堯憲, 1766~1815)으로, 본관은 전주(全州), 자는 계술, 호는 소소옹(笑笑翁)이다. 1785년(정조 9) 무과에 급제해 오위도총부도사에 임명되었다. 그 뒤 선전관 등 여러 군직(軍職)을 거치면서 정조의 총애를 받았다. 순조 등극 후 좌승지·우승지를 지내고 외직으로 나가 황해도병마절도사·경기도수군절도사·영변부사 등을 역임하였다. 1811년 겨울에 홍경래(洪景來)가 청북(淸北)에서 난을 일으키자, 양서순무사(兩西巡撫使)에 임명되었다. 1812년 병조판서를 거쳐 한성판윤·금위대장을 역임하였다. 1813년 지중추부사로 지의금부사·지훈련원사를 겸했고, 1814년 형조판서에 제수되었다가 이듬해 죽었다. 시호는 숙렬(肅烈)이다.

47 별자(別子)에……칭한다 : 이 말은 《송자대전》 권99 〈답이군회(答李君晦)〉에 다음과 같이 보인다. 이우휘(李遇輝)가 "별자 및 공훈이 있는 불천지위가 5,6대 이후에 이르면 신주에다 '현 몇 대조'라고 적습니까? 혹 '현선조'라고 적는 경우도 있으니, 어떠한지 알지 못하겠습니다.〔別子及有勳不遷之位至五六代以後, 則題主書以顯幾代祖耶? 或有以顯先祖書之者, 未知如何?〕"라고 묻자, 이에 대해 송시열은 "별자에 대해서는 마땅히 '시조'라고 칭해야 합니다. 그 이하 불천지위에 대해서는 '선조'라고 칭하니, 《가례》에 근거하면 알 수 있습니다.〔別子則當稱以始祖, 其以下不遷之位則稱以先祖, 據家禮可知矣.〕"라고 답하였다. '별자'란 고대의 종법(宗法) 제도에서 제후의 적장자를 제외한 나머지 아들들을 가리킨다. 《예기》 〈대전(大傳)〉에 "별자가 조가 되고, 별자의 적통을 계승한 자는 종이 되고, 아비를 계승한 자는 소종이 된다.〔別子爲祖, 繼別爲宗, 繼禰者爲小宗.〕"라고 하였는데, 정현의 주에 따르면 제후의 서자가 따로 시조가 되는 것이다.

오늘날 행할 수 있는 바이네. 오대조에 대해서 '시조'라고 칭하는 것은 비록 현실과 거리가 먼 듯하나 또한 마땅히 이것으로 칭해야만 할 것일세. 이미 '시조'라고 하였으면 더할 나위 없이 높은 것이니, 어찌 굳이 '현(顯)' 자를 붙일 필요가 있겠는가.

스스로 '효(孝)' 자를 가지고 일컫는 것으로 말하면, '효' 자는 본래 '노(老)' 자의 뜻으로, 여기에 실로 봉사(奉祀)의 뜻을 부쳤으니, '효오대손(孝五代孫)'이라고 칭하는 것이 아무런 문제가 없을 듯하네. 이에 대해서는 동춘(同春 송준길(宋浚吉))의 설(說)이 준용할 만하네.

즉 별자가 제후의 적통을 계승하지는 않았으나 별자 역시 후손이 있으므로 그 후손이 별자를 높여서 조(祖)로 삼을 경우, 별자를 계승한 적장자는 대종이 되고, 별자를 계승한 적장자 이외의 아들들은 소종이 된다는 뜻이다.

김대우 기유 에게 답하다
答金大宇 基有

그대가 물어본 대상(大祥) 때 부묘(祔廟)하는 의절은, 존택(尊宅)에 있는 사당의 제도 중 감실(龕室)의 내부가 매우 좁은 탓에 이러한 의심이 생기게 된 것이네. 그러나 이미 '동벽서향(東壁西向)'의 예문[48]을 적용한 이상 비록 새 신주가 마땅히 들어가야만 하는 빈 감실의 남쪽에 있다고 하더라도 우선 정위(正位)에다 봉안하지는 않았으니, 그렇다면 실로 '순서를 무시한 채 사당에 그냥 올려 들인다.〔躋入〕'라는 혐의는 없네. 이는 그저 땅의 형세나 위치에 따라 맞추어서 하면 될 뿐이니, 어찌 꼭 깊이 의심할 필요가 있겠는가.

《가례》를 살펴보면 합제(祫祭)[49]는 없고 대상에 곧바로 체천한 신주

48 동벽서향(東壁西向)의 예문 : 이는 부(祔)하는 신주, 즉 '부위(祔位)'의 해당 위치에 관한 예문으로, 대상을 지내고 궤연(几筵)을 철거한 다음 새 신주를 그 조부나 조모의 사당에 부(祔)할 적에 '동쪽 면에서 서쪽을 향하는 곳'에다 부(祔)한다는 말이다. 여기에 놓아둔 새 신주는 길제를 지낸 뒤에 정위(正位)로 옮긴다. 《喪禮備要 大祥》 여기서 '부(祔)'란 곧 '제부(隮祔)'를 가리킨다. '제(隮)'는 '올리다'라는 뜻이고 '부(祔)'는 '붙이다'·'합사(合祀)하다'라는 뜻으로, 죽은 자의 신위를 소목(昭穆)의 차례에 맞추어 그 해당하는 조부나 조모의 신위 곁으로 올려붙여서 함께 모시고 제사를 지내는 것이다. 김장생의 《상례비요》에서는 이를 주희의 설로서 채록하였으나, 김매순의 주장에 따르면 이는 본래 주희의 설이 아니라 김장생의 설이라고 한다. 《臺山集 卷5 答申甥命翰》

49 합제(祫祭) : 본래 고대에 천자나 제후가 거행하던 제사로, 먼 조상과 가까운 조상의 신주를 태조(太祖)의 묘(廟)에 함께 모시고서 지내는 제사이다. '합(祫)'은 합한다는 뜻인 '합(合)'으로, 죽은 자의 뜻이 편안해지도록 죽은 자의 혼령과 선조의 혼령을 합하

를 옮겨서 매안한다고 하였네. 그러나 주자의 만년정론(晩年定論)은 신주를 부(祔)하는 것과 신주를 옮기는 것을 두 가지 일로 삼아서[50] 대상을 마친 다음에 궤연을 철거하고서 새 신주를 그 조부의 사당에 부(祔)하였다가 합제를 다 마치기를 기다린 뒤에야 옮기는 것이라고 하였네.[51] 그러므로 《상례비요》에서는 이것을 따랐으니, 《가례》의 본래 예문(禮文)을 지금에는 행하기가 어렵네. 대상을 지낸 뒤에 그대로 궤연에 모셔 두는 것에 대해 사계(沙溪)께서는 예(禮)에 어긋난다고 하셨으니,[52] 결단코 해서는 안 되네. 그대가 보내 준 편지의 내용은,

는 것이다. 여기서는 삼년상이 끝난 뒤에 여러 조상의 신주를 한 사당에 모시고 행하는 제사를 가리킨다.

50 주자의……삼아서 : 이와 관련된 내용은 주희의 문집인 《회암집》에 몇 군데 보인다. 대표적인 예로 권62 〈답왕진보(答王晉輔)〉에 다음과 같이 보인다. "삼년상이 다 끝나게 되면 또 합제를 지내어 조부의 신주를 옮겨서 다른 사당에 들이고, 새로 죽은 자의 신주를 받들어서 조묘에 들이니, 그렇다면 신주를 부(祔)하는 것과 신주를 옮기는 것은 절로 두 가지 일인 것이다.〔至三年之喪畢, 則又祫祭而遷祖父之主, 以入他廟, 奉新死者之主, 以入祖廟, 則祔與遷自是兩事.〕" 여기서 '부(祔)'란 곧 '제부(隮祔)'를 가리킨다. '제(隮)'는 '올리다'라는 뜻이고 '부(祔)'는 '붙이다'・'합사(合祀)하다'라는 뜻으로, 죽은 자의 신위를 소목(昭穆)의 차례에 맞추어 그 해당하는 조부나 조모의 신위 곁으로 올려붙여서 함께 모시고 제사를 지내는 것이다.

51 대상을……하였네 : 이와 관련된 내용은 《회암집》에 몇 군데 보인다. 대표적인 예로 권63 〈답이계선(答李繼善)〉과 〈답곽자종(答郭子從)〉에 다음과 같이 보인다. "이미 대상을 마친 다음에 궤연을 철거하고서 그 신주는 우선 조부의 사당에 부(祔)하였다가 합제를 다 마치기를 기다린 뒤에 옮겨야 한다.〔旣祥而撤几筵, 其主且當祔于祖父之廟, 俟祫畢然後遷耳.〕"

52 대상을……하셨으니 : 이 내용은 《동춘당별집(同春堂別集)》 권1 〈상사계김선생(上沙溪金先生)〉에서 "그대로 궤연에 모셔 두거나 다른 곳에 임시로 모셔 둔다는 것은 더욱 예의에 어긋나니, 따라서는 안 될 것 같네.〔至於仍留几筵、權安別所, 尤乖禮意,

대상 때 부묘한 뒤에 신령을 편안히 하는 제사를 반드시 지내고자 하는데, 이에 대해서는 근거할 만한 예문이 없는 듯하네. 게다가 대상을 지낸 뒤부터 합제를 지내기 전까지 삭망 및 절일 등의 간소한 제사〔小祀〕를 조위(祖位)와 더불어 사당 안에서 함께 거행하니, 그렇다면 어찌 '그동안 단 한 번도 제사 지내지 않는다.'라고 이르겠는가. 이미 '차부(且祔 우선 조부에게 부함)'라고 말하였으니, 그렇다면 순서를 무시한 채 사당에 그냥 올려 들이는 것과 똑같지 않네. 그러니 반드시 제사를 설행하여서 신령을 편안히 하는 뜻을 보존하는 것 역시 정도가 지나치다고 하겠네. 《개원례(開元禮)》에 실려 있는 부제 등의 예(禮)는 아마도 끌어와서는 안 될 듯하네. 이는 대체로 예와 지금에 마땅함이 달라서 하나에만 구애되어서는 안 되기에 그러한 것일세.

恐不可從也.〕"라고 한 김장생의 말에 보인다.

김대우에게 답하다
答金大宇

신부가 시댁의 사당에 처음으로 알현할 때 바치는 예물은 고례(古禮)에서 언급하지 않은 바이고, 오직 《의례》에 "시부모가 돌아가셨으면 전채(奠菜)를 행한다."[53]라는 글이 있을 뿐이네. 그러므로 세속에서 묘현(廟見)을 행할 때 폐백을 사용하는 것은 바로 이 '전채'를 대신하여서 그러한 듯하네.

예법을 좋아하는 집안에서 곧바로 이 전채를 행하면 이는 그야말로 올바른 예법이네만, 이미 전채를 행하지 않은 이상 사당에 올리는 폐백은 그저 속례(俗禮)일 뿐이네. 그러나 인정은 매양 시부모의 사당에 폐백이 없음을 매우 불만스럽게 여기고 있으므로 반드시 폐백을 사용하는 것일세. 그렇다면 시속의 예(禮)를 따르는 것도 문제 될 것이 없네. 그러나 조부와 증조 이상의 신위로 말하면, 이분들께도 헌폐(獻幣 폐백을 바침)를 아울러 행하는 것은 아마도 지나치게 확장하여 적용하

53 시부모가……행한다 : '전채'란 채소를 위주로 하여 지내는 일종의 약식 제사인데, 이때는 보통 제비꽃〔菫〕을 사용하는 것으로 되어 있다. 이러한 전채는 신부가 시집온 지 3개월째 되는 달에 행한다. 이와 관련하여 《의례》 〈사혼례(士昏禮)〉에 "만약 시부모가 이미 돌아가셨으면, 신부가 들어와 석 달이 되어야 이에 전채를 행한다.〔若舅姑旣沒, 則婦入三月, 乃奠菜.〕"라고 하였다. 이에 대한 정현의 주에 "'전채'란 대광주리에다 푸성귀를 담아 제사를 지냄이다. 아마도 근을 쓸 것이다.〔奠菜者, 以篚祭菜也. 蓋用菫.〕"라고 하였고, 가공언의 소에 "근을 쓰는 것은 근신하며 공경한다는 의미를 취함이다.〔取謹敬.〕"라고 하였다. 이는 '근(菫)'이 '근(謹)' 자의 음과 똑같기 때문에 그러한 것이다.

는 듯하니, 예법에 근거할 바가 없는 데다가 또한 '높은 자를 끌어당긴다.'[54]라는 혐의가 있네. 내가 생각건대, 조부와 증조 이상에 대해서는 폐백을 사용하지 않는 것이 올바름을 얻을 듯하네. 비록 한 사당의 안이라고 하더라도 어떤 분께는 폐백을 바치고 어떤 분께는 바치지 않는 것이 의리상 각각 주장하는 바가 있으니, 온당하지 못함의 단서는 없을 듯하네.

54 높은 자를 끌어당긴다 : 《예기》 〈잡기 상(雜記上)〉에 "남자가 죽어서 왕부에게 부(祔)하는 경우는 왕모까지 아울러 제사 지내지만, 여자가 죽어서 왕모에게 부(祔)하는 경우는 왕부를 함께 제사 지내지 못한다.〔男子附於王父則配, 女子附於王母則不配.〕"라고 하였는데, 이에 대한 진호(陳澔)의 《집설》에 "높은 자에게 일이 있는 경우는 낮은 자에게 미칠 수 있으나 낮은 자에게 일이 있는 경우는 감히 높은 자를 끌어당기지 못하는 것이다.〔有事於尊者, 可以及卑, 有事於卑者, 不敢援尊也.〕"라고 하였다. 이 내용은 본래 정현의 주에 보인다.

유정여 한구 에게 주다
與兪鼎汝 漢九

첩이 여군(女君)을 위하여 입는 복(服)이 이미 부장기인 이상[55] 피발(被髮 머리를 풀어헤침)은 마땅하지 않은 듯합니다. 하지만 《가례》와 《상례비요》에서 이미 거론하지 않았고, 다른 예서(禮書)들에서도 이에 관한 내용이 보이지 않으니, 그렇다면 이는 아마도 의심할 만한 것이 아닌 듯합니다.

대체로 비첩(婢妾)이 가모(家母)의 상(喪)에 대하여 여러 비(婢)와 더불어 똑같이 피발하는 것은 종〔奴〕과 주인〔主〕이라는 명칭이 있기 때문입니다. 양첩(良妾)이나 천첩(賤妾)과 같은 따위로 말하면, 여군에 대하여 적서(嫡庶)의 분별만 있고 종과 주인 사이의 의리는 없으니, 어찌 피발할 수 있겠습니까. 《가례》·《상례비요》와 시제(時制 당시의 제도, 현행 제도)에서 거론하지 않은 바이니, 그렇다면 행하는 것은 결단코 마땅하지 않습니다.

55 첩이……이상 : '여군'이란 본래 군주의 적처(嫡妻)로, 첩이 지아비의 정실부인을 지칭할 때도 사용하는 말이다. 《의례》〈상복(喪服)〉의 의 '부장 마구자(不杖麻屨者)'에서 "첩이 여군을 위하여 입는다.〔妾爲女君.〕"라고 하였는데, 이에 대한 자하(子夏)의 전(傳)에 "어째서 기년인가. 첩이 여군을 섬기는 것이 며느리가 시부모를 섬기는 것과 똑같아서 그러한 것이다.〔何以朞也? 妾之事女君, 與婦之事舅姑等.〕"라고 한 내용이 보인다. 이러한 예법에 의거하여 첩은 여군을 위하여 의복(義服)으로 자최 부장기를 입는다.

홍군행[56] 문영 에게 답하다
答洪君行 文榮

문 산하(山下)에 정구(停柩)[57]하였는데 만약 모친을 뵙기 위하여 집으로 돌아가면 조석전(朝夕奠)을 올릴 때 재배하고 망곡하는 것이 어떠할지 알지 못하겠습니다.

답 상인(喪人)이 이미 빈측(殯側 빈소의 곁, 시신의 곁)을 떠난 상황인 만큼 조석전을 올릴 때 재배하고 망곡하는 것이 정례(情禮)에 부합할 듯하네.

문 사계(沙溪 김장생(金長生))께서 이르시기를, "우리나라는 가선대부(嘉善大夫) 이상이 옛적의 대부(大夫)에 해당하고 통정대부(通政大夫)는 옛적의 하대부(下大夫)에 해당한다."[58]라고 하셨습니다. 그러면 통훈대부(通訓大夫) 이하는 사(士)에 속하는데, 삽선(翣扇)[59]의 제도

56 홍군행 : 홍문영(洪文榮, 1768~1803)으로, 본관은 풍산(豐山), 자는 군행이다. 김원행(金元行)의 문인 홍낙순(洪樂舜, 1732~1795)의 장자이다. 이후 홍정모(洪正謨)로 개명하였고, 홍낙연(洪樂淵, 1724~1785)의 양자로 들어갔다. 《洪象漢, 豐山洪氏族譜, 木版, 英祖44(1768)》《豐山洪氏大同譜 卷4 文敬公系 秋巒公門中 18世》

57 정구(停柩) : 행상(行喪)할 때 상여가 도중에 머무르는 것이다.

58 우리나라는……해당한다 : 이와 관련된 내용은 《사계전서》 권36 소재 《의례문해》 〈명정(銘旌)〉의 '대부사지변(大夫士之辨)'에 보인다.

59 삽선(翣扇) : 관(棺)을 장식하는 제구(諸具) 중 하나로 원래 명칭은 '삽(翣)'인데, 그 모양이 부채와 비슷하다고 하여서 '선(扇)' 자를 붙인 것이다. 《예기》 〈상대기(喪大記)〉에 관한 정현의 주에 의하면, 나무로 너비 3자, 높이 2자 4치의 틀〔筐〕을 짜는데,

는 만약 통훈의 품계일 경우 지금 풍속에서 운(雲)과 아(亞)[60]를 쓰는 경우가 많습니다. 우옹(尤翁 송시열(宋時烈))께서는 또 "사(士)가 네 개의 삽(翣)을 사용하는 것은 참람한 짓이다."[61]라고 말씀하셨습니다. 이제 만약 운삽(雲翣)만 사용한다면 아마도 문제 되지 않을 듯합니다. 그렇지 않겠습니까?

답 관계(官階)가 통훈대부일 경우 장례를 치를 때 네 개의 삽(翣)을 사용하는 것은, 세상에서 이렇게 하는 경우가 많이 있네. 이는 우리 동방과 중국이 똑같지 않은 데다가 예와 지금에 또한 마땅한 바가 각각 서로 똑같지 않기 때문에 그러한 듯하네. 대체로 우리 동방의 사(士)는 대부의 예(禮)를 사용하는 경우가 많으니, 사대조(四代祖)까지 제사를 지내는 것이나 석 달이 지나서 장례를 치르는 것과 같은 따위가 바로 여기에 해당하네. 어찌 유독 삽선에 한하여 네 개를 사용하는

양쪽 가에 댄 나무가 틀 위로 나오도록 하고, 자루의 길이를 5자로 만들며, 그 틀에 백포(白布)를 입히고서 구름〔雲氣〕을 그리는데, 상여가 갈 때는 사람이 이것을 들고서 따라가고, 하관한 뒤에는 광중에 세운다고 하였다.

60 운(雲)과 아(亞) : 발인할 때 영구(靈柩)의 앞뒤에 세우고 가는 구름무늬를 그린 운삽(雲翣)과 '아(亞)' 자 형상을 그린 불삽(黻翣)을 말한다. 예법에 따르면 대부의 경우는 불삽 두 개와 운삽 두 개 등 총 네 개의 삽을 사용하며, 사(士)의 경우는 운삽 두 개만 사용한다. 《沙溪全書 卷24 家禮輯覽圖說 黼翣黻翣雲翣》

61 사(士)가……짓이다 : 이 말은 《송자대전》 권115 〈답류자수(答柳子壽)-억(億)-〉에 보인다. 예법상 사(士)는 두 개의 삽만 사용할 수 있는데, 《예기》 및 정현의 주에 따르면, 천자는 8삽으로 모두 벽(璧)을 위에 달고 깃을 드리우며, 제후는 6삽으로 모두 규(圭)를 위에 달며. 대부는 4삽이고 사(士)는 2삽으로 모두 유(緌)를 위에 단다. 《禮記注疏 卷23 禮器, 卷31 明堂位》《周禮注疏 卷8 天官 縫人》 고례 및 송시열과 김장생의 설에 근거하면, 조선조의 정삼품 '통훈대부'부터 그 이하는 모두 사(士)에 해당하므로 운삽 두 개만 사용할 수 있는 것이다.

것을 혐의쩍어하겠는가. 오직 관직이 없는 자와 관직이 있으나 아직 낭계에서 떠나지 못한 자는 네 개를 사용할 수 없지만, 통훈대부이면 사용할 수 있을 걸세. 그러나 그럼에도 불구하고 오히려 통훈대부를 사(士)에다가 소속시켰고, 우옹께서는 사(士)가 네 개의 삽(翣)을 사용하는 것에 대하여 참람한 짓이라고 말씀하셨으니, 그렇다면 시속의 예(禮)를 따라서 네 개를 사용하는 것도 온당하지 못한 듯하네. 그러니 단지 운삽만 사용하는 것이 올바르지 않겠는가.

문 밖에서 반구(返柩)[62]하는 예(禮)는 출발하는 날에 조전(朝奠)만 설행하고 장사를 지낼 때가 되어서야 조전(祖奠)과 견전(遣奠)을 설행한다고 이미 선배가 논한 바가 있습니다. 하지만 관청은 이미 여관이 아니고 산하는 또 본가와 다르니, 유명(幽明)이 서로 나뉘는 즈음에 아무것도 모른다는 듯이 그냥 할 수는 없습니다. 그러므로 조전과 견전을 이미 길을 떠날 때 거행하였습니다. 장사를 지내는 날에도 고하는 의식이 없어서는 안 되는 듯하기에 동춘(同春)께서 이정(李晸)의 물음에 답하신 것[63]을 따라서 조전(朝奠)을 통해 고사(告辭 고유하는 글)를 올리고 장례를 거행하고자 하오니, 이렇게 하는 것이 어떠할지 알지 못하겠습니다. 만약 그렇다면 고하는 글의 내용은 또한 어떻게 말을 만들어야 할는지요?

답 조전(祖奠)과 견전은 이미 다시 거행할 수 없으니, 장례를 치르는

62 반구(返柩) : 객지에서 죽은 사람의 시신을 고향이나 본가로 돌려오는 의식이다.

63 동춘(同春)께서……것 : 이는 《동춘당별집》 권6 〈답금산수(答錦山守) -이정(李晸)○임자(壬子)-〉를 가리킨다.

날에 조전(朝奠)을 통하여 고하는 의식을 거행하기를 마땅히 동춘의 설(說)과 똑같이 해야 할 것인데, 고하는 글의 조어(措語)는 마땅히 "이제 좋은 날을 잡아 장차 장례를 거행하려고 하기에 감히 고하나이다.〔今以吉辰 將行葬禮 敢告〕"라고 해야 할 것이네.

문 조전(祖奠)과 견전(遣奠)을 올린 뒤에 조조(朝祖)[64]를 행할 수 없는 것에 대해서는 비록 선배의 확정된 의론이 있으나 유명이 영원히 갈리는 즈음에 관계되는 일이다 보니 예의(禮意)가 간절하고도 측달하여 차마 빠뜨리지 못하는 점이 있습니다. 만약 우옹(尤翁)의 설(說)[65]을 근거로 삼아서 사당과 영구에 아울러 고한다면, 이것이 예의에 문제가 되지는 않겠습니까?

답 조조의 예(禮)는 형세상 거행할 수 없네. 우옹께서 "사당과 영구에 아울러 고한다."라고 논하신 것은 그야말로 순탄하고 원활할 듯하나 이미 "의리로 일으킨다〔義起〕는 혐의가 있다."라고 말씀하셨고, 남계(南溪 박세채(朴世采)) 역시 이 한 의절에 대해서 "다시 상고해야 한다.

64 조조(朝祖) : '조조의(朝祖儀)'라고도 하는데, 발인 하루 전에 혼백(魂帛)을 받들고 사당으로 나가서 하직하는 의식이다. 이는 사자(死者)가 생전에 평소 집을 나가고 들어올 때 어른에게 고하였던 일을 본뜬 것으로, 옛날에는 널을 받들고 사당으로 갔는데, 후대에는 사당이 좁아 옮기기가 곤란하여 혼백으로 대신하였다고 한다.

65 우옹(尤翁)의 설(說) : 이와 관련된 내용은 《송자대전》 권65 〈답박화숙(答朴和叔)-경술시월십팔일(庚戌十月十八日)-〉에 다음과 같이 보인다. "거처를 달리하는 경우 아마도 조조를 거행하기가 어려울 듯하니, 사유를 갖추어 사당과 영구에 아울러 고하면 그 뜻이 매우 순탄하고 원활하며 주도하고 상세할 것이다. 그러나 이는 대략 의리로 일으킨다는 혐의가 있으니, 감히 질언하지 못할 뿐이다.〔異居者, 朝祖竊恐難行, 具由竝告於廟與柩, 意甚宛轉周詳矣. 然略有義起之嫌, 不敢質言耳.〕"

〔更詳〕"라고 하였네. 그러니 이렇게 하는 것이 적확하여 반드시 행할 수 있다는 점을 나는 아직 보지 못하겠네. 게다가 이미 '막 죽은 것〔始死〕'으로 사당에 고한 이상 그 축문의 내용은 마땅히 상(喪)이 관차(官次 관청)에서 난 사유를 언급해야만 하니, 조조를 거행할 수 없다는 뜻이 절로 있는 것일세. 이에 대해서는 선조의 영령께서 전부 자세히 살펴 헤아려 주실 터이므로 비록 고하지 않더라도 아무런 말도 없이 그냥 한다는 혐의가 없을 듯하니, 이것이 어떠할지 알지 못하겠네.

문 복의(復衣)[66]는 매안(埋安)하기도 하고 불에 태우기도 합니다. 어느 것이 옳은지 알지 못하겠으나 만약 삼년상을 치르는 동안에 천폄(遷窆 천장(遷葬))하고자 하면 우선 궤연(几筵)에다 봉안하는 것이 어떻습니까? 영침(靈寢)[67] 역시 어쩌면 이렇게 하는 것일지도 모르겠습니다.

답 복의를 불에 태우는 것이나 매안하는 것은 모두 속례(俗禮)라네. 고례(古禮)를 살펴보면, 영좌(靈座)에 그것을 두었다가 장례를 치른 뒤에 사당 안에다 보관하였네. 그러나 사당 안에다 보관하는 한 가지 사항은 결국에는 실행하기가 어려운 듯하네. 그러니 장례를 치르기

66 복의(復衣) : 복(復)을 할 때 사용하는 망자의 옷을 이른다. '복(復)'이란 고복(皐復)으로, 초혼(招魂)하는 행위이다. 사람이 죽으면 곧바로 그 죽은 사람이 평소 입던 두루마기나 적삼 등 상의를 가지고 지붕의 대마루에 올라가 그 옷을 휘둘러 공중에 내저으면서 '학생 모공 복, 복, 복.' 또는 '모관 모공 복, 복, 복.' 등으로 외치며 부르는 것을 말한다. 남자의 상이면 남자가, 여자의 상이면 여자가 하는데, 왼손으로 옷깃을 잡고 오른손으로 옷의 허리 부분을 잡아 북쪽을 향해 휘두른다.

67 영침(靈寢) : 초상 때 혼백함(魂帛函)을 모셔 두는 곳이다.

전에는 영좌에 두었다가 장례를 치른 뒤에는 속례를 따라 매안하는 것이 그다지 큰 잘못이 되지 않을 걸세. 그러나 불에 태우는 것은 불가하네. 만일 삼년상을 치르는 동안 천폄하려고 계획하였으면 복의를 우선 궤연의 안에다 잘 보관해 두어서 개장(改葬)할 때를 기다리게. 영좌에 사용하는 영침의 금욕(衾褥)은 복의와 다른 점이 있으니, 세수와 세면에 사용하는 도구를 거두어 간 이후에는 궤연의 곁에다 그대로 놓아두어서는 안 되네. 다만 마땅히 집 안에다 잘 갈무리하여서 개장할 때 빈소를 차리는 용도로 삼아야만 할 것이니, 이렇게 하는 것이 어떻겠는가.

홍군행[68]에게 답하다

答洪君行

상제(祥祭)를 지낸 이후 부묘(祔廟)하되 동편에서 서향하는 자리에 두었다가 합제(祫祭)를 다 끝마친 뒤를 기다려서 옮기는 법이니,[69] 그렇다면 합제를 다 끝마치기 전에 정위(正位)를 마련하는 것은 아마도 온당하지 못할 듯하네. 신주를 사당에 들일 때 비록 사우(祠宇)가 협착함으로 말미암아 정위로 받들었으나 이는 사세가 부득이한 데에서

68 홍군행 : 홍문영(洪文榮, 1768~1803)으로, 본관은 풍산(豐山), 자는 군행이다. 김원행(金元行)의 문인 홍낙순(洪樂舜, 1732~1795)의 장자이다. 이후 홍정모(洪正謨)로 개명하였고, 홍낙연(洪樂淵, 1724~1785)의 양자로 들어갔다. 《洪象漢, 豐山洪氏族譜, 木版, 英祖44(1768)》《豐山洪氏大同譜 卷4 文敬公系 秋巒公門中 18世》

69 상제(祥祭)를……법이니 : 이는 부위(祔位)에 관한 예법으로, 대상을 지내고 궤연을 철거한 다음 새 신주를 그 조부나 조모의 사당에 부(祔)할 적에 '동쪽 면에서 서쪽을 향하는 곳'에다 부(祔)한다는 말이다. 여기에 놓아둔 새 신주는 길제를 지낸 뒤에 정위(正位)로 옮긴다. 《喪禮備要 大祥》 김장생의 《상례비요》에서는 이를 주희의 설로서 채록하였으나, 김매순의 주장에 따르면 이는 본래 주희의 설이 아니라 김장생의 설이라고 한다. 《臺山集 卷5 答申甥命翰》 이와 관련된 구체적인 내용은 주희의 문집인 《회암집》에 몇 군데 보인다. 대표적인 예로 권63 〈답이계선(答李繼善)〉과 〈답곽자종(答郭子從)〉에 다음과 같이 보인다. "이미 대상을 마친 다음에 궤연을 철거하고서 그 신주는 우선 조부의 사당에 부(祔)하였다가 합제를 다 마치기를 기다린 뒤에 옮겨야 한다.〔旣祥而撤几筵, 其主且當祔于祖父之廟, 俟祫畢然後遷耳.〕" '합제'란 본래 고대에 천자나 제후가 거행하던 제사로, 먼 조상과 가까운 조상의 신주를 태조(太祖)의 묘(廟)에 함께 모시고서 지내는 제사이다. '합(祫)'은 합한다는 뜻인 '합(合)'으로, 죽은 자의 뜻이 편안해지도록 죽은 자의 혼령과 선조의 혼령을 합하는 것이다. 여기서는 삼년상이 다 끝난 뒤에 여러 조상의 신주를 한 사당에 모시고 행하는 제사를 가리킨다.

비롯한 일시적인 방편인 만큼 정침(正寢)에서 제사를 거행할 때 동서(東序)[70]의 자리를 마련하여서 고례(古禮)를 보존하는 것이 마땅할 듯하네. 길제(吉祭)를 지낼 때 출주 고사(出主告辭 출주할 때 고유하는 글)의 내용에서 '체천(遞遷)' 두 글자는 고조를 계승한 종손이 아니면 '합향(合享)'으로 고치는데, 이에 대해서는 도암(陶菴 이재(李縡))의 축문이 있으니, 이것이 따를 만하네. 조고(祖考) 이상을 합제(合祭)할 때의 축문에서는 '소목계서(昭穆繼序 소목이 차례를 이으니)'라는 글도 사용해서는 안 될 것이네.

길제를 지낼 때 조묘(祖廟)의 출주 고사는 《상례비요》의 내용[71]에 따라서 적는데, 새 신위에 대한 출주 고사가 없는 것은 예문이 다 갖추어지지 못한 부분인 듯하니, 마땅히 별도로 고사를 만들어야 하네. 이에 대해서는 우옹(尤翁 송시열(宋時烈))의 설(說)이 있으니, 아래에 다음과 같이 기록하는 바일세.

"효자 모가 이제 현고 모관 부군께 일이 있기에 감히 신주를 꺼내어

70 동서(東序) : '서(序)'란 '딸린 곁채' 또는 '당(堂)의 벽장'으로, 여기서는 정침(正寢)의 동쪽 벽면을 가리킨다.

71 상례비요의 내용 : 《상례비요》에 실려 있는 길제의 출주 고사는 다음과 같다. "오대손 아무가 이제 체천 때문에 현오대조고 모관 부군과 현오대조비 모봉 모씨께 일이 있습니다. 모친 모관과 모봉 모씨를 올려서 합사하려고 감히 신주를 꺼내어 모시고 정침으로 나아가 공손히 제수를 올리는 정성을 펴고자 합니다.〔五代孫某, 今以遞遷, 有事于顯五代祖考某官府君、顯五代祖妣某封某氏, 以某親某官、某封某氏祔食, 敢請神主, 出就正寢, 恭伸奠獻.〕"

모시고 정침으로 나아갈까 합니다.〔孝子某 今有事于顯考某官府君 敢請神主 出就正寢〕"

홍군행[72]에게 답하다

答洪君行

그대가 편지로 보여 준 일에 대해서는, 정(情)이 더 우세한 뜻에서 나온 것임을 진실로 알겠네. 하지만 예(禮)에 있어서는 아마도 굳이 그것을 행할 필요가 없을 듯하네. 주가(主家)에서 이미 담제(禫祭)를 거행함이 없고, 자기 자신 역시 이미 상복을 벗었으면, 이는 상(喪)이 다 끝난 뒤일세. 허묘(墟墓 무덤)의 사이로 말하면, 비록 다른 점이 있는 듯하지만 장남헌(張南軒 장식(張栻))이 삼년상을 다 치른 뒤에 친묘(親墓)에 찾아가서 곡한 것을 두고 예가(禮家)가 오히려 비난하였는데, 더군다나 형제의 묘에 대해서는 더 말해 무엇 하겠는가. 기년의 상(喪)에서 이미 궤연(几筵)을 거두어들였으면 이는 바로 삼년상이 다 끝난 뒤인 셈이나 마찬가지이네. 예(禮)로써 정(情)을 억제해야 하니, 그렇다면 예(禮)를 넘어서는 이러한 것들은 중지하는 것이 마땅할 듯하네.

72 홍군행 : 홍문영(洪文榮, 1768~1803)으로, 본관은 풍산(豐山), 자는 군행이다. 김원행(金元行)의 문인 홍낙순(洪樂舜, 1732~1795)의 장자이다. 이후 홍정모(洪正謨)로 개명하였고, 홍낙연(洪樂淵, 1724~1785)의 양자로 들어갔다. 《洪象漢, 豐山洪氏族譜, 木版, 英祖44(1768)》《豐山洪氏大同譜 卷4 文敬公系 秋巒公門中 18世》

김백화 협순 에게 답하다

答金伯和 協淳

문 장례를 치르기 전의 전(奠)과 상식(上食)은 집사자(執事者)가 없으면 상인(喪人)이 손을 씻고 직접 거행합니다.……

답 어떤 사람이 우암 선생께 이 예(禮)에 관하여 여쭈었는데, 선생께서 말씀하시기를, "마땅히 '약자조결(略自澡潔)'의 예문을 적용해야만 할 것이니, 혹 문제 될 것이 없을 것이다."라고 하셨습니다.[73] 대체로 '약자조결' 네 글자는 바로 초우(初虞)에 관한 조문인데, 선생께서 장례를 치르기 전에 끌어다 쓰고자 하신 것은 변통하려는 뜻에서 나온 듯하나 실제로는 이 또한 부득이해서 하신 의론입니다. 이는 반드시 부인으로서 대신하여 행할 자까지도 없게 된 뒤에야 의논할 수 있는 것입니다. 이미 부인으로서 대신하여 행하는 자가 있으면 상인이 어찌

73 어떤……하셨습니다 : 이는 윤채(尹寀)의 물음에 대한 송시열의 답을 두고 말한 것이다. 윤채가 "장례를 치르기 전의 전과 상식은, 술을 따르고 향을 올릴 수 있는 축이 없는 경우 주인이 직접 행하면 마땅히 손을 씻어야 할 듯합니다. 그러나 머리를 빗고 얼굴을 씻는 것은 아마도 해서는 안 될 듯하니, 어떻습니까?〔葬前奠上食, 無祝可以斟酒上香者, 主人自行則似當盥手, 然櫛髮洗面則恐不可爲也, 何如?〕"라고 묻자, 송시열이 "마땅히 '대략 각자 깨끗이 씻는다.'라는 예문을 적용해야만 할 것이니, 혹 문제 될 것이 없을 것이다.〔當用略自澡潔之文, 或無妨矣.〕"라고 답하였다. 《宋子大全 卷103 答尹爾和-丙辰八月二十九日-》 '약자조결'이란 《가례》 〈상례(喪禮) 우제(虞祭)〉에 "주인 이하는 모두 목욕한다.〔主人以下皆沐浴.〕"라고 하였는데, 이에 대한 원주(原註)에 "혹 너무 늦어져 그럴 겨를이 없는 경우는 곧 대략 각자 깨끗이 씻으면 된다.〔或已晚不暇, 卽略自澡潔可也.〕"라고 한 데에 보인다.

장례를 치르기 전에 씻고 닦을 수 있겠습니까. 한강(寒岡 정구(鄭逑)) 은 노비를 시켜서 그것을 행하게 하고자 하였는데, 노비를 시키는 것은 매우 옳지 않습니다. 현석(玄石 박세채(朴世采))은 매양 부인이 대신하여 거행함을 주장하였으니, 이것이 근거할 만할 듯합니다. 게다가 상식은 비록 다른 제사와 똑같지 않으나 손만 씻고 얼굴을 씻지 않는 것은 끝내 정결함에 부족한 것이니, 차라리 부인을 시켜서 그것을 거행하도록 하는 것이 마땅합니다. 비록 상인의 처(妻)가 그것을 거행하더라도 창을 닫아 가려서 막으면 안팎이 서로 보지 못하는 곳에서 상인이 참곡(參哭 참배해 곡읍함)하는 것은 온당하지 못한 점이 없을 듯합니다.

김백화에게 답하다

答金伯和

묘제(墓祭)를 평상시에 단헌(單獻)으로 하면 산신에게 제사를 지내지 않고, 삼헌(三獻)으로 하면 산신에게 제사를 지내는 것이 예(例)입니다. 새로이 장례를 치른 분의 자리가 조산(祖山)[74]과 같은 산의 능선에 있으면 단헌으로 조묘(祖墓)에 제사를 지내고 삼헌으로 새로 만든 분묘에 제사를 지내는 것입니다. 중요하게 여기는 바가 조묘에 있으니, 묘소에 이미 단헌으로 제사를 지냈기 때문에 산신에 대해서는 제사를 지내지 않는 것입니다. 지금 애가(哀家 상을 당한 상대방의 집)에서 새로이 장례를 치른 분의 자리가 이미 조묘가 있는 산 능선의 지경 안에 있는 것이 아니어서 삼헌으로 제사를 거행하면 산신에게도 마땅히 제사를 지내야 합니다. 그 찬품(饌品)에 대해서는 주자의 말씀에 '묘소의 앞에 차리는 것과 똑같이 한다.'라는 설(說)이 있고, 또 '큰 반(盤) 네 개를 사용한다.'라는 설(說)이 있으니,[75] 이 두 가지 설(說) 중에서

74 조산(祖山) : 본래는 할아버지의 무덤이 있는 산을 가리키는데, 여기서는 할아버지의 산소를 가리킨다.

75 그……있으니 : 이와 관련된 내용은 모두 《가례》에 보인다. 《가례》를 살펴보면, 권5 〈제례 묘제(墓祭)〉의 '찬을 갖춘다.〔具饌.〕'에 관한 원주(原註)에서 "생선 · 고기 · 미식 · 면식을 각각 큰 반으로 하나씩 다시 진설하여서 후토에게 제사 지낸다.〔更設魚肉米麪食各一大盤, 以祀后土.〕"라고 설명하였는바, 해당 원문의 '큰 반 네 개〔四大盤〕'란 네 개의 큰 반에다 각각 생선 · 고기 · 미식 · 면식을 담은 것을 가리킨다. 또한 부록(附錄)에는 주희가 아들 숙(塾)을 경계한 글이 실려 있는데, "근자에 묘제에서 토신제를 지내는 예를 보니, 완전히 지리멸렬하여 나는 매우 두렵다. 이미 선친의 체백

오직 사력(事力)을 잘 살펴서 행하는 것이 마땅합니다.

상중에 선묘(先墓)에 제사 지내는 제도에 대해서는 이미 사옹(沙翁 김장생(金長生))께서 논하신 바가 있으니, 굳이 패랭이〔平涼子〕를 사용할 필요는 없습니다. 비록 참최(斬衰)라고 하더라도 또한 마땅히 포대(布帶 베띠)를 사용해야 할 것입니다.

삼년상을 치르는 동안의 삭참(朔參)에 대해서 혹 '궤연(几筵)에 먼저 하고 사당은 나중에 한다.'라는 의론이 있으나 이미 조선(祖先)께 제사를 지낸 이상 이는 존비(尊卑)의 분별이 매우 엄격한 것이니, 마땅히 사당에 먼저 해야 할 것입니다.

비록 《의례문해》에 '삼년상을 치르는 동안 절일(節日)에 올리는 시식(時食)은 상식(上食)을 올린 뒤에 별도로 설행한다.'라고 한 글이 있지

을 산림에 맡겨놓고서 그 산림의 주인인 산신에게 제사 지내는 것이 어찌 이와 같을 수 있단 말인가. 이후로는 묘소 앞에 차리는 것과 똑같이 해야 하니, 채소·과일·젓·포 등 도합 열 그릇과 고기·생선·만두를 각각 큰 반으로 하나씩 올림으로써 갖추어야 할 모든 제수를 빠짐없이 진설하고, 국·밥·차·탕을 각각 한 그릇씩 진설하여서 부모를 편안하게 하며 신을 섬기는 내 뜻을 다하고, 조금도 후박이 있게 하지 말라.〔比見墓祭土神之禮, 全然滅裂, 吾甚懼焉. 旣爲先公託體山林, 而祀其主者, 豈可如此? 今後可與墓前一樣, 菜果鮓脯共十器, 肉魚饅頭各一大盤, 凡所具之物悉陳之, 羹飯茶湯各一器, 以盡吾寧親事神之意, 勿令少有隆殺.〕"라고 하였는바, 해당 원문의 '묘소의 앞에 차리는 것과 똑같이 함〔與墓前一體〕'은 바로 이것을 가리킨다. 참고로 상기한 부록의 글은 전래한 《가례》의 판본에 따라서 글자의 크기와 글의 위치가 다르지만, 글의 내용은 대동소이하다.

만,[76] 상식을 겸하여 거행하는 것이 간편한 듯하니, 이것이 어찌 예(禮)를 크게 해치는 지경에 이르겠습니까.

망인(亡人)이 착용한 갓〔冠〕이나 신 따위를 불에 태우는 것은 온당하지 못하니, 유의복(遺衣服)의 예(例)를 따라서 잘 보관하고,[77] 그렇지 않으면 선영의 하인〔墓下人〕과 가난한 자에게 흩어 주는 것이 마땅합니다.

76 비록……있지만 : 이와 관련된 내용은 《의례문해》 권3 〈상례 전(奠)〉의 '속절상식후별설시식(俗節上食後別設時食)' 조에 보인다.

77 유의복(遺衣服)의……보관하고 : '유의복'이란 대렴에서 쓰고 남은 옷이다. 《주례》 〈춘관종백(春官宗伯) 수조(守祧)〉에 "수조는 선왕과 선공의 묘와 조를 수호하는 일을 관장하는데, 그 유의복을 여기에 잘 보관해 두었다가 만약 제사를 지내려고 하면 각각 그 의복을 시에게 주어서 착용하도록 한다.〔掌守先王先公之廟祧, 其遺衣服藏焉. 若將祭祀, 則各以其服授尸.〕"라고 하였는데, 이에 관한 정현의 주에 "유의복이란 대렴에서 쓰고 남은 것이다.……시는 졸한 자의 상복을 착용함으로써 그가 살아 있을 때를 형상해야 한다.〔遺衣服, 大斂之餘也.……尸當服卒者之上服, 以象生時.〕"라고 설명하였다.

김백화에게 답하다

答金伯和

문 부친상의 소상(小祥)이 가까워져서 이를 거행하려고 할 즈음에 장자(長子)의 상(喪)을 당하여 소상을 뒤로 물려서 거행하되 해당 자녀들의 변복(變服)[78]에 관한 의절은 소상을 지낼 때 행합니까? 아니면 부친의 망일(亡日 죽은 날)에 행합니까?

답 비록 장자의 상(喪)으로 말미암아 부친상의 소상을 뒤로 물려서 거행하더라도 해당 자녀들은 '선만선제(先滿先除)'의 예문[79]에 의거하여 망일에 변제(變除)[80]하는 것이 마땅할 듯합니다.

78 변복(變服) : 본래 삼년상의 절차 중 의복을 바꾸어 입는 때를 가리키는데, 여기서는 소상 때 연관(練冠)과 연복(練服)으로 갈아입고, 남자는 수질(首絰)을, 여자는 요질(腰絰)을 제거하는 것을 말한다.

79 선만선제(先滿先除)의 예문 : 상복을 입는 개월 수가 먼저 찬 사람은 먼저 벗고 나중에 차는 사람은 나중에 벗는다는 예법이다. 이와 관련된 내용은 《주자어류》 권89 〈예(禮)6 관혼상(冠昏喪) 상(喪)〉에 다음과 같이 보인다. "친상에는 형제 가운데 먼저 상기가 찬 자는 먼저 복을 벗고, 나중에 상기가 찬 자는 나중에 벗는 것이니, 이는 외지에 있어서 부음을 듣는 데에 선후의 차이가 있기 때문이다.〔親喪, 兄弟先滿者先除服, 後滿者後除, 以在外聞喪有先後者.〕"

80 변제(變除) : 보통 '변복(變服)'과 '제상(除喪)'의 병칭으로서 사용하는 말이다. '변복'이란 삼년상의 절차 중 의복을 바꾸어 입는 상황들을 가리키는바, 그중 소상과 대상 및 담제가 대표적이다. 소상 때는 연복(練服)으로 갈아입는데, 남자는 수질(首絰)을, 여자는 요질(腰絰)을 제거하며, 대상 때는 담복(禫服)으로, 담제 때는 길복(吉服)으로 갈아입는다. 일설에 의하면 대상 때는 상복(祥服)으로, 담제 때는 담복으로 갈아입는다고 한다. '제상'이란 상기(喪期)를 다 끝마치고 상복을 완전히 벗는 것인데, 주로 대상 때를 가리킨다. 《喪禮備要 下 小祥, 大祥, 禫》《四禮便覽 卷6 喪禮4 小祥, 大祥, 禫》

김백화에게 답하다
答金伯和

형이 아우의 상(喪)을 주관할 때 제주(題主)하는 것은, 고례(古禮)의 '모보(某甫)'라는 예문[81]에 근거하면 마땅히 자(字)를 적어야 할 듯하지만 근래에는 대부분 자(字)를 적지 않습니다. 대체로 옛적에는 자(字)를 휘하지 않았는데, 후대에는 자(字)를 휘하였으므로 자(字)를 적지 않는 것이니, 이 또한 '그의 이름을 부르지 않음은 그를 높여서 신으로 여기는 것이다.'[82]라는 뜻이 아닐는지요. 이러한 부분이야말로

81 고례(古禮)의 모보(某甫)라는 예문 : '모보'란 '자(字)'를 뜻한다. '보(甫)'는 '보(父)'로도 표기하는데, 이는 남자의 미칭이다. 이와 관련된 내용은 가장 먼저 《의례》 〈사관례(士冠禮)〉에 "자사는 다음과 같다. '……자를 마땅하게 짓는 것이 복이 되니, 이를 길이 받아서 잘 지니도록 하라. 그대의 자를 백모보라고 하는 바이다.' 관을 쓴 사람이 형제 가운데 그 순서가 몇 번째인가에 따라서 중·숙·계 등 해당하는 바대로 짓는다.〔字辭曰: '……宜之于假, 永受保之, 曰伯某甫.' 仲、叔、季, 唯其所當.〕"라고 보인다. 이는 관례뿐만 아니라 상례에 관한 예문(禮文)에도 다수 보이는데, 초종(初終)의 복(復), 치장(治葬)할 때 장지(葬地) 및 안장할 날짜를 점치는 명사(命辭), 우제·졸곡·부(祔) 등의 축문, 지석(誌石)에 새기는 글 등에서 그 용례를 확인해 볼 수 있다.

82 그의……것이다 : 해당 원문은 '불명존신(不名尊神)'으로, 이와 관련된 구체적인 내용은 《예기》 〈잡기 상〉의 "부모상이 있는데 연제를 지낸 뒤 여전히 대공의 최복을 입고서 소공친 형제로서 상사(殤死)한 자에 대해 부제를 지내면 연관을 착용하고서 부제를 지내고, 이 상사한 자에 대한 축문에서는 '양동 모보'라고 칭하니, 여기서 그의 이름을 부르지 않음은 그를 신으로 여기는 것이다.〔有父母之喪尙功衰, 而附兄弟之殤則練冠附, 於殤稱陽童某甫, 不名, 神也.〕"에 관한 정현과 공영달의 주해에 자세히 보인다. 《禮記注疏 卷41 雜記上》

이른바 '옛날과 지금은 마땅함이 다르다.〔古今異宜〕'입니다.

아비가 아들에 대해서 제주할 때는 마땅히 이름을 적어야 하지만 근세에는 또한 대부분 이름을 적지 않는다고 합니다. 이것으로 미루어 보건대 형이 아우에 대하여 제주할 때도 자(字)를 적지 않는 것은 무방할 듯합니다. 이미 이름과 자(字)를 적지 않았으니, 그렇다면 단지 '모관(某官)'이라고 적을 뿐이고, 실제 관직이 없으면 '통덕랑(通德郞) 학생(學生)'이라는 칭호로 적는 것이 마땅합니다. 함중(陷中)에다 이미 휘(諱)와 자(字)를 적었으면 분면(粉面)에는 관함(官銜)만 적는 것이 아마도 마땅할 듯합니다.

혹자의 설(說)에서 "폐질이 있는 자는 선영에다 들여서 장사 지내는 것을 허락하지 않는다."라고 한 의론은, 아마도 '삼불조(三不弔)'의 예문[83]으로 말미암아 이로 미루어 말한 것으로 짐작됩니다. 그러나 옛적에 어떤 사람이 삼불조의 상(喪)에는 해당하는 복(服)이 없는지를 사계(沙溪)께 여쭈었는데, 사계께서 말씀하시기를, "복(服)을 입지 않는다는 말은 아직 못 봤다."라고 하셨으니,[84] 이는 대체로 삼불조의 예문

83 삼불조(三不弔)의 예문 : 이는 《예기》 〈단궁 상〉의 "사람이 죽었어도 조문하지 않는 경우가 세 가지이니, 외와 압과 익이다.〔死而不弔者三, 畏厭溺.〕"를 가리킨다. 여기서 '외(畏)'란 두려워서 스스로 죽는 것이고, '압(厭)'이란 위험한 곳에 있다가 건물이나 암벽 등의 붕괴로 압사한 것이고, '익(溺)'이란 배를 타지 않고서 헤엄을 치다가 익사한 것이다. 일설에 의하면 '외(畏)'는 전장에 나아가 용감하게 싸우지 못하고 두려워하다가 죽은 것이라고 한다. 이 세 경우는 결국 정상이 아닌 상태로 횡사한 자를 두고 말한 것이다. 《禮記注疏 卷6 檀弓上》 《禮記大全 卷3 檀弓上》

84 옛적에……하셨으니 : '어떤 사람'은 황종해(黃宗海)로, 이와 관련된 내용은 《의례문해》 권3 〈상례 조(弔)〉의 '외압닉불가일개불조(畏壓溺不可一槩不弔)' 조에 보인다.

으로 말미암아 그 상(喪)에 복(服)을 입지 않기를 바라지 않으신 것입니다. 지금 이 부장(祔葬 합장, 선영 곁에 장사함)이라는 한 가지 의절로 말하면, 또한 어찌 삼불조의 예문으로 말미암아 선영에다 들여서 장사지내는 것을 허락하지 않을 수 있단 말입니까. 게다가 형망제급(兄亡弟及)의 예(禮)[85]를 가지고 말하면, 장자가 폐질이 있어서 비록 종통을 계승하지 못하더라도 또한 반부(班祔)[86]하는 가운데에다 들이니, 폐질이 있는 자를 이미 선묘(先廟 선조의 사당)에 합사한 이상 어찌 선영에다 부장하지 않을 수 있단 말입니까.

85 형망제급(兄亡弟及)의 예(禮) : 형이 죽었는데 그 후사가 없는 경우 아우가 죽은 형을 대신하여 종통(宗統)을 잇는 예법으로, 은(殷)나라가 이를 따랐다고 한다. 《書經集傳 金縢》《增補文獻備考 卷86 禮考 立後》

86 반부(班祔) : 본래는 졸곡을 지낸 바로 그다음 날에 각기 해당하는 소목(昭穆)의 반차(班次)에 따라서 부제(祔祭)를 지낸다는 뜻인데, 그 의미가 확장되어 '후사가 없는 사람의 신주를 조상의 사당에 함께 모시는 일'까지 지칭한다. 《儀禮注疏 卷13 旣夕禮, 卷14 士虞禮 記》《家禮 通禮 祠堂》

황술옹 종오 에게 답하다

答黃述翁 鍾五

문 부제(祔祭)를 분암(墳庵 묘소 부근에 세운 집)에서 거행하면서 지방(紙牓)을 사용하면, 그 축문의 내용도 마땅히 "효자 아무가 별다른 사정이 있어서 직접 찾아뵙지 못하기에 아들 아무를 시켜서 감히 현비께 분명하게 고하나이다.〔孝子某 有故不往 使子某 敢昭告于顯妣〕"라고 해야 합니까? 내상(內喪)의 부제에는 고위(考位)를 마련하지 않고, 그저 비위(妣位)만 마련하는 것이 마땅합니까?

답 부제를 분암에서 거행하는 것은 예의(禮意)가 아닌 듯하네. 옛적에는 부제를 곧바로 사당 안에서 거행하였고 후대에는 정침(正寢)에서 거행하였는데, 대체로 손자를 조묘(祖廟)에 부(祔)함은 소목(昭穆)의 차례를 정하는 의리를 중시하는 것일세.[87] 이는 가묘(家廟)에서 거행해야 마땅한 것이지 분암에서 거행할 수 있는 것이 아니네. 게다가 지방으로 부제를 거행하는 것으로 말하면, 바로 지자(支子)의 집안은 감히 조묘를 받들어 오지 못하기 때문에 종자(宗子)가 상가(喪家)에다 지방을 마련하여서 거행하는 예법이라네. 그런데 존택(尊宅)은 본래 고조를 계승한 종갓집이거늘 어찌하여 목주(木主)에 부제를 거행하지 않고서 지방에 거행한단 말인가. 존택이 혹 이전부터 이렇게 하였다손 치더라도 이제 마땅히 고쳐서 올바른 예법을 따라야만 할

87 손자를……것일세 : 조손간은 소목의 반차가 똑같은바, 손자를 조부에게 붙여서 함께 제사한다는 뜻이다. 《儀禮注疏 卷13 旣夕禮, 卷14 士虞禮 記》

터이니, 이렇게 하는 것이 어떠할지 알지 못하겠네.

초우와 재우는 객관이나 객사 등 도중에 머무르는 곳에서 거행하더라도 삼우는 반드시 집에 당도하여서 거행하는 것이 올바른 예(禮)이니,[88] 이에 따라서 거행하되 '졸곡을 지낸 바로 그다음 날에 부(祔)한다.〔卒哭明日而祔〕'라는 예문[89]을 적용하는 것이 어떠하겠는가. 어떠하겠는가. 이미 경제(京第)가 있는 이상 분암을 어찌 굳이 집과 똑같이 간주할 필요가 있겠는가. 내상의 부제에서 조고의 위(位)를 마련하지 않는 것은 '높은 자를 끌어당긴다.'[90]라는 혐의가 있기 때문이네.

문 내상의 제주(題主)는 비록 망인(亡人)의 유명(乳名 아명)을 적으나 확실함을 증명하는 것으로 말하면, 결국 '모인의 처 모봉 모씨〔某人之妻 某封 某氏〕'라고 적는 것이 최선이라고 하는데, 이에 대하여 옛사람

88 초우와……예(禮)이니 : 이와 관련된 내용은 《가례》 〈상례 우제〉의 "강일을 만나면 삼우를 지낸다.〔遇剛日, 三虞.〕"에 관한 원주에서 "만약 묘소가 먼 데다 또한 도중에 강일을 만나면, 우선은 지내지 않고, 반드시 집에 당도해서야 비로소 이 제사를 거행할 수 있다.〔若墓遠, 亦途中遇剛日, 且闕之, 須至家, 乃可行此祭.〕"라고 보인다.

89 졸곡을……예문 : 이 예문은 《가례》 〈상례 부(祔)〉에 보인다.

90 높은 자를 끌어당긴다 : 이 말은 《예기》 〈잡기 상〉에 보인다. 그 대문에 "남자가 죽어서 왕부에게 부(祔)하는 경우는 왕모까지 아울러 제사 지내지만, 여자가 죽어서 왕모에게 부(祔)하는 경우는 왕부를 함께 제사 지내지 못한다.〔男子附於王父則配, 女子附於王母則不配.〕"라고 하였는데, 이에 대한 진호(陳澔)의 《집설》에서 "높은 자에게 제사 지내는 일이 있는 경우는 낮은 자에게 미칠 수 있으나, 낮은 자에게 제사 지내는 일이 있는 경우는 감히 높은 자를 끌어당기지 못하는 것이다.〔有事於尊者, 可以及卑, 有事於卑者, 不敢援尊也.〕"라고 설명하였다. 이는 본래 정현의 주에 보이는 내용으로, 진호가 원용한 것이다.

이 적확한 의론을 남기지 않은 것은 어째서입니까?

답 부인(婦人)의 상(喪)은, 그 신주의 함중(陷中)에다 그저 명자(名字)를 적을 뿐이고[91] '모인의 처'라고 적지 않는 법일세. 이렇게 하는 것은 그 이름만 적어도 '모인의 처'가 된다는 사실을 알 수 있으니, 대체로 옛적에 부인은 남자와 똑같이 그 이름으로 행세하였기 때문일세. 하지만 지금 부인의 명자는 실제로는 평상시에 입으로 부르지 못하므로 그대가 이러한 의문이 든 듯하네.

문 파빈(破殯)[92]하는 것이 이미 야반(夜半)이고 그대로 이어서 즉시 발인하면 밤에 사당을 열어서 영구를 받들어 조조(朝祖)[93]를 거행할 수 없으니, 혼백(魂帛)으로 조조를 거행하는 것도 예법에서 크게 어그

91 그……뿐이고 : 《가례》의 설에 따르면, 모친의 신주는 먼저 후면의 함중(陷中)에다 '고 모봉 모씨 휘모 자모 몇째 신주〔故某封某氏諱某字某第幾神主〕'라고 쓰며, 그다음 전면의 분면(粉面)에다 '비 모봉 모씨 신주〔妣某封某氏神主〕'라고 쓰고, 그 아래 왼쪽 옆에 '효자 모 봉사〔孝子某奉祀〕'라고 쓴다. 《家禮 喪禮 題木主 題主條》 그러나 조선조에서는 예학(禮學)의 발달로 말미암아 《가례》를 비롯한 유관 제설을 연찬함과 동시에 당대의 실정까지 고려하여, 함중에다 '고 모봉 모관 모씨 휘모 신주〔故某封某貫某氏諱某神主〕', 또는 '고 유인 모관 모씨 휘모 신주〔故孺人某貫某氏諱某神主〕' 등으로 쓰고, 분면에다 '현비 모봉 모관 모씨 신주〔顯妣某封某貫某氏神主〕', 또는 '현비 유인 모관 모씨 신주〔顯妣孺人某貫某氏神主〕' 등으로 썼다. 《四禮集儀 卷4 題主反哭儀 婦人陷中式, 婦人粉面式》

92 파빈(破殯) : 발인 당일 새벽 축시에 빈소의 병풍과 장막 등을 철거하는 것을 이른다.

93 조조(朝祖) : '조조의(朝祖儀)'라고도 하는데, 발인 하루 전에 혼백(魂帛)을 받들고 사당으로 나가서 하직하는 의식이다. 이는 사자(死者)가 생전에 평소 집을 나가고 들어올 때 어른에게 고하였던 일을 본뜬 것으로, 옛날에는 널을 받들고 직접 사당으로 갔는데, 후대에는 사당이 좁아 옮기기가 곤란하여 혼백으로 대신하였다고 한다.

러짐이 없겠습니까?

답 조조를 어찌 야반에 거행할 수 있겠는가. 조조란 계빈(啓殯)한 뒤의 예(禮)이지, 파빈한 뒤의 예(禮)가 아니네. 계빈이란 바로 발인하기 하루 전에 하는 것이고, 파빈이란 바로 발인하는 당일 새벽 축시(丑時)에 하는 것이네. 계빈은 예문(禮文)에 기재된 것이지만, 파빈은 택일기(擇日記)에 있는 것일세. 이는 본래 서로 다른 두 가지의 일인데, 그대가 파빈을 계빈으로 오인하는 바람에 '파빈한 뒤에 조조를 거행한다.'라는 의심이 들게 된 것이네. 인가(人家)가 비좁아서 사당의 앞에 영구를 용납하기가 어려우므로 으레 혼상(魂箱)을 가지고 영구를 대신하는 것일세. 계빈은 발인하기 하루 전에 조전(朝奠)을 통해서 고하고, 곧바로 조조를 거행하는데, 조조를 거행한 다음에 영구를 조금 이동시켜서 '천구(遷柩)'의 예문[94]에 들어맞게 하는 것일세. 그러나 비록 이미 계빈하고 조조를 거행하였더라도 일가(日家 점술가, 일자(日者))가 말하는 '파빈'이라는 한 가지 절차가 후면의 일에 속하는 것

94 천구(遷柩)의 예문 : 이 예문은 《가례》 〈상례(喪禮) 천구 조조 전부 진기 조전(遷柩朝祖奠賻陳器祖奠)〉의 "발인하기 하루 전에 조전을 통해서 천구를 고한다. 영구를 받들어 모시고 조상의 사당에 알현하게 한다.〔發引前一日, 因朝奠以遷柩告. 奉柩朝于祖.〕"를 가리킨다. '천구'란 발인하기 위하여 그 전날 영구를 옮기는 상례 절차이다. 통상 발인하기 하루 전에 계빈한 다음 영구를 사당으로 옮겨서 조상을 알현하게 하는 조조(朝祖)를 거행하고, 다시 조전(祖奠)을 지내기 위하여 청사(廳事), 즉 대청으로 옮겼다가 그 이튿날 발인하기 위하여 또다시 상여로 옮긴다. 정리하면, 영구는 순서대로 빈소 → 사당 → 청사 → 상여로 옮겨지며, 차례대로 계빈 → 조조 → 조전을 치르게 된다. 후대에는 민가가 협소하여 사당이 영구를 들일 만큼 넓지 못하므로 조조를 거행할 때 실제로 영구를 사당으로 옮기지는 않고, 그 대신 사당에 혼백(魂帛)을 가져가 알현하게 하는 등 천구의 절차를 간소화하는 일이 많았다.

으로 여전히 남아 있으니, '파빈'이란 그다음 날인 발인 당일의 새벽 축시가 되기를 기다렸다가 비로소 병풍과 장막 등의 물건을 철거하는 것을 이르네. 파빈한 뒤에는 그저 영구를 받들어 상여로 나아가 견전(遣奠)을 거행하는 등 일련의 의절이 있을 뿐이라네.

문 인행(靷行 상여의 행차, 발인)의 노차(路次)에 만약 삭망(朔望)이나 혹은 절일(節日)을 만나면 은전(殷奠)을 설행하는 것이 부당합니까? 우제와 졸곡을 아직 끝마치지 않았는데, 그 사이에 삭망이나 혹은 절일을 만나면 또한 은전을 설행하는 것이 부당합니까?

답 우제와 졸곡을 아직 끝마치지 않았고 인행의 노차에 삭망이나 절일을 만나면 진실로 전(奠)을 설행해야 마땅할 텐데, 다만 사세(事勢)가 불편하여 도중에 찬(饌)을 제대로 마련하기가 매우 어렵고 또한 정갈하지 못할 듯하니, 비록 임시로 정지하더라도 무슨 문제 될 것이 있겠는가. 만약 완전히 빠뜨리는 것이 불만족스럽다면 그저 술과 과일만 마련하여 설행하는 것도 괜찮을 듯하네.

문 장자부(長子婦 맏며느리)의 상(喪)에 궤연(几筵)을 아직 거두지 않았을 때 가묘(家廟)의 제사는 응당 제대로 된 예(禮)를 갖추어 정식으로 거행해야 합니까? 아니면 응당 무축단헌(無祝單獻)으로 해야 합니까?

답 장자부의 상(喪)이 부장기로서 비록 중(重)한 상(喪)이지만 이 또한 그저 기년복일 뿐이라네. '기년과 대공의 상(喪)인 경우는 장사를 지낸 뒤에 평상시와 똑같이 제사를 지낸다.'[95]라고 예(禮)에 언급하였네. 여기에 근거하면, 자부의 상(喪)을 치르는 가운데 선조께 제사를 지내는 것은 마땅히 제대로 된 예(禮)를 갖추어서 정식으로 거행해야만 하네. 만약 장사 지내기 전인데 그 빈소가 다른 곳에 마련되어 있으면 가묘에서 제사를 거행하되 마땅히 무축단헌으로 해야 하고, 아직 장사 지내지 않은 때인데 집 안에다 빈소를 차려놨으면 아무리 단헌으로 거행한다고 하더라도 역시 이것을 폐할 뿐이라네.

문 《상례비요》의 '조(弔)' 조에 "주인이 곡하며 나가서 이마를 땅에 댄 채 한참 있다가 재배한다.〔主人哭出 稽顙再拜〕"라고 하였는데, 여기서 주인의 형제를 언급하지 않은 것은 어째서입니까?

답 예(禮)에서 무릇 '주인(主人)'이라고 말한 경우는 모두 장자(長子)를 가리킨다네. 중자(衆子)는 조문을 받을 때 계상(稽顙)만 할 뿐 조문객에게 절은 하지 않는 법이니, 이는 후사가 되지 않았음을 나타내는 걸세. 이러한 예법은 옛적 진(晉)나라의 공자(公子) 중이(重耳)에게서 유래하였으니, 〈단궁〉을 보면 상고할 수 있네.[96]

95 기년과……지낸다 : 이와 관련된 내용은 《율곡전서》 권27 〈제의초(祭儀鈔) 상복중행제의(喪服中行祭儀)〉에 보인다.

96 이러한……있네 : 이와 관련된 내용은 《예기》 〈단궁 하〉에 다음과 같이 보인다. 진 헌공(晉獻公)이 기원전 651년에 사망하자, 진 목공(秦穆公)이 공자(公子) 집(縶)을 사자로 삼아서 당시 적(狄) 땅에 망명해 있던 공자 중이(重耳)를 찾아가 조문하게 하였다. 이때 공자 중이는 이미 외숙 호언(狐偃)의 충고와 조언을 들었던 터라, 계상만 하고서 절은 하지 않고, 곡하면서 일어나며, 일어나서 다시는 사자와 사담하지 않았다.〔稽顙而不拜, 哭而起, 起而不私.〕 이후 공자 집이 귀국하여 이러한 내용으로 목공에게 복명하였는데, 이를 들은 목공은 "인하도다, 공자 중이여! 계상만 하고서 절은 하지 않음은 아직 후사가 되지 않았다는 뜻이다. 그러므로 성배를 하지 않았으니, 곡하면서 일어남은 그 아비를 사랑하여 애통해한 것이고, 일어나서 다시는 사자와 사담하지 않음

비록 신재 선생(愼齋先生 김집(金集))께서는 《가례》에 제자(諸子 중자(衆子))가 절하는지 절하지 않는지에 관한 언급이 없다는 사실을 두고 의문을 가지셨지만, 내가 생각건대 《가례》에 이미 '주인의 배사(拜謝)'만 언급한 이상 제자가 절하지 않는 것은 그 가운데에 포함되어 있는 듯하네. 《상례비요》에 습(襲)·염(斂)부터 우(虞)·졸(卒)·연(練)·상(祥)까지 모두 '주인이하(主人以下)'라는 글이 있는 것으로 말하면, 상사(喪事)의 제반 절차를 처리하면서 자리〔位〕를 마련하고, 제사를 거행하면서 그 일을 맡아 하는 자가 어찌 유독 주인뿐이겠는가. 기공친부터 무복친까지 전부 해당하므로 '주인이하'라고 말한 것이네. '졸곡지구(卒哭之具)'에서 '주인형제(主人兄弟)'라고 일컬은 것[97]으로 말하면, 대체로 거친 밥을 먹고 맹물만 마시는 것을 이로부터 시작하는 자는 오직 주인과 그 형제일 뿐이고, 나머지 친척들은 여기에 해당하지 않으므로 '주인형제'라고 말한 것이네.

은 이로움을 멀리한 것이다.〔仁夫公子重耳！ 夫稽顙而不拜, 則未爲後也, 故不成拜. 哭而起, 則愛父也；起而不私, 則遠利也.〕"라고 칭찬하였다. '계상'이란 이마를 땅에 댄 채 한참 있는 것으로, 이 역시 구배(九拜) 중 최대의 공경을 표하는 절인 '계수(稽首)'에 해당하나, 삼년상을 당하여 더할 나위 없이 애통하므로 예법에 맞는 제대로 된 의용을 갖추지 못한 채 그저 이마를 땅에 대고서 한참 동안 있는 것을 가리킨다. '성배'란 후사로서 상주가 된 사람이 계상한 다음 조문객에게 절하여 사례하는 것이다. 《禮記注疏 卷6 檀弓上》《禮記大全 卷4 檀弓下》《儀禮注疏 卷12 士喪禮》《周禮注疏 卷25 春官宗伯下 大祝》

97 졸곡지구(卒哭之具)에서……것 : 이는 《상례비요》 하 〈졸곡 졸곡지구(卒哭之具)〉에 보이는 내용을 가리킨다. 이 내용은 본래 《가례》 〈상례 졸곡(卒哭)〉에 "주인과 그 형제는 거친 밥을 먹고 맹물만 마시되 채소와 과일은 먹지 않는다. 부들자리를 깔고 나무를 베고 잔다.〔主人兄弟, 蔬食水飮, 不食菜果, 寢席枕木.〕"라고 한 의절에 보인다.

유독 '조(弔)' 조에서 '주인'만 일컬은 것으로 말하면, 대체로 조문을 받는 것은 본래 빈객과 주인이 서로 대등하게 예(禮)를 행하는 일인 만큼 중자·서자는 감히 주인의 예(禮)를 담당하지 못하므로 다만 '주인'이라고 칭하였을 뿐이고 중자·서자는 거론하지 않은 것이네. 그러니 이는 이전의 여러 조목과 더불어 각각 그 의의가 있을 걸세. 그러나 어찌 그 형제까지 아울러 칭하지 않았다고 하여서 혹 중자가 조문을 받지 못한다고 의심할 수 있단 말인가. 중자는 주인을 따라서 곡하되 다만 절하지 않음이 마땅할 뿐이네. 오늘날 사람들은 조문을 받을 때 중자도 모두 재배하는데, 이런 예절은 반드시 근거한 바가 있는 것은 아니니, 아마도 유속(流俗)의 말실(末失)[98]인 듯하네.

만약 빈객이 홀로 아는 자에게 조문하는데 중자가 바로 그 아는 자라면, 중자는 장자의 자리를 피하여 자기의 본래 자리에 나아가 엎드려 곡하는 것이니, 이런 경우는 아무리 서자라고 하더라도 배례(拜禮)가 없어서는 안 된다네. 이렇게 하는 것은, 대체로 장자가 그 자리에 있지 않으며 자기가 직접 빈객과 더불어 대등하게 빈주의 예(禮)를 행한 상황인 만큼 빈객에게 감사를 표하는 것이 마땅하기 때문일세.

이것이 비록 〈단궁〉의 설(說)과는 조금 다르지만, 〈잡기〉에 이르기를, "복(服)이 있는 모든 경우 그 복(服)을 입는 기간이 미처 다 끝나지 않았는데 어떤 사람이 처음으로 조문하러 찾아오면, 곡하고 절하고

98 말실(末失) : 말세의 실례, 즉, 예의에 어긋난 행동이나 세태를 가리킨다. 이 말은 《예기》 〈단궁 상(檀弓上)〉에서 "소렴의 전(奠)을 서쪽에서 설행하는 것은 노나라 사람이 예를 행함이 말세에 그 예법을 상실한 것이다.〔小斂之奠在西方, 魯禮之末失也.〕"라고 한 대목에 보인다. 이에 대한 정현(鄭玄)의 주(注)에 "이는 말세에 예법을 상실한 행위임을 말한 것이다.〔末世失禮之爲.〕"라고 설명하였다.

발을 구른다."[99]라고 하였으니, 복(服)이 있는 사람도 오히려 조문하러 찾아온 빈객에게 절하는데, 더군다나 극인(棘人)[100]은 더 말해 무엇하겠는가. 상기한 〈단궁〉과 〈잡기〉의 예문을 참작해 사용하여 절충해 행하는 것이 아마도 마땅할 듯하네. 게다가 주인이 때마침 묘하(墓下)로 나갔거나 혹은 병고가 있어서 중자가 조문을 받는 경우는 중자 가운데 최연장자가 빈객에게 절해야 마땅하니, 이렇게 하는 것이 어떠할지 알지 못하겠네.

99 복(服)이……구른다 : 이 말은 《예기》 〈잡기 상〉에 "오복의 상복을 입는 기간이 미처 다 끝나지 않았는데 어떤 사람이 처음으로 조문하러 찾아오면, 자리를 마련하여서 곡하고 절하고 발을 구른다.〔凡喪服未畢, 有弔者, 則爲位而哭, 拜, 踊.〕"라고 보인다.

100 극인(棘人) : 어버이의 상(喪)이나 조부모의 승중상을 당하여 거상(居喪) 중에 있는 사람을 가리킨다.

김경춘[101] 연묵 에게 답하다

答金景春 淵默

바닷물이 흘러넘치지 않는 것은 그 용량이 무궁무진하게 커서 쉽사리 차버리고 마는 구덩이 따위와는 똑같지 않기 때문일세. 옛적에 어떤 사람이 해변에서 소용돌이가 일어나 물을 빨아들여 가는 것을 본 경우가 있다고 하니,[102] 그렇다면 분명히 바닷물을 빨아들이는 것이 있을 터이네. 《장자》의 미려(尾閭)와 옥초(沃焦)[103]에 관한 설(說)은 《산해

101 김경춘 : 김연묵(金淵默, 1758~1823)으로, 본관은 청풍(淸風), 자는 경춘, 호는 소재(素齋)이다. 《重菴集 卷48 素齋金先生行狀》

102 옛적에……하니 : 이와 관련된 내용은 《주자어류》 권2 〈이기 하(理氣下) 천지 하(天地下)〉에 "'바다의 그 가장자리는 곧 하늘과 잇닿아 있다.' 어떤 사람이 온갖 하천은 모두 바다로 흘러 들어가는데 바닷물은 흘러넘치지 않는 것에 대해 의문을 가지자, 다음과 같이 말씀하셨다. '이는 대체로 말라버린 것이다. 어떤 사람이 바닷가에서 소용돌이가 일어나 물을 빨아들여 아래로 내려가는 것을 본 경우가 있다.'〔海那岸便與天接. 或疑百川赴海而海不溢, 曰: 蓋是乾了. 有人見海邊作旋渦吸水下去者.〕"라고 한 이방자(李方子)의 기록에 보인다.

103 미려(尾閭)와 옥초(沃焦) : '미려'란 《장자》 〈추수〉에 보이는데, 당(唐)나라 성현영(成玄英)의 소(疏)에 '바닷물이 새어 나가는 곳〔泄海水之所〕'이라고 풀이하였다. '옥초'란 '옥초(沃燋)'로도 표기하는데, 중국 고대 전설에서 동해의 남쪽에 있다고 하는 거대하고도 뜨거운 돌산이다. 바닷물이 이곳으로 흘러들어 즉시 말라 버리기 때문에 천하의 모든 하천이 항상 동남쪽으로 흐르고 바닷물이 흘러넘치지 않는다고 전한다. '옥초'는 《장자》에 보이지 않지만, '미려'의 일명(一名)으로 보기도 한다. 《南華眞經注疏 卷19 外篇 秋水》《文選 卷53 養生論 註》《楚辭集注 卷3 天問》《朱子語類 卷2 理氣下 天地下》

경(山海經)》에 근본을 두었는데, 이미 근거가 있어서 무리한 주장이 아닌 만큼 어찌 《장자》에서 나온 것이라고 하여서 전부 다 버릴 수 있겠는가. 주자께서 취하신 것이 바로 이것일세.

"땅은 물 위에 둥둥 떠 있다."라는 것은 과연 주자의 설(說)과 같으나,[104] 이것이 실제로 "진하해(振河海)"라는 자사(子思)의 가르침[105]에 문제가 되는 것은 아니니, 그 이유는 다음과 같다네.

음(陰)인 탁기(濁氣)가 땅이 되는데, 물〔水〕이란 음(陰)의 물건이므로 땅속에 물이 있는 것일세. 음(陰)의 성질은 빨아들이는 것이기 때문에 땅이 줄어들면 물을 얻고, 또한 오행에서 수(水)를 이기는 것은 토(土)인데, 토(土)로 말하면 땅보다 더 큰 것이 없으므로 땅이 능히 바다를 거두어 담고 있는 것일세. 그러니 "하천과 바다를 거두어 담고 있으면서도 새지 않는다."라고 하신 자사의 말씀이 옳지 않겠는가. 그러나 천지의 형체를 가지고 논하면, 하늘의 절반이 땅 위를 덮고 나머지 절반이 땅 아래에 있는데 하늘의 안과 땅의 밖이 전부 다 물로 채워져 있으니, 주자께서 "땅은 물 위에 둥둥 떠 있다."라고 말씀하신 것은

104 땅은……같으나 : 이와 관련된 내용은 《주자어류》 권2 〈이기 하(理氣下) 천지 하(天地下)〉에 "땅의 아래와 땅의 사면 가장자리에는 모두 바닷물이 두루 흐르고, 땅은 물 위에 둥둥 떠 있는데 하늘과 잇닿아 있으며, 하늘이 물과 땅을 포함하고 있다.〔地之下與地之四邊, 皆海水周流, 地浮水上與天接, 天包水與地.〕"라고 한 심한(沈僩)의 기록에 보인다.

105 진하해(振河海)라는 자사(子思)의 가르침 : 이는 《중용》 제26장 제9절에서 "이제 저 땅은 한 줌의 흙이 많이 모인 것이니, 그 드넓고 후한 데에 이르러서는 화산을 싣고 있으면서도 무거워하지 않으며 하천과 바다를 거두어 담고 있으면서도 새지 않으며 만물이 여기에 실린다.〔今夫地, 一撮土之多, 及其廣厚, 載華嶽而不重, 振河海而不洩, 萬物載焉.〕"라고 한 대목을 가리킨다.

또한 이 때문일세. 자사와 주자의 말씀이 각각 주장하는 바가 있어서 혹 땅이 드넓고 후한 것을 위주로 말씀하셨고 혹 바다가 끝이 없는 것을 위주로 말씀하셨으니, 이 두 분의 말씀이 실제로는 서로 간에 문제 될 것이 전혀 없다네. 그러니 어찌 이쪽을 가지고 저쪽을 의심할 수 있겠는가.

천지의 사이에 가득 채워진 것이 모두 물이니, 만약 대지로 거두어 담아 길러줌이 없으면 사람과 만물은 거의 물에 빠져서 죽게 될 것이고, 땅도 무너져 빠지고 말 것일세. 이것이 어찌 이치에 맞는 말이겠는가. 그렇다면 땅이 능히 하천과 바다를 거두어 담고 있다는 사실을 알 수 있다네.

정자(程子)께서 말씀하신 '인욕(人欲)'이란 《맹자》에서 이른바 '구비(口鼻)의 욕(欲)'[106]은 아닐세. 맹자께서 말씀하신 '욕(欲)' 자는 〈악

106 구비(口鼻)의 욕(欲) : 이와 관련된 내용은 《맹자》〈진심 하(盡心下)〉 제35장의 대문 및 주해에 보인다. 그 대문에서 "그 본래의 마음〔本心〕을 잘 기름은 욕망을 적게 하는 것보다 더 좋은 것이 없으니, 그 사람됨이 욕망이 적으면 비록 본래의 마음이 보존되지 못함이 있더라도 보존되지 못함이 적을 것이고, 그 사람됨이 욕망이 많으면 비록 본래의 마음이 보존됨이 있더라도 보존됨이 적을 것이다.〔養心, 莫善於寡欲, 其爲人也寡欲, 雖有不存焉者, 寡矣, 其爲人也多欲, 雖有存焉者, 寡矣.〕"라고 하였는데, 이에 대해 주희의 《집주》에서는 "'욕'이란 이목구비 및 사지의 욕망과 같은 것이니, 비록 사람이라면 누구나 있을 수밖에 없지만, 그러나 욕망을 많게 하고서 절제하지 않으면, 이렇게 하고서도 그 본래의 마음을 잃지 않는 자는 지금껏 없었다.……정이천께서 말씀하셨다. '하고자 하는 바란 꼭 거기에 침닉해야만 할 필요는 없고, 그저 향하는 바만 있으면 바로 욕이다.'〔欲, 如口鼻耳目四支之欲, 雖人之所不能無, 然多而不節, 未有不失其本心者.……程子曰: 所欲, 不必沈溺, 只有所向, 便是欲.〕"라고 해석하였다.

기〉의 "사물에 감응하여서 동(動)하는 것은 성(性)의 욕(欲)이다."[107] 라고 한 대목의 욕(欲 정(情))과 똑같네. 대체로 욕(欲)은 욕(慾)과 똑같지 않다네. 욕(欲)이란 사람이라면 누구나 있을 수밖에 없는 것으로, 이 욕(欲) 자의 아래에다 심(心) 자를 붙이면 이는 '침닉(沈溺 침몰(沈沒))'의 뜻일세. 그러나 '인욕'의 욕(欲) 자 아래에다 심(心) 자를 붙이지 않더라도 역시 '사욕(私慾)'의 욕(慾)이 됨을 면치 못하는 것은 어째서이겠는가. 인욕에 따라서 동(動)하면 망(妄)이 되기 때문에 그럴 뿐이네.[108] 대체로 정자께서는 일찍이 '인심'을 '인욕'이라고 인식하셨다네. 그러므로 그 설(說)이 이러한 걸세. 주자께서도 초년에는 '인심'을 '인욕'으로 간주하셨다네.

주자께서 미발(未發)에 대해 논하신 전후 두 단락은 모두 의심할 만한 듯하네. 무릇 미발이란 다름 아닌 중(中)이니,[109] 계신 공부(戒愼工

107 사물에……욕(欲)이다 : 이 내용은 《예기》 〈악기〉에서 "사람이 태어나서 정(靜)한 상태는 하늘의 성(性)이고, 사물에 감응하여서 동(動)하는 것은 성(性)의 욕(欲)이다.〔人生而靜, 天之性也; 感於物而動, 性之欲也.〕"라고 한 부분에 보인다. 이 부분은 으레 《중용》과 관련하여 해석되는데, '사람이 태어나서 정(靜)한 상태는 하늘의 성(性)이다.'라는 것은 미발(未發)인 중(中)으로서 천명지성(天命之性)이며, '사물에 감응하여서 동(動)하는 것은 성(性)의 욕(欲)이다.'라는 것은 '성이 발하여서 정이 된 상태〔性發而爲情〕'이다. 《禮記大全 卷18 樂記》

108 인욕에……뿐이네 : '망(妄)'이란 위망(僞妄)으로, 불성(不誠)을 뜻한다. 이는 "천리에 따라서 동함이 무망이 되니, 인욕에 따라서 동하면 망이 되는바, 무망에 내재한 뜻이 참으로 크도다.〔動以天, 爲无妄, 動以人欲則妄矣, 无妄之義, 大矣哉!〕"라고 한 정이(程頤)의 말씀을 원용한 것이다. '무망'이란 곧 지성(至誠)으로, 진실무망(眞實無妄)의 '성(誠)'이다. 《伊川易傳 卷2 周易上經 无妄》《近思錄集解 卷2 爲學》

夫)[110]가 없으면 중(中)이 확립되지 못하는 법일세. '길거리에 다니는 여느 사람들〔塗人〕'이나 '하인과 일꾼〔厮役〕' 따위로 말하면, 어찌 그 중(中)을 능히 확립하는 계신공구(戒愼恐懼)의 공부가 있어서 이를 일러 '미발이 있다.'라고 하겠는가. 중인(衆人)이 혼란하여서 몹시도 깜깜하기가 단단한 돌덩어리나 진배없으면 미발의 상태를 이루지 못할 것이니, 이는 자사가 말씀하신 미발의 상태인 중(中)이 아닐세.

내가 일찍이 《외암집》을 보았더니, 다음과 같은 내용이 있었네.[111] "미발에는 얕음과 깊음이 있으니, 주자께서 말씀하신 '몹시도 깜깜하기가 단단한 돌덩어리나 진배없다.'[112]는 바로 중인이 아직 물(物)을 접하

109 미발이란……중(中)이니 : 이와 관련된 내용은 《중용》 제1장 제4절에 "기뻐함과 성냄과 슬퍼함과 즐거워함 등의 정(情)이 아직 발하지 않은 상태를 '중'이라 이르고, 발하여서 모두 절도에 맞는 것을 '화'라 이른다.〔喜怒哀樂之未發, 謂之中; 發而皆中節, 謂之和.〕"라고 보인다.

110 계신 공부(戒愼工夫) : 이는 《중용》에 언급된 수양법으로, 제1장 제2절에 "도라는 것은 잠시도 떠날 수 없으니, 떠날 수 있으면 도가 아니다. 이런 까닭으로 군자는 그 눈으로 보지 않는 상황에서도 경계하고 삼가며 그 귀로 듣지 않는 상황에서도 두려워하는 것이다.〔道也者, 不可須臾離也, 可離非道也. 是故君子戒愼乎其所不睹, 恐懼乎其所不聞.〕"라고 한 데에서 유래하였다. 이 수양법은 보통 '계신공구(戒愼恐懼)', '계구(戒懼)'라 하는데, 미발 공부(未發工夫), 경 공부(敬工夫), 정시 공부(靜時工夫) 등등으로도 불린다. 《中庸章句 第1章 第2節》

111 내가……있었네 : 바로 다음에 이어서 언급되는 내용은 현재 《외암유고(巍巖遺稿)》 권12 〈미발유선악변(未發有善惡辨)〉에 보인다.

112 몹시도……진배없다 : 해당 원문은 '흑암여완석(黑暗如頑石)'으로, 이와 관련된 내용은 《주자어류》 권62 〈중용1 제일장(第一章)〉에 실린 정단몽(程端蒙)의 기록에 다음과 같이 보인다. 문인이 "희로애락 등의 정(情)이 아직 발하지도 않았는데 중이 되지 못하는 경우는 그 이유가 무엇입니까?〔喜怒哀樂未發而不中者如何?〕"라고 여쭙자, 주희가 말하기를, "이는 그 기질이 혼탁하여 사욕이 우위를 점하는 바람에 주객이

지 않았을 때의 얕은 미발이고, 주자께서 말씀하신 '거울처럼 텅 비고 저울대처럼 공평하니, 귀신이더라도 그 사이를 엿볼 수 없다.'[113]는 바로 그 본체이며, '길거리에 다니는 여느 사람들도 순임금·우임금과 똑같다.'[114]는 깊은 미발이다."

상기한 외암(巍巖 이간(李柬))의 설(說)은, 대체로 주자의 전설과 후설이 똑같지 않음에 대하여 이를 통해 어떻게든 구처(區處)해 볼 요량이었던 것일세. 그러나 그저 성(性)만 말하면 순임금·우임금이 길거리에 다니는 여느 사람들과 똑같지만, 미발을 곧바로 성(性)으로 삼을 수는 없고, '미발은 성인과 범부가 똑같다.'라고 말할 수도 없으니, 결

전도되어서 그러한 것이다. 그래서 미발 때는 단지 덩그러니 지각없는 채로 단단한 돌덩어리나 진배없어서 전연 깨뜨릴 수 없다가, 발하자마자 곧 저렇게 어그러져 버릴 뿐이다.〔此却是氣質昏濁, 爲私欲所勝, 客來爲主. 其未發時, 只是塊然如頑石相似, 劈斫不開, 發來便只是那乖底.〕"라고 하였다.

113 거울처럼……없다 : 해당 원문은 '감공형평 귀신막능규제(鑑空衡平鬼神莫能窺際)'로, 이와 관련된 내용은 《대학혹문》에 "심(心)이 아직 사물에 감응하지 않았을 때는 더할 나위 없이 허정(虛靜)하니, 이른바 거울처럼 텅 비고 저울대처럼 공평한 체이다. 비록 귀신이더라도 그 사이를 엿볼 수 없는 점이 있으니, 문제 삼아 의논할 만한 득실 자체가 그야말로 없다고 하겠다.〔其未感之時, 至虛至靜, 所謂鑑空衡平之體, 雖鬼神有不得窺其際者, 固無得失之可議.〕"라고 한 데에 보인다.

114 길거리에……똑같다 : 해당 원문은 '도인여순우일야(塗人與舜禹一也)'로, 이와 관련된 내용은 《주자어류》 권26 〈논어8 이인편 상(里仁篇上) 불인자불가이구처약 장(不仁者不可以久處約章)〉에 실린 섭하손(葉賀孫)의 기록에 다음과 같이 보인다. 제자가 안인자(安仁者)와 이인자(利仁者)를 비교하여, 이인자도 미발 때는 공부할 수 없는지에 대해 여쭙자, 주희가 말하기를, "만약 미발 때라면 본래 공부할 수가 없으니, 미발의 때는 요순부터 길거리에 다니는 여느 사람들까지 똑같다.〔若未發時, 自著不得工夫. 未發之時, 自堯舜至於塗人一也.〕"라고 하였다.

국 중(中)이 확립되지 못하면 이는 미발이 아니네. 미발에 얕음과 깊음이 있다는 주장은 끝내 자사의 본지(本旨)가 아니니, '단단한 돌덩어리의 비유'를 가지고 미발로 삼았는데 중(中)이 되지 못하는 경우가 있는 것으로 말하면, 본래 미발과 중(中)이란 나누어서 둘로 삼을 수가 없는 것이므로 외암의 설(說)은 따를 수가 없네.

주자의 말씀 중에 도인(塗人)과 시역(廝役)을 언급하신 부분[115]은 확정되기 이전의 의론인 듯하네. '단단한 돌덩어리의 비유'는, 내가 일찍이 듣건대 미호(渼湖 김원행(金元行))께서는 기록의 잘못으로 단정 짓고자 하셨으니, 그렇다면 미발에 관한 설(說)은 마땅히 〈답임택지서(答林擇之書)〉[116]를 주된 것으로 삼아야 할 걸세. 우암 선생께서는 "중인에게는 미발이 없다."라고 하셨다네.[117]

미발 때의 공부란 다름 아닌 계신공구[118]이니, 어찌 '미발 때는 공부를 말할 수 없다.'라고 이르겠는가. '미발 때 중(中)을 구함'에 관해 언급

115 주자의……부분 : '도인(塗人)'에 관한 언급은 214쪽 주114 참조. '시역(廝役)'에 관한 언급은 《회암집》 권54 〈답서언장(答徐彦章)〉에 "미발이란 그저 외물에 아직 감응하지 않은 때이니, 아무리 시정의 장돌림이나 하인이나 일꾼이나 천한 노예라고 하더라도 이들 역시 이런 시절이 없지는 않다.〔未發只是未應物時, 雖市井販夫廝役賤隸, 亦不無此等時節.〕"라고 한 부분에 보인다.

116 답임택지서(答林擇之書) : 이는 《회암집》 권43 소재 〈답임택지(答林擇之)〉 제20서(書)를 가리킨다.

117 우암……하셨다네 : 이와 관련된 내용은 《송자대전》 권113 〈여박사원(與朴士元) -무오삼월십구일(戊午三月十九日)-〉 및 동서 부록(附錄) 권16 〈어록(語錄) 박광일 록(朴光一錄)〉에 보인다.

118 계신공구(戒愼恐懼) : 213쪽 주110 참조.

한 것은 바로 소계명(蘇季明)의 말인데 지금 정자(程子)의 설(說)로 삼았으니, 이는 잘못된 것이네. 정자께서는 '존양(存養)'을 가지고 말씀하셨으니, 존양이란 다름 아닌 미발 때의 공부일세.[119] 주자께서도 매양 '평평존재 약략수습(平平存在略略收拾)'[120]을 가지고 미발 때의 공부로 삼으셨는데, "미발 때라면 공부할 수가 없다."[121]라고 언급하신 것으로 말하면, 이는 대체로 '지극히 정(靜)할 때는 뜻을 붙여서 힘을 쓸 수가 없음'을 말씀한 것이지 '미발 때는 전연 공부가 없음'을 이르신 것은 아니라네. 그러므로 주자께서 일찍이 계신공구에 대해 말씀하시면서 "숙연하여 마치 두려워하는 바가 있는 것처럼 한다.〔肅然如有所

119 미발……공부일세 : 이 부분은 제자 소병(蘇昞)과 스승 정이(程頤)의 문답을 두고 언급한 것이다. 문답의 구체적인 내용은 《이정유서》 권18 〈유원승수편(劉元承手編)〉의 제70조, 《근사록》 권4 〈존양(存養)〉의 제53조, 《중용집략(中庸輯略)》 권상 〈제일장 제삼절〉 등에 자세히 보인다.

120 평평존재 약략수습(平平存在略略收拾) : 이는 이황(李滉)이 57세이던 1557년(명종12)에 정유일(鄭惟一)에게 답한 편지의 내용에 보이는 말로, 정유일의 심병(心病)을 다스리는 방법을 논하면서 "이제 이 병증을 치료하고자 할진댄 또한 다른 방도를 구할 필요가 없고, 그저 그대가 보내온 편지의 '마음을 보존하는 방법'을 가지고 마음을 평안하게 보존하고 간략하게 수습한 곳에서 끊임없이 공들여 순숙한 경지에 이를 수 있으면 자연히 심지가 텅 비고 밝아져서 사물에 얽매이지 않게 되어, 의식하여 놓지 않더라도 저절로 놓게 될 것이다.〔今欲治此病, 亦不待他求, 只就來喩存心法, 平平存在, 略略收拾處, 能接續用工, 至於純熟, 則自然心地虛明, 不累於事物, 非有意放下, 而自放下矣.〕"라고 한 데에 보인다. 《退溪集 卷24 答鄭子中》 여기서 '약략수습'이란 본래 주희의 말인데, 계신공구(戒愼恐懼) 등의 공부를 너무 지나치게 중대한 것으로 간주한 나머지 의도를 가지고 억지로 해서는 안 되며, 마치 사람이 숨을 쉬는 것처럼 자연스럽게 해야 한다는 취지로 언급한 것이다. 《朱子語類 卷62 中庸1 第一章》

121 미발……없다 : 214쪽 주114 참조.

畏〕"라고 하셨으니,[122] 이 '여(如)' 자가 매우 좋네. 이러한 지두(地頭 경지)는 오직 자기 자신이 직접 경험해 보고서 알아야만 할 뿐이지 언어를 가지고 구할 수가 없다네.

주자께서 여씨(呂氏)의 설(說)에 대해 "친절하고 확실하다."라고 하셨으니,[123] 그렇다면 여기서 안자(顔子)의 '잘 택해서 잘 지킴'[124]을 충분

122 주자께서……하셨으니 : 이와 관련된 내용은 《회암집》 권11 〈답호계수(答胡季隨)〉에 "경이란 송연하여 마치 두려워하는 바가 있는 것처럼 한다는 뜻이다.〔敬是悚然如有所畏之意.〕"라고 보인다. '계신공구'는 결국 '경(敬)'의 다른 명칭이다.

123 주자께서……하셨으니 : '여씨'는 여대림(呂大臨)으로, 이와 관련된 내용은 《중용혹문》 권상의 제10조에 다음과 같이 보인다. "여씨가 안자에 대해 논한 것 중에 '그 이르는 바를 따라서 그 터득한 바를 다하여, 잡아서 지킬 때는 잘 받들어 가슴속에 새기고서 감히 잃지 않았고, 힘써 나아갈 때는 이미 자신의 재주를 다하여서 감히 늦추지 않았다. 이는 바로 황홀히 앞에 있기도 하고 뒤에 있기도 하여서 형상할 수가 없기에 성인께서 머무시는 곳을 보고자 하여 공부를 그만두고자 해도 그만둘 수가 없었던 이유이다.'라고 한 내용이 있다. 이 몇 마디 말이 곧 친절하고 확실하여서 이를 통해 침잠하며 신밀한 그의 뜻을 충분히 보겠으니, 배우는 자들이 마땅히 풍송하면서 실천해야 하는 바이다. 다만 '성인께서 머무시는 곳을 보고자 한다.'라는 한 구는 그 문의가 역시 온당하지 못하다.〔呂氏之論顔子, 有曰: '隨其所至, 盡其所得, 據而守之則拳拳服膺而不敢失, 勉而進之則旣竭吾才而不敢緩, 此所以恍惚前後而不可爲象, 求見聖人之止, 欲罷而不能也.' 此數言者, 乃爲親切確實, 而足以見其深潛愼密之意, 學者所宜諷誦而服行也. 但求見聖人之止一句, 文義亦未安耳.〕"

124 안자(顔子)의……지킴 : 이와 관련된 내용은 《중용》 제8장 대문 및 그 주해에 다음과 같이 보인다. 공자가 제자 안연의 사람됨을 두고 "중용을 택하여 한 가지 선을 얻으면 잘 받들어 간직하여 가슴속에 새기고서 그것을 잃지 않았다.〔擇乎中庸, 得一善, 則拳拳服膺, 而弗失之矣.〕"라고 평하였는데, 이에 대해 주희는 "안자는 참으로 알았을 것이다. 그러므로 이처럼 잘 택해서 잘 지켰으니, 이것이 바로 행에 과불급이 없고 도가 밝게 드러나는 이유이다.〔顔子蓋眞知之, 故能擇能守如此, 此行之所以無過不及,

히 볼 수 있네. 어찌 굳이 다른 데에서 구할 필요가 있겠는가. 주자께서 여씨의 설(說)에 대해 온당하지 못하다고 여기신 부분은 오직 "성인께서 머무시는 곳을 보고자 한다.〔求見聖人之止〕"라는 한 구(句)뿐일세. 그가 "성인의 탁연함을 본 것이 아니니, 이를 일러 중(中)이라고 할만하지 못하다."라고 말한 것과 "공부를 그만두고자 해도 그만둘 수가 없었다."라고 말한 것은 실로 안자가 잘 택해서 잘 지킨 것에 절실하게 부합하니, 참으로 바꿀 수 없는 의론이네.

'득(得)이라는 것은 무엇을 이르는가?〔得者何謂〕'는 그 의(義)를 구하고자 하는 것이지만, '무엇을 얻는다는 것인가?〔得箇甚〕'는 텅 비어 아무것도 없음을 이르니, 그저 어법이 똑같지 않을 뿐만 아니라 허실(虛實)이 아주 다르다네. 이는 주자께서 후씨(侯氏)의 설(說)에 대해 마땅하다고 여기신 것이니,[125] 굳이 의심할 필요는 없을 듯하네.

而道之所以明也.〕"라고 설명하였다.《中庸章句 第8章》

125 득(得)이라는……것이니 : '후씨'는 후중량(侯仲良)으로, 이와 관련된 내용은 다음과 같다. 일찍이 고승 상총(常總, 1025~1091)이 어떤 선비에게 "《논어》에서 '묵묵히 안다.〔默而識之〕'라고 하였는데, 여기서 식(識)이란 도대체 무엇을 안다는 것인가?〔識是識箇甚〕《중용》에서 자사가 '군자는 들어가는 데마다 자득하지 않음이 없다.〔君子無入而不自得〕'라고 하였는데, 여기서 득(得)이란 도대체 무엇을 얻는다는 것인가?〔得是得箇甚〕"라고 물었는데, 그 선비는 제대로 대답할 수가 없었다. 그러자 이를 전해 들은 후중량이 다음과 같이 말하였다. "이는 우리 유가의 도를 알지 못함에도 불구하고 오히려 우리 유가의 말을 석씨가 써먹은 것이니, 이런 것은 우리 유가에서 어불성설이다. 이미 '묵식'과 '무입불자득'을 말한 이상 무엇을 알고 무엇을 얻을 것인가 하는 일에 대해 다시 이해한다는 것은 어불성설이다. 이제 사람이 필묵을 보면 필묵이라고 해야만 하며 사람을 보면 사람이라고 해야만 하니, 굳이 물을 필요가 없다. '묵묵히 안다.'가 바로 '묵식'이니, 성현이 도에 대해서 이러한 것이다. 평소 말을 미덥게 하고 평소 행동을

반드시 '위(爲)' 자를 '덕(德)' 자의 위에다 붙인 것[126]으로 말하면, 대체로 이 덕(德)의 성대함을 형언하려고 하였기 때문에 '위(爲)' 자를 붙인 것으로, '귀신이 써 덕(德)으로 삼는 바가 이와 같음〔鬼神之所以爲德如此〕'을 말하였으니, '위(爲)' 자의 정신은 실제로 그 아래의 '성(盛)' 자에 있다네. 이는 '중용지위덕(中庸之爲德)'에서 '위(爲)' 자의 주의(主意)가 '지(至)' 자에 있는 것[127]과 똑같으니, 다시 무엇을 의심하겠는가.

《장구》에서 '성정 공효(性情功效)'는 오로지 '덕(德)' 자에 속하는데 '위(爲)' 자까지 아울러 거론한 것[128]은, 견련해 말씀함으로써 '성(盛)'

삼가는 것이 바로 '자득'이다. 어찌 '얻는 바와 아는 바의 일'이라고 이름할 수 있겠는가.〔是不識吾儒之道, 猶以吾儒語爲釋氏用, 在吾儒爲不成說話. 旣曰默識與無入不自得, 更理會甚識甚得之事, 是不成說話也. 今人見筆墨, 須謂之筆墨, 見人須謂之人, 不須問, 默而識之是默識也. 聖賢於道猶是也. 庸言之信, 庸行之謹, 是自得也, 豈可名爲所得所識之事乎?〕" 주희는 후중량의 이 말에 대해서 '매우 타당하다.〔甚當〕'라고 평한 다음 '도리어 완벽하지 못한 부분이 있다.〔却有未善〕'라고 하면서 "만약 '식이란 그 이치가 이러함을 아는 것일 뿐이고, 득이란 내 마음에 부족함이 없는 것일 뿐이다.'라고 말했다면, 어찌 명백하고 진실하여서 상총의 마음이 굴복하도록 만들기에 충분하지 않았겠는가.〔若曰識者知其理之如此而已, 得者無所不足於吾心而已, 則豈不明白眞實而足以服其心乎?〕"라고 말하였다. 《中庸輯略 卷上 第十四章》《四書大全 中庸或問 卷下 第2條》

126 반드시……것 : 이는 《중용》 제16장 제1절의 "귀신의 덕 됨이 지극하도다.〔鬼神之爲德, 其盛矣乎!〕"라고 한 공자의 말씀을 두고 언급한 것이다.

127 중용지위덕(中庸之爲德)에서……것 : 이는 《논어》 〈옹야(雍也)〉 제27장의 "중용의 덕 됨이 지극하도다. 사람 중에 이 덕을 소유해 실천한 이가 적은 지 오래이다.〔中庸之爲德也, 其至矣乎! 民鮮久矣.〕"라고 한 공자의 말씀을 두고 언급한 것이다.

128 장구(章句)에서……것 : 이는 '귀신지위덕(鬼神之爲德)'에 대한 주희의 주해에서 "'위덕'이란 '성정 · 공효'라고 말한 것과 같다.〔爲德, 猶言性情功效.〕"라고 설명한 부분을 두고 언급한 것이다. 《中庸章句 第16章 第1節》

자의 뜻을 포함한 것이지, '귀신지위덕(鬼神之爲德)'을 가지고 '귀신의 성정 · 공효 됨〔鬼神之爲性情功效〕'이라고 말한 것은 아니니, 이 부분은 마땅히 융통성 있게 보아야 할 것일세.

'덕(德)'이란 이(理)를 가지고 말한 경우가 있고 기(氣)를 가지고 말한 경우가 있으니, 일률적으로 논해서는 안 되네. '귀신의 덕(德)'은 기(氣)이네. 그러나 기(氣)는 이(理)와 떨어지지 못하며 이(理)는 기(氣)의 안에 있는 이상 이 덕(德)의 위에 나아가서 이(理)의 비은(費隱)[129]을 볼 수 있으니, 이렇게 이해하는 것이 옳다네. 만약 '덕(德)' 자가 기(氣)를 가지고 말하는 것임을 혐의쩍게 여긴 나머지 '이(理)를 가지고 말한 덕(德)'으로 간주하고자 하면, 이는 잘못된 것일세. 주자께서는 '귀신'과 '덕'을 쪼개어 둘로 만든 후씨(侯氏)의 설(說)에 대해 배척하셨다네.[130] 대체로 귀신은 기(氣)이고 덕(德)은 그저 귀신일 뿐

129 이(理)의 비은(費隱) : 이와 관련된 내용은 《중용》 제12장 제1절 대문 및 그 주해에 보인다. 그 대문에 "군자의 도는 비하면서도 은한 것이다.〔君子之道, 費而隱.〕"라고 하였는데, 이에 대해 주희는 "비(費)는 용(用)의 광대함이고, 은(隱)은 체(體)의 은미함이다."라고 설명하였다. 환언하면, 군자가 체행하는 중용의 도는 그 공용이 광대하면서도 그 본체가 은미하다는 뜻이다.

130 주자께서는……배척하셨다네 : '후씨'는 후중량(侯仲良)으로, 이와 관련된 내용은 대전본 《중용혹문》 권하 제4조에 다음과 같이 보인다. 일찍이 후중량이 "귀신은 형이하인 것으로 성(誠)이 아니며, 귀신의 덕(德)은 성(誠)이다.〔鬼神, 形而下者, 非誠也, 鬼神之德則誠也.〕"라고 말하였는데, 이에 대해 주희는 "이제 후씨는 바로 귀신과 그 덕을 쪼개 두 가지 물건으로 삼고서 형이상과 형이하로 말하였다. 얼핏 보면 좋은 듯하지만, 경문과 사리로 자세히 궁구하면 이는 너무나도 잘못되었다.〔今侯氏, 乃析鬼神與其德爲二物, 而以形而上下言之. 乍讀如可喜者, 而細以經文事理求之, 則失之遠矣.〕"라고 말하여 후씨의 견해를 비판하였다.

이니, 어찌 '이(理)를 가지고 말한 덕(德)'으로 간주할 수 있겠는가. 소주(小註)에서 '귀신의 덕(德)'을 '실제로 그러한 이(理)'라고 하신 주자의 설(說)[131]로 말하면, 이는 다름 아닌 '기(器) 또한 도(道)이다.'[132]라는 뜻이니, 만약 이에 대해 의심이 들면 이(理)와 기(氣)가 뒤섞이고 무르녹아 간격이 없는 오묘함을 통투할 수 없을 것일세. 기(氣)의 유현(幽顯 그윽함과 드러남) 가운데 이(理)의 비은이 실려 있는 것이니, 《주역》에 보이는 "한 번 음(陰)하고 한 번 양(陽)하게 하는 것을 일러 도(道)라 한다.〔一陰一陽之謂道.〕"[133]라는 한 구(句)를 자세히 음미해 보면 이를 알 수 있을 걸세.

131 소주(小註)에서……설(說) : 이는 '귀신지위덕(鬼神之爲德)'에 대한 주희의 주해에서 "'위덕'이란 '성정·공효'라고 말한 것과 같다.〔爲德, 猶言性情功效.〕"라고 설명한 부분의 아래에 있는 소주를 두고 언급한 것으로, 그 내용은 "귀신의 덕은 귀신의 실제로 그러한 이(理)를 말한다.〔鬼神之德, 言鬼神實然之理.〕"이다. 《中庸章句大全 上 第16章 第1節》

132 기(器) 또한 도(道)이다 : 이는 정호(程顥)의 말이다. 《주역》〈계사전 상(繫辭傳上)〉 제12장에 "형이상인 것을 도라고 하고 형이하인 것을 기라고 한다.〔形而上者謂之道, 形而下者謂之器.〕"라고 하였는데, 이를 정호가 해설하면서 "기가 또한 도이고 도가 또한 기이다.〔器亦道, 道亦器.〕"라고 하였다. 《二程遺書 卷1 端伯傳師說》《近思錄集解 卷1 道體 第19條》 도(道)란 무형(無形)의 추상적인 도리이고, 기(器)란 유형(有形)의 구체적인 사물인데, 정호는 도와 기, 즉 이(理)와 기(氣)가 서로 분리되지 않는다는 뜻으로 해석한 것이다.

133 한……한다 : 이는 《주역》〈계사전 상(繫辭傳上)〉 제5장 제1절이다.

황술수 종 에게 답하다
答黃述叟 鍾

문 장자(長子)를 위하여 참최를 삼 년 동안 입는데, 그 부친이 살아 계셔서 상(喪)을 주관하면 강쇄하는 의절이 있는 듯하나 소주(小註)에도 이에 관한 내용이 없으니, 상(喪)을 주관함과 상(喪)을 주관하지 않음을 막론하고 참최를 입는 것입니까?

답 조부가 그 손자의 상(喪)을 주관하면, 망자의 부친은 그 아들을 위하여 그저 기년복을 입어야만 할 뿐입니다. 예(禮)에 이르기를, "적자가 있으면 적손은 따로 없다."[134]라고 하였으니, 여기에 근거하면 알 수 있습니다. 그 부친이 살아 계셔서 자기가 부친의 장자가 되는데, 자기가 또 자기의 아들을 장자라고 일컫는다면, 한 집안에 어찌 두 장자가 있단 말입니까. 그 부친이 살아 계시는 경우 자기의 장자를 위하여 참최를 입는다는 것에 대해서 저는 아직 들어보지 못하였습니다.

134 적자가……없다 : 이 말은《의례》〈상복〉의 '부장 마구자(不杖麻屨者)'에서 '적손(適孫)' 조에 대한 자하(子夏)의 전(傳)에 보인다. '부장 마구자'란 상장은 짚지 않고, 모마(牡麻)로 만든 신발을 착용하는 상복을 입어야 하는 경우로, '자최 부장기'에 해당한다.

이성립 원창 에게 답하다

答李聖立 源昌

그대가 물어본 '승중손의 처가 그 남편이 이미 죽었을 경우 종복(從服)[135]을 입는 것이 마땅한지……'에 대해서는, 《상례비요》에 비록 단정하는 말씀이 없지만 《의례문해》에 절로 확정된 의론이 있으니, 《의례문해》의 설(說)을 가지고 감히 산삭하여서 그 대략적인 내용을 아래에 기록하는 바일세.

사계(沙溪)께서는 다음과 같이 말씀하셨다네.[136] "그 남편이 비록 죽었더라도 전중(傳重)[137]의 의리는 여전히 존재하는 것이다. 설령 지난날에 종복을 입었던 부인(婦人)이 아닐지라도 만약 세대의 차례를 잇고 전중하는 의리가 없다면, 중간에 세대의 차례가 끊어져서 이어

135 종복(從服) : '따라서 입는 복(服)'이다. 복제에 관한 예법의 규정상 자신이 입어야만 하는 복(服)을 '정복(正服)'이라 하는데, 정복이 아닌데도 다른 사람의 복제를 따라서 그에 상응하는 복(服)을 입는 것이다. 대표적인 예로, 남편이 승중하면 처도 역시 종복으로 참최를 입으며, 남편이 다른 사람의 후사가 되면 처도 역시 종복으로 참최를 입는 경우를 들 수 있다. 《家禮 喪禮 成服 斬衰三年》

136 사계(沙溪)께서는……말씀하셨다네 : 다음에 바로 이어지는 내용은 《의례문해》 권2 〈상례(喪禮) 참최(斬衰)〉에서 '승중손처위조부모복급현손승중손처약증손처복(承重孫妻爲祖父母服及玄孫承重孫妻若曾孫妻服)' 조의 소주에 보인다.

137 전중(傳重) : 상제(喪祭)나 종묘(宗廟)의 중한 책임을 손자에게 전한다는 뜻이다. 고대의 종법(宗法)은 적서(嫡庶)의 구별이 아주 엄격하여 적자가 죽었을 경우 다른 서자에게 종통을 전하지 않고 바로 손자에게 전하였는데, 이를 조부의 처지에서는 전중이라 하고, 손자의 처지에서는 승중(承重)이라 하였다.

지지 못한다. 그 손자와 증손이 비록 이미 죽어서 복(服)을 입지 않았더라도 오히려 복(服)을 입은 것이나 마찬가지이니, 반드시 손부와 증손부가 모두 정통(正統)을 위한 복(服)을 입은 뒤에야 세대의 차례가 비로소 이어져서 전중한 것이 근본이 있게 된다. 퇴계(退溪 이황(李滉))께서 인용한 '속종자(屬從者)는 소종(所從)이 죽었더라도 복(服)을 입는다.'[138]라고 한 한 단락은 실로 적확한 것이니, 다른 논의는 용납되지 못할 듯하다."

이 예(禮)에 대해서는 선유(先儒)들의 의론이 서로 달라서 확정된 것이 없었다가 사옹(沙翁)에 이르러서야 비로소 완벽히 확정되었다네. 우암(尤庵)과 남계(南溪)가 모두 종복을 주로 삼았으니, 다만 의심치 말고 준용하여야만 할 것일세.

《상례비요》의 소주에 보이는 "그 남편이 살아 있을 때 이미 일찍이 승중하였다.〔其夫在時 旣嘗承重〕"[139]라는 글에 대해서는, 보내 준 편지의 내용에서 해석한 바가 옳은 듯하네. 그 소주에서 "그 남편이 미처 승중하지 못한 채 일찍 죽은 경우〔其夫未及承重而早死者〕"라고 한 것으로 말하면, 이는 진실로 조부모가 모두 살아 계실 때 그 남편이 죽은

138 속종자(屬從者)는……입는다 : 이 말은 《예기》 〈상복소기(喪服小記)〉에 "따라서 복을 입는 자는 따르는 자가 죽으면 복을 입는 것을 그만두고, 친속 관계에 따라서 복을 입는 자는 따르는 자가 죽었더라도 그대로 복을 입는다.〔從服者, 所從亡則已. 屬從者, 所從雖沒也服.〕"라고 보인다. '속종'이란 혈연으로 맺어진 친속 관계에 따라서 복을 입는 것으로, 공영달(孔穎達)의 소(疏)에 따르면, 아들이 모친을 따라서 모당(母黨)의 복을 입는 것, 처가 남편을 따라서 부당(夫黨)의 복을 입는 것, 남편이 처를 따라서 처당(妻黨)의 복을 입는 것 등의 세 가지 경우가 있다.

139 그……승중하였다 : 이 내용은 《상례비요》 〈성복(成服)〉의 '기복지제 일왈참최삼년(其服之制一曰斬衰三年)'에서 '부승중즉종복(夫承重則從服)'에 관한 소주에 보인다.

것인데, 소주에서 이미 "어떻게 대처해야 할지〔如何處之〕"라고 말씀하셨으니, 이는 바로 생각이 완전히 정해지지 않은 말씀이네. 그런데 보내 준 편지의 내용에서는 어찌하여 곧바로 '원래 종복의 의리가 없음'으로 결단하여 보았는가. 게다가 〈상복소기〉의 "따르는 자가 죽었더라도 그대로 복을 입는다."라고 한 예문과 《의례문해》의 "복(服)을 입지 않았더라도 오히려 복(服)을 입은 것이나 마찬가지이다."라고 하신 가르침을 가지고 살펴보면, 남편이 살아 있을 때와 남편이 죽었을 때 및 남편이 이미 승중한 것과 아직 승중하지 않은 것을 막론하고 모두 마땅히 종복을 입어야만 하는 것이니, 이는 다시 의논할 것이 없다네.

당실동자(當室童子)[140]가 아직 취처하지 않았으면 이는 주부(主婦)가 없는 것일세. 시모의 전중(傳重)은 자부(子婦)에게 있으니, 어찌 당실동자가 있다는 것으로 핑계를 대고서 승중의 종복을 입지 않은 채 그저 해당하는 복(服)만 입을 수 있겠는가.

당실동자가 비록 나이가 어리지만 최복(衰服)으로 감싸 안는 것[141]은 아직 8세가 되지 않은 경우를 가리켜서 말한 듯하네. 그리고 이미 방제(旁題)를 썼으면 마땅히 상주로 삼아야 할 듯하네. 그러나 만약 젖먹이

140 당실동자(當室童子) : '당실'은 집안의 일을 담당한다는 뜻으로, '당실동자'란 적자로서 집안의 일을 계승하였으나 아직 관례를 치르지 않은 남자를 말한다. 이와 관련하여 정현의 주에 "동자는 아직 관례를 행하지 않은 남자를 말한다. 당실이란 부친의 후사가 되어 집안의 일을 이어받은 자로 집안의 주인이 되어서 족인과 더불어 예를 행하는 것이다.〔童子, 未冠之稱也. 當室者, 爲父後, 承家事者, 爲家主, 與族人爲禮.〕"라고 설명하였다. 《儀禮注疏 卷11 喪服 記》

141 당실동자가……것 : 이와 관련된 내용은 《예기》 〈상대기(喪大記)〉에 "적장자가 어리면 적장자를 최복으로 감싸 안고 다른 사람이 대신하여 손님에게 절한다.〔子幼則以衰抱之, 人爲之拜.〕"라고 보인다.

아이〔乳下兒〕로 방제를 쓴 경우이면 이에 대해 선현이 "섭주가 고한다."라고 말씀하였으니,[142] 이미 '섭주'라고 말한 이상 역시 '상주'라고 말하여서는 안 될 듯하네.

142 만약……말씀하였으니 : '선현'은 이황을 가리킨다. 이와 관련된 내용은 《퇴계집》 권13 〈답이순문목(答李淳問目)〉에 "물었다. '만약 젖먹이 아이가 있어도 아이의 이름으로 고하는가?' 퇴계가 말하였다. '아이의 이름으로 섭주가 고한다.' 〔問: '若有乳下兒, 猶以兒名告否?' 退溪曰: '兒名, 攝主告.'〕"라고 보인다.

박혜지 화철 에게 답하다

答朴惠之 和喆

서로 만나 알게 된 뒤로 그 날짜가 매우 얼마 되지 아니한데, 함께 교유하려는 후의를 받게 된 것은 매우 깊다네. 한번 천 리 멀리 헤어짐에 서쪽을 바라보노라면 아득히 그리워서 서글펐는데, 오는 인편을 통해 멀리서 욕되이 보내 준 그대의 편지를 받아 보게 되니, 비루한 이내 심사에 몹시도 위안이 되네. 그러나 병 때문에 노곤하여 글자를 적을 수 없기에 답장을 써서 보내는 것을 미루기까지 하였으니, 다만 더욱더 불안해하며 늘 잊지 못할 뿐이네. 날씨가 점점 더워지는 이때 어버이를 모시고 보살피며 학문하는 그대의 정황이 다시 어떠한지 모르겠네. 몹시도 그리워하는 이 마음을 가누지 못하겠네.

지난번에 삼가 그대의 맑은 풍모를 직접 보고 대략 명론(名論)을 듣고서 이미 아취(雅趣)가 보존된 바를 알았는데, 이번에 편지를 보내어 말한 내용을 통하여 학문을 지향함이 정성스럽고 간절하여 용감하게 나아가 그만두지 않으려는 뜻에 대해 더욱더 잘 알게 되니, 이는 실로 구구한 내가 즐겨 듣는 바라네. 경(經)의 본지는 온축되고 심오하여 진실로 찾아서 궁구하기가 어려우나 만약 마음을 텅 비우고 기운을 고르게 하여 익숙하게 읽고 정밀히 생각할 수 있으면, 이렇게 하기를 오랫동안 함에 저절로 마땅히 견지(見地)가 있어서 심목(心目)의 사이에 의리가 밝게 드러나게 될 것일세. 그렇다면 흑솔솔지(黑窣窣地)[143]

143 흑솔솔지(黑窣窣地) : 칠흑 같은 한밤중처럼 새까만 것을 형용하는 말로, "사람

가 장차 변하여 활발발지(活潑潑地)[144]가 될 것이니, 이렇게 하는 것이 어떻겠는가. 어떻겠는가. 나머지는 다만 학문을 증진하고 자중자애하기를 바랄 뿐이네. 편지 끝의 예를 갖추지 못하네.

문 명덕(明德)은 혹 '포성(包性 성(性)을 포함함)'을 가지고 말하기도 하고, 혹 '통성정(統性情 성과 정을 통섭함)'을 가지고 말하기도 합니다.……

답 무릇 '덕(德)' 자는 주자께서 "도(道)를 행하여서 마음에 얻음이 있는 것이다.〔行道而有得於心〕"[145]라는 말을 가지고 풀이하셨으니, 이미 '행도(行道)'라는 두 글자가 있는 이상 오로지 심(心)으로만 말씀한 것은 아닐세. '명덕'이란 범범하게 덕(德)이라고 칭할 때의 덕(德)과는 똑같지 않으니, 이는 다름 아닌 '심(心)의 본체'를 말한 것일세. 허령불매(虛靈不昧)[146]한 것이 바로 심(心)이므로 이를 일러 '명덕'이라 하는

은 태어날 때 각자 이 이치를 갖추는 법이다. 단지 사람이 이 이치를 제대로 보지 못하기에 여기가 온통 암흑처럼 새까만 것이다.〔人之生, 各具此理. 但是人不見此理, 這裏都黑窣窣地.〕"라고 한 주희의 말에 보인다. 《朱子語類 卷29 論語11 公冶長下 顏淵季路侍章, 卷31 論語13 雍也篇2 賢哉回也章》

144 활발발지(活潑潑地) : 활기차고 생동감이 넘침을 형용한 말이다. 《중용》 제12장 제3절에 "《시경》에 이르기를, '솔개는 날아서 하늘에 이르거늘 물고기는 못에서 뛰도다.'라고 하였으니, 이는 도의 광대한 용(用)이 위아래에 밝게 드러남을 말한 것이다. 〔詩云鳶飛戾天, 魚躍于淵, 言其上下察也.〕"라고 하였는데, 이에 대해 정자(程子)가 "이 한 대목은 자사께서 매우 긴급하게 사람을 위하신 부분으로, 활기차고 생동감이 넘친다.〔此一節, 子思喫緊爲人處, 活潑潑地.〕"라고 설명하였다.

145 도(道)를……것이다 : 이는 주희가 '덕(德)' 자를 설명한 말인바, 《논어집주》 〈위정(爲政)〉 제1장의 주해에 보인다.

데, 심(心)은 성(性)이 없는 심(心)이 없으므로 '성(性)을 포함하여 말한 것'이라 하였고, 온갖 이치를 갖추어서 만사에 응하므로 '성(性)과 정(情)을 통섭함'이라 하였으니, 그 '명(明)' 자 때문에 이렇게 칭한 것은 아닐세.

보내 준 편지의 내용에서 '통성정은 바꿀 수 없는 확론이다.'라고 한 것으로 말하면, 대체로 횡거(橫渠 장재(張載))의 설(說)을 위주로 하였으나 횡거의 이 설(說)은 본래 명덕을 위하여 마련한 것이 아니라 범범하게 심(心)을 일컬어서 말한 것일 뿐이라네. 이 설(說)이 마침 명덕에 해당하는 소주에 실려 있기 때문에 이를 읽는 자들이 명덕을 '통성정'으로 간주하나 명덕을 굳이 이렇게 볼 필요는 없고, 그저 '허령불매'라는 네 글자를 주로 삼는다면 명덕의 뜻을 제대로 알 수 있다네. '통(統)' 자는 '통서(統緖)'의 통(統)이 있고, '통합(統合)'의 통(統)이 있으며, '통섭(統攝)'의 통(統)이 있으니, '통성정'의 통(統)은 바로 '통섭'의 통(統)이네.

문 소주에 있는 황씨(黃氏)의 설(說)[147]……

146 허령불매(虛靈不昧) : 이 말은《대학》의 경 1장 제1절에 관한 주희의 주해에 보인다. 그 대문에 "대학의 도는 명덕을 밝힘에 있으며 백성을 새롭게 함에 있으며 지선에 그침에 있다.〔大學之道, 在明明德, 在親民, 在止於至善.〕"라고 하였는데, 주희의《장구》에서 "명덕이란 사람이 하늘에서 얻어서 허령하고 어둡지 않아 이로써 모든 이(理)를 갖추고서 만사에 응하는 것이다.〔明德者, 人之所得乎天, 而虛靈不昧, 以具衆理而應萬事者也.〕"라고 설명하였다.

147 소주에……설(說) : 이는《대학》의 경 1장 제1절에 관한 주희의 주해 중 '명덕'에 관한 정의의 아래에 실려 있는 소주로, 그 내용은 다음과 같다. "허령하고 어둡지 않음은 '명'이고, 모든 이치를 갖추고서 만사에 응함은 '덕'이다. 모든 이치를 갖춤은 덕의 전체로

답 황씨는 '허령하고 어둡지 않음'을 명(明)이라 하고, '모든 이치를 갖추어서 만사에 응함'을 덕(德)이라 하였으니, 이는 번쇄하여 따를 수 없네.

문 주자께서 말씀하셨습니다. "'덕(德)' 자는 심(心)을 따른다.[148]……"

답 사람의 마음은 허령한 가운데 더할 나위 없이 선한 법칙이 갖추어져 있으니, 비록 기(氣)와 욕(慾)에 구애받고 가려지나 그 본체의 밝음이 왕왕 잠시 동안에 드러나게 된다네. 인(仁)을 하고자 하고 효(孝)를 하고자 하는 것이 바로 선단(善端)이니, 그 기(機 기회)를 잃어서는 안 되네. 《장구》에서 "그 발하는 바로 인하여 마침내 밝힌다."[149]라고 언급하신 것이 곧 배우는 자가 공부하는 부분일세.

아직 발하지 않은 상태이고, 만사에 응함은 덕의 대용으로 이미 발한 상태이니, 만사에 응함은 바로 모든 이치를 갖춤의 행위이다. 아직 발하지 않으면 밝아서 어둡지 않고, 이미 발하였으면 품절하여 어긋나지 않는 것이 이른바 '명덕'이다.〔虛靈不昧, 明也; 具衆理應萬事, 德也. 具衆理者, 德之全體未發者也; 應萬事者, 德之大用已發者也, 所以應萬事者, 卽其具衆理者之所爲也. 未發則炯然不昧, 已發則品節不差, 所謂明德也.〕"

148 덕(德)……따른다 : 이 말은 본래 《주자어류》 권23 〈논어5 위정편 상(爲政篇上) 위정이덕 장(爲政以德章)〉에 "'덕' 자가 심을 따르는 것은 심에다가 그것을 얻기 때문이다.〔德字從心者, 以其得之於心也.〕"라고 한 임자몽(林子蒙)의 기록에 보인다. 또한 《논어》 〈위정〉 제1장의 대전본 소주에도 보인다.

149 그……밝힌다 : 이 말은 《대학》의 경 1장 제1절에 관한 주희의 주해에서 "그 본체의 밝음은 일찍이 그친 적이 없었다. 그러므로 배우는 자가 마땅히 그 발하는 바로 인하여 마침내 밝혀서 그 처음을 회복하여야 한다.〔其本體之明, 則有未嘗息者, 故學者當因其所發而遂明之, 以復其初也.〕"라고 한 데에 보인다.

문 노 옥계(盧玉溪)의 설(說)[150]……

답 노 옥계가 "명덕은 다만 본심일 뿐이다.〔明德只是本心〕"라고 말한 것은 바로 심(心)의 전체(全體)를 가리킨 것이고 또한 체(體)·용(用)을 다 포함하니, 이 설(說)이 진실로 딱 좋네. 하지만 '허령'이라는 두 글자를 나누어 적(寂)과 감(感)에 귀속한 것으로 말하면, 매우 잘못되었다네. 율곡(栗谷)께서 이미 이를 잘못되었다고 하셨으니,[151] 그대의 종씨(從氏)께서 논한 바가 그 올바름을 얻었네.

150 노 옥계(盧玉溪)의 설(說) : '노 옥계'는 노효손(盧孝孫)이다. 이는 《대학》의 경 1장 제1절에 관한 주희의 주해 중 '명덕'에 관한 정의의 아래에 실려 있는 소주에 보이는 바, 그 내용은 다음과 같다. "명덕은 다만 본심일 뿐이다. 허라는 것은 심의 적(寂)이고 영이라는 것은 심의 감(感)이다.〔明德, 只是本心. 虛者, 心之寂；靈者, 心之感.〕"

151 율곡(栗谷)께서……하셨으니 : 이와 관련된 내용은 《율곡전서》 권14 〈기대학소주의의(記大學小註疑義)〉에 "'영'이라는 것은 심의 지각하는 부분이다. 비록 외물을 감촉하지 않았더라도 영은 진실로 태연자약하니, 심의 감이라고 말할 수는 없는 것이다.〔靈者, 心之知處. 雖未感物, 靈固自若, 不可曰心之感也.〕"라고 보인다.

유질 원서 봉주 에게 답하다
答兪姪元瑞 鳳柱

자네가 물어본 이달 16일에 기제사의 거행 여부는, 제사를 주관하는 사람이 비록 본생가의 상(喪)에서 아직 장례를 치르지 않은 때라고 하더라도 이미 자제 중에 대신하여 거행하는 자가 있으면 폐하거나 빠뜨릴 수 없는데, 또한 제대로 된 예(禮)를 갖출 수도 없으니, 마땅히 단헌(單獻)으로 거행해야 할 것이다. 단헌이면 으레 무축(無祝)이니, 축문의 내용에 대해 어찌 논하겠는가. 대체로 기년복을 입는 사람은 그 상사의 장례를 치르기 전에 기제사와 묘제사에 대해서 모두 단헌무축으로 거행하는 것이 바로 올바른 예(禮)이다. 본생부모를 위하여 입는 복(服)은 이미 자최 부장기로 강등된 이상 이는 백부모나 숙부모를 위하여 입는 경우와 동일하게 기년복을 입는 것이니, 마땅히 기년복을 입는 사람의 예(例)에 의거해서 대처해야 할 것이다. 그렇다면 기제사뿐만 아니라 비록 한식(寒食)에 지내는 묘제사라도 역시 단헌으로 거행하는 것이 마땅하다.

유원서에게 답하다

答兪元瑞

자기를 거두어 길러 준 서조모를 위한 복제(服制)에 대해서는, 여기에 해당하는 명확한 예문(禮文)이 없다. 그러나 하나 참조하여 적용할 것이 있으니, 서모를 위해서는 본래 시마복을 입는데,[152] 자기에게 젖을 먹여 길러 주었으면 소공으로 입는다는 내용이 《상례비요》의 '소공' 조에 실려 있다.[153] 여기에 근거하여 이것으로 미루어 적용하면 자기를 거두어 길러 준 서조모를 위하여 시마복을 입는 것이 마땅할 듯하다. 대체로 서조모에 대해서는 본래 해당하는 복(服)이 없다. 그러므로 시마복을 입으면 거두어 길러 준 은혜에 보답할 수 있으니, 이보다 더 지나치게 복(服)을 입으면 너무 중(重)하므로 아마도 그렇게 해서

152 서모를……입는데 : 《가례》 〈상례 성복(成服)〉에서 '오왈 시마삼월(五曰緦麻三月)' 조에 "사가 서모를 위하여 입으니, 이는 부친의 첩 중에 자식이 있는 자를 말한다.〔士爲庶母, 謂父妾之有子者也.〕"라고 하였는바, 서모가 죽었을 경우는 의복(義服)으로 시마복을 입는다. 이러한 내용은 《회암집》 권63 〈답손경보(答孫敬甫)〉에 "부친의 첩 중에 자식이 있는 자를 예경에서는 서모라고 이른다. 죽으면 그를 위하여 시마 삼 개월의 복을 입으니, 이는 그 명분이 진실로 매인 바가 있는 것이다.〔父妾之有子者, 禮經謂之庶母, 死則爲之服緦麻三月, 此其名分固有所係.〕"라고 한 데에도 보인다.

153 자기에게……있다 : 《사계전서》 권32 소재 《상례비요》 〈성복(成服)〉 '소공 오월(小功五月)' 조에 "자기에게 젖을 먹여 길러 준 서모를 위하여 입는다.〔爲庶母之乳養己者.〕"라고 한 내용이 보인다. 이는 본래 《가례》 〈상례 성복(成服)〉에서 '사왈 소공오월(四曰小功五月)' 조에 "자기를 자애한 서모를 위하는 경우는 자기에게 젖을 먹여 길러 준 서모를 말한다.〔爲庶母慈己者, 謂庶母之乳養己者也.〕"라고 한 내용에 근거한 것으로, 자기를 자애한 서모를 위하는 경우라면 의복(義服)으로 소공을 입는다.

는 안 될 듯하다. 그러나 만일 혹 시마를 입는 것에 대해 부족하다고 여긴다면 시마를 벗은 뒤에 약간의 개월 동안 심상(心喪)을 하는 것도 무방하다. 대체로 심상은 다하지 못한 정(情)을 펴내는 것이니, 예가(禮家)가 대부분 이를 허락한다. 심상을 행하는 개월 수의 많고 적음은 오직 은정(恩情)의 깊이에 달려 있을 뿐이니, 그대가 마땅히 스스로 헤아려서 처리해야 할 것이고, 외인(外人)이 참여하여 알 수 있는 바가 아니다.

유원서에게 답하다

答兪元瑞

기제사를 지낼 때 주인(主人) 외에 다른 자손들이나 친속(親屬)이 전혀 없으면 주인이 직접 삼헌(三獻)을 한다는 것에 대해서는 선현이 이미 말씀하였다. 주부(主婦)가 아헌(亞獻)을 하는데 집사(執事)가 되는 다른 부인이 없으면, 주인이 집사가 되는 것은 온당하지 못하고 여종이 집사가 되는 것도 격에 걸맞지 않다. 주부의 아헌이 이러할 뿐만 아니라 주인이 초헌(初獻)을 할 때도 여종을 시켜서 집사 노릇을 하게 해서는 안 된다. 그렇다면 술잔을 올리는 자가 마땅히 집사 노릇까지 겸하여서 술을 따라야 하면 탁상에 나아가 직접 주전자를 잡고 직접 잔에 술을 따르고, 모사(茅沙)에 술을 부은 뒤에 본래 자리로 되돌리는 따위의 절차에 이르기까지 모두 직접 행하는 것이다. 의절이 비록 매우 초솔하고도 간략하나 형세상 그만둘 수 없는 것이다. 주인이 이미 잇달아 삼헌을 해야만 하는 이상 어찌 전작(奠酌)의 예(禮)[154]를 폐할 수 있겠는가. 외집사(外執事)와 내집사(內執事)를 운운한 것은, 과연 남자 종과 여자 종의 칭호이지만 이른바 '집사'라고 하는 것은 전작의 일에 그들을 사용함을 가리키는 것이 아니다.

154 전작(奠酌)의 예(禮) : '전작'은 '전작(奠爵)'으로도 표기하는바, 제사를 지낼 때 술잔을 신위(神位) 앞에 올려놓는 일, 또는 그 일을 하는 사람을 가리킨다. 보통 헌작(獻爵)할 때 집사(執事)가 그 왼편에서 술이 담긴 작(爵)을 받아 신위 앞에 드린다.

우제(虞祭)를 지낼 때는 서향하여 이성(利成)을 고하다가 졸곡(卒哭)부터 동향하여 이성을 고하는 것[155]은 음양에서 의(義)를 취하여서 길흉을 나눈 것이 대략 보내온 편지의 내용과 같다. 이는 대체로 졸곡에는 순수하게 제례(祭禮)를 사용하기 때문에 그러한 것이다.

삼년상을 치르는 동안 선조에게 제사를 지낼 때는 비록 단헌무축(單獻無祝)으로 하지만 어찌 신주를 꺼내지 않고서 거행할 수 있겠는가. 보내온 편지에서 "신주를 꺼내지 않는다."라고 한 것은 또한 무슨 의미인지 분명치 않은 듯하니, 어쩌면 혹 신주를 받들고 나와 정침(正寢)으로 나아가지 않고서 곧장 사당 안에서 거행한다는 것이냐. 어쩌면 독(櫝)만 열고 신주 몸체를 꺼내지 않음을 이른 것이냐. 보름에 신주를 꺼내지 않는 것[156]은 바로 독 밖에 신주 몸체를 꺼내지 않음을 이른

155 우제(虞祭)를……것 : 이와 관련된 내용은 《가례》에 보인다. 《가례》 〈상례 우제(虞祭)〉에 "축이 문을 열면 주인 이하는 들어가 곡한다.〔祝啓門, 主人以下入哭.〕"라고 하였는데, 이에 대한 원주에 "축이 주인의 오른쪽에 서서 서향하여 이성을 고한다.〔祝立于主人之右, 西向, 告利成.〕"라고 하였다. 또한 동서 동권 〈상례 졸곡(卒哭)〉에 "아헌·종헌·유식·합문·계문·사신을 한다.〔亞獻, 終獻, 侑食, 闔門, 啓門, 辭神.〕"라고 하였는데, 이에 대한 원주에 "모두 우제와 똑같이 한다. 오직 축이 서계로 올라와 동향하여 이성을 고한다.〔竝同虞祭, 唯祝西階上, 東面, 告利成.〕"라고 하였다. '고이성(告利成)'이란 축관이 '이성'이라고 외쳐 제사가 끝났음을 고하는 절차이다.

156 보름에……것 : 이와 관련된 구체적인 내용은 다음과 같다. 《가례》 〈통례(通禮) 사당(祠堂)〉에 "원정·동지·초하루·보름에는 참배한다.〔正至朔望則參.〕"라고 하였는데, 이에 대한 원주에 "보름에는 술을 진설하지 않으며 신주를 꺼내지 않는다.〔望日, 不設酒, 不出主.〕"라고 하였다. 또한 《율곡전서》 권27 〈제의초(祭儀鈔) 참례의(參禮儀)〉 말미의 소주(小註)에 "《가례》를 살펴보건대, 보름에는 신주를 꺼내지 않고 술을 진설하지 않으며 다만 차를 진설할 뿐이다. 지금 우리나라 풍속은 차를 사용하는 예가

것이다. 기제사를 비록 단헌으로 거행하나 신주를 꺼내는 의절은 마땅히 평상시와 똑같이 해야 할 것이고, "보름에 신주를 꺼내지 않는다."라고 한 예문을 적용해서는 안 되니, 또한 마땅히 신주를 받들고 나와 정침으로 나아가 모셔 놓고 제사를 거행해야 할 것이다.

없으니, 보름에는 신주를 꺼내지 않고 독만 열며, 뇌주하지 않고 분향만 하여서 차등이 있게 해야 한다.〔按家禮, 望日則不出主, 不設酒, 只設茶. 今國俗無用茶之禮, 當於望日, 不出主, 只啓櫝, 不酹酒, 只焚香, 使有差等.〕"라고 하였다.

유원서에게 답하다
答兪元瑞

그대의 삼종제(三從弟 팔촌 동생)가 친상(親喪)의 대상(大祥)을 지난 뒤에 일가의 상사 때문에 담제(禫祭)를 거행하지 못하여서 담제가 든 달을 지나쳐 버렸으면, 마땅히 "제 시기를 지나서는 담제를 거행하지 않는다.〔過時不禫〕"라고 한 예문을 적용해야 할 것인데, 담제를 비록 거행하지 못하였으나 상복(祥服)은 마땅히 벗어야 하는 것이 보내온 편지의 내용과 같다고 하겠다. 이때는 고유(告由)하고 물러나 사차(私次)로 나아가서 곡하고 상복을 벗는 것이 마땅하다. 그러나 이미 담제를 거행하지 않았으면 굳이 정일(丁日)을 사용할 필요가 없으니, 비록 이번 보름을 써서 행하더라도 또한 불가함이 없다. 길제(吉祭)를 중정(中丁)이나 혹은 종정(終丁 하순의 정일(丁日))에 거행하는 문제는 오직 사세(事勢)를 살펴보아 처리해야만 할 뿐이다.

그대의 종수(從嫂)의 상(喪)을 비록 동자가 주관하지만 8세 이상이면 일을 살펴 처리하는 자이니, 소상(小祥)의 축문 내용 가운데 '숙흥야처(夙興夜處)'[157] 네 글자가 무슨 부당함이 있겠는가. 이에 대해서는 굳이

157 숙흥야처(夙興夜處) : 이 말은《가례》〈상례 소상(小祥)〉의 '삼헌(三獻)'에 대한 원주에 "축문판은 전과 같되 다만 다음과 같이 적는다. '세월이 멈추지 않아 어느새 소상이 되었습니다. 그동안 아침 일찍 일어나고 밤이 깊어서야 잠들며 조심하고 삼가서 몸가짐을 나태하게 하지 않았으며, 서글픔과 그리움이 간절하여 마음이 편치 않았습니다.……'〔祝版同前, 但云: 日月不居, 奄及小祥. 夙興夜處, 小心畏忌, 不惰其身, 哀慕不

'의려(依廬)에 거처하지 않고 섬(苫)을 깔고 눕지 않는다.'[158]라는 설(說) 때문에 구애받을 필요가 없다.

寧.……]"라고 한 부분에 보인다.

158 의려(依廬)에……않는다 : '의려'는 상주가 거처하는 여막을 뜻하며, '섬(苫)'은 풀로 만든 깔개인 거적으로, 상(喪)을 당한 사람이 깔고 눕는 것이다. 이 말은, 동자는 성인(成人)이 아니므로 성인에게 적용되는 정식 예법을 완벽하게 갖출 수 없다는 뜻이다. 이와 관련된 내용으로 《예기》 〈잡기 하〉에 "동자는 곡할 때 소리를 길게 빼지 않으며, 뛰지 않으며, 상장을 짚지 않으며, 미투리를 착용하지 않으며, 의려에 거처하지도 않는다.〔童子哭不偯, 不踊, 不杖, 不菲, 不廬.〕"라고 한 부분이 보인다.

유원서에게 답하다
答兪元瑞

본생가를 위한 복제는 소후가의 제사와 비록 경중의 차이가 있으나 이미 대공복이면 기년복과 일률적으로 취급하니, 장사를 치르기 전에 어찌 제대로 된 예(禮)를 갖추어 제사를 거행할 수 있겠는가. 단헌무축(單獻無祝)으로 거행하는 것이 온당하지 못한 점이 없을 듯하다.

부묘(祔廟)[159]하는 한 의절로 말하면, 구준(丘濬)의 《가례의절(家禮儀節)》은 끝내 고례(古禮)가 아니므로 굳이 이것을 따를 필요가 없다. 망자의 조비(祖妣)의 신위가 이미 사당 안에 있어서 부제 또한 이미 그 신위에 설행하였으면 대상(大祥)에서 사당에 들일〔入廟〕 때의 고사(告辭 고유하는 글)는 마땅히 증조비(曾祖妣)에게 부(祔)하는 내용의 글을 사용해야 할 것이고, 사당에 들인 뒤에 신위는 동쪽 벽에 서향해 앉히는 것[160]이 마땅하다.

159 부묘(祔廟) : '부(祔)'란 곧 '제부(隮祔)'를 가리킨다. '제(隮)'는 '올리다'라는 뜻이고 '부(祔)'는 '붙이다'·'합사(合祀)하다'라는 뜻으로, 죽은 자의 신위를 소목(昭穆)의 차례에 맞추어 그 해당하는 조부나 조모의 신위 곁으로 올려붙여서 함께 모시고 제사를 지내는 것이다. 특히 졸곡(卒哭)을 지낸 바로 그다음 날 '갓 죽은 자의 신주〔新主〕'를 받들어 사당에 가서 해당하는 조부나 조모의 신주 곁에다 잠시 함께 모셔 두고 지내는 제사를 가리킨다. 제사가 끝나면 도로 신주를 받들어 본래 있던 정침(正寢)의 영좌(靈座)로 돌아와 모시고 있다가 죽은 지 2주년이 되는 대상(大祥)을 지낸 뒤에야 비로소 사당으로 들인다.

160 동쪽……것 : 이는 부(祔)하는 신주, 즉 '부위(祔位)'의 해당 위치에 관한 예문으

로, 대상을 지내고 궤연(几筵)을 철거한 다음 새 신주를 그 조부나 조모의 사당에 부(祔)할 적에 '동쪽 면에서 서쪽을 향하는 곳'에다 부(祔)한다는 말이다. 여기에 놓아둔 새 신주는 길제를 지낸 뒤에 정위(正位)로 옮긴다. 《喪禮備要 大祥》 여기서 '부(祔)'란 곧 '제부(隮祔)'를 가리킨다. '제(隮)'는 '올리다'라는 뜻이고 '부(祔)'는 '붙이다'·'합사(合祀)하다'라는 뜻으로, 죽은 자의 신위를 소목(昭穆)의 차례에 맞추어 그 해당하는 조부나 조모의 신위 곁으로 올려붙여서 함께 모시고 제사를 지내는 것이다. 김장생의 《상례비요》에서는 이를 주희의 설로서 채록하였으나, 김매순의 주장에 따르면 이는 본래 주희의 설이 아니라 김장생의 설이라고 한다. 《臺山集 卷5 答申甥命翰》

유원서에게 답하다
答兪元瑞

'이성(利成)의 음(音)에 대하여 마땅히 피휘(避諱)를 해야 하는가?'[161] 라는 문제로 말하면, 아직 이와 관련한 조령(朝令)을 듣지 못하였으니, 비록 의(義)로써 재단하여 대번에 예문(禮文) 안의 말을 바꾸고자 하더라도 역시 감히 제멋대로 결단할 수 없는 점이 있다. 내 생각으로는, 이성을 고하는 한 절차를 우선 빼놓고서 '조정에서 지시를 내리는 것'과 '다른 사람의 집안에서 식례(式例)가 나오는 것'을 기다린 다음에 처리하는 것이 늦지 않다고 여겨지니, 이렇게 하는 것이 어떻겠는가. 어떻겠는가.

161 이성(利成)의……하는가 : 제사에는 축관이 '이성(利成)'이라고 외쳐서 제사가 끝났음을 고하는 '고이성(告利成)'이란 절차가 있는데, 이때 '이성'이라는 발음이 당시 군왕인 정조(正祖)의 실명 '이성(李祘)'과 같았기 때문에 언급한 것이다. 정조의 실명은 본래 '이산'으로 발음되었으나 《규장전운(奎章全韻)》을 편찬하게 되면서 그 발음을 '이성'으로 바꾸었다. 《安大會, 正祖 御諱의 改定 : '이산'과 '이성' – 奎章全韻의 편찬과 관련하여, 한국문화52》 '이성(利成)'에 대해서는 《예기》 〈증자문(曾子問)〉의 주해에 "이(利)는 양(養)과 같으니, 공양하는 예가 이미 이루어졌음을 이르는 것이다."라고 설명하였으며, 또 《시경》 〈소아(小雅) 초자(楚茨)〉의 주해는 '성(成)' 자를 '필(畢)' 자의 뜻으로 보았다. 김장생(金長生)은 《사계전서》 권3 〈답민형숙(答閔衡叔)〉에서 '고이성'에 대해 "이(利)는 공양한다〔養〕는 뜻이며, 성(成)은 끝마쳤다〔畢〕는 말이다. 옛날에는 제사를 지낼 때 시동이 있었는데, '고이성'이란 시동에게 제사를 끝마쳤으니 일어나라고 고하는 것이다."라고 정의하였다.

근재집

제15권

書서

홍백응[1] 직필 에게 답하다
答洪伯應 直弼

접때 두세 번이나 각별한 관심으로 직접 찾아와 주었는데, 지금 또다시 살뜰한 뜻을 담은 편지를 보내오니, 서로 함께 교유하려는 심후한 정의를 입었기에 마음속으로 감격하여 잊어버릴 수가 없네. 편지를 통하여 추운 계절에 어버이를 모시며 학문하는 일상의 기거가 평안하다는 것을 알게 되어서 더욱 지극히 그립고 위안이 되네.

나 윤원은 소싯적에 제대로 배우지 못한 데다가 늙도록 도(道)를 미처 듣지도 못하여 나이가 장차 60이 되어 가는데 그저 평범하고 허술한 사람이 되고 말았을 뿐이네. 그런데도 족하(足下)가 그 본말을 헤아리지도 않은 채 가벼이 칭찬하고 허여하여 장황하게도 좋게 여겨서 공손하게 예를 지켜 행함이 마치 더 가르쳐 주기를 요청하는 것[2] 같으니, 이러한 점에서 족하가 지나쳤다고 하겠네. 군자는 한마디의 말도

1 홍백응(洪伯應) : 홍직필(洪直弼, 1776~1852)로, 본관은 남양(南陽), 자는 백응, 호는 매산(梅山)이다. 부친은 동지돈령부사를 지낸 홍이간(洪履簡)이다. 17세에 저자의 문인이 되었다. 본래 초명은 긍필(兢弼), 초자(初字)는 백림(伯臨)이었으나, 저자가 《서경》 〈우서(虞書) 익직(益稷)〉의 글에서 뜻을 취하여 이름을 '직필', 자를 '백응'으로 바꾸어 주었다. 시호 문경(文敬)이며, 저술로는 문집인 《매산집》이 있다.

2 더……것 : 해당 원문은 '청익(請益)'이다. 이는 자신의 미진한 점에 대하여 스승에게 다시 한번 가르쳐 주기를 요청한다는 뜻으로, 《예기》 〈곡례 상(曲禮上)〉에 "선생에게 다시 한번 분명하게 설명해 줄 것을 청할 때는 일어서서 한다.〔請益則起.〕"라고 한 데에 보인다. 이 말은 《논어》 〈자로(子路)〉 제1장 제2절에도 보인다. 때로는 다른 사람에게 가르침을 청하는 것을 지칭하기도 한다.

반드시 삼가야 하는 법이니,[3] 사람을 비교할 때는 그 동류로써 해야 하는 방도[4]로 말하면 아마도 이렇게 해서는 안 될 듯하네. 부디 지금부터 부화(浮華)하고 과도한 문사를 없애 버려서 이내 마음을 편안하게 하고 곁에서 지켜보는 자들의 비방과 조소를 일으키지 말기를 바라네. 이렇게 하는 것이 어떻겠는가.

정성스럽고 간절하게 도(道)를 추구하니, 등마루에 지려는 그대의 뜻[5]을 알 수 있네. 족하의 단정하고 정결하며 총명한 성품으로 지향의 고매함이 또 이와 같으니, 변함없이 이러한 마음을 잡아 지녀서 끊임없이 하면 성현의 경지에 도달하기가 어렵지 않을 것이네. 나처럼 어리석

3 군자는……법이니 : 이는 말을 함부로 해서는 안 된다는 뜻으로, 자공(子貢)을 두고 공자보다 훌륭하다고 평한 진자금(陳子禽)에 대하여 "군자는 한 마디의 말로 지혜롭게 되기도 하지만 한 마디의 말로 지혜롭지 못하게 되기도 하는 것이니, 말을 삼가지 않아서는 안 된다.〔君子一言以爲知, 一言以爲不知, 言不可不愼也.〕"라고 꾸짖은 자공의 말에서 유래하였다. 《論語 子張 第25章 第2節》

4 사람을……방도 : 해당 원문의 '의인이륜(擬人以倫)'은 《예기》 〈곡례 하(曲禮下)〉에 "사람을 비교할 때는 반드시 그 동류로써 해야 한다.〔儗人必於其倫.〕"라고 한 부분을 원용한 것이다.

5 등마루에……뜻 : '등마루'란 사람의 의지, 담력과 국량 및 절조를 비유하는 것인바, 이는 곧 '도(道)를 담당하려는 의지'를 뜻한다. 《논어》 〈태백(泰伯)〉 제7장에서 증자(曾子)가 "선비는 국량이 넓고 뜻이 굳세지 않으면 안 되니, 책임이 무겁고 길이 멀기 때문이다.〔士不可以不弘毅, 任重而道遠.〕"라고 하였는데, 이에 대해 정자(程子)가 "무거운 짐은 모름지기 꿋꿋한 등마루를 지닌 사내여야 비로소 제대로 질 수 있다.〔重擔子, 須是硬脊梁漢, 方擔得.〕"라고 한 데에서 유래하였다. 《二程遺書 卷3 謝顯道記憶平日語》 주희 역시 정자의 이 말씀을 "무거운 짐은 모름지기 등마루 뼈를 꿋꿋하게 유지해야 비로소 제대로 질 수 있다.〔重擔子, 須是硬著脊梁骨, 方擔荷得去.〕"라고 인용하였다. 《朱子語類 卷35 論語17 泰伯篇 曾子曰士不可以不弘毅章》

은 자는 아무리 사랑하여도 도와줄 길이 없기에[6] 그저 더욱 흠탄(欽歎)할 따름이네. 내가 듣기로는 《맹자》를 읽는다고 하니, 이 책이 확충(擴充)[7]과 극치(克治)[8]에 있어서 그 무엇보다도 유력한 것이 되네. 주부자(朱夫子)께서 만년에 배우는 자들과 우산 장(牛山章)[9]을 강학하신 경우가 많았으니, 이 뜻이 매우 좋네. 바라건대 나의 벗님은 이를 깊이 체인(體認)해 음미하시게나. 이밖에 나머지 할 말은 이만 줄이고, 오직 직접 만나 보고서 토로하기를 기다릴 뿐이네. 대필하여 보내네. 말미의 격식을 갖추지 못하네.

6 아무리……없기에 : 이 말은 《시경》 〈대아(大雅) 증민(烝民)〉에 "내 무리에서 헤아려 도모해 보건대, 오직 중산보만 능히 덕을 들어서 행하니, 내 아무리 그를 사랑하여도 그를 도와줄 길이 없도다.〔我儀圖之, 維仲山甫擧之, 愛莫助之.〕"라고 한 데에 보인다.

7 확충(擴充) : 사단(四端)을 넓혀서 채워 나간다는 뜻으로, 《맹자》 〈공손추 상(公孫丑上)〉 제6장에 "무릇 나에게 있는 사단을 모두 넓혀서 채워 나갈 줄 알면, 마치 불이 처음 타오르며 샘물이 처음 나옴과 같을 것이다.〔凡有四端於我者, 知皆擴而充之矣, 若火之始然, 泉之始達.〕"라고 한 데에 보인다.

8 극치(克治) : 자기의 사사로운 욕심과 바르지 못한 생각을 이겨 마음을 다스림을 말한다. '극(克)'은 '극기(克己)'이며, '치(治)'는 치심(治心)인바, 자신의 사욕을 이겨내고 노여움〔怒〕과 두려움〔懼〕 등을 다스리는 것이다. 《近思錄集解 卷5 克己 第14條》

9 우산 장(牛山章) : 《맹자》 〈고자 상(告子上)〉의 제8장으로, '우산'은 제(齊)나라 동남쪽에 있는 산이다. 이 장은 맹자가 사람의 본래 선한 본성을 증명하기 위해서 언급한 이야기를 기록한 것이다. 우산은 본래 아름다운 나무가 우거진 산이었으나 도끼로 벌목하고 소와 양을 치는 바람에 민둥산이 되었다. 이 때문에 사람들은 민둥산인 모습만 보고서 우산에는 좋은 재목이 없다고 여기는데 이것이 산의 본성이라고는 할 수 없다. 맹자는 '우산의 비유'를 통하여 사람도 본래 선한 본성을 가지고 있는데, 그 본성이 인욕에 손상되어 드러나지 않게 됨을 설명한 것이다.

홍백응에게 답하다
答洪伯應

오랫동안 그대의 청아한 자태를 직접 만나 보지 못한 터라 비린(鄙吝)한 생각이 다시 싹텄는데,[10] 이번에 그대가 특별히 한 사람에게 맡겨서 보내온 편지를 받아 보니, 마치 서로 마주하여 강학하고 토론하는 것 같았네. 다만 그대의 병세가 가볍지 않고 또한 상당히 심해지며 낫지 않고 있다는 사실을 알게 되니, 이 때문에 삼가 염려하는 바일세. 주자께서 조리(調理)하는 방법에 대해 논하시고서 또한 일찍이 말씀하기를, "서책을 놓아두고서 정신을 보양한다."[11]라고 하셨으니, 그렇다면 글을 읽고 외는 것을 순월(旬月) 동안 조금 쉬는 것이 또한 무슨 문제될 것이 있겠는가.

학문이란 일상의 생활 속에 있으니, 오로지 지면에만 의지해서는 안 된다네. 사람이 병을 앓고 난 뒤에 선(善)의 단서가 이를 통하여

10 비린(鄙吝)한……싹텄는데 : 제자 홍직필을 오랫동안 만나 보지 못하면 스승인 저자의 마음에 용속(庸俗)한 생각이 생겨난다는 말로, 이는 황헌(黃憲)에 관한 고사를 인용한 표현이다. 황헌은 후한(後漢)의 고사(高士)로, 자는 숙도(叔度)이며 여남(汝南) 신양(愼陽) 사람이다. 그는 같은 고을 사람인 진번(陳蕃)・주거(周擧)와 교유하였는데, 이들은 황헌에 대해서 언제나 "한 철이나 한 달 동안 황생을 직접 만나 보지 못하면 비린한 생각의 싹이 다시 마음에 생겨난다.〔時月之間, 不見黃生, 鄙吝之萌, 復存乎心.〕"라고 말하였다.《後漢書 卷83 黃憲列傳》

11 서책을……보양한다 : 이와 관련하여《회암집》권34〈답여백공〉에 "인사를 물리치고 서책을 놓아두고서 정신을 전일하게 가지고 의약을 가까이하라.〔屛人事, 捐書冊, 專精神, 近醫藥.〕"라고 한 내용이 보인다.

발현하기 쉬우니,[12] 이로부터 확충하면 틀림없이 힘을 얻는 부분〔得力處〕이 있게 될 것일세. 이렇게 하는 것이 어떻겠는가.

후재(厚齋)[13]는 경서의 의리에 대하여 조예가 깊다네. 선배의 문집을 보는 것이 비록 경전(經傳)을 완미하는 것만 못하나 또한 그저 그런 글들을 훑어보는 것보다는 훨씬 낫네. 그대가 보내온 편지에서 어리석고 비루한 나를 칭도(稱道)한 부분은 결국 정도가 지나친 것이네. 매양 편지를 받을 적마다 내가 부끄러워서 얼굴이 벌겋게 달아오르고 땀이 나게 하니, 어쩌면 그다지도 양찰해 주지 못함이 이런 지경에 이르렀단 말인가. 급히 되돌리기를 바라는 바일세. 말미에 격식을 갖추지 못하네.

12 사람이……쉬우니 : 이는 이이(李珥)가 선조(宣祖)에게 아뢴 말을 원용한 것이다. 1580년(선조13) 겨울에 이이가 대사간에 배수되었는데, 이때 선조가 막 병환이 나은 터라 이이를 보고 싶어 하여 매우 격절(激切)한 유지(諭旨)를 내렸다. 이에 이이가 명을 받고 경성에 들어가 선조 앞에서 아뢰기를, "이제 전하께서 큰 병이 나으신 뒤에 선(善)의 단서가 개발되어서 호령을 내리심에 인심이 열복하니, 신민의 바람이 처음 즉위하셨을 때와 다름없습니다.〔今殿下大病之餘, 善端開發, 號令之下, 悅服人心, 臣民之望, 無異初服.〕"라고 하였다. 《栗谷全書 卷30 經筵日記3 萬曆八年庚辰》《石潭日記 卷下 萬曆八年庚辰》

13 후재(厚齋) : 김간(金榦, 1646~1732)으로, 본관은 청풍(淸風), 자는 직경(直卿), 호는 후재, 시호는 문경(文敬)이다. 박세채(朴世采)와 송시열(宋時烈)의 문인으로 예학에 조예가 깊어서 각 문집에 흩어져 있는 선인들의 예설(禮說)을 뽑아 12편의 《동유예설(東儒禮說)》을 편찬해 간행하였다. 호조 참의·찬선(贊善)·대사헌·우참찬(右參贊) 등을 역임하였다. 문집으로는 《후재집》이 있으며, 대표적인 저서로는 《소학차기(小學箚記)》·《동몽학규(童蒙學規)》 등이 있다.

홍백응에게 답하다
答洪伯應

그대가 도움을 구하는 뜻은 진실로 감탄할 만하네만 이는 귀머거리와 소경에게 청력과 시력을 빌리는 꼴이나 진배없다네. 돌아보건대 내가 어떻게 그대의 기대에 부응하겠는가. 배우는 자는 진실로 먼저 의심할 줄 알아야 하는 것이 마땅한데,[14] 또한 마음을 겸허하게 하고 기운을 평안하게 해야 마땅하며 억지로 힘써서 탐색해서는 안 되는 것일세. 의심이 아예 없는 경지로 말하면, 이는 다름 아닌, 이른바 활연관통(豁然貫通)[15]한 부분이니, 대번에 의론하기가 쉽지 않다네. 능히 차례를 따라 공부하지 못한 채 한갓 추측하고 상상할 뿐이라면 일에 몹시도 해가 되네. 삼가 그대가 보내온 편지의 내용을 살펴보니, 아마도 이러한 뜻이 있는 듯하네. 조장(助長)[16]과 욕속(欲速)[17]의 문제는 바로 마

14 배우는……마땅한데 : 이는 《근사록》 권3 〈치지(致知)〉 제15조에 "배우는 자는 먼저 의심할 줄 알아야 한다.〔學者, 先要會疑.〕"라고 한 정이(程頤)의 말을 원용한 것이다.

15 활연관통(豁然貫通) : 오래도록 힘써 궁리(窮理)하면 환하게 터져 깨닫게 된다는 뜻으로, 《대학장구》 전 5장에서 주희가 보충한 내용 중 "힘쓰기를 오래 해서 하루아침에 활연히 관통함에 이르면 모든 사물의 표리와 정추가 이르지 않음이 없을 것이고, 내 마음의 전체와 대용이 밝지 않음이 없을 것이다.〔至於用力之久, 而一旦豁然貫通焉, 則衆物之表裏精粗無不到, 而吾心之全體大用無不明矣.〕"라고 한 데에 보인다.

16 조장(助長) : 곡식이 빨리 자라기를 바란 나머지 그 싹을 뽑아서 올리면 결국 싹이 고사하듯 학문과 공부를 통한 수양 역시 지나치게 성급히 하면 도리어 문제가 됨을 비유한 것이다. 이는 평소 의(義)와 선(善)을 차곡차곡 집적(集積)함으로써 호연지기

땅히 깊이 성찰해서 경계해야만 하는 것일세. 내가 족하에 대하여 감히 스스로 소원하게 여기지 못하겠기에 속내를 쏟아냄이 이런 지경에 이르렀으니, 어찌 제 분수에 넘치고 망령됨이 없을 수 있겠는가.

(浩然之氣)를 잘 길러야 한다는 취지에서 맹자가 한 말로, 《맹자》〈공손추 상(公孫丑上)〉 제2장에서 유래한 '알묘조장(揠苗助長)'의 고사이다.

17 욕속(欲速) : 일을 지나치게 급히 성취하려다 보면 되레 달성하지 못한다는 말이다. 이는 《논어》〈자로(子路)〉 제17장에 "무슨 일이든 급히 성취하려고 하지 말고, 조그마한 이익을 보려 하지 말아라. 일을 급히 성취하려다 보면 되레 달성하지 못하고, 조그마한 이익을 보려다 보면 큰일을 이루지 못한다.〔無欲速, 無見小利, 欲速則不達, 見利則大事不成.〕"라고 한 공자의 말씀에서 유래하였다.

홍백응에게 답하다
答洪伯應

먼 데에 거처하는 것도 아닌데 서로 자주 만나 볼 수가 없으니, 어찌 이택(麗澤)[18]의 유익함이 있겠는가. 이 때문에 언제나 마음이 불안하고 답답하던 차에 어제 보내온 서찰을 받아 보고서 근간에 앓는 병환이 이제야 겨우 위험한 고비를 넘겼다는 것을 알게 되니, 몹시 놀랍고도 기쁘다네. 간밤 동안에 몸을 조리함이 다시 어떠한가? 병을 앓고 난 뒤 새로운 공부는, 과연 선(善)의 단서가 쉽게 발현하는 즈음에 달려 있다네.[19] 비록 어리석은 내가 다시 족하를 위한 계책을 내게 하더라도 이보다 더할 수는 없을 것이니, 시험 삼아 한번 체험해 보는 것이 어떻겠는가?

신명(神明)이 개제(愷悌)한 군자를 위로하시기에[20] 그대의 질병이

18 이택(麗澤) : 붕우끼리 함께 도와 학문을 강습하여 이익을 줌을 뜻하는 말로, 《주역》 〈태(兌䷹)〉의 대상(大象)에서 유래하였다.

19 병을……있다네 : 이는 이이(李珥)가 선조(宣祖)에게 아뢴 말을 원용한 것이다. 1580년(선조13) 겨울에 이이가 대사간에 배수되었는데, 이때 선조가 막 병환이 나은 터라 이이를 보고 싶어 하여 매우 격절(激切)한 유지(諭旨)를 내렸다. 이에 이이가 명을 받고 경성에 들어가 선조 앞에서 아뢰기를, "이제 전하께서 큰 병이 나으신 뒤에 선(善)의 단서가 개발되어서 호령을 내리심에 인심이 열복하니, 신민의 바람이 처음 즉위하셨을 때와 다름없습니다.〔今殿下大病之餘, 善端開發, 號令之下, 悅服人心, 臣民之望, 無異初服.〕"라고 하였다. 《栗谷全書 卷30 經筵日記3 萬曆八年庚辰》《石潭日記 卷下 萬曆八年庚辰》

20 신명이……위로하시기에 : 이는 문왕(文王)의 성덕(盛德)을 찬미해 노래한 《시

응당 나아서 평상으로 회복하게 될 것이니, 이는 그야말로 근심할 만한 것이 아닐세. 뜻을 세움이 견고하면 학업은 틀림없이 이루어 내고야 말 것이네. 설문청(薛文淸)[21]이 "하늘이 나의 소원을 이루어 줄 것이다."[22]라고 말한 것은, 진실로 이런 이치가 있는 것이니, 부디 한때의 병고로 인한 신음 때문에 용맹하게 앞으로 나아가려는 의지를 조금이라도 꺾지 마시게.

아울러 이번 기회를 통하여 그대에게 삼가 권면할 것이 있네. 매양 보내온 서신을 받아서 읽어 보면, 문사가 상당히 섬부하고 화려하여 마치 문사에 관심이 있는 것 같네. 필찰(筆札)을 좋아하는 것에 대하여 선현이 이미 경계하셨고,[23] 게다가 학문을 논하는 방법을 가지고 말하

경》〈대아(大雅) 한록(旱麓)〉에 "개제한 군자는 신명이 위로하는 바이다.〔豈弟君子, 神所勞矣.〕"라고 한 부분을 원용한 것이다.

21 설문청(薛文淸) : 명(明)나라 학자 설선(薛瑄, 1389~1464)으로, 자는 덕온(德溫), 호는 경헌(敬軒), 시호는 문청이다. 산서성(山西省) 하진(河津) 사람으로, 성조(成祖) 때 진사(進士)가 되었고, 영종(英宗) 때 예부 좌시랑(禮部左侍郎)에 한림원 대학사(翰林院大學士)를 겸하였다. 학문은 정주학(程朱學)을 근본으로 하여서 명대(明代) 이학(理學)의 종(宗)으로 일컬어진다. 저서로는《독서록(讀書錄)》,《설문청집(薛文淸集)》,《종정명언(從政名言)》등이 있다.《明史 卷282 薛瑄列傳》

22 하늘이……것이다 : 이 말은《독서록》권7에 "나의 마음이 진실로 학문에 뜻을 둔다면, 하늘이 나의 소원을 이루어 줄 것이다.〔吾心誠志於學, 天其遂吾願乎!〕"라고 한 데에 보인다.

23 필찰(筆札)을……경계하셨고 : '필찰'은 원래 붓과 종이를 지칭하는 말로, 여기서는 글씨와 편지를 가리킨다. 일찍이 정호(程顥)가 "자제들의 온갖 좋아함은 모두 뜻을 빼앗으니, 글씨와 편지로 말하면 유자의 일에 가장 가깝다. 그러나 한결같이 이것을 좋아하면 또한 스스로 뜻을 잃는다.〔子弟凡百玩好, 皆奪志, 至於書札, 於儒者事最近, 然一向好著, 亦自喪志.〕"라고 경계하였기 때문에 언급한 것이다.《近思錄 卷11 教學》

면 굳이 이렇게 장황하고 번잡할 필요는 없네. 대체로 학문하는 것은 또한 말을 많이 하는 데에 있지 않고, 오직 '역행(力行)'이라는 두 글자일 따름이네.[24] 모름지기 주 선생께서 말씀하신 "묵묵히 공부를 가한다."라는 가르침[25]을 가지고 깊이 음미해 보고서 치밀하게 성찰해 보아야 할 것이니, 이렇게 하는 것이 어떻겠는가?

족하와 교유한 이후로는 허례만 차리면서 상대하고 싶지 않고, 그저 실제의 공부를 두고 서로 강론할 것만 생각할 뿐이니, 구구한 나의 이런 마음을 혹시라도 잊어버린 적이 없다네. 다만 생각건대, 나 스스

《小學集註 嘉言 廣立教》《二程遺書 卷1 端伯傳師說》

24 대체로……따름이네 : 학문이란 말을 많이 하는 데에 있지 않고 실제로 힘써 행하는 것이 그 무엇보다 중요하다는 뜻으로, 실천이 주가 되어야 함을 강조하는 말이다. 해당 원문은 '다언(多言)'과 '역행(力行)'을 함께 언급하였는데, 이런 문투는 본래 한무제(漢武帝) 때 유학자 신공(申公), 즉 신배(申培)의 말에서 유래한 것이다. 무제가 당시 여든이 넘은 신공에게 '치란(治亂)의 일'에 관해 묻자, 신공은 "정치를 제대로 하는 것은 말을 많이 하는 데에 있지 않고, 어떻게 힘써 행하느냐를 고려할 뿐입니다.〔爲治者, 不在多言, 顧力行何如耳.〕"라고 대답하였다.《史記 卷121 儒林列傳 申公》이와 관련하여 명대의 유학자 설선은 "한나라 때 신공은 '정치를 제대로 함은 말을 많이 하는 데에 있지 않고, 어떻게 힘써 행하느냐를 고려할 뿐이다.'라고 하였는데, 나는 다음과 같이 말하는 바이다. '학문을 제대로 함은 말을 많이 하는 데에 있지 않고, 또한 어떻게 힘써 행하느냐를 고려할 뿐이다.'〔申公曰: 爲治不在多言, 顧力行何如耳. 余謂爲學不在多言, 亦顧力行何如耳.〕"라고 하였다.《讀書錄 卷2》참고로 주희의 스승 이통(李侗)도 "학문의 도는 말을 많이 하는 데에 있지 않고, 다만 묵묵히 정좌하고 마음을 맑게 하여 천리를 체인하는 것일 뿐이다.〔學問之道, 不在多言, 但嘿坐澄心, 體認天理〕"라고 하였다.《晦庵集 卷97 延平先生李公行狀》

25 주……가르침 : 이와 관련된 내용은 《회암집》 권53 〈답유공도(答劉公度)〉에 "만약 온당하지 못함을 깨달으면, 그저 묵묵히 공부를 가해 힘을 들여 앞으로 나아갈 뿐이다.〔若覺得未穩, 只有默默加功, 著力向前耳.〕"라고 보인다.

로 나 자신을 다스릴 겨를도 없으니, 어찌 고명한 그대에게 도움을 줄 수 있겠는가. 도리어 부끄럽고 두려운 마음이 간절하네. 말미에 격식을 갖추지 못하네.

홍백응에게 답하다
答洪伯應

문 신부가 채단을 받고서 죽었을 경우 신랑 집에서 그 채단을 도로 찾아가는 것이 마땅합니까?

답 채단을 그대로 놔두는 것이 어찌 옳겠는가. 신랑 집에서 도로 찾아가는 것이 마땅하네. 그 이유는, 만약 그대로 놔두고서 다른 집의 딸을 아내로 맞아들인다면 두 번 혼인한다는 혐의가 있게 되기 때문일세.

문 신부가 채단을 받았는데 신랑이 죽은 경우, 신부 측은 어떻게 처변(處變)해야 마땅하겠습니까?

답 옛적에는 여자를 아내로 맞아들이는데 길일을 받아 놓고 남편 될 사람이 죽으면 여자는 참최를 입고 가서 조문하고 장례를 치른 뒤 바로 상복을 벗었다네.[26] 그런데 지금은 부녀자가 개가하는 법이 없어서 고례(古禮)대로 행할 수가 없으니, 어찌 처변의 의리가 있겠는가.[27] 우옹(尤翁)께서 지촌(芝村)과 나누신 문답을 살펴보면, 이미 '그 예폐(禮幣)를 도로 돌려보낸다.'라고 말씀하셨다네.[28]

26 옛적에는……벗었다네 : 이와 관련된 내용은 《예기》 〈증자문(曾子問)〉에 보인다.

27 지금은……있겠는가 : 아직 정식으로 혼례를 치르지 못하였는데 남편 될 사람이 죽은 경우, 예법에 따르면, 신부 될 사람은 상복을 입고 가서 조문하고 장례가 끝난 다음 돌아오게 되어 있다. 그러나 이렇게 하면 여자는 한번 시집간 것이 되고 마는데, 조선조에서는 법적으로 개가(改嫁)를 금지하였기 때문에 결국 여자는 과부로 늙게 된다. 그러므로 이러한 상황에서는 예법대로 여자가 조문할 수가 없다는 것이다.

문 거처를 달리하는〔異宮〕 형제지간인 어떤 사람들이 있습니다. 그중 아우가 죽었는데, 그 아우에게는 아내가 있고, 또 아홉 살이 된 아들이 있습니다. 이런 경우 형이 제사를 주관하는 것이 마땅합니까? 아니면 아들이 제사를 주관하는 것이 마땅합니까?

답 '젖을 먹는 어린아이여도 그 이름을 정하여 방제(旁題)를 적는다.'라는 사계(沙溪)의 확정된 의론이 있네.[29] 젖을 먹는 어린아이인 경우도 오히려 이러한데 더구나 아홉 살이 된 아이는 더 말해 무엇 하겠는가. 아홉 살에 조숙하여서 제사를 거행할 만하면 장자(長者)가 그 예절을 지도해 주고, 만약 아직 그렇지 못하면 제사의 축문에 '어려서 아직 제사 지내는 일을 받들 수 없다.〔幼未將事〕'라고 언급하여 섭주(攝主)가 고한다는 예문[30]을 적용하네.

28 우옹(尤翁)께서……말씀하셨다네 : 이와 관련된 내용은 다음과 같다. 1673년(현종14) 1월 25일, 이희조(李喜朝)는 당시 화양동(華陽洞)에 있던 송시열을 찾아뵈었다. 이후 사흘 뒤인 28일에 "지금 사람 중에 이미 혹 납채하였는데 장차 남편 될 사람이 죽은 경우가 있으니, 그렇다면 응당 어떻게 해야만 합니까?〔今人旣或行納采, 而其將爲夫者死, 則當如何?〕"라고 여쭙자, 송시열이 "《예기》에 '마땅히 분상하여 찾아가서 곡하고 장례를 치른 다음 복을 벗는다.'라고 하였는데, 남편이 죽었거나 아내가 죽었거나 모두 각각 이렇게 한다. 그러나 이러한 예는 지금 행하기 어려우니, 납채를 도로 돌려보내야만 할 뿐이다.〔《禮記》以爲當奔喪而往哭, 旣葬而除之. 夫死妻亡, 俱各如此, 而此等禮今難行之, 只當還送納采矣.〕"라고 대답하였다. 《宋子大全附錄 卷14 語錄 李喜朝錄》

29 젖을……있네 : 이와 관련된 내용은 《사계전서》 권39 소재 《의례문해(疑禮問解)》 〈상례(喪禮) 제주(題主)〉의 '아내나 젖을 먹는 어린아이가 제사를 받드는 경우〔妻若乳兒奉祀〕'에서 "만약 젖을 먹는 어린아이가 있으면 그 이름을 정하여 곧바로 방제를 적는 것이니, 어찌 굳이 장성하기를 기다릴 필요가 있겠는가.〔若有乳下兒, 則定其名, 卽書旁題, 何必待長?〕"라고 보인다.

30 섭주(攝主)가 고한다는 예문 : '섭주'란 본래 다른 사람을 대신해서 일을 주관하는

문 한 사우(士友)의 집안이 역병으로 인하여 조부, 아들, 손자 삼대가 한꺼번에 죽고 말았습니다. 손자는 후사를 세울 곳이 없고, 또 형제도 없습니다. 집안에는 그저 삼대의 과부만 있을 뿐입니다. 이 경우 누가 상사를 주관하는 것이 마땅하겠습니까?

답 수암(遂庵 권상하(權尙夏))께서는 비록 세 과부가 각각 그 지아비의 상사를 주관한다고 말씀하셨네만, 이것 역시 '높은 자에게 통속(統屬)을 받는다.'[31]라는 의리가 부족한 것 같네. 과부 중에서 높은 자가 마땅히 주관해야 하는데, '현벽(顯辟)'으로 제주(題主)하는 것은 진실로 근거할 만한 것이 있으나[32] 부녀자가 아들과 손자에 대해서 '망자(亡

사람을 가리키는데, 여기서는 제주(祭主)를 대신하여 제사를 주관하는 사람을 이른다. '섭주가 고한다.'라는 것은, 제사의 축문에 제주인 어린아이의 이름을 적고 섭주가 아이를 대신하여 고한다는 뜻으로, 곧 아이의 이름으로 섭주가 고하는 것이다. 이와 관련하여 주희는, 이효술(李孝述)에게 "섭주는 그 제사만 주관할 뿐이고, 이름은 종자가 주관하는 것으로 하여 바꾸어서는 안 된다.〔攝主但主其事, 名則宗子主之, 不可易也.〕"라고 대답하였으며, "만약 젖을 먹는 어린아이가 있으면, 오히려 아이의 이름으로 고합니까?〔若有乳下兒, 猶以兒名告否?〕"라는 이순(李淳)의 물음에 이황 역시 "아이의 이름으로 섭주가 고한다.〔兒名, 攝主告.〕"라고 대답하였다. 《晦庵續集 卷5 答李孝述繼善問目》《退溪集 卷13 答李淳問目》

31 높은……받는다 : 해당 원문은 '통어존(統於尊)'이다. 이는 예법에서 신분이나 지위상 높은 자가 보다 낮은 자를 통할하는 것을 가리키는바, 정현(鄭玄)의 주해에 보인다. 《禮記注疏 卷2 曲禮上, 卷27·卷28 內則, 卷30 玉藻》

32 현벽(顯辟)으로……있으나 : 부모나 형제도 없고 아들도 없는데 남편이 죽어서 어쩔 수 없이 그 아내가 남편의 제사를 주관하게 되면 그 신주에 '현벽'이라고 적는 것을 말한다. 이에 대해서 이황(李滉)은 "아내가 살아 있는데 아들 없이 남편이 죽으면, 어떻게 적는 것이 마땅한지 자세하지 않다. 도성의 어떤 한 집안에서는 '현벽'이라고 적었으니, 이는 대체로 《예기》의 '남편은 황벽이라 한다.'라는 말에 의거한 듯한데, 이것이 옳은지는 모르겠다.〔妻存無子而夫亡, 未詳當何書. 都下有一家, 書曰顯辟, 蓋依

子)'와 '망손(亡孫)'으로 제주하는 것으로 말하면, 여기에 해당하는 명확한 예문이 없네. 그러나 예(禮)가 궁하면 변통해야 한다지만 이는 대체로 만부득이해서 그러한 것일세. 그 집안에 대공복(大功服)을 입는 친족이 아예 없는가? 있다면 마땅히 그가 주관하게 해야 할 것이니, 어찌 부녀자가 상사를 주관하게 할 수 있겠는가.

문 어떤 사람이 자녀도 없고 아내도 없이 죽었는데 다른 친족조차 없으면, 그 노복이 제사를 주관하여서 삼년상을 다 끝마친 뒤에 마땅히 매주(埋主 매안(埋安))해야 합니까?

답 주변에 의지할 만한 친족이 전혀 없다면 제주하는 자는 도대체 누구란 말인가? 제주할 사람이 없으면 신주를 만들어 세울 수가 없네. 애당초 신주를 만들어 세우지 못하는데 매주하는 것을 어찌 논하겠는가. 소상과 대상은 노복이 주관할 수 있는 것이 아니니, 삼년상이 되지 못하네. 내 생각으로는, 장례를 치르기 전에 영좌(靈座)를 설치해 상식(上食)을 올리는 것은 노복이 거행하고, 장례를 치르고 나서 영좌를 철거한 다음 그 뒤 기일이 될 때마다 노복이 음식을 갖추어 그 주인의 묘에서 제사를 지내는 것이 마땅할 것 같다고 보네.

禮記夫曰皇辟之語也, 未知是否.]"라고 하였고, 김장생(金長生)은 주원양(周元陽)의 《제록(祭錄)》에 의거하여 "현벽이라고 칭하는 것이 근거가 있는 것 같다.[稱顯辟, 似有據.]"라고 하였다. 《退溪集 卷37 答李平叔》《沙溪全書 卷39 疑禮問解 喪禮 題主》 '황벽'이란 아내가 죽은 남편을 일컫는 존칭으로, 《예기》 〈곡례 하(曲禮下)〉에 "남편에게 제사 지낼 때는 황벽이라 한다.[夫曰皇辟.]"라고 하였는데, 이에 대한 진호의 《집설》에 "벽(辟)은 법도이니, 아내가 법식으로 삼는 바이다.[辟, 法也, 妻所法式也.]"라고 설명하였다.

문 오대조의 승중(承重)…….

답 오대손(五代孫 내손(來孫))이 승중하여 삼년상의 복(服)을 입는 것에 대하여 도암(陶庵)은 불가하다고 하였고,[33] 수암(遂庵)은 가하다고 하였는데,[34] 나는 수암의 견해를 따르고자 하니, 이는 비록 친(親)이 이미 다하였다고 하더라도 통(統)은 끊어질 수가 없기에 그러한 것이네. 만약 승중하지 않은 자라면 자최삼월의 복을 입으니, 이와 관련된 내용이 《어류》에 보이네.[35]

문 신알(晨謁)에 분향하는 것으로 말하면, 사계(沙溪)께서는 《가례》

33 도암(陶庵)은 불가하다고 하였고 : 이와 관련된 내용은 다음과 같다. 최석(崔祏)이 "어떤 사람이 부친·조부·증조·고조가 돌아가시고 오대조부모가 살아 계신다면, 그 상사에 오대손이 승중하는 것이 마땅합니까?〔人有父祖曾高祖沒, 而五代祖父母在世, 則於其喪也, 五代孫當承重否耶?〕"라고 묻자, 이재(李縡)는 "오대조는 예법상 응당 사당을 헐어야만 한다. 그 사당이 이미 헐어야만 하는 대상인 만큼 아무리 적자에서 적자로 서로 계승한 종자라고 하더라도 다시 의거하여서 종으로 삼을 만한 의리가 없으니, 다만 중자와 다를 바가 없을 뿐이다. 아마도 대번에 승중해서 삼년상의 복을 입어서는 안 될 듯하다.〔五代祖禮當毁廟. 廟旣當毁, 則雖嫡嫡相承之宗子, 無復據而可宗之義, 只與衆子無異, 恐不可遽承其重而服喪三年也.〕"라고 대답하였다. 《陶菴集 卷20 答崔叔固問目》

34 수암(遂庵)은 가하다고 하였는데 : 권상하(權尙夏)는 "오대조의 상은 종손이 승중하는 것이 마땅한 듯하다.〔五代祖喪, 宗孫似當承重.〕"라고 하였다. 《寒水齋集 卷17 答朴心甫 -丙申三月-》

35 만약……보이네 : 이는 《주자어류》 권85 〈예(禮)2 의례(儀禮) 상복경전(喪服經傳)〉의 "4세 이상에 대해서는, 무릇 생시에 섬겼으면 모두 자최삼월의 복을 입어야 마땅하니, 고조란 고조 이상에 대한 통칭일 뿐이다.〔自四世以上, 凡逮事, 皆當服衰麻三月, 高祖蓋通稱耳.〕"라고 한 내용을 가리킨다.

를 따라서 이것을 행하셨습니다.[36] 그런데 비록 주인이 아니더라도 역시 행할 수가 있습니까? 만약 중문(中門)[37] 밖에서 이것을 행하면 아마도 의의가 없을 듯하니, 《격몽요결》에 '분향'이라는 한 조목이 없는 것[38]은 이 때문입니까?

답 신알에 분향하는 것은 비록 주인이 아니더라도 역시 행할 수 있는데, 《격몽요결》에서 '분향'에 관한 내용이 없는 것으로 말하면, 간략한 쪽으로 따라서 기록한 것이지 '중문 밖에서 이것을 행하는 경우 의의가 없음'을 이른 것은 아닐세.

문 가묘(家廟)의 삭참(朔參)에는 술과 과일을 차려 놓는데 망참(望參)에는 차리지 않으니, 이렇게 하는 것은 예법에 어긋나는 점이 없지 않겠습니까?

답 옛적에 사(士)는 월반전(月半奠)이 없었다네.[39] 그러므로 《격몽요

36 신알(晨謁)에……행하셨습니다 : '신알'에 대해서는 《가례》 〈통례(通禮) 사당(祠堂)〉에 "주인은 새벽마다 사당의 대문 안에서 배알한다.〔主人晨謁於大門之內.〕"라고 하였는데, 이에 대한 원주에 "주인이란 종자로서 이 사당의 제사를 주관하는 자를 이른다. 새벽마다 배알할 때는 심의 차림으로 분향하고 재배한다.〔主人, 謂宗子主此堂之祭者. 晨謁, 深衣焚香再拜.〕"라고 설명하였다. 《서의(書儀)》 및 《격몽요결》에는 모두 신알 때 분향하는 절차가 없으나, 김장생은 상기 《가례》의 예문을 적용하여서 신알 때마다 분향하였다고 한다. 《沙溪全書 卷42 疑禮問解拾遺 通禮 祠堂 晨謁焚香》

37 중문(中門) : 이는 세 칸으로 구성된 사당채에서 전면인 남쪽으로 낸 문을 가리키는바, 사당의 남쪽 담장에다 낸 외문(外門)에 상대하여 일컬은 것이다. 《栗谷全書 卷27 祭儀鈔 祠堂之圖》《沙溪全書 卷25 家禮輯覽 通禮 祠堂》

38 격몽요결에……것 : 이는 《격몽요결》의 제7장인 〈제례장(祭禮章)〉을 두고 언급한 것이다.

결》에서 "망일에는 그저 분향만 한다."라고 한 것[40]은 이 때문인 듯하네. 그러나 《상례비요》를 살펴보면, 망일에도 과일 한 반(盤)을 쓰고 술을 진설하지 않으며 신주를 꺼내지 않는 것으로 되어 있으니,[41] 이것을 따라 행하는 것이 마땅하네.

문 전모(前母)와 계모(繼母)의 족당(族黨)에 관한 속칭(屬稱)[42]…….

39 옛적에……없었다네 : '월반'이란 한 달의 가운데 날인 보름을 가리키는바, '월반전'은 보름에 올리는 전(奠)을 말한다. 이와 관련하여 《의례》 〈사상례(士喪禮)〉에 "월반에는 은전을 올리지 않는다.〔月半不殷奠.〕"라고 하였는데, 이에 대한 정현(鄭玄)의 주(注)에 "은(殷)은 성대함이다. 사(士)는 월반에 또다시 초하루처럼 성대한 전을 올리지 않으니, 존자에게 낮추려는 것이다.〔殷, 盛也. 士月半不復如朔盛奠, 下尊者.〕"라고 설명하였고, 가공언(賈公彦)의 소(疏)에 "월반전이 있는 대부 이상에게 낮추려 하기 때문이다.〔以下大夫以上有月半奠故也.〕"라고 설명하였다.

40 격몽요결에서……것 : 이와 관련하여 《율곡전서》 권27 〈제의초(祭儀鈔) 참례의(參禮儀)〉의 소주에 "《가례》를 살펴보면, 망일에는 신주를 꺼내지 않으며, 술을 진설하지 않고 그저 차만 진설할 뿐이다. 지금 우리나라의 풍속은 차를 사용하는 예가 없으니, 마땅히 망일에 신주를 꺼내지 않고 그저 독만 열어 두며, 뇌주하지 않고 그저 분향만 하여서 차등이 있게 해야만 할 것이다.〔按《家禮》望日則不出主, 不設酒, 只設茶. 今國俗無用茶之禮, 當於望日不出主, 只啓櫝, 不酹酒, 只焚香, 使有差等.〕"라고 하였다.

41 상례비요를……있으니 : 이와 관련하여 《사계전서》 권34 소재 《상례비요》 〈참(參)〉의 '설 · 동지 · 초하루 · 보름에는 참배한다.〔正至朔望則參.〕'를 살펴보면, "감실마다 큰 반 하나씩 햇과일을 담아 탁자 위에 차려 놓고, 위마다 찻잔과 잔 받침, 술잔과 잔 받침을 각각 하나씩 신주 독 앞에 갖다 놓는다.〔每龕設新果一大盤于卓上, 每位茶盞托酒盞盤各一于神主櫝前.〕"라고 하였으며, 또 "보름에는 술을 진설하지 않고 신주를 꺼내지 않는다.〔望日, 不設酒, 不出主.〕"라고 하였다. 즉, 여기에 근거하면 망참에는 햇과일을 올리는 것이다.

42 속칭(屬稱) : 이는 본래 '신주(神主)'와 관련된 용어로, '속(屬)'이란 고(高), 증(曾), 조(祖), 고(考) 등을 이르고, '칭(稱)'이란 관직이나 호(號) · 항렬의 차례 등을

답 전모와 계모의 족당은 그 친척이 아니니, 무슨 속칭이 있겠는가. 세속에서 더러 조(祖)·숙(叔)·형(兄)·제(弟) 등의 호칭으로 일컫기도 하는데, 이는 잘못된 것이네. 첫 아내의 자식은 그 생모가 쫓겨나면 그 계모의 족당을 위하여 복(服)을 입는다는 고례(古禮)가 있다네.[43] 만약 이런 경우라면 마땅히 외족(外族)의 호칭을 가지고 계모의 족당을 일컬어야 할 것이네.

문 가관(加冠)하고 아직 아내를 맞지 못한 채 죽음…….

답 세상에 어찌 어미 없는 자식이 있단 말인가. 그를 위하여 후사를 세워서는 절대 안 되고, 응당 차자(次子)를 후사로 삼아야만 하네. 고례(古禮)에서는 이미 가관하였으면 상(殤)이 되지 않는다고 하였는데,[44] 이는 다만 치상(治喪)과 복제(服制)에 있어서 한결같이 성인(成

이른다.《二程文集 卷11 伊川文集 作主式》 여기서는 친척 관계를 나타내는 '칭위(稱謂)'를 뜻한다.

43 첫……있다네 : 이와 관련된 내용은《예기》〈복문(服問)〉에 "《전》에 말하였다. 생모가 쫓겨나면 계모의 족당을 위하여 복을 입고, 계모가 죽으면 쫓겨난 생모의 족당을 위하여 복을 입는다. 생모의 족당을 위하여 복을 입었으면 계모의 족당을 위해서는 복을 입지 않는다.〔《傳》曰: 母出則爲繼母之黨服, 母死則爲其母之黨服. 爲其母之黨服, 則不爲繼母之黨服.〕"라고 보인다.

44 고례(古禮)에서는……하였는데 : 이와 관련된 내용은《예기》〈상복소기(喪服小記)〉에 "장부는 관례를 치렀으면 상(殤)이 되지 않고, 부인은 계례를 치렀으면 상(殤)이 되지 않는다. 상사한 자의 후사가 된 자는 그 본친의 복으로써 복을 입는다.〔丈夫冠而不爲殤, 婦人笄而不爲殤. 爲殤後者, 以其服服之.〕"라고 한 데에 보인다. '상(殤)'이란 관례나 계례를 미처 치르지 못하고 죽은 경우를 가리킨다. 상(殤)에는 세 가지가 있는데, 19세에서 16세까지는 장상(長殤), 15세에서 12세까지는 중상(中殤), 11세에서 8세까지는 하상(下殤)이며, 8세가 되지 못하고 죽은 경우는 '복이 없는 상〔無服之殤〕'이라

人)에 해당하는 예(禮)를 적용함을 이를 뿐이지 그를 위하여 후사를 세움을 이른 것은 결코 아닐세. 《가례》에서는 이미 아내를 맞은 경우이어야 비로소 상(殤)이 되지 않는다고 하였네.[45] 그러니 가관하고 아직 아내를 맞지 못한 채 죽은 경우는 그 후사를 세우지 않는다는 사실을 어찌 의심할 것이 있겠는가.

문 고비(考妣)의 기신(忌辰)이 만약 같은 날인데 합제(合祭)하지 못하면 선고(先考)께 먼저 제사를 올린 다음에 선비(先妣)께 제사를 올리는 것이 마땅합니까? 아니면 한때에 각각 제사를 설행해야 합니까? 합하여 설행한다면 축문의 글은 장차 어떻게 써야 하겠습니까?

답 고비의 기신이 같은 날인데 본래 그 집안이 두 분을 아울러 제사하지 않으면, 선고께 먼저 제사를 올린 다음에 선비께 제사를 올리는 것이 마땅하니, 어찌 한때에 두 분을 아울러 제사할 수 있단 말인가. 만약 두 분을 아울러 제사하는데 합하여 설행하는 경우라면, 그 축문의 내용은 마땅히 '세서천역(歲序遷易)'의 아래에다 '현고현비 휘일부림(顯考顯妣諱日復臨)'이라고 적어야 할 것이니, 어찌 군이 별다르게 만든 말을 사용할 필요가 있겠는가.

문 하루에 만약 두 분의 기일이 겹치게 되면 높은 분께 먼저 제사를

고 한다. 《儀禮註疏 喪服》

45 가례에는……하였네 : 이와 관련하여 《가례》 〈상례 성복(成服)〉에 "무릇 상사(殤死)한 자를 위한 복은 차례로 한 등급을 낮춘다.〔凡爲殤服, 以次降一等.〕"라고 하였는데, 그 원주(原註)에 "남자가 이미 아내를 맞은 경우와 여자가 이미 시집감을 허락한 경우는 모두 '상'이 되지 않는다.〔男子已娶, 女子已許嫁, 皆不爲殤.〕"라고 하였다.

올린 다음에 낮은 분께 제사를 올리는 것이 마땅합니까?

답 제사는 무거운 쪽을 먼저 지내고 가벼운 쪽을 나중에 지내는 법이니,[46] 이렇게 행하는 것이 마땅하다네. 대체로 기제(忌祭)는 시제(時祭)와 달라서 한때에 아울러 제향해서는 안 되기에 그러한 것일세.

문 다른 사람의 후사가 된 자가 예사(禮斜)[47]를 발급받지 못하였는데 소후부의 상(喪)을 당한 경우…….

답 양자로 후사를 세우고서 군주에게 고하지 않는 경우를 두고 우옹(尤翁)께서는 잘못된 것이라고 단정하셨는바, 그 말씀이 매우 엄정하네.[48] 그러므로 공문인 예사를 발급받지 못하였으면 아직 부자의 관계

46 제사는……법이니 : 거상 중에 올리는 전(奠)이나 장사 지낸 이후 지내는 우(虞) 등 모든 제전(祭奠)을 거행할 때는 상대적으로 복이 무겁고 지위가 높은 분을 먼저 하고 상대적으로 복이 가볍고 지위가 낮은 분을 나중에 한다. 《禮記大全 卷7 曾子問, 卷15 喪服小記》

47 예사(禮斜) : '예조(禮曹)의 빗기'로, 예조가 양자(養子)의 청원을 허가해 주던 문서를 말한다. '사(斜)'는 본래 '빗기〔斜只/斜是〕'로 읽는바, 관청에서 증명해 줄 때 비스듬히 서명해 주는 일, 또는 그러한 서명이 들어간 증명서를 가리킨다.

48 양자로……엄정하네 : 송시열은 1670년(현종11) 12월 5일에 박세채(朴世采)에게 답한 편지에서 "고례에는 혼인하는 일월도 반드시 군주에게 고하였습니다. 이뿐만 아니라 무릇 백성이 자식을 낳으면 명명하는 것부터 그 이상은 모두 장부로 기록하여 고하였습니다. 그렇다면 이 입후는 인륜의 일대사이니, 어찌 감히 사사로이 하고서 군주에게 고하지 않겠습니까.〔古禮, 非但婚姻日月亦必告君, 凡民生子自名以上, 皆以籍告, 則況此立後, 是人倫之一大事也, 豈敢私爲而不告於君乎!〕"라고 언급하였다. 아울러 입후에 관한 최신(崔愼)의 질문에 대하여 "오직 군주만이 끊어진 대를 이어 줄 수 있으니, 백성이 어찌 군주의 명도 없이 사사로이 제멋대로 부자의 관계가 될 수 있겠는가.〔惟王者繼絶世也, 民何可無君命而私自爲父子乎!〕"라고 답하고, 또 "옛사람은 혼취도 군주에

가 정해진 것이 아니니, 어찌 감히 복상(服喪)한단 말인가.

문 '궐명(厥明)'과 '질명(質明)'…….

답 '궐명'의 '궐(厥)'은 전날 재계할 때로부터 말한 것이네. 그러므로 '궐(厥)'이라 한 것이니, 이는 '그다음 날〔其明日〕'이라고 말한 것과 같다네. '질명'의 '질(質)'은 '정(定)'과 같으니, 이는 틀림없이 다음 날이 됨을 질정(質定)한 것일세. 궐명이 질명보다 조금 빠르니, 궐명은 바로 첫닭이 울 때이고, 질명은 오경(五更)의 파루(罷漏)가 칠 때이네. 옛적에 여동래(呂東萊 여조겸(呂祖謙))의 집안은 오경에 제사를 거행하였다고 하네.

문 《상례비요》〈묘제(墓祭)〉의 '아헌 종헌(亞獻終獻)' 조에서 '친한 빈객에게 올리도록 한다.'라고 한 것[49]…….

게 고하는 예가 있었으니, 그렇다면 어찌 군주에게 고하지 않고 입후하고 군주의 명을 따르지 않고서 사사로이 제멋대로 부자의 관계가 되는 경우가 있겠는가. 진(秦)나라가 분서를 자행한 이래로 예에 관한 전서가 없으니, 필시 궐문이 있음이 의심의 여지가 없다. 《경국대전》에는 '관청에 고하고 입후한다.'라고 하였고, 《대명률》에는 '이미 입후하였는데 소목의 차서가 틀리면 개정한다.'라고 하였으니, 이는 지극히 옳은 법이다. 법이 이러한 이상 백성이 어찌 법을 어기고서 제멋대로 행할 수 있으며, 관청이 어찌 법을 어기고서 경솔하게 허락할 수 있겠는가.〔古人婚娶, 亦有告君之禮, 則豈有不告立後與不用君命而私自爲父子者乎? 秦火以來, 禮無全書, 必是有闕文也無疑矣. 《經國大典》告官立後, 《大明律》既立後而昭穆失序則改正之, 此至正之法. 法如是則民何可違法而自行, 官何可違法而輕許也?〕"라고 답하였다. 《宋子大全 卷65 答朴和叔-庚戌十二月五日-, 附錄 卷17 語錄 崔愼錄-上-》

49 상례비요……것 : 이와 관련하여 《상례비요》〈묘제〉의 '아헌종헌' 조에 "모두 자제와 친붕에게 올리도록 한다.〔幷以子弟親朋薦之.〕"라고 보인다. 《沙溪全書 卷34 喪禮備

답 옛적에는 빈객이 제사 지내는 것을 도왔네. 이 때문에 《상례비요》 〈묘제〉의 조항에 과연 "친붕에게 올리도록 한다."라고 한 글이 있는 것인데, 오늘날에는 이대로 시행하기가 어렵다네. 또한 합폄(合窆)한 곳에 대해서는 그 친척이 아닌 자에게 올리게 해서는 안 된다네.

문 〈사당일간도(祠堂一間圖)〉를 살펴보면 중문(中門)의 안에 향상(香床)이 있는데 계단 아래에 또 향상이 있으니,[50] 이는 어째서입니까? 신알 때 분향하고자 하므로 그러한 것입니까?
답 두 개의 향상을 마련해 놓은 것은, 하나는 제사를 거행할 때 분향하기 위한 것이고, 하나는 신알 때 분향하기 위한 것이니, 의심할 것이 뭐가 있겠는가.

문 인가(人家)에서 제사를 거행할 때 신주 몸체를 꺼내어 놓지 않는 경우가 많으니, 이는 그야말로 예법이 아닌데, 혹 선조 때부터 이렇게 행하였다고 하여서 그릇된 것을 그대로 이어받아 고치지 않습니다…….
답 《가례》에서 언급한 '출주(出主)'란 바로 신주 몸체를 받들어서 독(櫝)의 바깥에다 꺼내어 놓음을 이른 것인데, 후대에 인가에서 그저

要 墓祭》

50 사당일간도(祠堂一間圖)를……있으니 : 이는 《사계전서》 권24 소재 《가례집람도설(家禮輯覽圖說)》의 〈사당일간도〉를 두고 언급한 것이다. '중문'이란 세 칸으로 구성된 사당채에서 전면인 남쪽으로 낸 문을 가리키는바, 사당의 남쪽 담장에다 낸 외문(外門)에 상대하여 일컬은 것이다. 《栗谷全書 卷27 祭儀鈔 祠堂之圖》 《沙溪全書 卷25 家禮輯覽 通禮 祠堂》

도(韜)[51]를 벗기는 것만 '출주'라고 이르니, 이는 《가례》의 뜻과는 전혀 부합하지 않네. 대체로 부녀자나 동자가 제사를 거행할 때 신주 몸체를 이동하는 것이 중대하고도 어려우므로 이것을 염려하여서 그저 도(韜)를 벗기기만 할 뿐이네. 게다가 신도(神道)는 심원하기에 굳이 신주 몸체를 받들어서 독(櫝)의 바깥에다 꺼내어 놓을 필요가 없다네. 근자에 듣기로 예가(禮家) 역시 이렇게 거행하는 경우가 많다고 하네. 그렇지 않고 만약 그릇된 것을 그대로 이어받았다고 하여서 이것을 고치고자 한다면, "상례와 제례는 선조를 따른다."라고 한 것은 맹자께서 취하지 않으신 바이니,[52] 어찌 선조가 그것을 행한 지 이미 오래되었다고 하여서 정리해 바로잡을 것을 생각하지 않을 수 있겠는가.

51 도(韜) : 주독(主櫝)을 씌우는 집〔囊〕으로, 깔개〔褥〕인 '자(藉)'와 함께 '도자(韜藉)'라고 병칭한다. 통상 비단을 겹으로 포개 붙여서 만드는데, 고위(考位)에는 자색의 집〔紫囊〕을 씌우고 비위(妣位)에는 비색의 집〔緋囊〕을 씌운다. 《書儀 卷9 喪儀4 小祥》 《家禮圖 櫝韜藉式》

52 상례와……바이니 : 이는 맹자가 선조에게 전수(傳受)한 예법보다 하(夏)·은(殷)·주(周) 삼대 선왕의 법도에 따라서 친상(親喪)을 삼년상으로 치러야 한다고 주장하였던 고사를 두고 언급한 것이다. 등 정공(滕定公)이 훙서하자, 세자가 그 사부 연우(然友)를 맹자에게 보내어 자문한 다음 맹자의 조언에 따라 삼년상을 치르려고 하였는데, 종친과 백관이 "상례와 제례는 선조를 따른다.〔喪祭從先祖.〕"라고 한 옛 기록을 인용하면서 선대부터 행하지 않은 예법이라는 이유로 삼년상을 반대하였다. 이에 세자가 맹자에게 다시 자문하였는데, 맹자는 세자에게 솔선하여 예를 실천하도록 권하였고, 결국 세자가 맹자의 조언대로 솔선하여 삼년상의 예를 실천하자 사람들은 자연스럽게 열복하였다. 《孟子 滕文公上 第2章》

홍백응에게 답하다

答洪伯應

문 삭참(朔參)과 망참(望參)…….

답 제사에는 큰 것과 작은 것이 있으니, 삭참이나 망참은 바로 제사 중에 아주 작은 것이네. 그러므로 축문이 없는 것일세.

문 《가례》를 살펴보면 '시조(始祖)'라고 하지 않고 '초조(初祖)'라고 하였는데,[53] 이것은 무슨 뜻입니까?

답 '초조'란 다름 아닌 맨 처음 사람을 낳은 조상이니,[54] '초(初)' 자를 취하여서 시조의 '시(始)' 자를 밝힌 것일세.

문 근래에는 축문에다 연호를 적는 자가 없습니다. 제 생각으로는, '숭정 기원후 몇 년〔崇禎紀元後幾年〕'이라고 적는 것이 마땅할 듯하니, 이렇게 하는 것이 어떠할는지 모르겠습니다.

53 가례를……하였는데 : 이는 《가례》 〈제례(祭禮) 초조(初祖)〉를 두고 언급한 것이다. 그 원주에 "오직 시조를 계승한 종만 이 제사를 지낼 수 있다.〔惟繼始祖之宗得祭.〕"라고 설명하였다.

54 초조란……조상이니 : 이와 관련하여 《가례》 〈제례 초조〉에 "동지에 시조에게 제사 지낸다.〔冬至祭始祖.〕"라고 하였는데, 그 원주에 정이(程頤)의 설을 원용하여 "이는 맨 처음 사람을 낸 조상이니, 동지에 하나의 양(陽)이 맨 처음 생겨난다. 그러므로 그 유(類)를 형상하여서 제사 지내는 것이다.〔此厥初生民之祖也, 冬至一陽之始, 故象其類而祭之.〕"라고 설명하였다. '궐초생민(厥初生民)'이란 《시경》 〈대아(大雅) 생민(生民)〉에 맨 처음으로 나오는 구절이다.

답 《춘추》에서 주(周)나라 왕실을 높인 의리[55]와 〈홍범〉에서 '사(祀)'라고 기록한 예(例)[56]를 가지고 말하면, 제사 지낼 때 축문에다 '숭정'이라는 연호를 사용하는 것이 참으로 마땅하네. 그러나 다만 지금은 이미 시간이 오래되고 시대가 멀어져서 이를 사용하기가 어려우니, '유세차(維歲次)'라고 적는 것이 무방하네.

문 축문에서 사용되는 효자(孝子)와 효손(孝孫)…….

답 '효(孝)' 자는 바로 '노(老)' 자의 뜻이니, '노'는 다름 아닌 '장(長)'인바, 장자(長子)이기 때문에 효자라고 말한 것일세. 그렇다면 자기 스스로 '효' 자를 가지고 일컫는 것이 무슨 오해를 살 만한 점이 있단 말인가.

55 춘추에서……의리 : 이는 《춘추》의 필법(筆法)으로 대표되는 '존왕양이(尊王攘夷)'의 의리를 말한다. 춘추 시대는 중원(中原)의 나라들이 변방의 나라들을 '이적(夷狄)'으로 규정하였으며, 중원에서 패권을 다툴 때는 언제나 "주나라 천자의 왕실을 높이고 이적을 물리친다."라는 의미의 '존왕양이'를 표방하였다. 공자 역시 '존왕양이'라는 대의명분에 근거하여 《춘추》를 지었다고 전한다. 이 의리는 화이(華夷)를 엄격하게 구분하는 특징이 있는바, 이후 외세의 침략에 저항하는 사상적 근거가 되었다. 특히 조선조에서는 주로 명(明)나라를 높이고 청(淸)나라를 배척하는 '존명배청(尊明排淸)'을 상징하였다.

56 홍범에서……예(例) : '홍범'이란 《서경》 〈주서(周書)〉의 편명으로, 기록에 의하면 우(禹)가 처음으로 만들었고, 은(殷)나라의 기자(箕子)가 부연하였다고 한다. 〈홍범〉의 가장 첫머리에 "13사에 무왕이 기자를 방문하셨다.〔惟十有三祀, 王訪于箕子.〕"라고 하였는데, 여기서 '사(祀)'란 은나라에서 사용하던 말로 주(周)나라에서 사용한 '연(年)'에 해당한다. 당시 은나라는 멸망하였지만, 기자는 끝까지 주나라의 신하가 되지 않았으며, 무왕 역시 기자의 뜻을 들어주어 조선에 분봉하고 신하로 삼지 않았기 때문에 이렇게 기록한 것이라고 한다.

문　신주의 보〔袱〕…….

답 《가례》와 《상례비요》에는 모두 신주의 보에 관한 내용이 보이지 않는데, 이는 빠져서 없어진 것이 아닐세. 옛적에는 없었다가 오늘날에 있게 된 것인 듯하네.

문　군망(郡望)…….

답 '군망'이라고 하는 것은 본래 아무 군(郡)의 명망이 있는 일족을 이른 것인데, 이것이 그대로 향관(鄕貫 본관, 관향)의 칭호가 된 것일세.

홍백응에게 답하다
答洪伯應

《가례》란 주자께서 직접 저술하여 '한집안〔一家〕의 예(禮)'로 삼으신 것으로, 대현(大賢)께서 행하신 바를 인가(人家)가 취하여 본보기로 삼은 경우가 많은 만큼 바로 집안을 소유한 자들이 통용(通用)하는 예(禮)가 되었으니, 주자께서 이 책을 지으신 것이 어찌 유독 '한집안'에만 국한하여 사사로이 쓴 것이겠는가. 그 서문에서 "뜻을 같이하는 인사들과 더불어 익숙하게 강론하고 힘써 행할 수 있기를 바란다."[57]라고 말씀하신 내용을 가지고 살펴보면 이러한 점을 알 수 있다네. '가례'라고 이름을 붙이신 것은 '방례(邦禮 국가 의례)'를 상대하여서 말씀한 것인 듯하네.

문 사당을 세움[58]…….

57 뜻을……바란다 : 이 내용은 〈가례서〉의 말미에 "진실로 뜻을 같이하는 인사들과 더불어 익숙하게 강론하고 힘써 행할 수 있어서 거의 옛사람들이 몸을 닦고 집안을 정제하였던 도리와 초상을 신중히 하고 먼 조상을 추모하는 마음을 오히려 이로써 다시 볼 수 있게 되고, 국가가 교화를 숭상하고 백성을 인도하는 의도에 대해서도 혹 조금이나마 보탬이 있기를 바라는 바이다.〔誠願得與同志之士, 熟講而勉行之, 庶幾古人所以修身齊家之道、謹終追遠之心, 猶可以復見, 而於國家所以崇化導民之意, 亦或有少補云.〕"라고 한 데에 보인다.

58 사당을 세움 : 이와 관련하여 《가례》 〈통례(通禮) 사당(祠堂)〉에 "군자는 장차 궁실을 영건하려 할 때 먼저 사당을 정침의 동쪽에다 세운다.〔君子將營宮室, 先立祠堂於正寢之東.〕"라고 하였다.

답 동쪽〔東〕이란 것은 양(陽)의 시작일세. 제왕이 나라의 도읍을 세워 정할 때는 조묘(祖廟)를 왼쪽에 두고 사직(社稷)을 오른쪽에 두는 법이니, 사대부가도 조묘를 왼쪽에 둔다는 뜻을 따라서 정침(正寢)의 동쪽에다 사당을 세우는 것일세. 동쪽은 다름 아닌 왼쪽이니, 왼쪽은 양(陽)이 되고 양(陽)은 높기 때문에 그러한 것일세. 우옹(尤翁)께서 이미 이러한 뜻에 대하여 말씀하셨다네.[59]

문 사묘(私廟 가묘(家廟), 사삿집의 사당)의 단청…….
답 사묘에 단청을 입히는 것으로 말하면, 참월(僭越)한 지경에 이르지는 않는 듯하네. 신(神)을 높이는 의리로써 그 제도를 아름답게 꾸미는 것일세.

문 재취(再娶)한 경우 사후에 만약 세 분을 합장하였으면 첫 번째 부인과 두 번째 부인의 본친(本親 본가의 친척)이 성묘하고자 할 때 서로 기혐(忌嫌)함이 없지 않겠습니까? 만약 합하여 제사 지내면 또한 제사에 참여해서는 안 되는 것입니까?
답 부부가 합장된 곳은 붕지(朋知 벗)인 자가 성묘하는 것이 비록 비편(非便)한 듯하나 우옹(尤翁 송시열(宋時烈))께서는 언제나 그 남자

59 우옹(尤翁)께서……말씀하셨다네 : 이는 "정침의 동쪽에다 사당을 세우는 것은 무슨 뜻입니까?〔立祠堂於正寢之東, 何義歟?〕"라고 한 혹인의 물음에 "옛적에 국도를 세울 때 조묘를 왼쪽에 두고 사직을 오른쪽에 두었는바, 왼쪽은 동방으로 양(陽)을 주로 삼고, 오른쪽은 서방으로 음(陰)을 주로 삼아서 그렇습니다. 사대부가도 이 예법을 준용합니다.〔古者建國都, 左祖右社, 左是東方而主陽, 右是西方而主陰. 士夫家亦遵用此禮耳.〕"라고 한 송시열의 대답을 가리킨다.《宋子大全 卷121 答或人》

분이 묻힌 곳의 가에 나아가서 절하고 묘소를 살펴보셨다네. 지금 이 뜻을 따라서, 첫 번째 부인의 본친은 첫 번째 부인이 묻힌 자리의 가에 나아가서 절하고 묘소를 살펴보며, 두 번째 부인의 본친은 두 번째 부인이 묻힌 자리의 가에 나아가서 절하고 묘소를 살펴보는 것이 마땅할 듯하네. 기제사를 지낼 때 합하여 제사 지내면, 이는 성묘하는 것과는 다르니, 제사에 참여해서는 안 되는 것일세.

문 국기일(國忌日)의 소식(素食)…….
답 국기일에 행소(行素)[60]를 하는 것은 의리에 있어서 당연한데, 또한 마땅히 세대의 원근을 가지고 절도로 삼아야 하고, 관직이 있는 경우와 관직이 없는 경우는 또 마땅히 등급을 나누어야 할 것 같네.

문 선생이나 장자(長者)께서 진지를 잡수시거나 혹은 누워 계실 때 감히 절을 올리지 못하는 것은, 답하는 예(禮)가 있어서 기거(起居)하심을 수고롭게 해드릴까 봐 그러한 것입니다. 그런데 집 안에서 부형이 누워 계시거나 진지를 잡수실 때 절을 올리지 않는 것은 과연 어째서 그러한 것입니까? 사계 선생께서 침소에 나아가셨을 때 신독재(愼獨齋)께서 절을 올리면 사옹(沙翁)께서는 "부형이 누워 계시면 절을 올리지 않는 법이다."라고 가르치셨으나 신독재께서는 이를 바꾸지 않으셨습니다.[61] 저 직필이 혼정신성할 때 망령되이 신독재를 본받아

60 행소(行素) : 상(喪)을 당해 죽은 이를 위해 고기나 고기가 든 음식을 먹지 않고 채식(菜食)하는 것을 말한다.

61 사계……않으셨습니다 : 이와 관련된 내용은 《송자대전》 권212 〈신독재선생어록

비록 어버이께서 침소에 나아가셨을 때라도 역시 절을 올리니, 이것이 진실로 어떠합니까?

답 부형께서 누워 계시거나 진지를 잡수실 때 절을 올리지 않는 것은 구체적인 이유를 자세히 알지 못하겠네. 그러나 삼년상을 치르는 동안 조석곡(朝夕哭)을 할 때 효자가 절을 올리지 않는데, 이는 실로 살아계실 적을 형상한 것이니, 이러한 뜻을 가지고 살펴보면 혼정신성할 때 절을 올리지 않는 것이 바로 예(禮)일세. 혼정신성할 때 반드시 절을 올린 것은 비록 신독재께서 행하신 바가 있지만, 이것을 법도로 삼기는 어려울 듯하네.

문 만약 서숙(庶叔)이 절하면 답배하는 것이 마땅합니까? 아니면 앉아서 읍(揖)하는 것이 마땅합니까? 아무리 자기보다 나이가 어린 자라고 하더라도 절하는 것이 마땅할 듯하니, 이것이 어떠할지 알지 못하겠습니다.

답 적서(嫡庶)의 구분이 비록 엄격하지만, 숙질(叔姪)의 윤서 역시 중요하다네. 서숙이 아무리 자기보다 나이가 어린 자라고 하더라도 서로 배례(拜禮)하는 것이 마땅하다네.

문 삽선(翣扇)이란 영구를 가리는 데에 사용하는 것[62]입니다. 그런데

(愼獨齋先生語錄)〉에 "선생은 혼정신성하여 노선생을 섬기면서 아무리 침소에 드신 뒤라도 또한 절을 올렸다. 노선생께서 말씀하시기를, '부형이 누워 계시면 절을 올리지 않는 법이다.'라고 하셨으나, 선생은 끝내 이를 바꾸지 않으셨다.〔先生定省老先生, 雖已寢亦拜. 老先生曰父兄臥則不拜也, 先生終不變.〕"라고 보인다.

62 삽선(翣扇)이란……것 : '삽선'이란 영구를 장식하는 제구(諸具) 중 하나로, 원래

근일에는 혹 영구의 머리 부분에다 그림으로 그리기도 하는 바람에 설만하여서 아무런 의의가 없습니다. 이것을 영구에다 그림으로 그린 경우가 옛적에 있었습니까?

답 영구에다 삽선을 그림으로 그리는 것은 속례(俗禮)이지 고례(古禮)가 아닐세.

문 친지의 상(喪)에는 자리〔位〕를 마련하여서 곡하는 것이 예(禮)입니다. 그런데 만약 부형(父兄)께서 집에 계시면〔在堂〕 거애(擧哀)[63]하는 것이 마음에 편안하지 못하니, 마땅히 어떻게 해야 합니까?

답 붕우의 상(喪)에는 침문(寢門)의 밖에서 곡하고, 내가 알고 지낸 사람의 상(喪)에는 들에서 곡하는 법이니,[64] 이는 정분으로 보나 의리

명칭은 '삽(翣)'인데, 그 모양이 부채와 비슷하다고 하여서 '선(扇)' 자를 붙인 것이다. 《예기》 〈상대기(喪大記)〉에 관한 정현의 주해에 의하면, 나무로 너비 3자, 높이 2자 4치의 틀〔筐〕을 짜는데, 양쪽 가에 댄 나무가 틀 위로 나오도록 하고, 자루의 길이를 5자로 만들며, 그 틀에 백포(白布)를 입히고서 구름〔雲氣〕을 그리는데, 상여가 갈 때는 사람이 이것을 들고서 따라가고, 하관한 뒤에는 광중에 세운다고 한다. 《예기》 및 정현의 주해에 따르면, 천자는 여덟 개의 삽으로 모두 벽(璧)을 위에 달고 깃을 드리우며, 제후는 여섯 개의 삽으로 모두 규(圭)를 위에 달며, 대부는 네 개의 삽이고 사(士)는 두 개의 삽으로 모두 유(緌)를 위에 단다고 한다. 《禮記注疏 卷23 禮器, 卷31 明堂位》 《周禮注疏 卷8 天官 縫人》 또한 예법에 따르면, 대부의 경우는 불삽(黻翣) 두 개와 운삽(雲翣) 두 개 등 총 네 개의 삽을 사용하며, 사(士)의 경우는 운삽 두 개만 사용한다고 한다. 《沙溪全書 卷24 家禮輯覽圖說 黼翣黻翣雲翣》 여기서는 주로 발인 때 영구의 앞뒤에 세우고 가는 구름무늬를 그린 운삽과 '아(亞)' 자 형상을 그린 불삽을 가리킨다.

63 거애(擧哀) : 상사가 났을 때 곡읍하며 슬픔을 표현하는 의식이다. 이는 대체로 부음을 들은 날에 자리를 설치하고 행한다.

64 붕우의……법이니 : 이 내용은, 위(衛)나라에서 죽은 백고(伯高)의 부음을 들으신

로 보나 곡하지 않을 수가 없다네. 그러나 부형께서 계셔서 마음에 불안한 점이 있으면 역시 하나하나 모두 곡하기가 어려우니, 오직 정분의 얕고 깊음과 의리의 가볍고 무거움을 헤아린 다음에 부형께 여쭈어보아서 허락하시거든 곡해야 할 것일세.

문 역려(疫癘)로 죽은 자를 천토(淺土)에 권조(權厝)하였다가[65] 완전하게 장사를 지내려 할 때, 만약 시신이 들어 있는 널을 망실하였거나 혹은 여우나 삵에게 손상을 입게 되었으면 마땅히 어떻게 조처해야 합니까?

답 만약 시체를 망실하였으면 허장(虛葬)해서는 안 되고, 여우 따위에게 손상을 입게 되었으면 응당 잔해(殘骸)가 있을 터이니, 그저 관 속에다 잘 거두어들여서 흙으로 덮어두는 것이 옳을 뿐이네.

문 사우(祠宇)가 무너져 내리는 바람에 신주가 건물의 잔해인 흙더미와 나뭇더미의 속에서 조각조각 깨지고 말았습니다. 이런 경우 신주를 불사르는 것이 좋겠습니까? 아니면 땅에다 묻는 것이 좋겠습니까?

답 옛 신주는 해당 묘(墓)의 곁에다 묻고 새 신주는 사당의 앞에서

공자께서 "붕우의 상에는 내가 침문의 밖에서 곡하고, 알고 지낸 사람의 상에는 내가 들에서 곡한다.〔朋友, 吾哭諸寢門之外; 所知, 吾哭諸野.〕"라고 말씀하신 데에 보인다. 《禮記 檀弓上》 '백고'는 당시 사람으로, 미상이다. '침문'이란 옛날 가옥 구조에서 제일 안쪽에 있는 내실(內室)의 문이다.

65 천토(淺土)에 권조(權厝)하였다가 : '천토'란 '얕은 흙 속'이다. 이는 임시로 관을 묻어 둔 '토빈(土殯)'이나 또는 어떤 사정으로 인하여 오랫동안 장사를 제대로 치르지 못한 채 빈소만 차려 둔 경우를 가리킨다.

만들되, "신궁이 불에 타자 성공(成公)이 사흘 동안 곡하였다.〔新宮災三日哭〕"[66]라고 한《춘추》의 경문에 따라 사우가 무너져 내린 지 사흘째 되는 날에 새로운 신주를 만들고 분면(粉面)에다 적는 것이 마땅할 듯하네.

문 종파(宗派)로서 사대 봉사(四代奉祀)를 하는 자가 만약 죄화(罪禍)를 입는 바람에 처자식이 노비가 되었으면 신주가 귀속될 곳이 없으니, 이런 경우는 지파의 자손이 된 자가 임시로 그 제사를 받들어야 합니까? 신임사화(辛壬士禍)[67] 당시에 어떻게 처변(處變)하였는지 알지 못하겠습니다.

66 신궁이……곡하였다 : 이 내용은《춘추》'성공(成公) 3년(B.C. 588)' 조에 보인다. 두예(杜預)의 주(注)에 의하면, '신궁'이란 부왕(父王) 선공(宣公)의 삼년상이 끝나서 그 신주를 새로 종묘에 모셔 들였기에 이렇게 지칭한 것이고, '성공이 곡한 것'은 어버이의 영혼이 의지해 계시는 장소인 종묘가 화재를 만났기 때문에 슬퍼서 곡한 것이며, '경문에서 이를 기록한 것'은 성공의 행위가 예법에 맞음을 훌륭하게 여긴 것이라고 한다.

67 신임사화(辛壬士禍) : 신축년(1721, 경종1)과 임인년(1722)에 걸쳐 벌어진 노론과 소론 간의 정쟁에서 노론이 정권에서 밀려나고 화를 당한 사건이다. 신축년에는 연잉군(延礽君)의 왕세제 책봉과 왕세제의 대리청정을 추진 과정에서 노론 측 대신이 경종(景宗)을 위협하고 능멸하였으며 이는 곧 역적 행위라는 소론의 주장이 받아들여져, 김창집(金昌集), 이이명(李頤命), 이건명(李健命), 조태채(趙泰采) 등 소위 노론 사대신과 왕세제의 참정(參政)을 청하는 상소를 올렸던 집의 조성복(趙聖復)이 모두 위리안치(圍籬安置)되었다. 이후 임인년에는 숙종의 임종 무렵 당시 세자이던 경종을 음해하기 위해 노론 명문가의 자제가 중심이 되어 삼수(三手)의 계책을 써서 역모하였다는 목호룡의 상변에 따라, 신축년에 위리안치되어 있던 노론 사대신이 모두 사사(賜死)되는 등 노론계 인사가 대거 처벌되고 축출되었다.

답 집안이 죄화를 입어 처자식이 노비가 되었을 경우 선대의 신주를 지파의 자손이 옮겨 봉안하여 제사를 거행하는 것에 대해 만약 조정에서 금지령을 내리지 않으면 이처럼 행하는 것이 인정과 도리에 부합할 것 같네. 우선 임시로 제사를 봉행하여서 원한을 풀고 치욕을 씻는 날이 오기를 기다렸다가 종가에 돌려주는 것이 아마도 마땅할 듯하네. 그러나 이에 관하여 선배들이 논급한 것을 아직 보지 못하였으니, 감이 단정하여 말하지 못하겠네. 신임사화 당시에 어떻게 처변하였는지에 대해서는 또한 아직 들어보지 못하였네.

문 어떤 사람이 천장하려는데, 광중(壙中)에 시체가 존재하지 않았습니다. 이를 두고 지사(地師)가 도시혈(逃尸穴)[68]이라고 하니, 그냥 흙을 덮고서 다시 장사 지내는 것이 마땅하겠습니까? 아니면 시체가 있는 곳을 찾는 것이 마땅하겠습니까?

답 이미 시체를 잃어버렸다면 허장(虛葬)하는 것은 예(禮)가 아니고, 그냥 그대로 다시 장사 지내는 것은 아무런 의의가 없다네. 내가 듣기로 지술(地術)에 능통한 자에게는 시체를 찾아내는 방법이 있다고 하니, 마땅히 그들을 시켜서 시체를 찾아내 얻게 하고, 얻은 다음에 장사를 지내야 할 것일세.

68 도시혈(逃尸穴) : '시체가 도망가는 묫자리'라는 뜻으로, 이장할 때 시신이 사라졌거나 널의 자리가 봉분과 어긋나 있는 경우를 가리킨다. 이는 지하 암반층 위에 연약지층이 형성되었을 때 연약지층이 암반의 경사에 따라 이동하는 현상인 '토양포행(土壤匍行)'으로 인하여 발생한다.

문 부인(婦人)이 그 친척의 부음을 듣고 직접 나아가 곡할 수가 없는 상황입니다. 그래서 새벽과 저녁에 그쪽을 향해 바라보면서 곡하되 장사를 지내고서 이것을 그만두고자 하니, 이렇게 하는 것이 어떻습니까?

답 《상례비요》에는 '상(喪)이 났다는 소식을 듣고서 분상(奔喪)하지 못하면, 자최를 입는 자들은 아침저녁으로 모여서 곡하되 그저 사흘 동안만 이렇게 할 뿐이고, 성복한 뒤에는 매달 초하루에 모여서 곡하는데, 이는 대공을 입는 자 이하와 똑같다.'라고 하였으니,[69] 그렇다면 부인이 그 친척의 상(喪)이 났다는 소식을 들었을 경우는, 아무리 기년복을 입는 사이라고 하더라도 장사 지내기 직전까지 매일 새벽과 저녁에 곡하는 것은 아마도 역시 지나친 듯하네. 만약 장사 지내기 전에 슬픈 감정이 북받쳐 오르면 곡하는 것은 혹 그나마 괜찮을 것 같네.

69 상례비요에는……하였으니 : 이와 관련된 내용은 《상례비요》 〈문상(聞喪)〉의 "만약 분상하지 못하면, 나흘째 되는 날에 성복한다.〔若不奔喪, 則四日成服.〕"에 관한 설명에 다음과 같이 보인다. "분상하지 못한 경우 자최를 입는 자는 사흘 동안 아침저녁으로 자리를 마련해 모여서 곡하니, 나흘째 되는 날 아침에 성복할 때도 이렇게 한다. 대공을 입는 자 이하는 상이 났다는 소식을 처음 들으면 자리를 마련해 모여서 곡하니, 나흘째 되는 날 성복할 때도 이렇게 한다. 모두 매월 초하루에 자리를 마련해 모여서 곡하는데, 달수가 이미 찼으면 그다음 달 초하루에 자리를 마련해 모여서 곡하고서 복을 벗는다. 그사이 슬픈 감정이 북받쳐 오르면 곡하는 것도 괜찮다.〔不奔喪者, 齊衰, 三日中朝夕爲位會哭, 四日之朝成服亦如之. 大功以下, 始聞喪, 爲位會哭, 四日成服亦如之. 皆每月朔, 爲位會哭, 月數旣滿, 次月之朔, 乃爲位會哭而除之. 其間哀至則哭可也.〕"《沙溪全書 卷32 喪禮備要 聞喪》

문 죽은 자에게 관(冠)을 씌우지 않는 것은 무슨 뜻입니까?

답 관(冠)이란 머리에 이는 것으로, 그것의 물건 됨이 매우 존귀하고도 중요한바, 잠을 잘 때 착용해야 할 것이 아닐세. 죽은 자는 영영 누워있기 때문에 관(冠)을 씌우지 않는 듯하네. 나의 억견(臆見)이 이와 같은데, 이것이 옳은지는 알지 못하겠네.

문 신주에 '현(顯)' 자를 사용하는 것은 바로 원(元)나라 사람이 가한 것입니다. 그러므로 우옹(尤翁)께서는 '현' 자를 사용하지 않으시고 그저 '고비(考妣)'라고 일컬으셨을 뿐인데,[70] 《상례비요》의 그림에서 '현' 자를 가한 것[71]은 어째서입니까?

70 신주에……뿐인데 : 신주에 '현(顯)' 자를 사용해서는 안 된다는 것은 송시열의 주장으로, 이단하(李端夏) · 송병익(宋炳翼) · 정찬휘(鄭纘輝) · 심세희(沈世熙) · 김득수(金得洙) · 조일주(曹一周) · 이봉서(李鳳瑞) · 최신(崔慎) 등에게 대답한 부분에서 이와 관련된 내용이 보인다. 대표적인 예로, 최신(崔慎)에게 "……'현' 자를 고비 위에 놓는 것은 호원의 제도이다. 그러므로 우리 집안에서는 호원의 제도를 피하여 신주의 분면에 '현' 자를 적지 않고, 그저 '고비' 자만 적으며, 축문은 이 예문에 의거하여 '고' 자를 고비 위에 놓는다.〔……加顯字於考妣上者, 胡元制也. 故吾家避胡之制, 於神主粉面, 不書顯字, 只書考妣字, 祝文依此禮文, 加故字於考妣上矣.〕"라고 대답한 부분을 들 수 있다. 또한 부친 송갑조(宋甲祚)의 행장을 〈황고수옹부군행장(皇考睡翁府君行狀)〉이라고 명명하여 '황(皇)' 자를 사용하였다. 《宋子大全 卷50 答李季周-丙寅七月二十五日-, 卷98 答宋穉擧-乙丑八月一日-, 卷101 答鄭景由, 卷105 答沈明仲, 卷107 答金魯源, 卷114 答曹可運-壬子七月二十四日-, 卷119 答李仲擧-戊辰四月-, 卷208 皇考睡翁府君行狀, 附錄 卷17 語錄 崔慎錄-上-》

71 상례비요의……것 : 《상례비요》의 처음에 실려 있는 〈상례비요도(喪禮備要圖)〉에서 '신주전식(神主全式)'과 '신주전식(神主前式)'에 모두 '현고모관부군신주(顯考某官府君神主)'라고 적혀 있는 것을 가리킨다.

답 '황(皇)' 자를 금지하고 '현' 자를 사용한 것이 비록 호원(胡元)의 제도이지만, '현고(顯考)'라는 칭호가 이미 고례(古禮)에 보이고,[72] 또 주자께서 선조께 고하신 축문의 내용에 '유아현조(惟我顯祖)'라는 글이 있으니,[73] 그렇다면 이는 호원이 처음으로 만든 것이 아니고, '현' 자도 혐의할 바가 없기 때문에 《상례비요》에서 '현' 자를 가한 듯하네. 우옹께서는 비록 그저 '고비'만 일컫고자 하셨지만, 이는 아마도 행하기가 어려운 점이 있을 듯하니, 우선 시속을 따라서 '현' 자를 사용하는 것이 무슨 문제가 있겠는가.

문 첩이 자녀가 없는 채 죽었을 경우 적자의 서자에게 그 제사를 받들게 한다면 어떻겠습니까?

답 우옹(尤翁)께서는 조부의 첩으로서 후사가 없는 경우 신주를 만들어 세우는 것에 대하여 난처한 것으로 여기셨으니,[74] 이는 대체로 첩모

72 현고(顯考)라는……보이고 : 이는 《예기》 〈제법(祭法)〉을 두고 언급한 것으로, 여기서 '현고'는 '고조'를 가리킨다. '현고'가 '선친'을 뜻하는 경우는 《서경》 〈주서(周書) 강고(康誥)〉에 "너의 크게 드러나신 아버지 문왕께서 능히 덕을 밝히고 형벌을 삼가셨다.〔惟乃丕顯考文王, 克明德愼罰.〕"라고 한 부분에 보인다.

73 주자께서……있으니 : 이와 관련된 내용은 《회암집》 권86 〈우제고원조묘문(又祭告遠祖墓文)〉에 '유석현조(惟昔顯祖)'라고 보인다. 참고로 송시열이 정찬휘(鄭纘輝)에게 "……《주자대전》에서 선조께 고하는 축문의 내용에 '유아현조'라고 한 글이 있는바, 호원의 제도도 여기서 나온 것이니, 그렇다면 '현' 자를 그대로 칭하는 것도 혐의쩍은 바가 없을 듯하다.……〔……《朱子大全》告先祖祝文, 有惟我顯祖之文, 胡元之制, 亦出於此, 則仍稱顯字, 亦無所嫌耶?……〕"라고 답한 적이 있었기 때문에 저자도 이를 답습한 듯하다. 《宋子大全 卷101 答鄭景由》

74 우옹(尤翁)께서는……여기셨으니 : 이와 관련된 내용은 송시열이 1673년(현종

(妾母)는 대대로 제사 지내지 않기 때문일세. 첩모에 대한 제사는 손자 대에서는 그치니,[75] 어찌 적자의 서자에게 제사를 받들게 할 수 있겠는가. 그저 적자가 살아 있는 동안만 그 제사를 주관하되 신주를 만들어 세우지 않아야 하니, 혹 지방을 설치하고서 행하더라도 문제될 것이 없다네.

문 어떤 사람이 오륙 년 동안 먼 지방을 이리저리 떠돌아다니다가 돌아와 보니 부친이 돌아가신 지 이미 삼 년이 지나버린 상황입니다. 그래서 거애(擧哀)[76]하고 거상(居喪)하기를 한결같이 초상(初喪)과 똑같이 하는데, 이런 경우 삼년상의 궤전(饋奠)[77]도 다시 하는 것입니까?

14) 12월 27일에 유상기(兪相基, 1651～1718)에게 답한 편지의 별지에 "존왕고의 시인은 이미 천인인데다 또 사속이 없으니, 장사 지낸 뒤에 신주를 만드는 것은 대처하기가 실로 어렵다.〔尊王考侍人, 既是賤人, 又無嗣續, 葬後作主, 處之實難.〕"라고 보인다. 《宋子大全 卷100 答兪公佐-癸丑十二月二十七日-》

75 첩모(妾母)는……그치니 : 이와 관련된 내용은 《예기》〈상복소기(喪服小記)〉에 "자모와 첩모에 대해서는 대대로 제사 지내지 않는다.〔慈母與妾母, 不世祭也.〕"라고 보이는데, 이는 그 아들 대에만 제사 지내고 손자 대에는 제사 지내지 않음을 뜻한다. 이에 대하여 정현의 주는 "바르지 않기 때문에 그러한 것이다. 《춘추곡량전》에 '아들 대에만 제사 지내고 손자 대에서는 그친다.'라고 하였다.〔以其非正. 《春秋傳》曰: 於子祭於孫止.〕"라고 설명하였는데, 공영달의 소는 "이미 바른 것이 아니기 때문에 오직 아들만 제사 지내고 손자는 지내지 않는다.〔既非其正, 故唯子祭之, 而孫則否.〕"라고 설명하였다.

76 거애(擧哀) : 상사가 났을 때 곡읍하며 슬픔을 표현하는 의식이다. 보통 성복(成服)하기 전에 모여서 곡하는데, 부음을 들은 날 자리를 설치하고 행한다. 또한 사람이 죽은 뒤 초혼(招魂)하고 나서 상제가 머리를 풀고 슬프게 울어서 초상이 난 것을 알리는 '발상(發喪)'과 같은 뜻으로도 쓰인다.

답 복(服)은 마땅히 추후하여 삼년상의 복(服)을 입어야 하는데, 아침저녁의 궤전으로 말하면, 이미 입묘(入廟)한 뒤인 만큼 어찌 다시 궤연(几筵)에다 신주를 꺼내어 놓고서 행할 수 있겠는가. 수암(遂庵)께서는 때가 지나서 상(喪)이 났다는 소식을 듣게 된 경우에 대해 이미 이처럼 논하셨다네.[78]

문 "숨이 끊어질 때, 남자는 부인(婦人)의 손에서 죽지 않으며, 부인은 남자의 손에서 죽지 않는다."[79]라고 하였는데, 삼가 이에 대하여 의심스러운 점이 있습니다. 모친이 있는데 모친을 뵙지 못하며 부친이 있는데 부친을 뵙지 못하니, 이는 몹시도 의리에 어긋나는 것입니다. 이는 어버이가 없는 경우를 이른 것입니까?
답 이는 어버이를 가리켜서 말한 것이 아닐세.

77 궤전(饋奠) : 거상하는 동안 제대로 된 정식 제사의 의절을 갖추지 않고 아침과 저녁에 음식을 올리는 예(禮)를 말한다.

78 수암(遂庵)께서는……논하셨다네 : 이와 관련하여 권상하는 "이미 대상을 지냈으면 궤연을 철거하고 입묘해야 마땅하니, 어찌 그대로 상식을 행할 리가 있겠는가. 이 일은 주자께서 노이빙의 의논을 옳게 여겼을 뿐만 아니라 일찍이 사계 이하 여러 선생께서도 모두 절대로 행해서는 안 된다고 하였으니, 마땅히 이것으로 종사해야 할 듯하네.〔旣行大祥則當撤几筵而入廟, 豈有仍行上食之理? 此事不但朱子以盧履氷之議爲是, 沙溪以下諸先生皆嘗以爲決不可行, 恐當以此從事矣.〕"라고 언급하였다. 《寒水齋集 卷8 答鄭宗之-必東-》

79 숨이……않는다 : 이는 《가례》〈상례 초종(初終)〉의 "병세가 위중하면 정침으로 옮겨서 거처한다.〔疾病, 遷居正寢.〕"에 대한 원주(原註)에 "안팎을 안정시켜서 숨이 끊어지기를 기다린다. 남자는 부인의 손에서 죽지 않으며, 부인은 남자의 손에서 죽지 않는다.〔內外安靜, 以俟氣絶. 男子不絶於婦人之手, 婦人不絶於男子之手.〕"라고 한 부분에서 보이는바, 본래 《의례》〈기석(旣夕)〉 '기(記)'의 글이다.

문 대공(大功)과 소공(小功)…….

답 대공과 소공의 '공(功)' 자는 《사기》에 '공(紅)' 자로 되어 있으니,[80] '여공(女紅)'의 '공' 자와 똑같다네. '공'이란 것은 여자가 실을 다스린다는 명칭이니, 대체로 대공과 소공은 복(服)으로 만들어 입는 포(布)의 승수(升數)[81]에 따른 거칠고 고운 정도를 가지고 말한 것일세. '시(緦)'라는 것은 생각함〔思〕이니, 천시(天時)가 한번 작게 변하면 그 돌아가신 분을 생각하기 때문에 시마복을 석 달 동안 입는바, 《예기》에 이미 언급되어 있다네.

문 정침(正寢)으로 옮겨서 거처함[82]…….

답 곧 숨이 끊어지려는 사람을 차가운 청(廳)[83]으로 대번에 옮기는

80 대공과……있으니 : 이와 관련된 내용은 《사기》 권10 〈효문본기(孝文本紀)〉의 유조(遺詔)에서 "하관이 끝나면 대공의 복은 15일, 소공의 복은 14일, 세포의(細布衣)는 7일을 입고 복(服)을 벗도록 하라.〔已下, 服大紅十五日, 小紅十四日, 纖七日, 釋服.〕"라고 한 부분에 보인다.

81 승수(升數) : '승'이란 '새', 즉 피륙의 날줄〔經線〕을 세는 단위로, 한 새〔一升〕는 날이 80올이다. 이 승수로 포목의 곱고 거친 정도를 구분한다.

82 정침(正寢)으로 옮겨서 거처함 : 284쪽 주79 참조.

83 차가운 청(廳) : '차가운 대청마루'로, 이는 '정침'의 정의와 관련하여 언급한 것이다. 《가례》 〈통례(通禮) 사당(祠堂)〉에 "군자는 장차 궁실을 영건하려 할 때 먼저 사당을 정침의 동쪽에다 세운다.〔君子將營宮室, 先立祠堂於正寢之東.〕"라고 하였는데, 그 원주(原註)에서 "정침이란 전당을 이른다. 땅이 협소하면, 청사의 동쪽에 사당을 세워도 괜찮다.〔正寢, 謂前堂也. 地狹則於廳事之東亦可.〕"라고 설명하였다. 이 '정침'에 대해 조선조 학자들은, '안채〔본채〕의 마루'인 '대청마루〔內堂〕'로 보거나 '안채〔본채〕의 실(室)'인 '내실(內室)'로 보기도 하였으며, 혹은 청사(廳事), 즉 바깥채〔사랑채〕로 보기도 하였다. 특히 《상례비요》의 〈입사당어정침동지도(立祠堂於正寢東之圖)〉에 따르

것은 사람의 자식으로서 차마 할 바가 아니네. 옛적에 어떤 사람이 이러한 내용을 가지고 수암(遂庵 권상하(權尙夏))께 물었는데, 수암이 말씀하기를, "이 설(說)이 아마도 이치에 가까운 듯하다."라고 하였으며, 남계(南溪)가 말씀하기를, "마땅히 병자의 명에 따라서 진퇴를 결정해야 할 것이다."[84]라고 하였네. 그러니 이 두 가지 설(說)에 나아가서 헤아려보아 행하되, 다만 병자가 거처하는 곳이 외지고 누추한 실(室)이면 이 역시 온당하지 못한 듯하니, 혹 다른 방(房)들 가운데 엉성하고 차갑지 않은 곳으로 받들어 옮기는 것이 좋을 듯하네. 이것이 비록 정청(正廳 정중앙의 큰 청, 대청마루)이 아니더라도 무슨 문제 될 것이 있겠는가.

면, 대청마루를 정침으로 규정하고 있는바, 저자는 이를 취한 듯하다. 참고로 이황(李滉)이나 정중기(鄭重器)는 '정침'을 빈객을 접대하는 곳인 외당(外堂), 즉 사랑(舍廊)으로 보고 있다. 특히 정중기의 〈정침설(正寢說)〉을 살펴보면, 대청마루에서 제사 지내는 것을 비판하며, 사대부가는 외당이 정침이 되어야만 한다고 주장하였다.

84 마땅히……것이다 : 이 말은 "병세가 위중해지면 정침으로 옮겨서 거처하는 것이 예입니다. 그런데 정옥이 이르기를, '만약 큰 추위를 만났을 경우 곧 숨이 끊어지려는 즈음에 차가운 청으로 대번에 옮기는 것은 전혀 사람의 자식으로서 차마 할 바가 아니다.'라고 하였습니다. 이 설이 혹 이치에 가까운 듯하니, 어떻습니까?〔疾病遷居正寢禮也. 鄭鈺云, 若値祈寒, 則臨絶之際, 遽遷于寒廳, 殊非人子之所忍. 此說恐或近之, 何如?〕"라고 한 양처제(梁處濟)의 물음에 "이는 정종의 의리에서 나온 것이니, 마땅히 병자의 명에 따라서 진퇴를 결정해야 할 것이다.〔此出正終之義, 當以病者之命進退之.〕"라고 한 박세채의 대답에 보인다. 《南溪集 卷39 答梁季通問-辛未追答-》 '정종'이란 바른 도리를 지키다가 임종하는 군자의 죽음을 뜻하는바, 증자(曾子)가 죽을 때 "내가 바름을 얻어서 죽는다면 이것으로 그만이다.〔吾得正而斃焉, 斯已矣.〕"라고 한 데에서 연유하였다. 《禮記 檀弓上》 여기서 인신하여 천수를 누리다가 집에서 생을 마치는 것을 가리킨다.

문 〈곡례〉에 "산 자만 알고 죽은 자를 알지 못하면 위로만 하고 애도는 하지 않으며, 죽은 자만 알고 산 자를 알지 못하면 애도만 하고 위로는 하지 않는다.〔知生而不知死 弔而不傷 知死而不知生 傷而不弔〕"[85]라고 하였으니, '애도함〔傷〕'이라는 것은 망인을 위하여 곡하는 것을 이릅니까? '위로만 하고 애도는 하지 않는다.'라는 것은 그래도 혹 괜찮거니와 '애도만 하고 위로는 하지 않는다.'라는 것은 그것이 옳은지를 알지 못하겠습니다.

답 '애도함'이라는 것은 '망인을 위하여 곡함'을 이른 듯하네. 산 자만 알고 죽은 자를 알지 못하는 경우는 위로만 하고 애도는 하지 않으며, 죽은 자만 알고 산 자를 알지 못하는 경우는 애도만 하고 위로는 하지 않는 법이니, 이는 대체로 예(禮)란 성실(誠實)을 귀하게 여겨서 억지로 하고자 하지 않기 때문에 그러한 것일세. 그러나 죽은 자를 마땅히 알아야만 하는데 우연히 여태껏 만나본 적이 없고, 산 자를 마땅히 알아야만 하는데 마침 여태껏 서로 대면한 적이 없는 경우-'마땅히 알아야만 한다.'라는 것은, 척분(戚分)이 닿거나 집안끼리 대대로 정의가 돈독한 따위와 같은 것일세.-로 말하면, 이 역시 알지 못하는 경우의 예(例)를 적용하여서 애도하지 않거나 위로하지 않아서는 안 되는 것일세. 그러니 〈곡례〉의 글에 굳이 구애될 필요가 없을 듯하네. 게다가 그 본문에 나아가서 논해 보건대, 양자가 옳으면 함께 옳고 그르면 함께 그르니, 좌하(座

85 산……않는다 : 이 말은 《예기》 〈곡례 상(曲禮上)〉에 보이는바, 이 구절의 바로 앞부분에 "산 자를 아는 자는 위로하고 죽은 자를 아는 자는 애도한다.〔知生者弔, 知死者傷.〕"라고 하였다. 여기서 '산 자'는 상인(喪人)을 가리키며, '조(弔)'는 조문하여 위로하는 것이고 '상(傷)'은 슬퍼하여 애도하는 것이다.

下)가 그 사이에서 분별하고자 하면 나는 과연 이와 같은지 잘 알지 못하겠네. 근세의 숙유(宿儒)가 하신 말씀에 "'애도함'과 '위로함'이란 모두 산 자에게만 말을 전함을 이른 것이다."라고 하였네. 이는 대체로 손님이 주인을 조문할 때 죽은 자를 알면 애도하는 말을 전하고 산 자를 알면 위로하는 말을 전하는 것이니, 이러한 설(說)은 '애도함'을 '곡함'으로 본 것이 아니라네. 이것이 어떠할지 알지 못하겠네.

문 서자는 사조(四祖)[86]에 대하여 적외조(嫡外祖 적자의 외조)를 씁니까? 아니면 소생외조(所生外祖 서자의 본래 외조)를 씁니까?

답 서자의 사조 단자(四祖單子)에서 외조를 쓸 때 어찌 감히 적외조를 쓴단 말인가. 마땅히 그 소생외조를 써야 하네. 천한 사람이 부친과 조부의 반열에 드는 것은 이치로 보나 형세로 보나 당연하니, 이는 혐의할 만한 것이 아닐세.

문 서자에게 부친과 적모가 살아 계시는데 먼저 그 생모의 상(喪)을 당하였다면, 응당 무슨 복(服)을 입어야만 합니까? 그리고 예법대로 피발(被髮)해야 하는 것입니까?

답 서자에게 부친이 살아 계시는데 그 생모의 상(喪)을 당하였다면 연상(練祥 소상(小祥)과 대상(大祥))의 의절은 의리상 감히 적자가 행하는

86 사조(四祖) : 부(父)・조(祖)・증조(曾祖)・외조(外祖)의 네 조상을 가리킨다. 서경 단자(署經單子)・녹명 단자(錄名單子)・호구 단자(戶口單子) 등에 반드시 사조를 기록하였는데, 특히 서경 단자에는 부친의 사조인 내사조(內四祖)・모친의 사조인 외사조(外四祖)・처의 사조인 처사조(妻四祖)를 모두 기록하였다.

부재모상(父在母喪)의 예(禮)[87]와 똑같아서는 안 되네. 마땅히 자최 부장기의 복(服)을 입어야 하고, 또한 피발하지 않아야 할 것 같으나 이에 관하여 예(禮)에 분명한 말이 없으니, 몹시도 의심할 만한 점이라고 하겠네.

부친은 이미 돌아가셨고 적모만 살아 계시는 경우 서자가 그 생모의 상(喪)에 기년복을 입어야 하는지 삼년상의 복을 입는 정을 펴야 하는지에 대하여 한강(寒岡)과 도암(陶庵)이 논한 바가 똑같지 않으니,[88]

87 부재모상(父在母喪)의 예(禮) : 부친이 살아 계시고 모친이 먼저 돌아가신 경우에 적용하는 예법으로, 이때는 부친이 상주가 되기 때문에 자식은 부친에게 압존(壓尊)이 되어서 자최 장기를 입는다. 이는 상장(喪杖)을 짚고 거상하는 기년복으로, 자최삼년 다음으로 무거운 복(服)이다. 부재모상은 13개월째인 첫 번째 기일에 대상(大祥)을 지내기 때문에 소상은 앞당겨서 11개월째 되는 달에 날을 가려서 지내며, 담제는 15개월째가 되는 달의 정일(丁日)이나 해일(亥日)에 지낸다. 자식은 상기가 끝나서 복을 벗었더라도 심상(心喪)을 거행하여 삼년상의 기한을 채운다.

88 부친은……않으니 : 이와 관련하여 정구(鄭逑)는, "얼자가 이미 중한 복을 입고 있는 와중에 또 생모의 상을 당하였는데 적모가 살아 계신다면, 중한 복을 벗은 뒤에 그 생모를 위한 복을 어떻게 해야겠습니까?〔孽子旣在重服之中, 又遭生母之喪, 而嫡母在, 則脫重服之後, 其生母服, 何以爲之?〕"라고 한 혹자의 물음에 "일찍이 송조의 복제령을 보았는데, 적모가 없는 경우 생모를 위해 복을 입는 것에 관한 설이 있었다. 지금 적모가 당에 계시면 참최를 벗은 뒤에는 추후하여 생모를 위한 복을 입어 정을 펴기는 어려울 듯하니, 심상으로 상기를 끝마치는 것이 마땅할 듯하다.〔曾見宋朝服制令, 有無嫡母則爲生母服之說. 今嫡母在堂, 則脫斬之後, 恐難追伸生母之服, 恐當以心制終喪.〕"라고 대답하였는바, 적모가 살아 있으면 서자는 그 생모를 위하여 정식으로 복상할 수 없다고 보았다. 반면 이재(李縡)는, "첩의 자식이 그 모친을 위하는 경우, 고례에서는 기년인데 《가례》에서는 삼년상이고 《개원례》에서는 '적모가 없으면 그 정을 펼 수 있다.'라고 하였습니다. 지금 어떤 한 서인이 모친상을 당하였는데 적모가 살아 계시는 경우 어떤 복을 입어야만 하는지 궁금합니다. 분명한 가르침을 내려주시기 바랍니다. 〔妾子爲其母, 古禮則期, 而《家禮》則三年, 《開元禮》則無嫡母得申. 今有一庶人遭母喪,

내가 아직도 취사를 결정하지 못하였기에 단정하여 말하기가 어렵네.

문 신알(晨謁)할 때는 마땅히 어버이께 먼저 인사를 올린 다음에 사당에 배알해야 하는 것입니까?
답 새벽에 일어나서는 마땅히 어버이의 밤새 안부를 먼저 살펴본 다음에 가묘(家廟)에 배알해야 하는 것일세.

而嫡母生存, 疑其服, 願賜明教.〕"라고 한 혹자의 물음에 "비록 고례와 《개원례》가 있더라도 주자께서는 《가례》에서 이미 '자최삼년' 조에 기록해 놓으셨으며, 그 아래에 이어서 '부친의 후사가 되면 강복한다.'라고 말씀하셨고 '적모가 계시면 강복한다.'라고 말씀하지는 않았다. 내 생각으로는, 마땅히 《가례》를 올바른 것으로 삼아야 한다고 본다. 〔雖有古禮及《開元禮》, 而朱子於《家禮》既係之齊衰三年條, 其下仍言爲父後則降, 而不言嫡母在則降. 愚意以爲當以《家禮》爲正.〕"라고 대답하였는바, 적모의 생존 여부와 상관없이 서자는 그 생모를 위하여 자최삼년의 복을 입을 수 있다고 보았다. 《寒岡集 卷8 答問〔答或人〕》《陶菴集 卷21 答或人問目》

홍백응에게 답하다

答洪伯應

문 사침(私寢)에서 죽음…….

답 이미 사침에서 죽었으니, 그렇다면 어찌 '정침(正寢)으로 옮겨서 거처하는 예(禮)'[89]를 추후하여 적용할 수 있겠는가.

문 외객(外客)에게 호상(護喪)[90]을 맡김…….

답 이미 자제들 가운데 호상을 맡을 수 있는 자가 없으면, 외객에게 맡기는 것이 무슨 문제 될 것이 있겠는가. 숙(叔)이 수(嫂)에 대하여 비록 밀쳐서 멀리하는 의리가 있지만[91] 호상은 아마도 불가함이 없을

89 정침(正寢)으로……예(禮) : 이는 《가례》 〈상례 초종(初終)〉의 "병세가 위중하면 정침으로 옮겨서 거처한다.〔疾病, 遷居正寢.〕"를 가리킨다.

90 호상(護喪) : 이와 관련하여 《가례》 〈상례 초종(初終)〉의 '호상을 세운다.〔護喪.〕'에 대한 원주(原註)에서 "자제들 가운데 예를 잘 알고 일을 잘 감당해 나갈 수 있는 자를 시켜서 맡도록 한다. 무릇 상사에 관한 모든 것은 그에게 물어서 처리한다.〔以子弟知禮能幹者爲之. 凡喪事皆稟之.〕"라고 설명하였다.

91 숙(叔)이……있지만 : 이와 관련된 내용은 《예기》 〈단궁 상(檀弓上)〉에 "《의례》 〈상복〉에서 형제의 자식을 위해 자기 자식과 똑같이 기년복을 입는 것은 대체로 이끌어서 가까이 나오게 하려는 것이고, 수숙 간에 복이 없는 것은 대체로 밀쳐서 멀리하려는 것이다.〔喪服, 兄弟之子, 猶子也, 蓋引而進之也; 嫂叔之無服也, 蓋推而遠之也.〕"라고 보인다. '숙(叔)'이란 남편의 형제이고, '수(嫂)'란 형제의 아내이다. 옛날에는 서로 복(服)이 없었는데, 나중에는 함께 사는 친족으로서 복(服)이 없을 수 없기에 복(服)을 입게 되었다.

듯하네.

문 《상례비요》에서 "사서(司書)와 사화(司貨)를 세운다."에 "자제 혹은 이복(吏僕)을 시켜서 맡게 한다."라고 하였습니다[92]…….
답 사서와 사화를 세울 때는 자제나 이복을 모두 호용(互用)할 수 있다네. 여기서 말하는 '자제'란 상(喪)을 주관하는 자의 자제를 가리킨 것 같네. 만약 망자의 자제라면 친상(親喪)의 초기에 몹시도 애통하여 부르짖으면서 가슴을 치고 발을 구르는 와중에 어떻게 문서나 재물 따위의 일을 맡겠는가.

문 〈상대기〉를 살펴보면, 대부는 얼음을 넣고, 사(士)는 물을 담는다고 하였습니다[93]…….
답 하절기에는 물이 차가우니, 비록 물이 얼음만 못하더라도 사(士)의 상(喪)에는 얼음을 진설할 수가 없다네.

92 상례비요에서……하였습니다 : 《상례비요》 〈초종(初終)〉에 "사서와 사화를 세운다.〔司書司貨.〕"라고 하였는데, 이에 대하여 "자제 혹은 이복을 시켜서 맡게 한다.〔以子弟或吏僕爲之.〕"라고 하였다. 《沙溪全書 卷31 喪禮備要 初終》 '사서'란 상례와 관계되는 문서를 담당한 사람이며, '사화'란 상례와 관계되는 재물을 담당한 사람이다.

93 상대기를……하였습니다 : 이와 관련된 내용은 《예기》 〈상대기(喪大記)〉에 "군주는 대반을 진설하여 얼음을 여기에 넣고, 대부는 이반을 진설하여 얼음을 여기에 넣고, 사는 와반을 나란히 진설하고 얼음이 없다.〔君設大盤, 造冰焉; 大夫設夷盤, 造冰焉; 士併瓦盤, 無冰.〕"라고 한 데에 보인다. 이에 대한 정현(鄭玄)의 주(注)에 "사는 얼음을 쓰지 않고 와기(瓦器)를 반(盤)으로 삼아 와반을 나란히 하여 물을 담을 뿐이다.〔士不用冰, 以瓦爲盤, 併以盛水耳.〕"라고 설명하였다.

문 성복(成服)하기 전 사흘 동안 불을 피워 밥을 짓지 않음[94]…….

답 비록 "사흘 동안 먹지 않는다."라고 한 예문이 있지만[95] 기년복이나 대공복을 입는 친속은 어떻게 완전히 음식을 폐하겠는가. 아마도 이는 행할 수 없는 것인 듯하네. 상(喪)을 치르는 집안에서 반드시 예법대로 불을 피워 밥을 짓지 않으면, 중복(重服)[96]을 입는 사람들은 다른 곳에서 불을 때어 밥을 지어서 음식을 날라다 먹는 것이 편할 것일세.

문 성복하기 전에는 상식(上食)을 올리지 않음…….

94 사흘……않음 : 이와 관련된 내용은《예기》〈문상(問喪)〉에 "슬퍼하는 마음과 애통해하는 뜻에 신장이 상하고 간장이 마르고 폐장이 타서 물과 장(漿 음료)을 입에 넣지 않으며, 사흘 동안 불을 피워 밥을 짓지 않는다. 그러므로 이웃과 마을 사람들이 상주를 위하여 미음과 죽을 쑤어서 마시고 먹게 한다.〔惻怛之心、痛疾之意, 傷腎, 乾肝, 焦肺, 水漿不入口, 三日不擧火, 故鄰里爲之糜粥以飮食之.〕"라고 한 데에 보인다. 이는 어버이가 막 돌아가셨을 때 자식이 지극한 슬픔을 이기지 못함을 말한 것이다.

95 사흘……있지만 : 이와 관련된 내용은《예기》〈간전(間傳)〉에 "참최에는 사흘 동안 먹지 않고, 자최에는 이틀 동안 먹지 않고, 대공에는 세 끼니를 먹지 않고, 소공과 시마에는 두 끼니를 먹지 않고, 사(士)가 염하는 데 참여하였으면 한 끼니를 먹지 않는다.〔斬衰三日不食, 齊衰二日不食, 大功三不食, 小功、緦麻再不食, 士與斂焉, 則壹不食.〕"라고 한 데에 보인다. 또한《가례》〈상례 초종(初終)〉에 '이에 옷을 바꾸어 입고 먹지 않는다.〔乃易服不食.〕'라고 하였는데, 이에 대한 원주(原註)에 "모든 자식은 사흘 동안 먹지 않는다. 기년과 9개월의 상복을 입는 사람은 세 끼니를 먹지 않고, 5개월과 3개월의 상복을 입는 사람은 두 끼니를 먹지 않는다. 친척이나 이웃의 마을 사람들이 미음과 죽을 쑤어서 먹이는데, 어른이 억지로 권하면 조금 먹어도 괜찮다.〔諸子三日不食, 朞九月之喪, 三不食, 五月三月之喪, 再不食, 親戚隣里, 爲糜粥以食之, 尊長强之, 少食可也.〕"라고 한 설명에도 보인다.

96 중복(重服) : '무거운 복(服)'이란 뜻으로 대공(大功) 이상의 상복을 가리킨다. 참고로 소공(小功) 이하의 상복은 경복(輕服)이라고 한다.

답 "'상식'이란 살아 있을 적에 그 평상시를 형상하려 한 것이다. 죽음이라는 큰 변고를 당한 초기에 죽은 자는 혼기(魂氣)가 흩어져 안정되지 못하고, 산 자는 피발(被髮)하고 괄발(括髮)하고 무수히 곡하고 가슴을 치는데, 이때는 그저 전(奠)만 차려 놓고서 신(神)이 의지하게 하면 된다. 상식은, 그것을 올려서 평상시를 형상하려는 것이지 큰 변고에 대처하는 방법이 아니다."[97] 퇴계의 설(說)이 이와 같으니, 이것이 정밀한 의리를 깊이 얻었다고 하겠네.

문 옛적의 '상(相)'이 다름 아닌 '호상(護喪)'입니다…….
답 상(相)을 호상이라고 바꾼 것은 바로 고금이 서로 똑같지 않은 부분일세. 대체로 상(相)이라는 칭호는 길례(吉禮)도 있으니, 현단복을 입고 장보관을 쓰고 소상(小相)이 되는 것[98]과 같은 따위가 바로 여기에 해당하는 것일세. 그러므로 후세에는 상례에서 상(相)이라고

97 상식이란……아니다 : 이 내용은 《퇴계집》 권28 〈답김이정(答金而精)〉의 '문목(問目)'에 보이는바, "성복하기 전에 상식을 올리는 예가 없으니, 이는 궐전이 아닙니까?〔成服前無上食之禮, 非闕典乎?〕"라고 한 김취려(金就礪)의 물음에 답한 것이다. '피발'은 상(喪)의 초기에 역복(易服)을 하며 머리를 풀어서 헤치는 것이고, '괄발'은 소렴의 의절로 남자가 삼끈〔麻繩〕으로 머리털을 묶어 상투를 트는 것이다. 해당 원문의 '곡벽무수(哭擗無數)'는 복(復)을 행하고 사자의 옷을 그 시신 위에 덮은 다음에 하는 것이다.

98 현단복을……것 : '상(相)'이란 제후의 종묘 제사나 회동 때의 집례자(執禮者)를 말하는데, '소(小)' 자는 곧 겸사로 쓴 말이다. 공자가 일찍이 제자인 공서화(公西華)에게 자기의 뜻을 말해 보라고 했을 때, 공서화가 대답하기를, "제가 능하다는 것이 아니라, 배우기를 원합니다. 종묘의 일과 회동할 때 현단복을 입고 장보관을 쓰고 소상이 되기를 원합니다.〔非曰能之, 願學焉. 宗廟之事如會同, 端章甫, 願爲小相焉.〕"라고 하였다. 《論語 先進 第25章》

일컫지 않은 듯하네.

문 〈상대기〉를 살펴보면, "대부는 측백나무 곽을 사용하고, 사(士)는 잡목 곽을 사용한다."라고 하였습니다[99]…….

답 우리나라의 풍속은 신분의 귀천을 따지지 않고 모두 소나무 널을 사용하는데, 이는 우리나라의 사람에게 대부와 사(士)의 구별이 없고, 소나무와 측백나무가 동일한 종류여서 그 견고한 점을 취하기 때문에 그러한 것일세.

문 사람 중에 삼년상을 치르는 동안 해와 달을 쳐다보지 않는 경우가 있습니다…….

답 이것이 아무리 죄인으로 자처한다는 뜻이라고는 하지만 해와 달을 쳐다보지 않는 것은 어찌 지나친 행동이 아니겠는가. 내가 일찍이 장로(長老)께서 하신 말씀을 들은 적이 있었는데, 상(喪)을 치르는 동안 스스로 죄인이라고 일컫는 것에 대하여 잘못이라고 하셨네.

문 삼 년이 지난 뒤에야 다시 아내를 맞으니, 이는 자식의 마음을 펼 수 있게 하고자 그러한 것이다[100]…….

99 상대기를……하였습니다 : 이와 관련된 내용은 《예기》 〈상대기〉에 "군주는 소나무 곽을 사용하고, 대부는 측백나무 곽을 사용하고, 사는 잡목 곽을 사용한다.〔君松椁, 大夫柏椁, 士雜木椁.〕"라고 보인다.

100 삼……것이다 : 부재모상(父在母喪)에서 자식은 부친에게 압존(壓尊)이 되어 '자최 장기'의 복을 입는데, 부친은 삼 년이 지난 뒤에 재혼하는바, 이는 자식이 심상(心喪)으로 삼년상을 끝마치기를 기다려 주는 것이다. 《의례》 〈상복(喪服)〉에서 '자최

답 복첩(卜妾)은 재취(再娶)와 똑같지 않으니, 굳이 '자식의 마음을 펼 수 있게 하고자 그러함'을 가지고 논할 필요는 없다네. 예(禮)에 이르기를, "처(妻)의 상(喪)에는 상(喪)을 마칠 때까지 내실에서 여인과 동침하지 않는다."라고 하였네.[101] 그렇다면 기년의 상을 치르는 동안에는 잉어(媵御)[102]를 가까이하지 않는 법이니, 어찌 이러한 시기에 복성(卜姓)할 수 있겠는가. 마땅히 기년의 상을 다 끝마친 뒤에야 비로소 첩을 집에 데려다가 같이 사는 것을 의논해야 할 것일세.

문 부재모상(父在母喪)[103]에서 대상(大祥)을 지낸 뒤에 상총(上塚 성묘(省墓))하여 곡함…….

장기'와 관련된 조에 "부친이 살아 계시는 경우 모친을 위하여 입는다.〔父在爲母.〕"라고 하였는데, 이에 대한 전(傳)에 "부친은 반드시 삼 년이 지난 뒤에야 다시 아내를 맞으니, 이는 자식의 마음을 펼 수 있게 하고자 그러한 것이다.〔父必三年然後娶, 達子之志也.〕"라고 하였고, 가공언(賈公彦)의 소(疏)에 "자식은 모친의 상에 부친에게 압존이 되어서 기년복을 입지만 심상은 여전히 삼 년을 입는다. 그러므로 부친은 비록 처를 위하여 기년을 입고 복을 벗지만, 삼 년이 되어야 다시 아내를 맞으니, 이것은 삼 년 동안 심상을 치르는 자식의 마음을 펼 수 있게 하고자 그러한 것이다.〔子於母屈而期, 心喪猶三年. 故父雖爲妻期而除, 三年乃娶者, 通達子之心喪之志故也.〕"라고 해석하였다.

101 예(禮)에……하였네 : 이와 관련된 내용은 《예기》 〈상대기〉에 "기년의 상에 여막에 거처하고 상을 끝마칠 때까지 내실에서 여인과 동침하지 않는 것은 부친이 살아 계실 때 모친을 위함과 처를 위함이다.〔期, 居廬, 終喪不御於內者, 父在爲母、爲妻.〕"라고 보인다.

102 잉어(媵御) : 희첩(姬妾)을 가리킨다. 본래 '잉'은 신부의 여조카나 여동생으로서 따라온 사람이나 신부를 신랑 측 집까지 수행해 온 종인(從人)을 지칭하며, '어'는 신랑 측의 여자 몸종을 말한다.

103 부재모상(父在母喪) : 289쪽 주87 참조.

답 남헌(南軒 장식(張栻))과 송강(松江 정철(鄭澈))은 삼년상을 치른 뒤에 묘소에서 곡하였으니, 이는 진실로 정해진 예(禮)보다 지나친 것일세. 그러나 부재모상에서 대상을 지낸 뒤에는 한창 심상(心喪)을 치르는 중이니,[104] 심상을 치르는 중에 성묘하면서 어찌 곡하지 않을 수 있겠는가.

문 《의례》에 이르기를, "조문하는 이가 산 자를 아는 경우는 부(賻)를 행하며, 죽은 자를 아는 경우는 증(贈)을 행한다."라고 하였습니다[105]…….

답 산 자와 죽은 자를 모두 안다면 부(賻)와 증(贈)을 함께 행하는 것이 마땅하다네.

문 자최오월의 복과 자최삼월의 복[106]…….

104 부재모상에서……중이니 : 부친이 살아 계시고 모친이 돌아가셨을 때 자식은 초상부터 기산하여 15개월째 되는 달 하순의 정일이나 해일에 담제(禫祭)를 지내고 복을 벗은 다음에는 복은 입지 않으나 복을 입었을 때와 같은 마음으로 근신함으로써 삼년상의 기한을 끝까지 채운다. 그러므로 '심상'이라고 한 것이다.

105 의례에……하였습니다 : 이와 관련된 내용은 《의례》 〈기석(旣夕)〉에 "조문하는 이가 죽은 자를 아는 경우는 증(贈)을 행하고, 산 자를 아는 경우는 부(賻)를 행하니, 방판(方板)에다 부조한 사람의 이름과 물품 및 수량을 적는다.〔知死者贈, 知生者賻, 書賵於方.〕"라고 보인다. 이에 대한 가공언(賈公彦)의 소(疏)에 "증(贈)은 완호하는 것으로 죽은 자에게 베풀기 때문에 죽은 자를 아는 경우 이를 행하고, 부(賻)는 주인의 부족함을 보충하는 것으로 산 자에게 베풀기 때문에 산 자를 아는 경우 이를 행하니, 이것이 바로 아는 대상에게 각각 베푼다는 것이다.〔以其贈是玩好施於死者, 故知死者行之, 賻是補主人不足, 施於生者, 故知生者行之, 是各施於所知也.〕"라고 설명하였다.

답 증조와 고조는 정통(正統)으로서, 정통을 위하여 입는 복은 무거운 것이네. 그러므로 '소공'이나 '시마'를 일컫지 않고 '자최오월'과 '자최삼월'이라고 말하였으니, 이는 대체로 복의 제도에 최(衰)가 있어서 그러한 것일세.[107]

106 자최오월의……복 : 《가례》에 의하면, '자최오월'은 증조부모를 위하여 입는 정복(正服)이고, '자최삼월'은 고조부모를 위하여 입는 정복이다. 그러나 《의례》의 대문 및 그 주해에 따르면, 증조부모와 고조부모를 위해서는 모두 '자최삼월'의 복을 입어야만 하는데, 당나라 때 위징(魏徵)의 건의로 증조부를 위하여 '자최오월'의 복을 입게 되었으며, 《가례》 역시 이를 그대로 따르게 된 것이다. 《儀禮注疏 卷11 喪服》 《家禮 喪禮 成服》 《沙溪全書 卷24 家禮輯覽圖說 五服沿革圖》

107 증조와……것일세 : 이와 관련하여 《의례》 〈상복(喪服)〉 중 '자최삼월'의 전(傳) 및 해당 주해를 살펴보면, 증조부모와 고조부모의 상복을 규정하는 방법과 근거를 알 수 있다. 증조부모와 고조부모의 상복은 기준을 무엇으로 삼느냐에 따라 차이가 생기는데, 만약 친진한 오대조부모를 기준으로 삼으면 고조부모는 시마를, 증조부모는 소공을 입어야 하며, 조부모를 기준으로 삼으면 고조부모는 소공을, 증조부모는 대공을 입어야 하는바, 복제 규정 원칙에 모순이 발생한다. 그러므로 증조부모와 고조부모를 위해 입는 상복은 '자최'의 복을 입되 '삼 개월'을 입는 것이 타당하다고 하였다. 그 이유는, 증조부모와 고조부모는 '지극히 높으신 분〔至尊〕'이므로 대공, 소공, 시마 등 대등하거나 낮은 이를 위하여 입는 복을 감히 입어서는 안 되기 때문에 '자최'의 복을 입지만, 상대적으로 대수가 멀어서 그 은혜가 감쇄〔殺〕하였으므로 '오 개월'에서 '삼 개월'로 개월 수를 줄인 것이다. '자최'란 4승(升)의 거친 베〔麤布〕로 최상(衰裳)을 만드는데 아래 가를 꿰맨 상복이다. 상의(上衣)의 앞에는 참최와 마찬가지로 '최(衰)'가 있다. '최'란 상복 제도 중 하나인데, 거친 마포(麻布)로 길이 6촌, 너비는 4촌의 조각을 만들어 상의의 왼쪽 깃〔衿〕이 심장에 닿는 부분에 달아 놓은 것이다. 여기서 '최'의 뜻은 '꺾임'으로, 효자에게 절통한 마음이 있음을 취하여 명명한 것이다. 후대에는 실사 변(邊)을 더하여 '최(縗)'로도 표기하는바, 참최와 자최에 있는 것이다. 《儀禮注疏 卷11 喪服》

문 기년복에 해당하는 사람은 장사를 치르기 전에는 거친 음식[108]을 먹음…….

답 기년복과 대공복에 해당하는 사람은 장사를 치르기 전에는 고기를 먹지 않는 것이 예(禮)일세. 내가 일찍이 듣기로, 송암(松巖) 이공(李公)[109]께서 아내의 상(喪)을 치르며 졸곡(卒哭) 전에는 소식(素食)을 드셨다고 하네.

문 매성유(梅聖兪)가 사람들에게 비난을 받음[110]…….

답 상(喪)을 치르는 중에 시를 지었던 매성유의 일은 어찌 말할 만한 가치가 있는 것이겠는가. 상(喪)을 치르는 중에는 말할 때 수사를 부려서 꾸미지 않는 법이니,[111] 가장(家狀) 및 서찰(書札) 이외에 그저

108 거친 음식 : 해당 원문은 '소사(疏食)'로, 본래 '거친 밥'을 뜻하는데, 여기에서는 의미가 확장되어 상(喪)을 치르며 근신하기 위하여 고기나 고기반찬을 일절 먹지 않는 '소식(素食)'을 가리킨다.

109 송암(松巖) 이공(李公) : 이재형(李載亨, 1665~1741)으로, 본관은 전주(全州), 자는 가회(嘉會), 호는 송암이다. 최신(崔愼)을 사숙하였으며, 1685년(숙종11) 북평사(北評事)로 부임한 농암(農巖) 김창협(金昌協)을 찾아가 수학하기도 했다.

110 매성유(梅聖兪)가……받음 : 매성유는 매요신(梅堯臣)이다. 매요신이 상을 당하였는데 영릉(寧陵)에 이르러서 비바람에 길이 막히자, 도하(都下)의 친구에게 "나 홀로 어머니의 상을 치르니, 눈물은 하수와 흐르는구나. 하수는 끝내 다함이 있겠지만, 이내 눈에는 언제나 마르지 않는 눈물의 샘이 있다오.〔獨護慈母喪, 淚與河水流. 河水終有竭, 淚泉常在眸.〕"라고 시를 지어 부쳤다. 이를 두고 사람들은, 그가 시를 지은 것이 빠르다〔作詩早〕고 비난〔譏〕하였다. 《古今事文類聚前集 卷52 喪事部 詩話 居喪作詩-江鄰幾雜錄-》《宛陵集 卷40 寧陵阻風雨寄都下親舊》

111 상(喪)을……법이니 : 이 내용은 《효경》〈상친장(喪親章)〉에 "효자가 부모의 상을 당해서는 곡할 때 소리를 길게 늘이지 않고, 예를 행할 때 용모를 꾸미지 않으며,

그런 중요하지 않은 글들은 지어서는 안 되는 것일세.

문 상(喪)을 치르는 중에 병이 나서 상식(上食)을 올리는 것과 조석곡(朝夕哭)을 행하는 것에 전부 다 참여할 수 없음…….

답 상(喪)을 치르는 중에 병이 나서 이미 육시곡읍(六時哭泣)[112]을 전부 행할 수가 없게 되었으면 상식을 올리는 데에만 참여하고 조석곡을 행하는 데에는 참여하지 않는 것보다는 차라리 조석곡을 행하는 데에만 참여하고 상식을 올리는 데에는 참여하지 않는 것이 낫다네. 평상시의 시식(侍食)은 간혹 할 수 없는 경우가 있기도 하지만 혼정신성은 그만두어서는 안 되는 정성이므로 그러한 걸세. 이는 그대가 보내온 편지에서 말한 내용과 같다네.

문 《가례》와 《상례비요》는 상세함과 간략함이 똑같지 않습니다…….

답 우옹(尤翁)께서 초산(楚山)에 계실 때 문인에게 명하시어 초상을 치르는 경우 《가례》를 주로 삼고 《상례비요》를 참고하여 쓰라고 하셨다네.[113] 그러나 《상례비요》는 바로 《가례》와 《의례》를 헤아려서 가

말할 때 수사를 부려서 꾸미지 않는다.〔孝子之喪親也, 哭不偯, 禮無容, 言不文.〕"라고 한 데에 보인다.

112 육시곡읍(六時哭泣) : 상(喪)을 치르면서 장사를 지내기 전까지 매일 거행하는 조석곡(朝夕哭)과 조석전(朝夕奠)과 조석상식(朝夕上食)을 합하여 일컫는 말이다. 대체로 매일 이른 새벽에 일찍 일어나서 조곡하고, 조전을 올리고, 조상식을 올리며, 그다음에는 또 석상식을 올리고, 석전을 올리고, 석곡하는 것이다.

113 우옹(尤翁)께서……하셨다네 : '초산'은 정읍(井邑)의 옛 이름인데, 송시열은 제주로 귀양 갔다가 나국(拿鞫)하라는 명으로 인하여 상경하는 도중에 정읍에서 사사되

감한 것이니, 그렇다면 후인은 마땅히 《상례비요》를 따라야만 하는 것일세.

문 조부가 살아 계시는데 조모에 대하여 승중(承重)해야 하는 경우 '고애손(孤哀孫)'이라 일컬음…….

답 '고애(孤哀)'라는 칭호는 본래 어버이가 모두 함께 돌아가셨을 경우를 가지고 말한 것일세. 조부가 살아 계시는데 조모를 위하여 승중하는 경우는 그저 '애손(哀孫)'이라고만 일컫는 것이 마땅하니, 아무리 부친이 돌아가셨다고 하더라도 여기에서 '고(孤)'라고 일컫게 되면 조부가 돌아가신 것과 똑같이 취급한다는 오해를 사기 때문에 그러한 것이라네.

문 상(喪)을 치르는 중에 선조의 기일이 도래하면 마땅히 '상을 치르는 중에 행하는 곡〔喪中哭〕'으로 곡해야 함…….

답 거상 중에 도래한 선조의 기일에 대해서는 '상을 치르는 중에 행하는 곡'으로 곡해서는 안 되네. 비록 어버이의 기일로서 부친상에 도래한 모친의 기일과 모친상에 도래한 부친의 기일이라고 하더라도 모두 굳이 '상을 치르는 중에 행하는 곡'으로 곡할 필요는 없으니, 이는 대체

었다. 연보(年譜)에 의하면, 송시열은 1689년(숙종15) 6월 8일(癸酉) 진시(辰時)에 관(館)에서 후명(後命)을 받았는데, 이때 "돌아가신 뒤에 어떤 예를 적용할까요?〔後事當用何禮?〕"라고 묻는 권상하에게 송시열은 "《상례비요》를 따라야만 할 것이나, 반드시 《가례》를 주로 삼고 미비한 점은 《상례비요》를 참고해 사용하라.〔當用《喪禮備要》. 然須以《家禮》爲主, 而其未備者, 以《備要》參用.〕"라고 답하였다. 《宋子大全附錄 卷11 年譜10 崇禎六十二年己巳》

로 신구(新舊)가 서로 똑같지 않아서 그러한 것일세. 대상(大祥)을 지낸 뒤 담제(禫祭)에 행하는 곡은 마땅히 '평상시에 행하는 곡〔常時哭〕'으로 곡해야 하네. 그러나 부재모상(父在母喪)인 경우는 2주년의 제사를 비록 기제사로 거행하더라도 심상(心喪)이 아직 다 끝난 것이 아니니,[114] 아마도 '상을 치르는 중에 행하는 곡'으로 곡해야 마땅할 듯하네. 이것이 어떠할는지 알지 못하겠네.

문 우제(虞祭)를 지낸 뒤 졸곡(卒哭)을 지내기 전에 절일(節日)이 도래함…….

답 절일이 도래하면 아무리 졸곡을 지내기 전이라고 하더라도 새로 만든 분묘에서 제사를 거행하는 것이 마땅할 것 같네.

문 주부(主婦)…….

답 '주부'란 본래 고자(孤子)로서 상(喪)을 주관하는 자의 처(妻)에 대한 칭호일세. 부친이나 조부로서 아들이나 손자의 상(喪)을 주관하는 자에 이르러서는 비록 이를 일러 '주인(主人)'이라고 하나 조모와 모친에 대해서는 이를 일러 '주부'라고 할 수가 없으니, 이러한 상(喪)

114 부재모상(父在母喪)인……아니니 : '부재모상'이란 부친이 살아 계시는데 모친이 돌아가신 경우를 자식의 처지에서 일컫는 말이다. 이때 대상은 초상부터 기산하여 13개월째 되는 달, 즉 첫 번째 기일에 지내야 하므로, 11개월째 되는 달에 연제(練祭), 즉 소상을 지낸다. 대상으로부터 2개월 뒤인 15개월째 되는 달 하순의 정일이나 해일에 담제(禫祭)를 지내고, 복을 벗은 다음에는 비록 실제 복은 입지 않더라도 복을 입었을 때와 똑같은 마음으로 근신하기 때문에 '심상'이라고 하는바, 그 기한은 정상적인 삼년상에 준한다.

에서는 주부의 자리를 비워 놓는 것이 옳다네. 게다가 부재모상(父在母喪)이면 그 아들이 주인이 될 수 없으니, 그렇다면 그 아들의 처(妻)가 주부가 되지 못하는 것일세.

문 부인의 신주에다 글자를 적을 때 함중(陷中)에는 마땅히 소자(小字 어릴 때의 이름, 아명)를 적어야 함…….

답 부인의 신주에다 글자를 적을 때 함중에 휘(諱)를 적는 것은 예(禮)일세. 만약 그 명휘(名諱)[115]를 알지 못하면 마땅히 비워 놓아야 하는 것일세.

문 제주전(題主奠)[116]…….

답 제주전은 예(禮)가 아니니, 이에 관한 우옹(尤翁)의 설(說)이 근엄하므로 마땅히 이를 따라야 하네. 이미 '예(禮)가 아니다.'라고 하였으니, 그렇다면 어찌 이것을 두고 '인정으로 보나 예법으로 보나 그만둘 수가 없는 것'이라고 이르겠는가.

115 명휘(名諱) : 살아 있을 때의 이름을 '명(名)'이라 하고, 죽었을 때의 이름을 '휘(諱)'라 하는바, 이 둘을 합하여 사용할 경우 공경하는 뜻이 내포되어서 존장 혹은 존경하는 대상의 이름을 지칭한다. '휘'는 본래 이름을 피한다는 뜻으로, 《예기》 〈곡례상(曲禮上)〉에 "졸곡이 지나서야 비로소 휘하니, 예에 음이 비슷한 이름을 휘하지 않으며, 두 글자의 이름은 한 글자는 휘하지 않는다.〔卒哭乃諱, 禮不諱嫌名, 二名不偏諱.〕"라고 한 데에서 비롯된 것이다.

116 제주전(題主奠) : 광중(壙中)에 하관(下棺)하여 평토(平土)한 다음 신주에 글자를 적고 전(奠)을 올리는 것을 말한다. 그러나 《가례》 〈상례(喪禮) 급묘 하관 사후토 제목주 성분(及墓下棺祠后土題木主成墳)〉의 '제주(題主)'에 관한 원주(原註)를 살펴보면 이때 전(奠)을 올린다는 내용이 보이지 않는다.

문 여막(廬幕)에 거처하며 시묘(侍墓)함…….

답 여막에 거처하며 시묘하는 것은 본래 올바른 예법이 아닌데 주자께서도 일찍이 이것을 행하신 적이 있으니, 그렇다면 후학이 준용하는 것은 진실로 불가한 점이 없다네. 그러나 결국에는 사당이 묘소보다 더 중요하니, 장기간 묘소 곁을 지키는 것이 궤연(几筵)을 받들며 날마다 상식을 올리는 것만 못하네. 이것이 어떠할지 알지 못하겠네.

문 부재모상(父在母喪)에 시묘함…….

답 부친이 살아 계시면 압존(壓尊)이 되는 바가 있고,[117] 게다가 부친의 곁을 떠나서 모친의 봉분을 지켜서는 안 되는 것일세.

문 권조(權厝 임시로 장사를 지냄)…….

답 권조는 대체로 어쩔 수 없는 상황이어서 그러한 것일세. 아무리 '권조'라고 말하더라도 역시 한결같이 장사 지내는 예(禮)를 써야 마땅하고, 완전하게 장사를 지낼 때는 개장(改葬)하는 예(禮)로 조처하는 것이 마땅하네.

117 부친이……있고 : '압존'이란 상대적으로 더 존귀한 대상으로 말미암아 그보다 덜 존귀한 대상에게 당연히 갖춰야 할 예를 갖추지 못하거나, 어른에 대한 공경을 그보다 더 높은 어른 앞에서, 혹은 특별한 이유로 인하여 억누르는 것이다. 대표적인 예로 '부재모상(父在母喪)'을 들 수 있다. 본래 자식은 모친이 돌아가시면 자최삼년의 복을 입어야 마땅하다. 그러나 살아 계신 부친이 상주가 되므로 자식은 예법에 정해진 도수나 등급을 낮추게 되어서 상기를 자최 장기로 줄여서 복상하는바, 이것도 압존에 의해서 그러한 것이다.

문 권폄(權窆)한 뒤에 우선 관즐(盥櫛)을 그만둠…….

답 아무리 권폄한 뒤라고는 하지만 마땅히 우제, 졸곡, 부제 등을 거행해야만 하니, 그렇다면 효자가 머리카락을 빗고 손발톱을 자르고 건(巾)을 착용하는 것을 어찌 그만둘 수가 있겠는가.

문 모친상을 치르면서 부친을 곁에서 모실 때 최복(衰服)을 착용함…….

답 부친을 곁에서 모실 때는 최복을 벗는다고 언급한 예문(禮文)이 없으니, 이러한 데에서 압굴(壓屈)[118]의 의리를 논하는 것은 마땅하지 않은 것 같네.

문 조조(朝祖)[119]의 '조(祖)' 자는 사당〔廟〕을 이름…….

답 '조' 자가 사당을 일컫는다는 것은 우암 선생께서 이미 말씀하셨다네. 대체로 지자(支子)로서 녜묘(禰廟)만 받들어 모시는 경우도 '조녜(朝禰)'라 말하지 않고 '조조'라고 말하니, 여기에서 이러한 뜻을 알 수 있다네.

118 압굴(壓屈) : 압존이 되어서 굽힘이다. '압존'에 관한 것은 304쪽 주117 참조.

119 조조(朝祖) : '조조의(朝祖儀)'라고도 하는데, 영구가 장지로 떠나가기 전에 사당에 있는 조상의 위패를 알현하게 하는 절차이다. 보통 발인 하루 전에 혼백(魂帛)을 받들고 사당으로 나가서 하직하는 의식을 거행한다. 이는 사자(死者)가 생전에 평소 집을 나가고 들어올 때 어른에게 고하였던 일을 본뜬 것으로, 옛날에는 직접 널을 받들고 사당으로 갔는데, 후대에는 사당이 좁아 옮기기가 곤란하여 혼백으로 대신하였다고 한다.

문 은(殷)나라 사람은 연제(練祭)를 지내고 나서 부제(祔祭)를 지냈음[120]…….

답 부자(夫子)께서 비록 은나라의 예(禮)를 좋게 여기셨으나 후세에 거의 모든 예법이 모두 주(周)나라의 예(禮)를 따랐으니, 그렇다면 어찌 유독 부제에 대해서만 은나라의 예(禮)를 쓰겠는가. 이것이 주자께서 《가례》에다 '졸곡을 지내고 나서 부제를 지냄'에 관한 글[121]을

120 은(殷)나라……지냈음 : 이와 관련된 내용은 《예기》 〈단궁 하(檀弓下)〉에 "은나라는 연제를 지내고 나서 부제를 지냈고, 주나라는 졸곡을 지내고 나서 부제를 지냈는데, 공자께서는 은나라의 부제를 좋게 여기셨다.〔殷練而祔, 周卒哭而祔, 孔子善殷.〕"라고 보인다.

121 졸곡을……글 : 이는 《가례》 〈상례(喪禮) 부(祔)〉의 원주에서 "《예기》 〈단궁 하〉에 '은나라는 연제를 지내고 나서 부제를 지냈고, 주나라는 졸곡을 지내고 나서 부제를 지냈는데, 공자께서는 은나라의 부제를 좋게 여기셨다.'라고 하였는데, 이에 대한 정현의 주에 '1년이 지난 뒤에 귀신으로 여기는 것은 인정이다.'라고 설명하였다. 그러나 은나라의 예는 이미 없어졌기에 그 본말을 상고할 수가 없다. 게다가 지금 삼우와 졸곡에 모두 주나라 예의 차례를 따르고 있으니, 그렇다면 이는 부제만 은나라 예를 따를 수는 없는 것이다.〔《檀弓》曰: 殷旣練而祔, 周卒哭而祔, 孔子善殷. 註曰: 期而神之, 人情. 然殷禮旣亡, 其本末不可考. 今三虞卒哭, 皆用周禮次第, 則此不得獨從殷禮.〕"라고 한 다음, "졸곡 바로 그다음 날에 부제를 지낸다.〔卒哭明日而祔.〕"라고 한 예문을 제시한 것을 가리킨다. 이와 관련하여 《회암집》 권39 〈답허순지(答許順之)〉에 "공자께서 은나라의 예가 좋다고 하신 것에 근거하면 마땅히 은나라의 예를 따라서 연제를 지내고서 부제를 거행함이 의심할 것이 없겠으나 지금 그 말씀을 대번에 따르기 어려운 이유는, 오늘날의 상례가 모두 주나라의 예이기 때문이다. 장사 지내고서 우제를 지내고, 우제를 지내고서 졸곡을 지내고, 졸곡을 지내고서 부함은 하나의 일관된 항목의 일로서 수미가 서로 관통하니, 만약 주나라의 예를 고쳐 은나라의 예를 따라서 연제를 지낸 다음 부한다면 곧 주나라 사람들이 행하던 우제는 또한 시행할 수가 없다. 은나라의 예를 구하여 징험하고자 하나 또 그렇게 할 수가 없다. 이 때문에 비록 공자의 말씀이 있더라도 감히 고치지 못하겠다.〔據孔子以殷禮爲善, 則當從殷禮, 練而祔, 無疑

써 놓으신 까닭일세.

문 상인(喪人)이 장사를 지낸 뒤에 신알(晨謁)함…….

답 신알이란 평상시의 예(禮)이므로 상중에 행해서는 안 되니, 남계(南溪)의 설(說)[122]이 옳네. 이는 정식 제사의 절차를 생략해 거행하는 경우와는 똑같지 않다네.

문 처(妻)를 위하여 입는 복(服)에 상장(喪杖)을 짚음…….

답 처(妻)를 위하여 입는 복(服)은 부친이 살아 계시면 상장을 짚지 않고 부친이 살아 계시지 않으면 상장을 짚네. 상장은 마땅히 삭장(削杖 오동나무로 만든 상장)을 써야 하네.

문 분상(奔喪)하다가 성읍(城邑)에 이르면 곡함[123]…….

답 고향의 성곽을 만나면 어찌 곡하지 않을 수 있겠는가. 읍(邑)은

矣. 然今難遽從者, 蓋今喪禮, 皆周禮也. 葬而虞, 虞而卒哭, 卒哭而祔, 是一項事, 首尾相貫, 若改從殷禮, 俟練而祔, 卽周人之虞, 亦不可行. 欲求殷禮而徵之, 又不可得, 是以雖有孔子之言, 而未敢改也.〕"라고 한 내용이 보인다.

122 남계(南溪)의 설(說) : 이는 "신알은 삼년상을 치르는 동안 우선 행하지 않는 것인지요? 아니면 혹 시속의 제도에 따라 상복을 입은 채 종전대로 행하는 것인지요?〔晨謁, 三年之內姑闕之耶? 或以俗制喪服依前爲之耶?〕"라고 한 족손 박필명(朴弼明)의 물음에 "우선 행하지 않는 것이 마땅하다.〔當姑闕之.〕"라고 한 박세채의 대답을 가리킨다. 《南溪續集 卷18 答弼明孫問-壬申九月十六日-》

123 분상(奔喪)하다가……곡함 : 이와 관련된 내용은 《가례》 〈상례(喪禮) 문상 분상(聞喪奔喪)〉의 "도중에 슬픔이 북받쳐 오르면 곡한다.〔道中哀至則哭.〕"에 대한 원주에 보인다.

시끄럽고 떠들썩한 곳으로 곡해서는 안 되니, 이는 여러 사람을 놀라게 할까 봐 그러한 것일세. 사마온공(司馬溫公)이 "꾸미고 속인다."라고 비판하신 말씀[124]은 아무래도 지나친 것 같네.

문 삼년상을 치르는 동안 궤연(几筵)에 시제(時祭)를 행하는가[125]의

124 사마온공(司馬溫公)이……말씀 : 이와 관련된 내용은 사마광(司馬光)의 《서의》에 다음과 같이 보인다. "오직 부모의 상만큼은 새벽에 별을 보고 길을 떠나고 저녁에 별을 보고 멈추며, 도중에 슬픔이 북받쳐 오르면 곡하되 저자나 읍의 시끄럽고 번잡한 곳을 피해서 한다.〔惟父母之喪, 見星而行, 見星而舍, 道中哀至則哭, 避市邑喧繁之處.〕"라고 하였는데, 이에 대한 원주(原註)에 "《예기》〈분상〉에 이르기를, '곡할 때는 저자나 조정을 피해서 한다.'라고 하였는데, 이에 대한 정현의 주에 '사람들을 놀라게 할까 봐 그러한 것이다.'라고 설명하였다. 요즘 사람들은 분상하거나 영구를 따라서 가는 경우 성읍에 이르면 곡하고 성읍을 지나가면 그치니, 이는 사람이 있으면 하고 사람이 없으면 하지 않는 것으로, 꾸미고 속이는 짓이다.〔《奔喪》曰哭避市朝, 注謂驚衆也. 今人奔喪及從柩行者, 遇城邑則哭, 過則止, 是有人則爲之, 無人則不爲, 飾詐之道也.〕"라고 하였다. 《書儀 卷6 喪儀2 聞喪奔喪》 이 내용은 《가례》〈상례(喪禮) 문상분상(聞喪奔喪)〉의 "도중에 슬픔이 북받쳐 오르면 곡한다.〔道中哀至則哭.〕"에 대한 원주에도 보인다.

125 삼년상을……행하는가 : 이와 관련하여 주희는 범염덕(范念德)에게 답한 편지에서 "졸곡 이후에는 대략 《춘추좌전》 두예 주의 설을 따라 사시의 제일을 만나면 최복으로 특별히 궤연에 제사 지내고 묵최로 가묘에 정기적으로 지내는 제사를 올리는 것이 옳다.〔卒哭之後, 可以略放左傳杜注之說, 遇四時祭日, 以衰服特祀於几筵, 用墨衰常祀於家廟可也.〕"라고 언급하여 궤연에 시제를 지내도 된다고 보았다. 《晦庵集 卷39 答范伯崇》 하지만 이 문제에 대해서는 학자들의 의견이 일치하지 않는다. 조선조에서 이황(李滉)이나 이이(李珥) 등은 주희의 말에 근거하여 궤연에 시제를 지내는 것도 가능하다고 보았다. 그러나 송익필(宋翼弼), 김집(金集), 윤증(尹拯) 등은 흉례(凶禮)과 길례(吉禮)를 엄격하게 구분하여 궤연에 시제를 지내서는 안 된다고 보았다. 《同春堂別集 卷1 上沙溪金先生》《愼獨齋全書 卷13 疑禮問解續 喪禮 奠上食》《常變通攷 卷24 祭禮

여부…….

답 이는 신독재(愼獨齋)의 설(說)[126]을 따라야 마땅할 걸세.

문 제상과 향탁은 장사 지낸 뒤에 옻칠을 사용함…….

답 우제(虞祭)부터 이미 제례(祭禮)를 적용했기 때문에 영좌(靈座) 앞의 제상과 향탁은 흰색을 바꾸어 옻칠을 쓰니, 이는 다름 아닌 길(吉)을 향해 나아간다는 뜻일세. 제상과 향탁뿐만 아니라 휘장이나 장막도 이렇게 하니, 이러한 부분은 인가(人家)에서 통행하는 규례를 따르는 것이 옳다네.

문 《상례비요》에서 '발인(發引)의 제구(諸具)'와 '남녀가 곡하며 걸어서 뒤를 따름'[127]…….

답 남녀가 곡하며 걸어서 뒤를 따르는 것은 예(禮)인데, 장지가 멀리 있거나 병에 걸려서 제대로 걷지 못하는 경우는 아들들도 악거(惡車)를 타고 가다가 선영에서 300보 떨어진 곳에서는 모두 내린다네.[128]

時祭下 喪中几筵時祭》

126 신독재(愼獨齋)의 설(說) : 이는 "삼년상을 치르는 동안 궤연에도 사시제를 거행합니까?〔三年之內, 於几筵, 亦行四時祭耶?〕"라고 한 최신(崔愼)의 물음에 "삼년상을 치르는 동안 아침저녁으로 올리는 제는 살아 있을 때를 형상한 것이니, 사시제는 거행해서는 안 된다.〔三年朝夕祭, 像生時也. 時祭不當行也.〕"라고 한 김집(金集)의 대답을 가리킨다. 《愼獨齋全書 卷13 疑禮問解續 喪禮 奠上食》

127 상례비요에서……따름 : 《상례비요》〈계빈(啓殯)〉을 살펴보면, '발인의 제구〔發引之具〕'에 만사(輓詞)·횃불〔炬〕·공포(功布) 등등을 열거하고, 이후 발인의 절차를 설명하는 부분에서 "영구가 떠나면, 주인 이하 남녀가 곡하며 걸어서 뒤를 따른다.〔柩行, 主人以下男女哭步從.〕"라고 언급하였다.

《가례》의 주(註)가 이와 같으므로 《상례비요》의 내용 역시 이러한 것일세.[129]

문 명정(銘旌)을 적을 때 사(士)의 아내에 대해서는 어떻게 칭하는 것이 마땅합니까…….

답 사(士)의 아내에 대해서는 마땅히 '유인(孺人)'이라고 해야 하네. 구품인 문관이나 무관의 아내에 대해서도 '유인'이라고 칭하니, 이는 바로 '예(禮)를 적용하기가 힘들면, 아래가 똑같이 한다.'[130]라는 의리가 아니겠는가.

128 장지가……내린다네 : 이와 관련된 내용은 《대당개원례(大唐開元禮)》의 원주(原註)에 "만약 장지가 멀리 있거나 병에 걸려서 제대로 걷지 못하는 경우는 비록 친지와 문상객이 돌아감이 없더라도 주인과 아들들도 백토를 칠한 수레를 타고 가다가 선영에서 300보 떨어진 곳에서는 모두 내린다.〔若墓遠及病不堪步者, 雖無親賓還, 主人及諸子亦乘堊車, 去塋三百步皆下.〕"라고 한 데에 보인다. 《大唐開元禮 卷139 凶禮 將葬諸孝乘車》 해당 원문의 '악거(惡車)'는 '악거(堊車)'의 오류로 보인다.

129 가례의……것일세 : 《가례》 〈상례 발인(發引)〉에 "영구가 떠나면〔柩行〕"이라고 한 것에 대한 원주에 "방상 등이 앞에서 인도하는데, 명기(明器)를 진열할 때의 순서와 똑같이 한다.〔方相等前導, 如陳器之敘.〕"라고 하였고, "주인 이하 남녀가 곡하며 걸어서 뒤를 따른다.〔主人以下男女哭步從.〕"라고 한 것에 대한 원주에 "조조하던 순서와 똑같이 하는데, 문을 나서면 흰 장막으로 양옆을 가린다.〔如朝祖之敘, 出門, 則以白幕夾障之.〕라고 하였다. 《상례비요》에서도 이 부분은 《가례》의 내용과 거의 똑같다.

130 예(禮)를……한다 : 해당 원문은 '예궁즉하동(禮窮則下同)'으로, 이는 원래 《의례》 가공언 소에서 '예궁즉동(禮窮則同)'으로 몇 군데 보인다. 이는 예문(禮文)에서 그 상황에 적합한 예(禮)가 규정되어 있지 않으면, 그와 비슷한 예(禮)를 끌어다 적용한다는 말인데, 대표적인 예로 〈상복〉의 소에 "민서의 경우로 말하면, 역시 똑같이 사의 예를 행하니, 이는 예를 적용하기가 힘들면 똑같이 하기에 그러한 것이다.〔至於民庶, 亦同行士禮, 以禮窮則同之.〕"라고 한 대목을 들 수 있다.

문 상인(喪人)이 장사를 지낸 뒤에 직접 궤전(饋奠)[131]을 거행함…….

답 상인이 장사를 지낸 뒤에 직접 궤전을 거행할 때는 마땅히 영좌(靈座) 앞에서 곡해야 하니, 굳이 여차(廬次 여막)에서 곡할 필요는 없다네. '우제(虞祭)를 지낼 때 주인이 들어가서 곡하고[132] 상장(喪杖)을 짚고서 실(室)에 들어가지 않는다.[133]'라는 뜻을 가지고 미루어 보면 알 수 있을 것일세.

문 상중에 있으면서 강학함…….

답 주자께서는 장사 지내기 전에 스승을 좇아 배우셨으니, 그렇다면 학문하는 것이 긴급하다는 사실을 알 수 있다네. 그러므로 주자께서 일찍이 이르시기를, "일로써 슬픔을 잊어버리지 않고, 또한 슬픔으로써 일을 그만두지 않는다."라고 하셨으니, 이것이 바로 정당한 절도일

131 궤전(饋奠) : 거상하는 동안 제대로 된 정식 제사의 형식을 갖추지 않고 아침과 저녁에 음식을 올리는 예(禮)를 말한다.

132 우제(虞祭)를……곡하고 : 이는 《가례》와 《상례비요》의 '우제(虞祭)'에서 "축이 독을 열어 신주를 영좌(靈座)에다 모셔 내면, 주인 이하는 모두 들어가서 곡한다.〔祝出神主於座, 主人以下皆入哭.〕"라고 한 것을 말한다. 《家禮 喪禮 虞祭》《沙溪全書 卷33 喪禮備要 虞祭》

133 상장(喪杖)을……않는다 : 이와 관련된 내용은 《예기》 〈상복소기(喪服小記)〉에 "우제를 지낸 뒤에는 상장을 짚고서 실에 들어가지 않고, 부제를 지낸 뒤에는 상장을 짚고서 당에 올라가지 않는다.〔虞, 杖不入於室; 祔, 杖不升於堂.〕"라고 보이는데, 이에 대한 진호(陳澔)의 《집설》에 "우제는 정침(正寢)에서 지내니 제사 지낸 뒤에 상장을 짚고서 실에 들어가지 않으며, 부제는 조묘에서 지내니 제사 지낸 뒤에 상장을 짚고서 당에 올라가지 않는바, 이는 모두 슬픔을 줄이는 절도이다.〔虞祭在寢, 祭後不以杖入室; 祔祭在祖廟, 祭後不以杖升堂, 皆殺哀之節也.〕"라고 설명하였다.

세. 상중을 비록 독례(讀禮)[134]라고 말하나 또한 마땅히 독서해야만 하니, 그저 《시경》만 읽지 않을 뿐이네. 예(禮)를 강학하고 경(經)을 읽는 것을 모두 그만두어서는 안 된다네.

문 장사를 지낸 뒤에 궤연(几筵)을 받들어 현아(縣衙)로 감…….
답 공해(公廨 관가의 건물)에서 감히 곡읍하지 못함은 송(宋)나라 때의 법령이네. 오늘날 현읍(縣邑)의 아사(衙舍)를 두고 선배들이 사실(私室)이라고 하여 곡읍하고 제사를 거행하는 것을 허락하였네. 그렇다면 궤연은 받들어 가서는 안 된다는 의리가 없을 것 같네만 이는 법전에 관계된 것으로 여전히 자세히 알지 못하는 부분이 있으니, 모름지기 근래의 통규(通規)를 물어보아서 결정해야만 할 것일세. 이렇게 하는 것이 어떻겠는가. 아사 내에서 곡읍을 행함이 마땅하다는 것은 우옹(尤翁)과 한강(寒岡)의 설(說)이 모두 그러하다네.[135]

134 독례(讀禮) : 거상(居喪)을 뜻한다. 거상 중에 상례 및 제례와 관련된 예서(禮書)를 읽으므로 그러한 것이다. 이와 관련하여 《예기》 〈곡례 하(曲禮下)〉에 "장사 지내기 전에는 상례를 읽고, 장사 지낸 뒤에는 제례를 읽는다.〔未葬讀喪禮, 旣葬讀祭禮.〕"라는 말이 있다.

135 아사……그러하다네 : 이와 관련하여 송시열은 "오늘날의 수령은 아사가 있으니, 어찌 이를 버려두고서 다른 곳에서 곡하겠는가.〔今守令則有衙舍, 何可舍此而哭於他所乎?〕"라고 언급하였다. 《宋子大全 卷72 答李擇之-己未十二月二十日-》 정구 역시 "《가례》 〈문상〉의 주에 '주현의 관가 건물 안에서 거애할 수 없다. 관직에 있는 자는 마땅히 절에서 곡해야 한다.'라고 하였습니다. 관가의 건물에서 거애할 수 없다는 것은 알겠습니다만 만일 아사일 경우는 관가의 건물과는 다르니, 그곳에서는 거애하더라도 무방하지 않겠습니까?〔《家禮》聞喪註, 不得於州縣廨舍擧哀, 在官者當哭於僧舍云. 公廨不得擧哀, 則聞命矣, 若衙舍則異於公廨, 雖擧哀, 亦無所妨邪?〕"라고 한 물음에 "아사는 본래 개인이 생활하는 집이니, 그곳에서 거애하더라도 무방할 듯하네.〔衙舍自是私室,

문 조부모의 상(喪)에는 제문(祭文)이 없음…….

답 상(喪)을 당해서는 말할 때 수사를 부려서 꾸미지 않는 법일세.[136] 조부모의 상(喪)은 바로 정통(正統)을 위하여 입는 복(服)이니, 어버이의 상(喪)과 그 거리가 멀지 않네. 그러므로 농암(農巖 김창협(金昌協))과 삼연(三淵 김창흡(金昌翕)) 두 선생이 동추공(同樞公)[137]의 상(喪)에 제문이 없었던 것일세.

문 만장(輓章)…….

답 만장은 불에 태워 없애는 것이 올바르네.

문 부인(婦人)의 상(喪)에 만(輓 만사(輓詞), 만시(輓詩))을 지어줄 것을 청함…….

답 선배들의 문집을 살펴보면 부인을 위하여 지은 만시(輓詩)가 많이 보이니, 그렇다면 내상(內喪)에 만(輓)을 지어줄 것을 청함은 해당하는 예(例)가 있는 걸세. 그러나 우빈(虞殯)의 노래가 《춘추좌씨전》에

擧哀恐無妨.]"라고 대답하였다. 《寒岡集 卷8 答問-答李茂伯-》

136 상(喪)을……법일세 : 이 내용은 《효경》 〈상친장(喪親章)〉에 "효자가 부모의 상을 당해서는 곡할 때 그 소리를 길게 늘이지 않고, 예를 행할 때 용모를 꾸미지 않으며, 말할 때 수사를 부려서 꾸미지 않는다.〔孝子之喪親也, 哭不偯, 禮無容, 言不文.〕"라고 한 데에 보인다.

137 동추공(同樞公) : 김광찬(金光燦, 1597~1668)으로, 본관은 안동(安東), 자는 사회(思晦)이다. 아버지는 부사 김상관(金尙寬)으로, 작은아버지인 좌의정 김상헌(金尙憲)의 양자로 들어갔다. 1627년(인조5) 생원시에 합격하였다. 아들 김수흥(金壽興)·김수항(金壽恒)이 출세하자 1661년(현종2) 공조 참의에 특별히 제수되었으며, 청풍 군수, 파주 목사를 거쳐 동지중추부사(同知中樞府事)에 올랐다.

보이지만[138] 이것이 반드시 성인께서 제정하신 예(禮)는 아니니, 쓰지 않는다고 한들 무슨 문제 될 것이 있겠는가.

문 삼년상을 치르는 동안 부부가 서로 대면하지 않음…….
답 상중에 제전(祭奠)을 올릴 때 부부가 더러는 서로 대면하기도 하니, 아무리 피할 수 없다고는 하지만 제전을 올릴 때가 아니면 서로 만나 보아서는 안 되는 것일세. 예(禮)에서 "일이 있어 예를 행할 때라서 모친을 뵙는 경우가 아닌 이상 중문(中門)에 들어가지 않는다."[139]라고 언급한 뜻을 가지고 살펴보면 내외를 구분 지음이 더할 나위 없이 엄격하니, 삼가지 않을 수가 없다네.

문 상인이 부형(父兄)을 맞이하거나 보낼 때 상장을 짚음…….
답 예(禮)에 상장을 거두어 들고서 땅을 짚지 않는다는 글이 있으니, 부형의 앞에서는 상장을 거두어 드는 것이 마땅할 것 같네.

138 우빈(虞殯)의……보이지만 : '우빈'이란 만사(輓詞) 혹은 만가(輓歌)를 지칭하는 것이다. 《춘추좌씨전》 애공(哀公) 11년(B.C. 484)에 "공손하가 그의 부하들에게 명하여 우빈을 노래하게 하였다.〔公孫夏命其徒歌虞殯.〕"라고 하였는데, 이에 대한 두예(杜預)의 주(注)에 "우빈은 장송하는 가곡이다.〔虞殯, 送葬歌曲也.〕"라고 설명하였다.

139 일이……않는다 : 이 말은 《예기》 〈잡기 하(雜記下)〉에 "삼년상에는, 자기 일은 말하되 남을 위해 논설하지 않고 대답은 하되 묻지 않으며, 의려와 악실 안에서는 남과 함께 앉지 않고, 악실 안에 있으면, 일이 있어 예를 행할 때라서 모친을 뵙는 경우가 아닌 이상 중문(中門)에 들어가지 않는다.〔三年之喪, 言而不語, 對而不問. 廬、堊室之中, 不與人坐焉. 在堊室之中, 非時見乎母也, 不入門.〕"라고 한 데에 보인다.

문 상인은 장사 지내기 전까지 밤에 방돌(房堗 구들)에 거처해서는 안 됨…….

답 오늘날의 사람들은 옛사람과 비교해 봤을 때 그 기품(氣稟)이 몹시도 크게 미치지 못하네. 그러니 어찌 예(禮)를 잡아 지키는 데에 너무 지나치게 구애되어서 질병이 생기게 하여 몸을 위태롭게 만드는 지경에 이를 수 있겠는가. 밤이 되면 들어가서 방돌에 거처하는 것이 또한 권도(權道)를 따르는 방도일세.

문 조석곡(朝夕哭)에는 절을 올리지 않음…….

답 그대가 평상시에 비록 새벽과 저물녘에 절을 올렸다고 하더라도 거상 중의 조석곡에는 절을 올려서는 안 되네. 평상시 예(禮)에 지나친 것을 상(喪)으로 말미암아서 고치는 것이 합당하니, 어찌 굳이 전후가 서로 똑같지 않다고 하여서 혐의할 필요가 있겠는가.

문 조조(朝祖)[140]를 거행할 때 사당에 고하는 말이 없음…….

답 이미 조묘(祖廟)에다 '이제 막 죽었음〔始死〕'을 고하였을 것이니, 조조를 거행할 때 또 어찌 굳이 고할 필요가 있겠는가. 영좌(靈座)의 앞에서 고유(告由)하는 말이 있는 것은 영구와 혼백(魂帛)을 이동하려고 하여서 그러한 것일세.

문 주독(主櫝)의 보〔袱〕는 도자(韜藉 신주의 덮개와 깔개)의 색을 따름…….

140 조조(朝祖) : 305쪽 주119 참조.

답 주독의 보를 사용하는 것이 《오례의(五禮儀)》에 보이지만 그 색에 대해서는 자세하지 않으니, 어찌 굳이 고(考)에게는 자색(紫色)을 적용하고 비(妣)에게는 비색(緋色)을 적용하는 도자의 색을 따를 필요가 있겠는가. 세속에서는 내상(內喪)과 외상(外喪)을 구분하지 않고 주독의 보는 혹 자색을 쓰기도 하고 혹 청흑색을 쓰기도 한다네.

문 졸곡(卒哭)을 거행하는 날이 바로 절사(節祀)를 지내는 날일 경우…….

답 졸곡을 거행하는 날이 절사를 지내는 날과 서로 겹치면 새 묘소에 제사를 설행하는 것이 마땅할 듯하네.

문 시부가 자부의 상(喪)을 주관할 경우 그 우제와 졸곡을 거행할 때 읽는 축문의 내용…….

답 우옹(尤翁)께서는 "손부의 상(喪)에서 거행하는 우제와 졸곡의 축문에는 마땅히 '서글프고 쓰라린 심경을 스스로 견뎌 내지 못하겠다.〔悲念酸苦 不自勝堪〕'라고 해야 한다."라고 하셨네. 이것을 가지고 자부의 상(喪)에서 거행하는 우제와 졸곡의 축문에 통용하는 것이 무방할 것 같네.

문 《상례비요》의 '명기(明器)를 저장함' 아래에 있는 주(註)에서 편방(便房)[141]…….

141 상례비요의……편방(便房) : 《상례비요》 〈급묘〉에서 "명기 등을 저장한다.〔藏明器等.〕"라고 하였는데, 그 원주에 "흙을 절반쯤 채우고, 마침내 명기·하장·포·소

답 《사기》의 '편좌(便坐)'에 대한 주(註)[142]에 "한쪽 곁에 있는 처소에 편좌함이니, 이는 정실이 아니다.〔便坐於便側之處 非正室〕"[143]라고 하였네. 사계(沙溪)께서 '편방'이라고 하신 것도 '한쪽 곁〔便側〕'이라는

・앵을 편방에 저장한 다음 판자로 그 문을 막는다.〔實土及半, 乃藏明器下帳苞筲甖於便房, 以板塞其門.〕"라고 설명하였다. 이는 모두 《가례》의 내용과도 일치한다. 광중(壙中)에서 가운데 관을 안치한 곳은 정방(正房)이고, 관의 동쪽에 하장(下帳)을 설치하여 영좌(靈座)를 안치한 곳은 편방이다. 이와 관련하여 《상변통고》에서는 "편은 곁이라는 의미이니, 광의 곁을 뚫어 방으로 삼은 것이다.〔便, 側也, 穿壙側爲房.〕"라고 설명하였는데, '편(便)' 자에 대해서는 '편안'의 뜻으로 보는 설과 '곁'의 뜻으로 보는 설이 있다. 《沙溪全書 卷33 喪禮備要 及墓》《家禮 喪禮 及墓下棺祠后土題木主成墳》《順菴集 卷7 答鄭士成晩器喪禮問目-丙戌-》《常變通攷 卷30 家禮考疑下 治葬》

142 사기의……주(註) : '편좌(便坐)'는 《사기》 권103 〈만석군열전(萬石君列傳)〉에서 "그 자손 중에 하급 관리가 되어 돌아와 뵙는 자가 있으면, 만석군이 반드시 조복을 입고 만나 보고 그를 이름으로 부르지 않았으며, 자손이 과실이 있으면 꾸짖거나 나무라지 않고, 이 때문에 별도로 다른 곳에 앉아서 밥상을 마주 대하고도 먹지 않았다.〔子孫爲小吏, 來歸謁, 萬石君必朝服見之, 不名, 子孫有過失, 不譙讓, 爲便坐, 對案不食.〕"라고 한 데에 보인다. '편좌'에 대하여 사마정(司馬貞)의 《색은(索隱)》에 "이는 대체로 '이 때문에 정실에 거처하지 않고 별도로 다른 곳에 앉음'을 이르니, 그러므로 '편좌'라고 한 것이다. '좌'는 본음대로 발음하니, 편좌란 올바른 좌처가 아니다. 그러므로 왕자가 거처하는 바에 편전과 편방이 있으니, 그 뜻도 이와 같다.〔蓋謂爲之不處正室, 別坐他處, 故曰便坐, 坐音如字. 便坐, 非正坐處也, 故王者所居有便殿便房, 義亦然也.〕"라고 설명하였다. 《史記索隱 卷23 萬石張叔列傳第43》 '좌음여자(坐音如字)'란 '좌' 자에 두 가지 이상의 발음이 있는데 그중 가장 통상적인 발음으로 읽는다는 뜻으로, 거성(去聲)으로 발음해야 함을 가리키는바, 결국 '좌(座)' 자와 똑같다.

143 한쪽……아니다 : 저자가 원용한 이 내용은 본래 《한서》 권46 〈만석군전〉에 실려 있는 안사고(顔師古)의 주(注)이다. 이는 《자치통감》 권17 〈한기(漢紀)9 세종효무황제상지상(世宗孝武皇帝上之上)〉 '건원(建元) 2년(B.C. 139) 동 시월(冬十月)' 조 및 《소학집주》 〈선행(善行) 실명륜(實明倫)〉 등에도 인용되어 있다.

뜻인 듯하네. 여기에 근거하면, 편방이란 지실(地室 광중)의 한쪽 곁에 있는 처소에다가 방을 만들어 놓고서 그 가운데에 명기를 보관하는 것일세. 그러나 오늘날에는 이를 쓰지 않는 것이 옳네.

문 장사 지내는 시간에 가인(家人 집안사람)이 망곡(望哭)함…….
답 망곡할 때 허위(虛位)를 마련해 놓았으면 마땅히 배례(拜禮)가 있어야만 하네.

문 상중에는 그저 그런 중요하지 않은 글을 지어서는 안 됨…….
답 매순흠(梅舜欽)의 일[144]은 언급할 만한 가치도 없는 것일세. 거상 중에는 행장(行狀)과 제문(祭文) 이외에 다른 글은 지어서는 안 되네. 제문에 대해서 호적계(胡籍溪)는 "압운하지 않고 산구(散句)로만 짓는다."라고 말씀하였네.[145]

144 매순흠(梅舜欽)의 일 : 이는 상중에 시를 지었던 매요신(梅堯臣)의 일을 가리킨다. '매순흠'은 매요신이 동시대의 소순흠(蘇舜欽)과 병칭되었기 때문에 일어난 착오로 보인다. 매요신이 상을 당하였는데 영릉(寧陵)에 이르러서 비바람에 길이 막히자 도하(都下)의 친구에게 "나 홀로 어머니의 상을 치르니, 눈물은 하수와 흐르는구나. 하수는 끝내 다함이 있겠지만, 이내 눈에는 언제나 마르지 않는 눈물의 샘이 있다오.〔獨護慈母喪, 淚與河水流. 河水終有竭, 淚泉常在眸.〕"라고 시를 지어 부쳤는데, 이를 두고 사람들은 그가 시를 지은 것이 빠르다〔作詩早〕고 비난하였다.《古今事文類聚前集 卷52 喪事部 詩話 居喪作詩-江鄰幾雜錄-》《宛陵集 卷40 寧陵阻風雨寄都下親舊》

145 제문에……말씀하였네 : 이와 관련된 내용은《주자어류》에 "포양(包揚)이 여쭈었다. '삼년상을 치르는 동안 제문을 지어서 고구에게 제사 지낼 수가 있습니까?' 선생님께서 말씀하셨다. '옛사람은 상을 치르는 동안 조문하러 가서 제사 지내는 것을 전혀 하지 않았지만, 지금은 어찌할 수가 없다. 호적계는, 그저 산구로만 짓고 압운하지 않는다고 말씀하셨다.'〔問: '三年喪中得做祭文祭故舊否?' 曰: '古人全不弔祭, 今不奈

何. 胡籍溪言只散句做不押韻.')"라고 한 데에 보인다. 《朱子語類 卷89 禮6 冠昏喪 喪》 '호적계'는 호헌(胡憲)으로, 주희의 부친 주송(朱松)과 친밀하게 교유한 사이이다. '산구'란 운자(韻字)와 대우(對偶)를 맞추지 않고서 지은 글귀를 가리키는바, 산문(散文)을 뜻한다.

홍백응에게 답하다
答洪伯應

부인은 외성(外成)하는 자일세.[146] 그러니 부인의 상(喪)을 치르며 조조(朝祖)를 거행할 때는 그 본친(本親)의 사당에 가서 알현해서는 안 되네. 비록 사당이 지극히 가까운 곳에 있다고 하더라도 굳이 행할 필요는 없을 듯하네.

연제(練祭)를 지내고 나서 부제(祔祭)를 지낸 것에 대하여 비록 부자께서 은나라를 좋게 여기신 가르침이 있지만, 주자께서 말씀하시기를, "무릇 상례와 제례를 모두 주나라의 예(禮)를 따라서 거행하는데 유독 부(祔)에 있어서만 은나라의 예(禮)를 사용하는 것은 불가하다."라고

146 부인은……자일세 : '외성'이란 '밖에 나가서 이루어진다.'라는 뜻으로, 여자가 자신의 집안을 나가서 다른 사람의 집안으로 출가(出嫁)하는 것을 가리킨다. 이와 관련하여 《예기》 〈상복소기〉에 "남자 상주는 반드시 동성을 시키고, 여자 상주는 반드시 이성을 시킨다.〔男主必使同姓, 婦主必使異姓.〕"라고 하였는데, 정현의 주에 "이성이란 동종의 부인이다. 부인은 외성이다.〔異姓, 同宗之婦也. 婦人外成.〕"라고 설명하였고, 또 공영달의 소에 "'부인은 외성이다.'라고 한 것은 '여자 상주는 반드시 이성을 시킨다.'의 뜻을 풀이한 것이다. 지금 죽은 자와 동성인 부인은 상가의 일에 참여하여 상주가 될 수 없으니, 외성하여 다른 일족에게 시집가서 그 집안의 사람이 되었기 때문이다. 그러므로 자신이 직접 자기의 동종과 상주가 될 수 없으니, 여기서 '이성'이라고 한 것은 남편 집안과 이성이 되는 것이다.〔云婦人外成者, 解婦主使異姓之意. 今與死者同姓婦人, 不得與喪家爲喪主, 以其外成適於他族, 故不得自與己同宗爲主, 此云異姓者, 與夫家爲異姓.〕"라고 설명하였다. 《禮記注疏 卷32 喪服小記》

하셨다네. 그러므로 "졸곡을 거행한 바로 그다음 날에 부를 거행한다.〔卒哭明日而祔〕"라고 한 내용을 《가례》에 실어 놓으셨다네.[147] 그러나 이미 졸곡을 거행해야만 할 때 미처 거행하지 못하였으면 연제를 지낸 다음에 부(祔)를 거행하는 것은 의심할 여지가 없다네.

외친(外親)을 위하여 입는 복(服)이란 본래 그 자체로서 가벼운 쪽으로 따른 것일세. 만약 외친인 여자가 다른 사람에게 출가하였다고 해서 복(服)의 등급을 낮추면, 이미 가벼운데 더욱 가벼워지니, 이는 혹 전혀 복(服)이 없는 데에 가까울 걸세. 그러므로 복(服)의 등급을 낮추지 않는다네.

147 연제(練祭)를……놓으셨다네 : 306쪽 주120 및 주121 참조.

홍백응에게 답하다

答洪伯應

문 어떤 사람이 어버이를 장사 지내기 위하여 개금정(開金井)[148]할 때 지석(誌石)을 얻었는데 다름 아닌 선대의 묘지(墓誌)였으나 다만 이름자가 있을 뿐이고 성(姓)은 없었으며 봉분의 형태와 관의 형체가 모두 함께 제대로 보존된 것이 없었습니다. 이에 대해 어떤 이는 말하기를, "흙으로 덮어 가리고서 봉분을 만들어야 한다."라고 하고, 또 어떤 이는 말하기를, "잘 갈무리하고서 평토(平土)해야 한다."라고 하니, 어떻게 하면 인정과 예법에 부합하겠습니까?

답 묘지(墓誌)에 아무리 이름자만 있고 성(姓)은 없더라도 관직의 이력과 세계(世系) 및 자손(子孫) 등을 모두 확인해 볼 수 있지 않겠는가. 이미 그 선대가 안장된 곳임을 분명하게 알았으면, 관의 형체가 아무리 제대로 보존된 것이 없다고 하더라도 어찌 평토만 하고 말 수 있겠는가. 이 경우는 허장(虛葬)과는 다른 점이 있네. 뼈와 살이 흙으로 돌아갔으니, 이는 결국 그분의 체백(體魄)이 계시는 바일세. 그런데 만약 평토만 하고 만다면, 장차 논밭을 가는 농기구가 미치게 될 것이고 또한 다른 사람이 무덤을 차지할 것이니, 이것이 어찌 자손된 자가 편안하게 여길 바이겠는가. 이미 친진하여서 대(代)가 멀어졌

148 개금정(開金井) : 묘를 쓰려고 구덩이를 파는 것이다. '금정'이란 '금정틀'의 준말로, 무덤을 팔 때 굿의 길이와 넓이를 정하는 데에 쓰는 나무틀인데, 굵은 나무를 '정(井)' 자 꼴로 만들어 땅바닥에 뉘어 놓고 그 안으로 괴어 굿을 만든다.

더라손 치더라도 이런 경우는 오직 '묘를 실전한 자가 도로 찾아서 얻은 예(例)'를 가지고 대처해야 마땅할 걸세.

홍백응에게 답하다
答洪伯應

그대가 보내온 편지의 내용에서 아직 예서(禮書)를 널리 상고할 수 없음을 근심한 것은, 비록 상례와 제례에 스스로 마음과 힘을 들여 정성을 다하려는 뜻에서 나온 것이네만 방대한 분량의 예서란 하루아침에 전부 다 궁구할 수 있는 것이 아닐세. 번다하고 쇄쇄한 예문(禮文)과 의절(儀節)도 마땅히 생략해야 할 바라네.

더구나 거상하는 도(道)로 말하면, 슬픔이 부족하고 예(禮)가 넉넉하기보다는 차라리 예(禮)가 부족하고 슬픔이 넉넉한 것이 나으니,[149] 이는 선성(先聖)께서 임방(林放)의 물음을 훌륭하게 여기신 까닭일세.[150] 근일에 자못 문(文)이 압도하는 폐단[151]이 있으니, 바로 이 가르

149 슬픔이……나으니 : 이는 자로(子路)가 전한 공자의 말씀으로, 《예기》 〈단궁 상(檀弓上)〉에 보인다.

150 이는……까닭일세 : '임방'은 공자의 제자로, 이와 관련된 내용은 《논어》 〈팔일(八佾)〉 제4장에 "임방이 예의 근본을 묻자, 공자께서 말씀하셨다. '훌륭하다, 너의 질문이여. 예는 사치하기보다는 차라리 검소하여야 하고, 상은 형식적으로 잘 다스려지기보다는 차라리 슬퍼하여야 한다.'〔林放問禮之本, 子曰, 大哉! 問! 禮與其奢也, 寧儉; 喪與其易也, 寧戚.〕"라고 한 데에 보인다.

151 문(文)이 압도하는 폐단 : 내용이나 본질보다 형식이나 외관에 치우치는 문제를 말한 것으로, 《논어》 〈옹야(雍也)〉 제16장에 "질이 문을 압도하면 촌스럽게 되고, 문이 질을 압도하면 겉치레만 잘하게 되니, 문과 질이 적절하게 잘 배합된 뒤에야 군자라고 할 수 있다.〔質勝文則野, 文勝質則史, 文質彬彬然後君子.〕"라고 한 공자의 말씀에서 유래하였다.

침을 깊이 염두에 두어야만 할 것일세. 이렇게 하는 것이 어떻겠는가. 어떻겠는가. 내가 듣기로 음식에 관한 의절에 대해서 아직도 권도(權道)를 따르지 않고 있다고 하니, 어쩌면 이다지도 지나치게 고집하여서 몸을 위태롭게 만듦에 대한 경계[152]를 생각하지 않는단 말인가. 주부자께서는 일찍이 상중에 있는 사람이 질병에 걸리자, 그에게 육환(肉丸)을 만들어서 복용할 것을 권하셨던 적이 있었네. 이 뜻이 매우 좋으니, 부디 한번 시험해 보기를 바라네. 어찌 생각하는가.

152 몸을……경계 : 상(喪)을 치르면서 너무 지나치게 슬퍼한 나머지 건강을 해쳐 목숨을 위태롭게 해서는 안 된다는 뜻으로, 《예기》 〈단궁 하(檀弓下)〉에 "상을 치르면서 사는 집을 염려하지 않게 하며, 애훼하되 몸을 위태롭게 하지 않으니, 상을 치르면서 사는 집을 염려하지 않게 하는 것은 집안이 망하면 사당이 없어지기 때문이고, 애훼하되 몸을 위태롭게 하지 않는 것은 상주가 너무 지나치게 애훼하여 죽으면 후사가 없어지기 때문이다.〔喪不慮居, 毁不危身, 喪不慮居, 爲無廟也. 毁不危身, 爲無後也.〕"라고 한 데에 보인다.

홍백응에게 답하다
答洪伯應

상중에 다른 사람의 상(喪)을 조문하면 자기의 슬픔을 잊어버리네. 그러니 이것이 옳다고 하겠는가. 예(禮)에 이르기를, "성(姓)이 다르면 비록 이웃이라고 하더라도 가지 않아야 한다."[153]라고 하였네.

문 상식(上食)을 올림은 산고(産故)가 있거나 상사(喪事)가 나면 마땅히 며칠 동안 그만두어야 함…….

답 상식을 올리는 데에는 재계함이 없으니, 산고가 아무리 불결하다지만 상식을 정폐(停廢)해서는 안 되는 걸세. 상사가 나면 성복(成服)할 때까지 상식을 올리는 것을 그만두어야 마땅하네. 이러한 내용이 《상례비요》 '상식(上食)' 조의 주(註)에 보이네.

문 상(喪)으로 인하여 관(冠)을 씀…….

답 상(喪)으로 인하여 관을 쓰는 것은, 소기(小記)에 해당하는 글이 있으니,[154] 어찌 떳떳한 예법에 부합하지 않는다고 이르겠는가. 시남

153 성(姓)이……한다 : 이와 관련된 내용은 《예기》 〈단궁 상(檀弓上)〉에 "삼년상의 빈소가 있을 때 먼 데 사는 형제의 상이 났다는 소식을 들으면 비록 시마복을 입는 사이라도 반드시 가야 하고, 형제가 아니면 비록 이웃이라고 하더라도 가지 않아야 한다.〔有殯, 聞遠兄弟之喪, 雖緦必往, 非兄弟, 雖鄰不往.〕"라고 보인다.

154 상(喪)으로……있으니 : '소기(小記)'란 《소대례기(小戴禮記)》로, 《예기(禮記)》를 가리킨다. 이와 관련하여 〈증자문(曾子問)〉에 "만약 장차 자식에게 관례를 거행

(市南) 유공(兪公)[155]은 성복(成服)하는 날에 그대로 상복을 입고서 관을 쓰는 것이 옳다고 하였네.

문 삼년상을 치르는 동안 노비(奴婢)의 가취(嫁娶)…….

답 복례(僕隷)가 그 주인의 상(喪)에 조복가마(弔服加麻)[156]를 하는 것은 바로 고례(古禮)이고, 노비가 피발(被髮)하는 것은 후세의 예(禮)이니, 아마도 예외 없이 부모상을 기준으로 삼아서는 안 될 듯하네. 게다가 주자께서 "군주의 상(喪)에는 한 달이 지난 다음에 군사와 백성이 혼례를 치르는 것을 허락한다."라고 논하신 예(例)[157]를 가지고서 미루어 보면 장사 지낸 뒤 혹은 연제(練祭)를 지낸 뒤에는 그들의

하려고 할 즈음이 되어서 기일에 이르기 전에 자최·대공·소공의 상이 있으면 상복을 입고서 관을 쓴다.〔如將冠子, 而未及期日, 而有齊衰、大功、小功之喪, 則因喪服而冠.〕"라고 한 공자의 말씀이 보인다. 여기서 '관'이란 상관(喪冠)이다.

155 시남(市南) 유공(兪公) : 유계(兪棨, 1607~1664)로, 본관은 기계(杞溪), 자는 무중(武仲), 호는 시남, 시호는 문충(文忠)이며, 김장생(金長生)의 문인이다.

156 조복가마(弔服加麻) : 복(服)이 없는 관계에서 입는 복(服)으로, 통상 붕우와 스승을 위하여 조복(弔服)에 마(麻)를 가한 것인바, 이에 관해서는 제설이 분분하다. 붕우를 위하는 경우는 시마복에서 착용하는 마로 만든 질(絰)과 대(帶)를 착용하며, 스승을 위하는 경우는 한 가닥〔一股〕만 있는 '환질(環絰)'을 착용한다. '조복'은 주로 사(士)를 조문할 때 입는 복장인 의최(疑衰)를 가리킨다. 《儀禮注疏 卷11 喪服》《禮記大全 卷3 檀弓上》

157 주자께서……예(例) : 이는 주희가 군주를 위해 삼년상을 치르는 문제를 논하면서 "또한 혼인하는 한 가지 일을 가지고 말하면, 마땅히 한 달이 지난 다음에 군사와 백성이 혼례를 치르는 것을 허락해야 하고 석 달이 지난 다음에 사(士)와 아전이 혼례를 치르는 것을 허락해야 한다.〔且以婚姻一事言之, 則宜自一月之外許軍民, 三月之外許士吏.〕"라고 말한 것을 가리킨다. 《晦庵集 卷69 君臣服議》

가취를 금하지 않는 것이 무방하지 않겠는가.

문 본생가의 부친과 소후모의 부음이 일시에 함께 도착하였을 경우…….

답 본생(本生)과 소후(所後)에는 경중의 차이가 있으니, 어찌 본생가에 장부(丈夫)가 단 한 사람도 없다고 하여서 소후모의 상사에 분상(奔喪)하지 않을 수 있겠는가. 마땅히 소후가(所後家)의 근족(近族) 한 사람을 시켜서 본생가에 가서 생부의 습렴을 돌보게 하고, 자기는 소후모의 상사에 분상해야 할 것이니, 이것이 예율(禮律)을 잃지 않는 것일세.

문 신부가 미처 시부모를 뵙는 예(禮)를 행하지 못하였는데, 그 어버이의 상(喪)을 당하였을 경우…….

답 만일 삼 년을 기다릴 수 있으면 삼 년 뒤에 제대로 예(禮)를 갖추어서 행하고, 그렇지 않으면 연제를 다 마친 뒤에야 돌아오는 의리[158]에 따라 심상(心喪)의 복색(服色)을 써서 찾아가 절을 올리는 것이 무방하네.

문 출가한 여자가 조부모를 위하여 부장기를 입음[159]…….

158 연제를……의리 : 이와 관련된 내용은 《예기》 〈상대기(喪大記)〉에 "부인은 친정 부모가 돌아가셨으면 연제를 다 마친 뒤에야 시댁으로 돌아오고, 본래 기년복인데 강등하여 대공복을 입는 경우는 장례를 마치면 즉시 돌아온다.〔喪父母, 既練而歸; 期九月者, 既葬而歸.〕"라고 한 데에 보인다.

159 출가한……입음 : 여자는 시집가면 으레 본종을 위한 오복(五服)을 모두 강등하

답 출가한 여자는 그 조부모를 위하여 부장기를 입으니, 《의례》의 전(傳)에 "조부모는 정기(正期)이기 때문에 감히 그 등급을 낮추지 못한다."[160]라고 하였네. 고례(古禮)에는 시부모를 위하여 입는 복(服)이 기년이었기 때문에 대구고(大舅姑)[161]에 대해서는 한 등급을 낮추어서 대공복을 입으니, 이는 본종의 조부모를 위하여 입는 복(服)이 대구고에 가해진 결세. 성인께서 예(禮)를 제정하신 뜻이 이와 같으니, 어찌 의심할 수 있겠는가.

문 어떤 사람이 아직 장사를 지내지 않았는데, 불이 나는 바람에 시체를 태워버렸음…….

답 그 집안에서 어떻게 처변하였는지 그 절차를 자세히 알지는 못하겠

기 마련인데, 본가의 조부모, 증조부모, 고조부모 등 정통(正統)을 위하는 경우만큼은 모두 강복하지 않는다. 《가례》 〈상례(喪禮) 성복(成服)〉의 '부장기(不杖期)'에 대한 원주(原註)에 "그 정복은 조부모를 위하는 경우이니, 여자가 비록 시집갔더라도 강복하지 않는다.〔其正服, 則爲祖父母, 女雖適人不降也.〕"라고 설명하였는바, 출가한 여자는 그 본종의 조부모를 위하여 '자최 부장기'를 입는 것이다.

160 조부모는……못한다 : 이는 가공언(賈公彦)의 소(疏)에 보이는 내용이다. 《의례주소》 권11 〈상복(喪服)〉에서 '부장기'와 관련된 부분에 "시집간 딸자식이 조부모를 위하여 입는다.〔女子子爲祖父母.〕"라고 하였는데, 그 전(傳)에 "어째서 기년으로 하는가. 그 조부에 대하여 감히 강복하지 못하기 때문이다.〔何以期也? 不敢降其祖也.〕"라고 하였다. 이에 대하여 가공언은 "조부모는 정기이다. 이미 시집간 여자는 방친에 대하여 강복하는 것이 가하나 조부모는 정기이기 때문에 강복하지 못한다. 그러므로 '그 조부에 대하여 감히 강복하지 못하기 때문이다.'라고 말한 것이다.〔祖父母正期也. 已嫁之女, 可降旁親, 祖父母正期, 故不降也. 故云不敢降其祖也.〕"라고 설명하였는바, 여기서 '정기'란 '정통을 위하여 입는 기년복'을 뜻한다.

161 대구고(大舅姑) : 남편의 조부모를 말하는바, 상구고(上舅姑)라고도 한다.

으나 《춘추좌씨전》에 실려 있는 송 백희(宋伯姬)를 장사 지낸 글[162]을 가지고 살펴보면, 비록 남김없이 전부 다 타버려서 재가 되었더라도 마땅히 그 재를 가지고 장사 지내야 할 것이니, 이 밖에 다시 무슨 도리가 있겠는가.

문 가묘(家廟)를 장차 가친의 관차(官次)에다 봉안하고자 함…….
답 사람이 그 자제의 임소에 나아가 봉양을 받으면 가묘를 받들어 가서 머무르는 경우가 많네. 존왕부(尊王父)[163]께서 조정의 관직에 매인 탓으로 아래로 내려갈 수 없었기 때문에 이러한 의심이 생기게 된 것일세. 그러나 시제와 기제의 축문에 모두 대행(代行)이라고 말을 만들었으면 온당하지 못한 점은 없을 듯하네. 이는 지자(支子)가 관차에다 사당을 봉안하는 경우와 똑같지 않다네.

162 춘추좌씨전에……글 : '송 백희'는 노 선공(魯宣公)의 딸로서 송 공공(宋恭公)에게 출가하였다. 《춘추좌씨전》 양공(襄公) 30년(B.C. 543) 조의 경(經)에 "5월 갑오일에 송나라에 화재가 발생하였다. 송 백희가 졸하였다.〔五月甲午, 宋災. 宋伯姬卒.〕"라고 하였는데, 이에 대한 전(傳)에 "갑오일에 송나라에 큰 화재가 발생하여 송백희가 불에 타 죽었으니, 보모를 기다렸기 때문이다.〔甲午, 宋大災, 宋伯姬卒, 待姆也.〕"라고 하였다. 백희의 처소에 불이 났을 적에 시자들이 대피할 것을 청하였으나, 백희는 "부인의 도리는 보모가 없이는 밤에 당을 내려가지 않는 것이다."라고 하면서 나가지 않고 보모가 오기를 기다렸다가 불에 타 죽은 것이다. 뒤에 이어지는 전(傳)에 의하면, 그해 가을 7월에 백희를 장사 지냈다고 한다.

163 존왕부(尊王父) : 다른 사람의 할아버지를 높여서 부르는 말로, 홍선양(洪善養, 1727～1798)을 가리킨다. 자는 사호(士浩)로, 1754년(영조30) 증광 생원시에 합격하고 성균관 장의(掌議)로 있으면서 상소하여 신임사화를 일으킨 소론을 변호하는 자들을 배척하였다. 1765년 강릉 참봉(康陵參奉)에 제수되고 1784년(정조8) 의령 현감에 제수되었으며, 벼슬이 청주 목사에 이르렀다.

문 삼년상을 치르는 동안 사들인 비복(婢僕)은 소복(素服) 차림을 함…….

답 삼년상을 치르는 동안 사들인 비복이 비록 망자의 얼굴을 보지는 못하였으나 이미 상가의 노비가 되었으니, 그렇다면 '군주가 복을 입으면 역시 복을 입는다〔君服亦服〕'라는 의리에 따라 소복을 입게 하여 사역하는 것이 마땅하다네.

문 기제사를 지내는 당일 신알(晨謁)의 배례(拜禮)를 행하는 것과 기제사를 지내는 것 중 무엇을 먼저 하고 무엇을 나중에 하는지에 관한 질문에 대하여 남계(南溪)가 답하기를, "고조고와 고조비의 기일이면 기제사를 지낸 뒤에 배례를 행하고, 고조의 아래이면 신주를 모셔가기를 청할 때 배례를 행하는 것이 옳을 듯하다."라고 하였습니다.[164] 《상례비요》의 '기제(忌祭)' 조를 살펴보면, "사당에 나아간다.〔詣祠堂〕"라고 한 글과 그 아래 소주(小註)에 "서립하여 재배한다.〔序立再拜〕"라고 한 글이 있으니,[165] 그렇다면 '신주를 모셔가기를 청할 때 배례를 행함'이란 바로 이를 가리켜서 말한 것입니까? '서립하여 재배함' 이외에 또다시 신알의 재배가 있는 것입니까?

답 기제사를 지내는 당일 신알의 배례를 행하는 것에 대하여 남계는 고조의 기일과 고조를 제외한 그 아래의 기일을 가지고 선후로 삼았지

164 기제사를……하였습니다 : 이와 관련된 내용은 《남계속집(南溪續集)》 권17 〈답문(答問) 답김여후문(答金汝厚問)〉에 보인다.

165 상례비요의……있으니 : 이와 관련된 내용은 《사계전서》 권34 소재 《상례비요》 〈기일(忌日)〉에 보인다.

만 내 생각으로는 이것이 적확하여 따를 만한지 아직 모르겠으니, 아마도 굳이 이렇게 분별할 필요는 없을 듯하네. 《상례비요》에서 "서립하여 재배한다."라고 한 글은 《격몽요결》의 내용으로 말미암아 그러한 것 같으나 이는 되레 신알의 예(禮)가 되네.[166] 그렇다면 남계가 "신주를 모셔가기를 청할 때 배례를 행한다."라고 말한 것 역시 이를 가리켜서 말한 듯하네. 서립하여 재배하는 것 이외에 또 신알의 재배가 어찌 있겠는가.

문 삭참과 망참을 행할 때 마땅히 먼저 신알을 행한 뒤에 참례를 행합니까? 이른 아침에 참례를 행하면 참례는 마땅히 신알을 겸해야 합니까?

답 삭참과 망참은 이미 사당 안에서 행하는 일이니, 그렇다면 굳이 별도로 신알을 행할 필요가 없고 참례로 신알을 겸하는 것이 무방하네.

166 격몽요결의……되네 : '《격몽요결》의 내용'이란 〈제례장(祭禮章)〉에서 "사당을 주관하는 자는 매일 새벽 대문 안에서 배알하여 두 번 절하며, 출입할 때는 반드시 아뢴다.〔主祠堂者, 每晨, 謁于大門之內, 再拜, 出入必告.〕"라고 한 부분을 가리킨다. 이 내용은 본래 《가례》 〈통례(通禮) 사당(祠堂)〉에 "주인은 새벽마다 대문 안에서 배알하고, 출입할 때는 반드시 아뢴다.〔主人晨謁於大門之內, 出入必告.〕"라고 한 부분에 근거한 것인데, 이이가 신알의 예를 제례에다 갖다 놓았기 때문에 《상례비요》도 이를 따랐으리라 추측한 것이다.

홍백응에게 답하다
答洪伯應

외조부의 묘소를 개장(改葬)할 때 자신이 비록 거상하고 있더라도 어찌 직접 찾아가 보지 않을 수 있겠는가. 다닐 때 여럿이 다니지 않고 앉을 때 무리 지어 앉지 않는다는 의리[167]에 따라 여러 친척과 함께 가지 않고 혼자 스스로 뒤좇아 가서 하관하는 것을 본 다음에 물러 나오는 것이 마땅할 듯하네.

문 종모(從母 이모)의 딸에 대해서는 시마복을 입는데 구(舅 외삼촌)의 딸에 대해서는 복(服)이 없으니, 이것은 혹 궐문입니까?
답 이는 바로 《가례》의 궐문인 걸세. 인정으로 말하면, 사촌 간에 어찌 복(服)이 없을 수 있겠는가. 그러므로 수암(遂庵 권상하(權尙夏))께서 일찍이 우암(尤庵 송시열(宋時烈))께 여쭈어본 적이 있었는데, 구(舅)의 딸에 대해서는 시마복을 입는다고 정하셨다네.

167 다닐……의리 : 삼년상을 치르는 동안 몸가짐을 삼가야 하는 의리이다. 증자가 삼년상에 다른 사람을 조문하는지를 여쭙자, 공자가 "삼년상에는 연제를 지내고도 무리 지어 서 있지 않으며 여럿이 다니지 않는다. 군자는 예로써 정을 꾸미니, 삼년상에 다른 사람을 조문하고 곡하는 것이 또한 허례가 아니겠는가?〔三年之喪, 練, 不群立不旅行. 君子禮以飾情, 三年之喪而弔哭, 不亦虛乎?〕"라고 대답한 데에서 유래하였다. 《禮記 曾子問》

홍백응에게 답하다
答洪伯應

천한 나의 이름이 외람되게 우규(右揆 우의정)가 차자를 올려서 천거하는 데에 들어갔으니,[168] 이는 바로 주부자께서 "만에 하나 사람들에게 알려지면 곧 좋지 못한 소식이다."[169]라고 말씀하신 것일세. 그러나 차본(箚本)이 되돌려 보내져 그 일이 마침내 끝났으니, 그렇다면 이 몸이 난처한 지경을 면할 수 있게 되었네. 이는 나의 사사로운 계책에 있어서 실로 온편(穩便)함이 되기에 다시 스스로 다행스럽게 여기고 있다네.

지난번에 그대가 물어본 의심스러운 예(禮)에 대해서는, 이제야 비로소 조목조목 대답하였는데, 그 가운데 긴급한 내용이 있던 것 같으니, 적절한 시기를 놓쳐 뒤늦었음을 안타까워하는 탄식이 없을 수 있겠는가. 다만 애가(哀家)[170]에서 지금 당장 마땅히 행해야 하는 의절은 이에 묻는 것이 옳으나 다른 집안의 변례(變禮)로서 지극히 난처한 일까지 범범하게 언급한 것으로 말하면, 돌려가며 서로 시비를 쟁변함

168 천한……들어갔으니 : 이는 1793년 9월 13일에 우의정 김희(金憙)가 차자를 올려서 저자를 경연관으로 추천한 사실을 가리킨다. 《正祖實錄 17年 9月 13日》

169 만에……소식이다 : 이 내용은 《회암집》 권59 〈답조공보(答趙恭父)〉에 "만에 하나 혹 불행히도 사람들에게 알려지면 곧 좋은 소식이 아니다.〔一或不幸爲人所知, 便不是好消息也.〕"라고 보인다.

170 애가(哀家) : 상(喪)을 당한 상대의 집을 가리키는 말로, 홍직필은 1793년 7월 8일에 모친상을 당하였다. 《近齋集 卷31 淑人陰城朴氏墓誌銘-幷序-》《梅山集 卷50 先妣淑人陰城朴氏家狀》

은 아마도 장황한 듯하니, 장차 나에게 태재(汰哉)의 꾸짖음[171]을 받게 하려는 것인가.

일찍이 《우암집(尤庵集)》을 본 적이 있는데, 그 가운데 '예방(禮謗 예로 인한 비방)'이라는 두 글자가 있었네. 예로부터 이미 예(禮)로 인한 송사가 있었고 후세에 또 예(禮)로 인한 비방이 있으니, 어찌 두려워할 만하지 않겠는가.

애(哀 모친상을 당한 상대)가 현재 독례(讀禮)[172]의 시기에 처해 있다고는 하지만 또한 사서(四書)의 요지(要旨)에 관심을 두지 않아서는 안 되네. 어찌 경(經)에 관한 설(說) 한두 가지를 가지고 서로 보여주지 않고서 번번이 예(禮)에 대해 논하는 것을 일삼는가. 주자께서는 일찍이 예(禮)를 강학하는 것을 두고 학문에 있어서 두 번째로 중요한 일로 삼으셨다네.

개명(改名)에 관한 일은, 비록 상중이라고 하더라도 만일 이로써 휘(諱)를 범하거나 혹 다른 사람과 이름이 똑같아서 고칠 수밖에 없는 경우라면 어찌 구애 될 수 있겠는가. 그러나 만약 그다지 급하지 않으면 상(喪)을 다 끝마치기를 기다린 다음에 하는 것이 마땅할 듯하네.

171 태재(汰哉)의 꾸짖음 : 자신을 자랑하기 위해 근거를 제시하지 않고 함부로 말하는 것을 가리키는데, 특히 분명한 기존의 예법에 근거하지 않고 억측하여 예를 확정하는 것을 비난함을 뜻한다. 이는 《예기》 〈단궁 상(檀弓上)〉에 "사사 분이 자유에게 묻기를, '습할 때 상에서 하고 싶은데, 어떻습니까?'라고 하자, 자유가 '그리하시오.'라고 대답했다. 현자가 이를 듣고 말하였다. '자긍심이 지나치구나, 숙씨여. 자기가 새로 예를 만들어 내는 것처럼 제멋대로 독단하여 예를 가지고 다른 사람의 자문에 허락했으니.'〔司士賁告於子游曰: 請襲於牀. 子游曰諾. 縣子聞之曰: 汰哉叔氏, 專以禮許人.〕"라고 한 데서 유래하였다.

172 독례(讀禮) : 312쪽 주134 참조.

홍백응에게 답하다
答洪伯應

전날 내가 보낸 편지에서 경(經)과 예(禮)의 사이에는 마땅히 차서가 있어야 한다고 하였으니, 이는 《논어》에서 "예가 그 뒤이다."라고 한 뜻을 취한 것인데,[173] 나의 말이 그대의 인정을 받게 되었으니, 이것이 다행이네. '선생(先生)'이라는 호칭은 추성(鄒聖)께서 송경(宋牼)에게 이미 말씀한 것인데,[174] 이 또한 고금이 서로 똑같지 않은 점이 있네. 아무리 범범하게 일컫는 것이라고 하더라도 역시 가벼이 베풀어서는 안 되니, 어찌 생각하는가. 어찌 생각하는가.

상중에 있으면서 가내의 부형께 서신을 올릴 때 어찌 '소(疏)'와 '계상(稽顙)'이라고 일컬을 수 있겠는가. 소(疏)라고 말한 것은 바로 높이는 말로, 현재 평상시와는 다르다는 사실을 보이는 걸세. 상중에 있으면서 부형에 대하여 어찌 평상시보다 더 높이는 의리가 있겠는가. 도암(陶庵 이재(李縡))의 설(說)을 마땅히 통틀어서 보아야 하네.

173 논어(論語)에서……것인데 : 이는 저자가 제자 홍직필에게 예(禮)를 공부하는 것보다 우선 경(經)에 주력하여 중점적으로 공부해야 함을 말한 것으로, 해당 원문의 '예후호(禮後乎)'는 《논어》〈팔일(八佾)〉 제8장에 보인다.

174 선생(先生)이라는……것인데 : 이와 관련된 내용은 《맹자》〈고자 하(告子下)〉에 "송나라 사람 송경이 초나라로 가는 길에 맹자께서 그를 석구에서 만나 말씀하셨다. '선생은 장차 어디로 가려 하십니까?'〔宋牼將之楚, 孟子遇於石丘曰: 先生將何之?〕"라고 보인다. 송경은 선진(先秦) 때 사람으로, 송견(宋鈃) 또는 송영(宋榮)이라고도 한다. 초나라와 진(秦)나라가 전쟁을 벌이려고 하자, 이를 말리기 위해 초나라 제후를 찾아가던 길에 맹자를 만났는데, 맹자는 그가 그 전쟁이 이롭지 못하다는 것을 가지고 설득하려고 한다는 말을 듣고 차라리 인의(仁義)를 가지고 설득하기를 권했다.

홍백응에게 답하다

答洪伯應

최복(縗服)을 세속에서 제복(祭服)이라고 명명하는데, 실제로는 제복이 아니고 바로 상복(喪服)이네. 병이 났을 때와 출입하는 경우가 아니면 최질(衰絰)을 어찌 몸에서 제거할 수 있겠는가. 평소 거처할 때 절대로 벗어서는 안 되는 만큼 더구나 조문을 받을 때는 더 말해 무엇하겠는가. 신독재(愼獨齋)와 동춘당(同春堂) 두 선생께서 모두 여차(旅次)에서 조문을 받는 것을 허락하셨으니, 여차도 오히려 그러한데 더구나 경댁(京宅 서울 집)은 더 말해 무엇 하겠는가. 아무리 상측(喪側)을 떠나 있더라도 조문을 받게 되면 마땅히 예법대로 해야 하는 것일세.

홍백응에게 답하다

答洪伯應

마음을 잡아 지키기가 어렵다는 것은 진실로 그대가 보내온 편지에서 말한 바와 같다네. 마음이란 활물(活物 살아 있는 것)이니 억지로 파착(把捉)할 수가 없다네. 오직 경(敬)을 잡아 지키면 분요가 일어나는 근심이 없을 수 있으니, 부디 '주일무적(主一無適)'이라는 네 글자 위에서 공부하기를 바라네.

홍백응에게 답하다
答洪伯應

문 개장(改葬)할 때 궤연(几筵)에 고유하는 글, 묘소를 허물어 열 때 고유하는 글, 우제(虞祭)의 축문.

답 시부가 자부에게 고하면 사당에 고유하는 글의 내용에서 '경동선령(驚動先靈)'의 '선(先)' 자를 마땅히 '신(神)' 자로 고쳐야 하고 '근이(謹以)'의 '근(謹)' 자를 마땅히 '자(玆)' 자로 고쳐야 할 것이네. '근고(謹告)'의 '근(謹)'은 대신할 만한 글자가 없으니, 만약 '자고(玆告)'라고 한다면 말이 타당하지 못한 것 같네. '근고' 두 글자는 곧바로 제거하는 것이 아마도 무방할 듯하네. '용신건고(用伸虔告)'는 '용신고의(用伸告儀)'로 고치는 것이 마땅하네. ○다시 생각해 보니, 이미 '용신건고'라고 하였는데 또 '근고'라고 하면 그 의의가 실로 근엄하니, 이 두 글자는 제거해서는 안 되네. 마땅히 '자고'라고 해야 하네. ○묘소를 허물어 열 때 고유하는 글의 내용에서 '복유존령(伏惟尊靈)'은 마땅히 '유령(惟靈)'으로 고쳐야 하니, '비유(卑幼)'에 대하여 '유령'이라 일컫는 사례는 이미 《상례비요》의 '제주축(題主祝)'에 그 내용이 보이네.[175] ○우제의 축문 내용에서 '숙야미녕 제호망극(夙夜靡寧啼號罔極)' 여덟 글

175 비유(卑幼)에……보이네 : 《상례비요》 〈급묘(及墓)〉에서 제주(題主)할 때의 축문식(祝文式)을 살펴보면, "삼가 바라건대〔伏惟〕"에 대한 소주에 "항렬이 낮거나 어린 사람에게 고하는 경우 이 두 글자를 제거한다.〔告卑幼, 去此二字.〕"라고 하였고, 뒤이어 오는 "존령(尊靈)"에 대한 소주에 "항렬이 낮거나 어린 사람에게 고하는 경우 '유령'이라 이른다.〔告卑幼, 云惟靈.〕"라고 하였다. 《沙溪全書 卷33 喪禮備要 及墓》

자를 마땅히 고쳐서 사용해야 하는데, 우옹(尤翁)께서는 손부의 초상을 치르며 우제 때 손부를 제사 지내는 축문의 말을 만드는 것을 '비념산고 불자승감(悲念酸苦不自勝堪)'이라고 정하셨네. 이것으로 헤아려 보면, 개장할 때의 우제는 초상이 나서 처음 장사 지낼 때의 우제와 차이가 있으니, 그저 '불승비념(不勝悲念)'만 말하는 것이 무방할 듯하네. '지천(祗薦)' 두 글자는 마땅히 모두 '진차우사(陳此虞事)'라고 고쳐야 할 것일세.

문 개장하는 의절에 대하여 《상례비요》와 《삼례의(三禮儀)》에 이동(異同)이 있습니다.

답 《상례비요》는 상례를 주로 삼아 초상(初喪)의 폄장(窆葬 시체를 땅 속에 묻음)하는 절목을 전부 다 실어 놓았기 때문에 개장에 이르러서는 다만 "처음 장사 지내는 의절과 똑같다."라고 말하였을 뿐이네. 《삼례의》는 상례에 대하여 말하지 않아 애당초 처음 장사 지내는 의절이 없기 때문에 개장할 때의 제구(諸具)와 범절(凡節)을 전체적으로 모두 낱낱이 말하였으니, 이는 《상례비요》가 소략하고 《삼례의》가 상세한 까닭이네. 이동이 있는 부분은 오직 그 적합한 바를 따라서 행해야만 할 뿐이네.

문 우제를 지낼 때 지방(紙榜)을 마련해 놓음…….

답 우제를 지낼 때 지방을 마련해 놓는 것에 관한 분명한 예문(禮文)을 아직 보지 못하였네. 마땅히 유의복(遺衣服)[176]을 가지고 교의(交

176 유의복(遺衣服) : 대렴에서 쓰고 남은 옷이다. 《주례》 〈춘관종백(春官宗伯) 수

椅) 위에다 놓아두어서 신(神)이 의지하게 하는 도(道)로 삼아야 할 것이고, 만약 유의복이 없으면 다만 허위(虛位)를 마련해 두어서 제사를 거행하는 것이 무슨 문제 될 것이 있겠는가.

문 회장(會葬)하지 못하는 자는 망곡(望哭)함…….

답 우옹(尤翁)께서 이르시기를, "면례(緬禮)[177]에 내회(來會)할 수 없는 자손들이 소복 차림으로 망곡하는 것은 인정으로 보나 의리로 보나 그만둘 수가 없는 것이다."라고 하셨네. 그렇다면 기년복을 입는 친족 이하 조복가마(弔服加麻)[178]를 하는 자들로서 회장하지 못하는 경우는 마땅히 주인의 집에 모여서 망곡해야 할 것인데, 굳이 분묘의 방위를 향하여 할 필요는 없고 다만 자리를 마련해 놓고서 곡할 뿐이네.

조(守祧)〉에 "수조는 선왕과 선공의 묘와 조를 수호하는 일을 관장하는데, 그 유의복을 여기에 잘 보관해 두었다가 만약 제사를 지내려고 하면 각각 그 의복을 시에게 주어서 착용하도록 한다.〔掌守先王先公之廟祧, 其遺衣服藏焉. 若將祭祀, 則各以其服授尸.〕"라고 하였는데, 이에 관한 정현의 주에 "유의복이란 대렴에서 쓰고 남은 것이다.……시는 졸한 자의 상복을 착용함으로써 그가 살아 있을 때를 형상해야 한다.〔遺衣服, 大斂之餘也.……尸當服卒者之上服, 以象生時.〕"라고 설명하였다.

177 면례(緬禮) : 무덤을 옮기어 장사를 다시 지내는 것을 이른다.

178 조복가마(弔服加麻) : 복(服)이 없는 관계에서 입는 복(服)으로, 통상 붕우와 스승을 위하여 조복(弔服)에 마(麻)를 가한 것인바, 이에 관해서는 제설이 분분하다. 붕우를 위하는 경우는 시마복에서 착용하는 마로 만든 질(絰)과 대(帶)를 착용하며, 스승을 위하는 경우는 한 가닥〔一股〕만 있는 '환질(環絰)'을 착용한다. '조복'은 주로 사(士)를 조문할 때 입는 복장인 의최(疑衰)를 가리킨다. 《儀禮注疏 卷11 喪服》《禮記大全 卷3 檀弓上》

문 상식(上食)의 예(禮)를 궤연과 영구의 앞에 함께 설행하는 것의 당부(當否).

답 두 곳에 함께 상식의 예(禮)를 설행하는 것에 대하여 우암(尤庵)과 동춘당(同春堂) 두 선생께서 모두 옳다고 여기셨네. 남계(南溪) 역시 이르기를, "궤연에 올리는 제사는 신주를 위한 것이고, 묘에 올리는 제사는 체백(體魄)을 위한 것이다."라고 하였으니, 여기에 근거하면 함께 설행하는 것이 의심할 여지가 없네. 고례(古禮)에는 비록 없으나 금례(今禮)에는 있고, 정자(程子)와 주자(朱子)께서 미처 말씀 못 하신 바를 후현(後賢)이 발명하였으니, 그렇다면 어찌 고례가 아니고 정자와 주자의 설(說)이 아니라고 하여서 사용하지 않을 수 있겠는가. 평상시의 절사(節祀)를 가묘(家廟)와 분묘(墳墓)에서 함께 거행하니, 그렇다면 삼년상을 치르는 동안 개장할 경우 궤연과 영구의 앞에 함께 상식의 예(禮)를 설행하는 것이 무슨 불가함이 있겠는가.

홍백응에게 답하다
答洪伯應

연제(練祭)를 지내는 날이 삭일(朔日)과 겹치면 삭전(朔奠)을 설행해서는 안 되니, 이는 '하루에 두 번 제사 지내지 않는다〔一日不再祭〕'라는 의리일세. 삭전이 비록 삼헌(三獻)은 아니나 이 역시 은전(殷奠 풍부하고 잘 갖춰진 제전)이라 일컬어지고, 게다가 상식(上食)이 있으니, 연제에 이미 반갱(飯羹)을 진설한 이상 어찌 조상식을 중첩하여 진설할 수 있겠는가. 이것을 가지고 말하면, 삭전을 그만두어야만 하는 것이 분명하네.

부친이 살아 계시는데 그 처를 위하여 복(服)을 입는 경우 고례(古禮)를 따르면 부장기를 입으니, 상장을 짚지 않으면 담제(禫祭)를 지내지 않네. 그러나 《가례》를 따르면 자최 장기를 입으니, 상장을 짚으면 담제를 지내는 것일세. 이 두 가지 중에서 하나에 해당할 뿐이네. 내 생각으로는 우옹(尤翁)과 도암(陶庵)의 설(說)[179]이 비록 이와 같더라

179 우옹(尤翁)과 도암(陶庵)의 설(說) : 이와 관련하여 《송자대전》 권118 〈답현이규(答玄以規)〉에 "부친이 살아 계시면 처를 위해 부장기를 입는 것은 옛날에 그 예가 있었습니다. 그러나 《가례》에서는 부친이 살아 계시건 부친이 돌아가셨건 막론하고 모두 자최 장기를 입으니, 상장을 짚으면 담제를 지냅니다. 오늘날 예를 행하는 자가 만약 한결같이 《가례》를 따른다면 이러한 의문이 없을 것입니다.〔父在爲妻不杖朞, 古有其禮矣. 然家禮不論父在與父亡而通爲杖朞, 杖則禫矣. 今之行禮者, 若一遵家禮, 則無此疑矣.〕"라고 하였는데, 《도암집》 권19 〈답이원명문목(答李原明問目) -신해(辛

도 마땅히 고례를 따라서 부장기를 입어야 한다고 보네. 이는 압존(壓尊)의 뜻이 중요하므로 소(疏)의 설(說)[180]이라고 하여서 소홀히 여겨서는 안 되기 때문에 그러한 것일세.

상중에 기년복이나 대공복을 입는 다른 사람을 위로할 때는 '소(疏)'라고 일컬어서는 안 될 듯하니, 이는 대체로 주된 바가 다른 사람을 위문하는 데에 해당하기 때문일세. 상(喪)을 당한 두 사람이 서로 위로하고 답하는 것에 대하여 우옹(尤翁)께서 '각각 그 해당하는 서식을 쓴다.'라는 말씀을 하셨네.[181] 상중에 다른 사람의 어버이가 돌아가신 것을 위로하는 소(疏)에서는 '계상(稽顙)'이라 일컫지 않고 '돈수(頓首)'

亥)-〉에서 이 부분을 원용하여 "그대가 물어본 의심스러운 예는 오직 〈상복소기〉의 '종자가 아니면서 모친이 살아 계시는 경우는 처를 위하여 담제를 지내지 않는 것이다.'라는 예문만 근거로 삼을 수 있다네. 이제 새로 간행한 우옹의 문집을 살펴보니, '……'라고 한 부분이 있었네. 그러나 이는 〈상복소기〉의 예문과 상치하는 듯하니, 모름지기 이 두 가지를 가지고서 취사해야만 할 걸세.〔所問禮疑, 喪服小記非宗子而母在者不禫之文, 惟可據矣. 今見新刊尤翁集, 有曰……云云, 此則與小記, 似相戾矣, 須取此兩段而取舍之也.〕"라고 하였다.

180 소(疏)의 설(說) : 《예기정의》 〈상복소기(喪服小記)〉에 대한 공영달(孔穎達)의 소(疏)에서 "적자는 부친이 살아 계시면 그 아내를 위해 부장기를 입으니, 상장을 짚지 않으면 담제를 지내지 않는다.〔適子, 父在爲妻不杖, 不杖則不禫.〕"라고 한 내용을 가리킨다.

181 상(喪)을……하셨네 : 이와 관련하여 송시열이 이담(李憺)에게 답한 을묘년(1675, 숙종1) 9월 29일의 편지에, "상(喪)을 당한 두 사람이 서로 위로하고 답하는 경우 두 통의 편지로써 각각 그 해당하는 서식을 사용하니, 근래의 사대부들을 보건대 대부분 이렇게 한다.〔兩喪家相慰答, 則用兩件書, 各用其式, 近見士大夫多如此矣.〕"라는 내용이 보인다. 《宋子大全 卷115 答李士靜》

라 일컬으니, 이것으로 미루어 보면 기년복이나 대공복을 입는 상(喪)을 당한 다른 사람을 위로할 때는 '소(疏)'라 일컫지 않고 '장(狀)'이라 일컬어야 마땅할 듯하네. 이것이 어떠할는지 알지 못하겠네.

홍백응에게 답하다
答洪伯應

조섭으로 말미암아 독서의 과정(課程)을 제대로 해 나아갈 수 없는 것이 진실로 한스럽게 여길 만하네. 그러나 지기(志氣)란 혈기(血氣)에 매여 있지 않으니, 오직 이 뜻〔志〕을 견고하게 세우고 이 기(氣)를 맑고도 밝게 기르면 온갖 바르지 못한 것이 물러나 명령을 따르게 되어서 질병도 해가 될 수 없을 걸세. 문자와 언어의 밖에 응당 공효를 거두는 부분이 있을 터이니, 부디 시험 삼아 한번 체험해 보기를 바라네. 어찌 생각하는가.

정암 선생[182]께서는 당시 조정에서 벼슬하셨을 적에 도(道)를 행하는 것을 당신의 책임으로 삼으셨으니, 이는 벼슬하지 않고 곤궁하게 지내는 자가 책을 지어서 도(道)를 밝히는 경우와는 똑같지 않다네. 그분의 유집(遺集)에 학문을 논하고 이(理)를 논하는 말씀이 없는 것은 바로 이 때문일세. 일찍이 내가 듣기로, 선생께서 도(道)에 들어가신 부분은 《근사록》으로 말미암았다고 하니, 그렇다면 그분의 궁리공부(窮理工夫)가 고명(高明)하고 정심(精深)하다는 사실을 알 수 있네. 만약 그때 당시 화(禍)를 당하지 않아서 벼슬을 그만두고 은거하여

182 정암 선생 : 조광조(趙光祖, 1482~1519)로, 본관은 한양(漢陽), 자는 효직(孝直), 호는 정암(靜庵), 시호는 문정(文正)이다. 사림파의 영수로서 급진적 개혁을 추진하였는데, 훈구파의 무함으로 기묘사화(己卯士禍)에 능주(綾州)로 유배되었다가 사사되었다. 선조 때 신원(伸冤)을 받아 영의정에 추증되고 문묘(文廟)에 배향되었다.

한가롭게 지내면서 많은 연수를 누리셨다면, 틀림없이 책을 지어서 후세에 남겨 주셨을 것일세.

홍백응에게 답하다

答洪伯應

문 소상(小祥)을 지낸 뒤 새벽과 저물녘에 전배(展拜 궤배)하는 것에 관한 의론은 퇴옹(退翁 이황(李滉))으로부터 시작되어서 이에 관한 논설이 여러 가지인바, 취사하기가 매우 어렵습니다. 하지만 제 생각으로는 농암(農巖)과 도암(陶菴) 두 선생의 말씀에 따라 새벽과 저물녘에 첨례(瞻禮 읍례)만 행하고 절을 올리지 않는 것이 인정과 예법에 부합할 듯하다고 봅니다. 잘 모르겠습니다만, 선생께서 전날에 행하신 바는 어떠하셨는지요.

답 소상을 지낸 뒤 새벽과 저물녘에 궤연(几筵)에 전배하는 것에 대하여 비록 퇴계(退溪)의 설(說)이 있지만, 결국에는 '항상 곁에서 모신다.'라는 뜻이 아닌 듯하네. 나는 일찍이 농옹(農翁)의 설(說)을 따라서 그저 첨례만 행하고 절을 올리지 않았으니, 이것이 어떠할는지 알지 못하겠네.

문 대상(大祥)과 소상의 축문에서 '상사(常事)'와 '상사(祥事)'는 그 뜻의 이동(異同)이 어떠합니까?

답 대상과 소상이 똑같이 상(祥)인데 상(祥)은 길(吉)의 뜻이니, 그렇다면 대상이 주가 되네. 그러므로 축문은 대상에서는 '상사(祥事)'라고 일컫고, 소상에서는 '상사(常事)'라 일컬어서 대상과 구별한 것이네. '상(常)' 자의 뜻으로 말하면, 아마도 해가 일주하여서 슬픔을 줄여 연복으로 갈아입는 변제(變除)[183]가 바로 예(禮)의 떳떳함〔常〕이기 때문에 이렇게 말한 듯하네.

문 자부의 상(喪)에서 대상과 소상의 축문은, 우옹(尤翁)께서 정하신 손부의 우제 축문인 '비념산고 불자승감(悲念酸苦不自勝堪)' 여덟 글자를 쓰는 것이 어떻습니까?
답 자부의 상(喪)에서 대상과 소상의 축문 내용은 달리 보이는 곳이 없으니, 우옹께서 정하신 손부를 제사 지낼 때의 축문 내용을 끌어다 쓰는 것이 무방하네.

문 소상을 지낸 뒤 승구(繩屨 미투리)를 착용하는 것은 《가례》의 주설(註說)인데, 근자에 사대부가를 보면 또한 소구(疏屨)[184]를 착용합니

183 슬픔을……변제(變除) : 해당 원문에서 '쇄애(殺哀)'는 상례(喪禮) 중 상대적으로 복잡한 정식 예수(禮數)를 간편한 쪽으로 줄이는 것을 말한다. 해당 원문에서 '연변(練變)'은 '연복으로 갈아입는 변제'를 뜻한다. '변제'란 보통 '변복(變服)'과 '제상(除喪)'의 병칭으로서 사용하는 말이다. '변복'이란 삼년상의 절차 중 의복을 바꾸어 입는 상황들을 가리키는바, 그중 소상과 대상 및 담제가 대표적이다. 소상 때는 연복(練服)으로 갈아입는데, 남자는 수질(首絰)을, 여자는 요질(腰絰)을 제거하며, 대상 때는 담복(禫服)으로, 담제 때는 길복(吉服)으로 갈아입는다. 일설에 의하면 대상 때는 상복(祥服)으로, 담제 때는 담복으로 갈아입는다고 한다. '제상'이란 상기(喪期)를 다 끝마치고 상복을 완전히 벗는 것인데, 주로 대상 때를 가리킨다. 《喪禮備要 下 小祥, 大祥, 禫》《四禮便覽 卷6 喪禮4 小祥, 大祥, 禫》

184 소구(疏屨) : '구(屨)'란 신으로, '소구'는 풀 또는 짚이나 거칠고 굵은 마(麻)를 사용해 엮어서 만든 신이다. 예법에 의하면, 참최에는 관구(菅屨)를 신고, 자최에는 소구를 신는데, 자최 부장기 이하는 삼을 꼬아 만든 미투리인 승구(繩屨)를 신는다고 한다. 그러나 '관구'나 '소구'를 구체적으로 고증할 수 없어서 주희는 참최에는 짚신인 초혜(草鞋)를 사용하고 자최에는 미투리인 마혜(麻鞋)를 사용하는 것이 옳다고 보았

다. 이는 '짚〔藁〕을 사용한들 무슨 문제 될 것이 있겠는가.'라고 한 동춘당(同春堂)의 설(說)에 근거하여서 그러한 것입니까? 사계(沙溪)께서는 이미 승구를 가지고 《상례비요》에다 드러내셨고, 퇴계(退溪)·우암(尤庵)·우계(牛溪)·남계(南溪) 등 네 현인이 모두 이를 옳다고 하셨으니, 이것을 따르는 데에 의심할 여지가 없겠습니까?

답 소상[185]을 지낸 뒤 제현(諸賢)의 설(說)에 의거하여 승구를 착용하는 것이 마땅할 듯하네. 다만 세속에서 대부분 이를 사용하지 않으니, 세속을 따라서 그대로 소구를 착용하는 것도 무슨 문제 될 것이 있겠는가.

문 대상을 지낸 뒤 연포(練布)로 건(巾)을 만들되 백모(白帽) 모양과 똑같이 만들어서 착용하는 자가 많습니다. 그러나 이는 속례이고 올바른 예(禮)가 아니니, 마땅히 어떻게 해야만 하겠습니까?

답 대상을 지낸 뒤 포로 만든 모(帽)를 착용하는 것이 비록 세속의 예제이지만 이를 사용하는 것도 괜찮다네. 대체로 장기간 입자(笠子)를 착용하다가 혹 불편할 때가 있으면 모(帽)로 건(巾)을 대신하는 것도 적절한 듯하네.

문 부재모상(父在母喪)에서 대상을 지낸 뒤 성묘할 때 곡하는 것에 대해서는 이미 가르쳐 주신 말씀을 들었습니다. 연제(練祭)를 지낸 뒤 묘소 부근에 머무르면 조석곡을 행하는 것이 옳습니까?

다. 《晦庵集 卷54 答周叔謹》《禮記大全 卷3 檀弓上》

185 소상 : 해당 원문은 '소상(小喪)'으로, 전후 문맥상 소상(小祥)의 오류인 듯하다.

답 부재모상에서 연제를 지낸 뒤 성묘할 때 비록 조석곡을 모두 행하더라도 묘소 앞은 궤연(几筵)과 다르니, 아마도 혐의쩍은 것이 없을 듯하네.

홍백응에게 답하다
答洪伯應

내가 듣기로는 그대의 공부가 이미 《대학》을 시작하였다고 하니, 이는 참으로 독서하는 차례를 얻은 것일세. 하서(河西) 김 선생(金先生)[186]께서 이르시기를, "학문하면서 《대학》을 읽지 않는 것은 집을 지으면서 그 터전을 닦지 않는 것이니 진배없다."[187]라고 하셨으니, 이 책을 마땅히 먼저 공부해야만 한다는 사실을 알 수 있다네. 한 글자 한 글귀가 진실로 모두 맞아떨어지는 곳이 있어야만 할 것이나 또한 억지로 힘써서 무리하게 탐색해서는 안 되고 마음을 텅 비우고 기운을 평안하

186 하서(河西) 김 선생(金先生) : 김인후(金麟厚, 1510~1560)로, 본관은 울산(蔚山), 자는 후지(厚之), 호는 하서·담재(湛齋), 시호는 문정(文正)이다. 김안국(金安國), 송순(宋純), 박상(朴祥) 등을 사사하였으며, 이황과 교유하였다. 대표적인 저술로는 문집인 《하서집》을 비롯하여 《주역관상편》 등이 있다. 사후 장성 필암서원에 배향되었으며, 문묘에 종사되었다.

187 학문하면서……진배없다 : 이와 관련된 내용은 박세채(朴世采)가 지은 행장에 "또 배우는 자들에게 말씀하셨다. '《대학》을 읽지 않고서 다른 경을 보려고 하는 것은 터도 다지지 않은 채 먼저 집을 짓는 것이나 진배없어서 그저 한때의 겉치레하기에 좋을 뿐이다.'〔又曰 : '不讀大學, 欲看諸經, 猶不築基本, 而先作室屋, 只好一時之觀美也.'〕"라고 보이며, 송시열이 지은 신도비명에 "일찍이 다음과 같이 말씀하셨다. '《대학》 한 부 가운데 체와 용이 갖춰져 있고 조리가 어지럽지 않으니, 이 책을 놓아두고서는 도에 나아갈 수 없다. 이 책을 읽지 않고서 다른 경을 보려고 하는 것은 터도 다지지 않은 채 먼저 집을 짓는 것이나 진배없다.'〔嘗曰: '《大學》一部之中, 體用具備, 條理不紊, 捨此, 無以進道矣. 不讀是書, 而欲看他經, 猶不築基址, 而先作室屋.'〕"라고 보인다. 《河西全集附錄 卷1 行狀, 神道碑銘》

게 하여 익숙하게 읽고 정밀하게 생각하면 심오한 의리가 자연히 앞에 드러날 걸세. 이밖에 어찌 별다른 방법이 있겠는가. 내가 소싯적에 했던 독서는, 대체로 깊이도 없이 범범하고 거칠어서 붕우가 본받도록 제기해 말할 만하지 못하다네. 늘그막에야 비로소 후회하나 날은 저물고 갈 길은 멀기에 나아가 이를 수 없으니, 이를 어찌한단 말인가. 어찌한단 말인가.

홍백응에게 답하다
答洪伯應

대상(大祥)의 복색(服色)에 대해 《상례비요》에서 《가례》의 참(黲)을 쓴다는 글과 《오례의》의 백(白)을 쓴다는 글을 함께 기재해 놓은 채 결정을 내린 것이 없으니,[188] 이렇게 한 것은 읽는 사람이 선택하여서 행하도록 하고자 한 의도일세. 《가례》가 비록 이러하더라도 마땅히 《오례의》를 따라야 하니, 이는 대체로 시왕(時王 당대의 군주)의 제도이기 때문일세. 삼년상의 상복(祥服)에 이미 백(白)을 사용하였으면, 부재모상(父在母喪)에서 13개월째 되는 달에 입는 상복(祥服)도 마땅히 백(白)을 사용해야 하니, 여기에 의심할 것이 무엇이 있겠는가.

188 대상(大祥)의……없으니 : 이는 《상례비요》 〈대상〉에서 '대상지구(大祥之具)'의 소주를 두고 언급한 것이다. 그 내용을 살펴보면, 남자는 참색(黲色)의 관(冠)에 참색의 포로 만든 삼〔黲布衫〕을 착용하며 부인은 아황색(鵝黃色)과 청벽색(青碧色)의 옷과 신을 착용한다는 《가례》의 주설(註說)과 남자는 백립(白笠)·백의(白衣)·백화(白靴)를 착용하며 부인은 순수하게 소의(素衣)와 소구(素屨)를 착용한다는 《국조오례의》의 예문을 함께 실어 놓았다. 참고로 《가례》 〈상례 대상(大祥)〉에 "장막을 설치하고 담복을 진설한다.〔設次, 陳禫服.〕"라고 하였는데, 그 원주에 "장부는 참색의 깁으로 다리가 드리워지도록 만든 복두에 참색의 포로 만든 삼과 포로 감싼 각대를 착용하니, 아직 대상이 지나지 않은 사이에 임시로 잠깐 입고 나가서 배알하는 것이다. 부인은……아황색과 청벽색과 조백색으로 만든 옷과 신을 착용한다.〔丈夫垂脚黲紗幞頭, 黲布衫, 布裹角帶, 未大祥間, 假以出謁者. 婦人……以鵝黃青碧皁白爲衣履.〕"라고 한 《서의》의 내용을 원용해 설명한 부분이 보인다. '참(黲)'이란 옅은 청흑색이다.

대상을 지낸 뒤 부인의 복색은 '아황색・청벽색으로 한다.'라는 설과 '순수하게 소(素)로 한다.'라는 설이 있는데, 《상례비요》에서는 이 두 가지에 대하여 가부를 결정하지 않았으니, 이에 관한 설명은 이미 위에 보이네. 《상례비요》 '담제(禫祭)' 조에서 부인의 변복에 대해서 언급하지 않은 것은 남자를 따르기 때문에 그러한 걸세. 대상에 비록 《가례》를 따라서 아황색과 청벽색을 쓰더라도 어찌 담월(禫月)의 변복(變服)[189]이 없겠는가. 남자의 경우와 똑같이 담제(禫祭)는 마땅히 길(吉)로 나아가야 하니,[190] 아황색과 청벽색 이외에도 마땅히 길복(吉服)의 의상(衣裳)이 있어야만 하네.

부재모상에서 상제(祥祭)를 지낼 때 '참(黲)을 쓴다.'라는 《가례》의 설(說)을 따르면 담월에 바꿀 만한 복(服)이 없으니, 이것이 진실로 의심할 만하네. 그러나 지금 이미 《오례의》의 내용대로 백(白)을 사용하였으니, 어찌 굳이 이것을 논할 필요가 있겠는가.

부인이 차리는 심상(心喪)의 복색은, 세속에서 옥색(玉色)의 의상(衣裳)을 쓰는 경우가 많으니, 아황색과 청벽색에 비하여 옅고 담담하기 때문에 그러한 듯하네. 그렇다면 부인은 시모의 상(喪)에서 심제(心

189 담월(禫月)의 변복(變服) : 이는 담제(禫祭)의 의절을 두고 말한 것이다. '담제'란 대상(大祥)을 지낸 뒤 한 달을 건너서 지내는 제사로, 삼년상일 경우 초상부터 윤달을 따지지 않고 기산하여 27개월째가 되는 달 하순의 정일(丁日)이나 해일(亥日)에 지낸다. 담제를 지내는 달을 '담월'이라 하는데, 담제 때 연복(練服)과 상장(喪杖)을 버리고 길복(吉服)으로 갈아입고서 상을 끝마친다. 일설에 의하면, 대상 때는 상복(祥服)으로 갈아입고, 담제 때는 담복으로 갈아입는다고 한다. 《喪禮備要 下 小祥, 大祥, 禫》《四禮便覽 卷6 喪禮4 小祥, 大祥, 禫》

190 담제(禫祭)는……하니 : 상복(喪服)을 벗고 길복(吉服)으로 바꾸어 입는 것으로, 곧 탈상을 가리킨다.

制)[191]에 청벽색을 사용하지 않고 옥색을 사용하는 듯하네.

어떤 사람이 이르기를, "애가(哀家)[192]가 처한 바로 말하면 굳이 담제를 거행할 필요가 없다."라고 하였지만 내 생각은 그렇지 않네. 우옹(尤翁)께서 현이규(玄以規)[193]의 물음에 대하여 말씀하기를, "만약 《가례》를 따라 상장(喪杖)을 짚고 기년복을 입는다면 이런 의심은 없을 것이다."[194]라고 하셨네. 이제 이미 《가례》를 따르지 않고 고례

191 심제(心制) : 원래 규정보다 등급을 낮추어서 복(服)을 입는 경우 그 복(服)을 벗은 뒤 남은 상기(喪期) 동안 상제(喪制)처럼 똑같이 근신하는 일을 가리킨다. 여기서는 대상(大祥)이 지나 상제가 복(服)은 벗었지만 슬픔이 가시지 않아서 담제(禫祭)까지 착용하는 복(服)을 가리킨다.

192 애가(哀家) : 상(喪)을 당한 상대의 집을 가리키는 말로, 홍직필은 1793년 7월 8일에 모친상을 당하였다. 《近齋集 卷31 淑人陰城朴氏墓誌銘-幷序-》《梅山集 卷50 先妣淑人陰城朴氏家狀》 홍직필이 모친상을 치를 당시 부친 홍이간(洪履簡, 1753～1827)과 조부 홍선양(洪善養, 1727～1798)이 모두 살아 있었다.

193 현이규(玄以規) : 송시열의 문인으로, 호는 백암(白菴)이다. 학행(學行)이 뛰어나 관북(關北) 지방에서 유명하였다. 《華陽淵源錄》

194 만약……것이다 : 이는 '죽은 처를 위해 《가례》의 규정대로 자최 장기의 복을 입는다.'라는 뜻으로, 《송자대전》 권118 〈답현이규(答玄以規)〉에 다음과 같이 보인다. 현이규가 "부모가 살아 계시는 자는 아내를 위해 담제를 행하지 않으니, 그렇다면 그 아들도 이로 인하여 담제를 행하지 않습니까?〔父母在者爲妻不禫, 則其子亦因此而不禫乎?〕"라고 여쭙자, 이에 대해 송시열은 "부친이 살아 계시면 처를 위해 부장기를 입는 것은 옛날에 그 예가 있었습니다. 그러나 《가례》에서는 부친이 살아 계시건 부친이 돌아가셨건 막론하고 모두 자최 장기를 입으니, 상장을 짚으면 담제를 지냅니다. 오늘날 예를 행하는 자가 만약 한결같이 《가례》를 따른다면 이러한 의문이 없을 것입니다.〔父在爲妻不杖朞, 古有其禮矣. 然家禮不論父在與父亡而通爲杖朞, 杖則禫矣. 今之行禮者, 若一遵家禮, 則無此疑矣.〕"라고 답하였다.

(古禮)를 따라서 처상에 상장을 짚지 않고 담제를 지내지 않는 상황이면, 그 아들로서 모친을 위하여 상장을 짚고 담제를 지내는 경우는 그 조부가 상(喪)을 주관함에 마땅히 손자를 위하여 담제를 거행해야만 하니, 이는 조부가 손자를 억누르지 못하기 때문일세.[195] 이로 말미암아 논해 보면 애가의 담제는 행할 수 있을 듯하니, 이것이 어떠할는지 알지 못하겠네.

195 조부가……때문일세 : 여기서 '억누르다〔壓〕'는 압존(壓尊)으로, 조손의 관계는 압존의 의리가 없어서 조부가 살아 계시더라도 손자는 그 부모에 대해 강복하지 않는다는 뜻이다. 이와 관련하여 《예기》 〈상복소기(喪服小記)〉에 "대부는 서자에 대해 강복하지만 그 손자는 자신의 부친에 대해 강복하지 않는다.〔大夫降其庶子, 其孫不降其父.〕"라고 하였는데, 이에 대한 정현(鄭玄)의 주(注)에 "조부는 손자를 억누르지 못하는 것이다. 대부는 서자를 위하여 대공복을 입는다.〔祖不壓孫也. 大夫爲庶子大功.〕"라고 설명하였다.

홍백응에게 답하다
答洪伯應

증조모의 승중상을 치르는 자는 조모의 상에서 담제와 길제를 거행할 수 없으니, 그렇다면 제부(諸父)는 오직 담월(禫月)에 위(位)를 설치한 뒤 곡읍하고 제복(除服)해야만 하고, 길월(吉月 길제를 지내는 달)에도 마땅히 사차(私次 사사로이 머물러 있는 곳)에서 길복(吉服)을 착용해야 하는데, 이 경우 모두 마땅히 담월과 길월의 정일(丁日)이나 해일(亥日)을 써야만 하네. 일찍이 선배들의 설(說)을 본 적이 있었는데 모두 이와 같았다네. 어떤 사람은 이르기를, "이미 제사를 거행하지 않게 된 이상 굳이 정일이나 해일을 사용할 필요가 없다."라고 하는데, 《의례문해》에 이른바 '길제지기(吉祭之期)'[196]의 '기(期)' 자는 다름 아닌 '일기(日期 특정한 날짜)'를 가리키니, 담제와 길제의 변제(變除)[197]에 모두 정일이나 해일을 사용하는 것은 의심할 만한 점이 없을 듯하네.

196 의례문해에 이른바 길제지기(吉祭之期) : 《의례문해》 〈상례(喪禮) 장기(杖期)〉에 "부재모상일 경우 길제를 지낼 날짜를 헤아려 평상을 회복한다.〔父在母喪, 計吉祭之期, 復常.〕"라고 한 부분을 가리킨다. 《沙溪全書 卷38 疑禮問解 喪禮 杖期》

197 담제와 길제의 변제(變除) : '변제'란 보통 '변복(變服)'과 '제상(除喪)'의 병칭으로서 사용하는 말이다. '변복'이란 삼년상의 절차 중 의복을 바꾸어 입는 상황들을 가리키는바, 그중 소상과 대상 및 담제가 대표적이다. 소상 때는 연복(練服)으로 갈아입는데, 남자는 수질(首絰)을, 여자는 요질(腰絰)을 제거하며, 대상 때는 담복(禫服)으로, 담제 때는 길복(吉服)으로 갈아입는다. 일설에 의하면 대상 때는 상복(祥服)으로, 담제 때는 담복으로 갈아입는다고 한다. '제상'이란 상기(喪期)를 다 끝마치고 상복을 완전히 벗는 것인데, 주로 대상 때를 가리킨다. 《喪禮備要 下 小祥, 大祥, 禫》 《四禮便覽 卷6 喪禮4 小祥, 大祥, 禫》

홍백응에게 답하다

答洪伯應

담제를 지내고 나서야 비로소 술을 마시고 고기를 먹는 걸세. 그러나 차마 대번에 아주 좋은 음식을 먹지 못하므로 술은 반드시 먼저 단술〔醴〕을 마시고 고기는 반드시 먼저 말린 것을 먹는다네.[198] 이는 대체로 음식의 절도가 평상을 회복함에 또한 점진적으로 하는 것이지, 담월(禫月 담제를 지내는 달)이 다 끝나도록 단술을 마시고 말린 고기를 먹다가 반드시 길월(吉月 길제를 지내는 달)이 되기를 기다린 뒤에야 비로소 청주(淸酒)와 유육(濡肉 부드러운 고기)을 먹음을 이른 것은 아닐

198 담제를……먹는다네 : 이와 관련된 내용은 《예기》 〈간전(間傳)〉에 "부모의 상에 우제와 졸곡을 마치고서 거친 밥을 먹고 물을 마시고 채소와 과일을 먹지 않으며, 기년에 소상을 지내고서 채소와 과일을 먹으며, 또다시 기년에 대상을 지내고서 초와 장이 있으며, 한 달을 사이에 두어서 담제를 지내는데 담제를 지내고서 단술을 마시니, 처음 술을 마시는 자는 먼저 단술을 마시고 처음 고기를 먹는 자는 먼저 말린 고기를 먹는다. 〔父母之喪, 旣虞、卒哭, 疏食水飮, 不食菜果; 期而小祥, 食菜果; 又期而大祥, 有醯醬; 中月而禫, 禫而飮醴酒. 始飮酒者, 先飮醴酒; 始食肉者, 先食乾肉.〕"라고 보인다. 한편 〈상대기(喪大記)〉에는 "대상을 지내고서 고기를 먹는다.……처음 고기를 먹는 자는 먼저 말린 고기를 먹고 처음 술을 마시는 자는 먼저 단술을 마신다.〔祥而食肉.……始食肉者, 先食乾肉; 始飮酒者, 先飮醴酒.〕"라고 하였다. 《가례》 〈상례(喪禮) 대상(大祥)〉에서는 "대상을 지낸 뒤에야 비로소 술을 마시고 고기를 먹으며 평소 부인을 거느리는 침으로 돌아간다.〔始飮酒食肉而復寢.〕"라고 하여 〈간전〉을 따르지 않고 〈상대기〉를 따랐다. 이에 대해 김장생은, 〈상대기〉의 글 자체로서 이미 담제를 포함해 언급한 것이므로 《가례》의 해당 부분 역시 이에 따라 융통성 있게 보아야만 한다고 설명하였다. 《沙溪全書 卷29 家禮輯覽 喪禮 大祥》

세. 만약 '반드시 길월이 되기를 기다려야 한다.'라고 말하면, 예문(禮文)을 확립할 적에 마땅히 "담제를 지낸 다음에 예주(醴酒)를 마시고 간육(乾肉)을 먹는다."라고 말하였을 것이고 틀림없이 '선(先)' 자를 놓지 않았을 것이네. 어찌 생각하는가. 어찌 생각하는가.

홍백응에게 답하다
答洪伯應

우옹(尤翁)의 설(說)에서 성묘할 때 두 차례의 재배를 행한다고 한 것은, 대체로 《제의초(祭儀鈔)》 〈묘제의(墓祭儀)〉에 "묘에 이르러서 재배하고 쓸기를 다 마친 다음에 재배한다."[199]라는 글이 있기 때문에 대략 이 뜻을 쓰고자 한 것일세. 수암(遂庵)이 "선생께서 묘소를 전성(展省)하실 적에 한 차례의 재배를 행하셨다."라고 전한 것으로 말하면, 또한 한때 간략한 쪽으로 따르려는 뜻에서 나온 듯하니, 굳이 이것으로 말미암아 저것을 의심할 필요는 없을 듯하네.

주자의 설(說)에서 "아무리 형일지라도 역시 답배하였다."[200]라고 하였는데, 이는 아우가 죽은 뒤에 통용해서는 안 될 듯하네. 삼연(三淵)께서 이를 인용하여서 마땅히 아우의 사당에 절해야 한다는 것의 증거로 삼으셨으니,[201] 그 적확함을 알지 못하겠는바, 이는 아마도 따르기가

199 묘에……재배한다 : 이 말은 본래 《가례》 〈제례 묘제(墓祭)〉의 "궐명에 쇄소한다.〔厥明灑掃.〕"에 대한 원주에서 "주인은 심의를 입고서 집사를 거느리고 묘소에 가서 재배하고, 공손히 묘역 내외를 빙 둘러 다니면서 슬픈 마음으로 세 바퀴를 둘러본다. 풀뿌리나 가시덤불이 있으면 곧장 칼이나 도끼로 말끔히 베어내 없애고 쇄소를 끝마친 다음 자리로 돌아와서 재배한다.〔主人深衣, 帥執事者, 詣墓所, 再拜, 奉行塋域內外環繞, 哀省三周. 其有草棘, 卽用刀斧, 鉏斬芟夷, 灑掃訖, 復位再拜.〕"라고 보인다.

200 아무리……답배하였다 : 이 말은 《주자어류》 권85 〈예(禮)2 의례(儀禮) 사관(士冠)〉에서 황의강(黃義剛)의 기록에 보인다.

어려울 듯하네. 나는 매양 "형이 아우를 제사 지낼 때 절을 해서는 안 된다."라고 한 신독재 선생의 가르침을 마땅히 따라야 한다고 생각하네. 일찍이 이것을 가지고 미호 김 선생께 질문을 드린 적이 있었는데, 김 선생께서 "평소 망제(亡弟)의 사당에 들어가서는 그저 읍례(揖禮)만 행할 뿐이다."라고 답해 주셨으니, 여기에서 또한 삼연의 설(說)을 쓰지 않으셨음을 알 수 있네.

《가례》의 축문식(祝文式)에서 어떤 경우는 '근(謹)' 자를 쓰기도 하고 어떤 경우는 '감(敢)' 자를 쓰기도 하니, 그 뜻에 자세히 알 수 없는 점이 있네. 그러나 내가 생각건대, 시제(時祭)는 제사 중에 큰 것이고 후토(后土)에 대한 제사는 바로 외신(外神)이기 때문에 '감(敢)' 자를 쓰며, 또한 상(祥)과 담(禫)이 우제와 졸곡 및 기제와 녜제(禰祭)에 비하여 역시 비교적 무거운 점이 있기 때문에 '감(敢)' 자를 가지고 '근(謹)' 자를 대신한 듯하네. 내 억측이 이와 같으니, 감히 단정하여 말하지 못하겠네.

201 삼연(三淵)께서……삼으셨으니 : 이는 《삼연집》 권33 〈일록(日錄) 3월 17일 조〉의 "주자께서 말씀하기를, '옛사람은 가만히 앉아서 절을 받는 예가 없어서 비록 형일지라도 역시 답배하였으며, 군주 역시 그러했다.'라고 하였는데, 절을 받는 자는 앉아서 그 절을 받고 자기는 움직이지 않는다. 형은 평일에 답배하는 도리가 있으니, 아우가 죽은 뒤 사당에 들어가거나 묘에 오르는 경우 아우에게 절을 해도 괜찮다. 그런데 지금 사람들은 무심하게도 아우의 사당이나 묘에서 정을 펴지 않으니, 이는 아우에게 절하는 것을 어렵게 여긴다.〔朱子曰: 古人無受拜禮, 雖兄亦答拜, 君亦然. 受拜者坐受他拜, 自己不動也. 兄於平日, 有答拜之道, 則弟死後入廟, 或上墓, 拜之亦可. 今人恝然不伸情於弟之祠墓, 蓋以拜見爲難也.〕"라는 부분을 두고 언급한 것이다.

선산(先山)에다 몰래 매장한 곳으로 말하면, 사사로이 제멋대로 무덤을 파서 옮기는 것을 나라에서 법으로 금지함이 매우 엄격하니, 어찌 모범(冒犯)할 수 있겠는가. 진심에서 우러나오는 정성으로 하소연해 부르짖었음에도 관장(官長)의 마음을 돌릴 수가 없으면 인정으로 보나 이치로 보나 비록 원통하더라도 또한 어쩔 도리가 없을 듯하네.

홍백응에게 답하다

答洪伯應

그대의 학업이 현재 한창《주역》을 공부하는 중이라고 하니, 아마도 너무 지나치게 이른 계획인 듯하네. 그러나 진실로 능히 몸과 마음에 긴밀하게 붙여서 본다면 무슨 경(經)인들 실제에 힘쓰는 쓰임이 안 되겠는가. 다만 경(經)을 공부하는 데에 선후가 있을 뿐이네. 이미 공부를 시작하였으니, 또한 마땅히 다 읽은 다음에 다시《사서(四書)》를 공부해야 할 걸세. 정자(程子 정이(程頤))의《역전(易傳)》과 주자(朱子)의《본의(本義)》는 어느 하나라도 빼놓을 수가 없네. 내가 전날《주역》을 읽을 때《역전》과《본의》를 함께 보면서 간혹 다시 볼 적에는 그저《본의》만 따라서 읽었을 뿐이니, 이는 대체로 우옹(尤翁)의 의론을 준용해서 그렇게 하였던 것이네. 그러나 상수(象數)와 의리(義理)를 겸하여 보지 않아서는 안 되니, 이것이 어떠할지 알지 못하겠네.

홍백응에게 답하다

答洪伯應

문 부재모상(父在母喪)에서 상제(祥祭)를 지낸 뒤 생신이 되면 다례(茶禮)를 설행할 마땅한 곳이 없습니다. 허묘(墟墓 묘지)에서 설행하여서 대략 인정과 예의를 펴는 것이 어떠할는지 알지 못하겠습니다. 삼 년 동안 비록 차마 전부 빼놓지는 못하더라도 또한 정(情)이 압도한다고 하여서 그만둘 수 있겠습니까?

답 이는 예(禮)에서 언급하지 않은 것으로 정(情)이 압도한 데에서 그 일이 나온 걸세. 그러나 허묘는 가묘(家廟)와 다르니, 대략 설행하여 정(情)을 펴더라도 혹 의리를 심하게 해치는 지경에 이르지는 않을 듯하네. 그래도 내 생각으로는 결국 설행하지 않음이 준엄하고 바름이 되는 것만 못하다고 보니, 이것이 어떠할지 알지 못하겠네.

홍백응에게 답하다

答洪伯應

그대가 앓고 있던 눈병[202]이 쾌차하였으니, 멈추지 않고 책을 보고 있는가? 늙은 이 사람은 날은 저물고 갈 길은 멀지만 젊은 그대는 나이가 젊고 기력이 왕성하네. 내가 아직 능히 해내지 못한 것을 삼가 바라건대 족하(足下)가 해내되 반드시 일찌감치 서둘러서 노력해야만 하니, 어찌 생각하는가. 공부하는 방도는 진실로 다양하지만 역시 정부자(程夫子)께서 "함양은 모름지기 경을 써야만 하고, 진학은 치지에 달려 있다.〔涵養須用敬 進學在致知〕"[203]라고 하신 두 구(句)의 말씀에서 벗어난 것이 없으니, 오직 진심으로 착수하는 데에 달려 있을 뿐이라네.

202 눈병 : 해당 원문은 '아도증(阿睹證)'으로, '아도'는 눈을 가리킨다. 소동파의 〈전신(傳神)〉에 "고호두가 말하였다. '사람의 초상을 그리는 것은 모두 아도 가운데에 있다.'〔顧虎頭云: 傳形寫影, 都在阿睹中.〕"라고 보이는데, '호두'는 동진(東晉)의 유명한 화가 고개지(顧愷之)의 호이다. 고개지의 이 말은 그림에 있어 눈동자의 중요성을 강조한 것으로, '도재아도중(都在阿堵中)'으로 되어 있다. '아도(阿堵)'는 본래 육조 시대(六朝時代)의 구어(口語)로, '이' 또는 '이것'의 뜻이다.

203 함양(涵養)은……있다 : 이는 정이(程頤)의 말로 《근사록》 권2 〈위학(爲學)〉과 《이정유서》 권18 〈유원승수편(劉元承手編)〉 등에 보인다.

홍백응에게 답하다
答洪伯應

지난번에 삼가 권면하였던 말은 실로 서로 아끼는 마음에서 나온 것인데 그대가 이를 대부분 받아들여 주니, 나를 비루하게 여기지 않음을 몹시도 다행으로 여기고 있다네. 그대가 보여준 우옹(尤翁)의 필첩(筆帖)은, 펼쳐서 완상함에 이 사람으로 하여금 옷깃을 여미며 공경하는 뜻을 표하게 하네. 잠(箴)은 이천(伊川 정이(程頤))의 학문하는 요체이고, 필적에서 화양(華陽 송시열(宋時烈))의 심화(心畫)[204]가 올바름을 보겠으니, 참으로 희유한 보물이네. 좌하(座下)가 이것을 얻었으니, 이것을 가지고 궤안(几案) 위에 놓아두어 항상 눈여겨보는 자료로 삼는다면 경성(警省)하는 데에 큰 보탬이 될 걸세. 다만 이에 대한 발문(跋文)을 외람되게도 어리석고 비루한 나에게 부탁한 것으로 말하면, 돌아보건대 견식이 천박한 이 사람이 어떻게 제대로 천발(闡發)하겠는가. 게다가 조고(操觚)를 그만둔 지 이미 오래되어서 문장이 껄끄럽고 난삽하여 완성하기가 어렵다네. 그래서 삼가 기대에 부응할 수가 없을 듯하니, 이것이 탄식할 만하네. 그러나 만약 혹 천천히 기다려 주고 급박하게 독촉하지 않는다면 병이 약간 차도가 있을 때 의사가 조금

204 심화(心畫) : 글씨를 가리킨다. 이는 양웅(揚雄)의 《법언(法言)》 권5 〈문신(問神)〉에 "말은 마음의 소리이고, 글씨는 마음의 그림이니, 소리와 그림이 나타남에 군자와 소인을 알 수 있다.〔言心聲也, 書心畫也. 聲畫形, 君子小人見矣.〕"라는 말에서 나온 것이다.

트이게 되거든 또한 글을 엮구어 만들 수 있겠네. 다만 우선 이곳에 머물러 둘 뿐이니, 부디 이러한 나의 뜻을 양찰해 주시게.

홍백응에게 답하다

答洪伯應

우옹(尤翁 송시열(宋時烈))께서 무함(誣陷)을 받으신 일은 들음에 몹시 도 안타까운 마음을 가누지 못하겠네. 세상에 올바른 도(道)를 보위하고 바르지 못함을 물리치는 군자가 없는 탓에 정직한 사람을 시기해 해치는 무리들로 하여금 제 하고 싶은 대로 하여서 기탄(忌憚)하는 바가 없도록 하는 지경에 이르고야 말았으니, 진실로 한심하게 여길 만하네. 송 선생(宋先生)을 비방하고 헐뜯는 사람치고 흉측하고 패악하지 않은 사람이 있단 말인가. 저이가 스스로 흉측하고 패악함에 빠진 것이니, 또한 그 딱하게 여길 만함을 드러낼 뿐이네.

홍백응에게 답하다

答洪伯應

원릉(元陵)[205]의 휘신(諱辰 기일(忌日))에는 유생으로서 미쳐 선조(先朝)를 뵌 자들은 모두 마땅히 소식(素食)을 먹어야 하는데, 좌하처럼 병신년에 출생한 사람은 비록 상빈(上賓)보다 뒤라고는 하지만 이미 이 해에 해당하니,[206] 그렇다면 또한 마땅히 고기를 먹지 않음을 행하는 것이 진실로 옳네.

문 오대조부터 시조까지는 그 휘일(諱日)에 모두 마땅히 행소(行素)를 해야 합니까?

답 집안에서 오대조 이상의 기제사를 거행하는데 자기 자신이 그 제사에 참여하면 아무리 이미 친진하였더라도 고기를 먹는 것은 온당하지 못한 듯하네. 그러나 전일 행소를 하는 것도 너무 지나치니, 혹 '대공은 기일에 한 번 고기를 먹지 않는다.'라는 예(例)를 적용하는 것이 권의

205 원릉(元陵) : 영조(英祖)와 계비(繼妃) 정순왕후(定順王后) 김씨(金氏)의 무덤이다. 영조는 1776년(영조 52)에 승하하여, 건원릉(建元陵) 서쪽 두 번째 산줄기의 해좌사향(亥坐巳向)에 안장되었다. 이후 정순왕후는 1805년(순조 5)에 승하하여, 원릉의 영조 옆에 안장되었다. 현재 원릉은 경기도 구리시 인창동 산 2-1 동구릉(東九陵) 안에 있으며, 사적 제193호로 지정되었다.

206 좌하처럼……해당하니 : 홍직필은 1776년(영조 52) 6월 13일, 서울 주자동(鑄字洞)의 집에서 태어났다. 《鼓山集 卷16 年譜, 行狀》 영조는 동년 3월 5일 묘시(卯時)에 경희궁(慶熙宮)의 집경당(集慶堂)에서 승하하였다. 《英祖實錄 52年 3月 5日》

(權宜)를 얻지 않겠는가. 체천(遞遷)한 이후라면 오대 이상에 대해서는 행소를 해서는 안 되니, 대체로 예(禮)는 한도가 있고 정(情)은 줄어듦이 있어서 한없이 길게 늘여서 적용해서는 안 되기 때문일세.

홍백응에게 답하다
答洪伯應

보내온 편지를 받아 봄에 앓고 있는 병으로 공부의 과정(課程)을 빠뜨리는 것을 탄식하니, 진실로 깊이 삼가 염려하는 바일세. 그러나 학문이 어찌 오로지 독서에만 있겠는가. 몸을 조섭하는 가운데에도 절로 공부가 있다네. 언어와 사려를 줄이고 제거하여 이 마음을 맑게 만들어 천리(天理)를 체인(體認)하면 이것이 바로 무궁무진한 의미일 것이네. 모름지기 함양(涵養)하는 곳에 공부해야 할 것이니, 그래야 비로소 근본을 제대로 세울 수 있다네. 어찌 생각하는가. 어찌 생각하는가.

홍백응에게 답하다

答洪伯應

우암(尤庵)의 설(說)에서 "대략 곡례(哭禮)를 행하여 담제(禫祭)를 거행하는 뜻을 보존한다."[207]라고 말씀하신 것은 아직 확정되지 않은 의론인 듯하네. 만약 이와 같다면 거듭 담제를 지낸다는 혐의가 있게 될 걸세. 도암(陶庵)의 설(說)에 "담월(禫月 담제를 지내는 달)이 이미 다 끝났으면 묘 앞에서 곡읍하고 제복(除服)한다."라고 하였는데, 이것도 반드시 옳지는 않을 듯하네. 심상(心喪)을 하는 자가 길(吉)을 회복하는 것은 마땅히 사차(私次)에서 해야만 하고 또한 곡해서는 안 되니, 대체로 심상이란 본래 복(服)을 입는 것이 아니라서 이미 복(服)을 받는 절차가 없으니, 어찌 복(服)을 바꾸어 입는 절차가 있겠는가. 만약 분묘(墳墓)로 궤연(几筵)을 대신하여 곡읍하고서 길복을 착용하면 이는 복(服)을 바꾸어 입는 절차를 행하는 것이니, 신독재(愼獨齋)께서 "어찌 변제(變除)가 있겠는가."[208]라고 말씀하신 것이 아니네.

207 대략……보존한다 : 이 말은 《송자대전》 권119 〈답김구명(答金九鳴)〉에 다음과 같이 보인다. "부재모상에 이미 15개월째 되는 달의 담제를 거행하였으면 삼 년이 지난 뒤 복길할 때 또한 곡읍하고 제복하는 의절이 있습니까?〔父在母喪, 旣行十五月之禫, 則三年後復吉時, 抑有哭除之節歟?〕"라고 한 김구명의 물음에 송시열은 "부재모상은 상이 다 끝난 뒤 담제를 지내야 할 달이 되면 대략 곡례를 행하여서 담제를 행하는 뜻을 보존하는 것이 옳다.〔父在母喪, 喪畢之後, 當禫之月, 略行哭禮, 以存行禫之義可也.〕"라고 대답하였다.

208 어찌 변제(變除)가 있겠는가 : 이는 최석유(崔碩儒, 1619~1681)가 부재모상(父在母喪)에서 심상(心喪)의 복(服)을 언제 벗어야 하는지 묻자, 김집(金集)이 "이

제현(諸賢)의 설(說)이 비록 많으나 신독재의 설(說)이 그 무엇보다도 준용하기에 합당하네. 남계(南溪)는 길월(吉月 길제를 지내는 달)의 삭일(朔日)에 심제(心制)[209]를 제거하도록 하고자 하였으나 끝내 길월의 정일(丁日)이나 해일(亥日)을 사용함이 올바른 것만 못하니, 대체로 신독재가 말씀하신 '길제지기(吉祭之期)'[210]는 다름 아닌 일기(日期 특정한 날짜)를 가리킨 것이지 월기(月期 특정한 달)를 가리킨 것이 아닐세. 어떤 사람은 말하기를, "이미 길제를 거행하지 않았으면 굳이 정일이나 해일을 써서 복(服)을 제거할 필요는 없다."라고 하네. 그러나 비록 길제를 거행하지 않았더라도 길제의 날을 쓰는 것은 바로 우암(尤庵)께서 "대략 마음속에 준비하여 이것을 기준으로 삼는다."[211]라고

미 심(心)이라고 말하였으면 본래 상복이 아니니, 어찌 변제가 있겠는가?〔旣曰心, 本非服也, 何變除之有?〕"라고 대답한 데에 보인다. 《愼獨齋全書 卷14 疑禮問解續 喪禮 練祥禫》

209 심제(心制) : 원래 규정보다 등급을 낮추어서 복(服)을 입는 경우 그 복(服)을 벗은 뒤 남은 상기(喪期) 동안 상제(喪制)처럼 똑같이 근신하는 일을 가리킨다. 여기서는 대상(大祥)이 지나 상제가 복(服)은 벗었지만 슬픔이 가시지 않아서 담제(禫祭)까지 착용하는 복(服)을 가리킨다.

210 신독재가 말씀하신 길제지기(吉祭之期) : 이는 《의례문해》의 내용으로 신독재의 언급은 아니다. 《의례문해》 〈상례 장기〉에 "부재모상일 경우 길제를 지낼 날짜를 헤아려 평상을 회복한다.〔父在母喪, 計吉祭之期, 復常.〕"라고 하였다. 《沙溪全書 卷38 疑禮問解 喪禮 杖期》

211 대략 ……삼는다: 이 내용은 《송자대전》 권80 〈답윤여량(答尹汝良)〉에 "길제를 지내는 달 내 정일이나 해일, 또는 제사하기에 마땅한 날에 대략 마음속에 준비하여 이날 길제를 행해야겠다고 생각하는 것입니다. 이것을 기준으로 삼으면 근거한 바가 없지는 않을 듯합니다.〔當於吉祭月中, 或丁或亥, 或宜祭祀日, 略擬於心, 以爲此日當行吉祭, 以此爲節, 似不爲無所據矣.〕"라고 보인다. '여량'은 윤명우(尹明遇, 1630~?)의

말씀하신 것일세. 어찌 적확하고 타당하지 않겠는가. 제사를 거행하지도 않고 곡읍을 하지도 않고서 곧바로 사차(私次)에서 길복(吉服)을 입어야 비로소 변제하는 의절에 관계되는 일이 없이도 저절로 변제함이 될 것이네. 보내온 편지의 내용에서 신독재의 설(說)을 따르고자 한 것이 진실로 옳다고 하겠네.

자이다.

홍백응에게 답하다

答洪伯應

자부의 기일에 제사 지낼 때 쓰는 축문으로 말하면, '비념산고 불자승감(悲念酸苦不自勝堪)'은 그 말이 너무 지나치게 무거우니, 이것으로 미루어 여기에다 사용해서는 안 되네. 게다가 《상례비요》의 축문식(祝文式) 가운데 '불승감창(不勝感愴)' 네 글자는 이미 방친(旁親 방계 친속) 이하에 통용하는 것이니, 그렇다면 자손의 기제사에도 마땅히 이것을 써야 하네. 이것은 의심할 여지가 없을 듯하네.

홍백응에게 답하다
答洪伯應

길월(吉月 길제를 지내는 달)의 정일(丁日)이나 해일(亥日)에 심제(心制)[212]를 제거하는 것과 관련하여 이미 거리끼어 막히는 사달이 있으면 '혹 일찍 하거나 혹 늦게 한다.'라는 우옹(尤翁)의 가르침을 준용해서 진퇴를 결정하는 것이 무방하네. 또한 제사 지내기에 마땅한 날도 이것을 쓸 수가 있네.

오대조 이상 이미 체천(遞遷)한 분들의 기일에 소식(素食)을 먹는 것은 아마도 끝내 행해서는 안 될 듯하네. 이제 여호 선생[213]께서 행하신 바를 들어 보니, 이는 여느 사람들보다 한 등급이 더 높은 분이네.

212 심제(心制) : 원래 규정보다 등급을 낮추어서 복(服)을 입는 경우 그 복(服)을 벗은 뒤 남은 상기(喪期) 동안 상제(喪制)처럼 똑같이 근신하는 일을 가리킨다. 여기서는 대상(大祥)이 지나 상제가 복(服)은 벗었지만 슬픔이 가시지 않아서 담제(禫祭)까지 착용하는 복(服)을 가리킨다.

213 여호 선생 : 박필주(朴弼周, 1665~1748)로, 본관은 반남(潘南), 자는 상보(尙甫), 호는 여호(黎湖)이다. 군수 박태두(朴泰斗)의 아들로 1717년(숙종43) 재상 송상기(宋相琦)의 추천으로 시강원 자의(侍講院諮議)가 된 뒤 지평·집의 등을 거쳐 세자찬선(世子贊善)·이조 판서·우찬성 등을 역임하였다. 영조 때 서원을 철폐한다는 사실이 알려지자, 상소를 올리고 기자(箕子)·공자(孔子)·주자(朱子) 등 삼성인(三聖人)의 서원은 훼철하지 말 것을 청하였다. 시호는 문경(文敬)이다. 저서로는《여호집(黎湖集)》·《독서수차(讀書隨箚)》·《주자왕복휘편(朱子往復彙編)》·《춘추유례(春秋類例)》 등이 있다.

그러니 어찌 뭇사람에게 반드시 이것을 써서 법도로 삼도록 빠짐없이 요구할 수 있겠는가. 나의 견해는 이와 같을 뿐이네.

홍백응에게 답하다
答洪伯應

문 제 누이동생이 그 시조부의 상(喪)을 당하였는데, 이것은 시부모를 뵙기〔見舅姑〕 전에 해당합니다. 만약 분상(奔喪)해 곡읍한다면 마땅히 그 시부가 분상함을 기다려야만 합니까? 분상해 곡읍하는 의리가 아무리 무겁다고 하지만 시부모를 뵙는 예(禮)에다 견주어 보면 또한 간격이 있습니다. 어떠할지 알지 못하겠습니다.

답 남계(南溪)가 말하기를, "시부의 초상에 급히 달려감에 있어서 어찌 시모를 뵙는 떳떳한 예법〔常禮〕을 논하랴."라고 하였으니, 이는 신부가 미처 시부모를 뵙는 예를 행하지 못하였는데 시부의 상(喪)에 급히 달려간 경우를 두고 말한 것이네. 시조부의 상(喪)으로 말하면 시부의 상(喪)과 차이가 있고, 또한 시부모가 상측(喪側)에 있지 않은데 만약 시부가 분상하기 전에 찾아와서 시조부의 상(喪)에 곡하면 이는 시부를 뵙기 전에 시조부를 먼저 뵙는 셈이 되니, 아마도 온당하지 못할 듯하네. 내 생각으로는, 우선 분상해 곡읍하지 않고서 시부가 올라오기를 기다렸다가 올라오거든 그제야 비로소 찾아가서 조문하고 빈소 앞에서 추후하여 성복(成服)을 행해야만 할 것이니, 이것이 예(禮)의 변고에 알맞음이 될 듯하네. 다만 적확하게 증명해 주는 선배의 설(說)이 없을 뿐이니, 모름지기 예(禮)를 잘 아는 자에게 물어보아야만 할 걸세. 어찌 생각하는가.

문 제 누이동생이 그 시부가 분상하기를 기다린 다음에 마땅히 '찾아가서 조문하는 예(禮)'가 있어야 할 듯합니다. 조문하고 곡하는 의절이 응당 어떻겠습니까?

답 남계(南溪)가 말하기를, "비록 그 자부가 아직 시모를 뵙지 못하였으나 평소 편지를 보내어 안부를 여쭙는 것이 모두 고부간의 예절을 쓴 것이다. 그런데 이제 시모가 복상(服喪)하는 날을 당하여 도리어 처음 뵙는 까닭으로 조문하고 곡하는 예(禮)를 행하지 않으니, 이것이 의리에 어떠할지 알지 못하겠다."[214]라고 하였으니, 이는 시모가 복상하는 가운데 자부가 처음 뵙는 경우를 두고 말한 것이네. 여기에 근거하면 조문하고 곡하는 의절은 처음 뵙는다고 하여서 빼놓아서는 안 되는 것일세.

214 비록……못하겠다 : 이 말은 이유재(李惟材)에게 답한 박세채(朴世采)의 편지에 "비록 그 자부가 아직 시모를 뵙지 못하였으나 평소 편지와 물건 등을 보내어 안부를 여쭐 때 모두 고부간의 예절을 썼는데, 이제 시모가 복상하는 날을 당하여 도리어 처음 뵙기 때문에 조문하고 곡하는 예절을 행하지 않으니, 이것이 의리에 있어서 어떠할지 알지 못하겠다.〔其婦雖未見姑, 平日書物候訊, 皆用姑婦之節矣, 今當姑服喪之日, 乃以初見之故, 不行弔哭, 未知於義何如也.〕"라고 보인다.《南溪集 卷35 答李玉汝-惟材○壬戌十一月九日-》

근재집

제16권

書서

홍백응[1]에게 답하다

答洪伯應

그대가 보내온 편지를 받아 볼 때마다 언제나 학문이 진보하지 않음을 근심하니, 이를 통해 마치 미치지 못할 듯이 하고 행여나 잃어버릴까 두려워하는[2] 그대의 뜻을 알 수 있겠네. 마음을 먹은 것이 이미 확고하니, 게으름 없이 매진하면 하늘이 어찌 끝내 그 소원을 이루어주지 않겠는가.[3]

《대학》을 읽고 외는 것을 과연 몇 번이나 하였으며 진실하게 체인(體認)한 맛이 정말로 있었는가? 영남(嶺南) 지역은 본디 추로지향(鄒魯之鄕)인데 지금에는 인물이 없다는 탄식이 있으니, 풍기(風氣)가 쇠퇴함이 이와 같네. 어쩌면 군자의 은택도 오대가 지나면 끊어져서[4]

1 홍백응 : 홍직필(洪直弼, 1776~1852)로, 본관은 남양(南陽), 자는 백응, 호는 매산(梅山)이다. 부친은 동지돈령부사를 지낸 홍이간(洪履簡)이다. 17세에 저자의 문인이 되었다. 본래 초명은 긍필(兢弼), 초자(初字)는 백림(伯臨)이었으나, 저자가 《서경》 〈우서(虞書) 익직(益稷)〉의 글에서 뜻을 취하여 이름을 '직필', 자를 '백응'으로 바꾸어 주었다. 시호 문경(文敬)이며, 저술로는 문집인 《매산집》이 있다.

2 마치……두려워하는 : 이는 《논어》 〈태백(泰伯)〉에 "배움은 마치 미치지 못할 듯이 하고 얻은 것을 행여나 잃어버릴까 두려워해야 한다.〔學如不及, 猶恐失之.〕"라고 한 공자의 말씀을 원용한 것이다.

3 하늘이……않겠는가 : 이 말은 명(明)나라 학자 설선(薛瑄, 1389~1464)의 저서인 《독서록(讀書錄)》에 "나의 마음이 진실로 학문에 뜻을 둔다면 하늘이 나의 소원을 이루어 줄 것이다.〔吾心誠有志於學, 天其遂吾願乎!〕"라고 한 부분을 원용한 표현이다.

4 군자의……끊어져서 : 이 말은 《맹자》 〈이루 하(離婁下)〉에 "군자의 은택도 오대가

그러한 것인가. 듣고서 이 때문에 개탄하는 바일세.

도성으로 돌아올 기약이 있으니, 오래지 않아 함께 만날 수 있기를 몹시도 학수고대하네. 임(任)·송(宋) 두 현자는, 이번 걸음에 만약 연이어 그 문하에 나아가 찾아뵙고서 훈도(薰陶)를 받을 수 있으면 유익함이 틀림없이 클 걸세. 혹시라도 도중에 그만두지 마시게.

지나면 끊어지고, 소인의 영향도 오대가 지나면 끊어진다. 나는 공자의 제자가 되지는 못하였으나, 나는 오대가 지나기 전에 다른 사람에게서 공자의 도를 듣고 사숙하였다. 〔君子之澤, 五世而斬, 小人之澤, 五世而斬, 予未得爲孔子徒也, 予私淑諸人也.〕"라고 한 데에 보인다. '세(世)'는 부자(父子)가 서로 이어가는 것, 또는 30년을 뜻한다.

홍백응에게 답하다

答洪伯應

영정(影幀)에다 제사를 올리는 것으로 말하면, 여기에 해당하는 명확한 예문(禮文)이 없으니, 이는 터럭 한 가닥 머리카락 한 올이라도 똑 닮지 않으면 바로 다른 사람이기 때문일세. 예(禮)를 좋아하는 집안 중에서 어느 누가 이것을 행하는지 알지 못하겠으나 나는 이것이 온당하지 못한 듯하다고 생각하네.

생일에 제사 지내지 않는 것은 예(禮)의 올바름이니, 회갑(回甲)에도 어찌 제사 지낼 수 있겠는가. 각각의 신위에다 한꺼번에 제사 지내는 것은 더욱이 예(禮)가 아닐세. 분묘(墳墓)에서 제사를 설행한다는 것은 끝내 정(情)이 압도함으로 말미암아 한 주장이니, 이를 행하는 것은 매우 불가하네.

홍백응에게 답하다
答洪伯應

문 요질(腰絰)은 나이가 오십일 경우 처음에 바로 꼼[5]…….

답 나이가 오십일 경우는 참최와 자최를 아울러서 말한 것이네. 요질의 드리워진 부분을 흩어 놓음과 흩어 놓지 않음은, 이미 나이 오십 전후를 가지고 한계로 삼은 이상 그저 예문(禮文)을 준수해야만 할 뿐이네. '근력(筋力)을 헤아려서 행한다.'라는 설(說)은 여기에서 논해서는 안 될 듯하네. 나이가 오십이 되면 비로소 노쇠해지므로 슬픔을 줄이도록[6] 하고자 한 것이니, 요질의 드리워진 부분을 흩어 놓지 않으면 예의(禮意)가 이미 곡진한 것일세. 만약 나이가 오십이 넘었는데도 오히려 강건하면, 거상 중의 예절은 마땅히 슬픔을 지극히 다해

5 요질(腰絰)은……꼼 : 이와 관련하여 《의례》와 《예기》의 대문 및 주소(注疏) 등 유관 제설(諸說)을 개략하여 정리하면 다음과 같다. 상복에서 삼〔麻〕을 머리와 허리에 두르는 것을 모두 '질(絰)'이라 하는데, 허리에 두르는 것은 또한 '대(帶)'라 하기도 한다. 머리에 두르는 '수질'은 치포관의 규항(缺項)을 형상한 것이고, 허리에 두르는 '요질'은 대대(大帶)를 형상한 것이다. 허리에는 또 '효대(絞帶)'가 있는데, 이는 혁대(革帶)를 형상한 것이다. '혁대'란 정대(正帶)인바, 이는 옷을 묶는 것이며, '대대'란 '신(紳)'인바, 이는 거듭 묶는 것이다. 으레 초상이 나서 소렴하게 되면, 복이 있는 사람들은 모두 성복하기 전에 삼〔麻〕을 먼저 착용한다. 이때 대공 이상은, 대의 드리워진 부분을 흩어 놓았다가〔散帶之垂〕 성복하게 되어야 비로소 그것을 꼰다. 그러나 소공 이하는 맨 처음부터 그것을 꼰다. 아울러 나이가 오십이 되었거나 부인(婦人)이면, 그 드리워진 부분을 흩어 놓지 않는다〔不散垂〕.

6 슬픔을 줄이도록 : 해당 원문은 '쇄애(殺哀)'로, 상례(喪禮) 중 상대적으로 복잡한 정식 예수(禮數)를 간편한 쪽으로 줄이는 것을 말한다.

야 할 것이고, 요질의 드리워진 부분을 흩어 놓으면 안 되네. 이것이 예(禮)대로 하는 바이니, 어찌 '예(禮)대로 하지 않는다.'라고 이르겠는가. 또한 아직 오십이 되지 않았는데 병약한 경우는 생강과 육계(肉桂)로 자양하면서 그 곡읍을 조절하는 것이 옳으니, 어찌 그 드리워진 부분을 흩어 놓지 않을 수가 있겠는가.

문 수질과 요질을 부인은 빙시(憑尸)[7]한 뒤에 착용함…….

답 남전 여씨가 이미 이를 말하였으니, 대체로 부인은 질박하고 간략하여서 조금만 변제(變除)하기 때문일세. 그렇다면 남자의 습질(襲絰)[8]을 시신을 옮긴 다음에 하는 것은, 반드시 소렴할 때의 부조(扶助)[9]에 방해가 된다고 하여서 그러한 것은 아니네.

7 빙시(憑尸) : '몸을 숙여서 시신에 기댄다.'라는 뜻으로, 시신의 심장〔心〕 부분에다 행하는 일종의 고별식이다. 사자와의 혈연·존비를 따져, 군주는 신하에 대해 어루만지며〔撫〕, 부모는 자식에 대해 옷을 잡으며〔執〕, 자식은 부모에 대해 껴안고 엎드려 울며〔馮〕, 며느리는 시부모에 대해 두 손으로 받쳐 들며〔奉〕, 시부모는 며느리에 대해 어루만지며〔撫〕, 처는 남편에 대해 옷을 당기며〔拘〕, 남편은 처와 형제에 대해 옷을 잡는다〔執〕. 《禮記 喪大記 注疏》

8 습질(襲絰) : 이 말은 《의례》〈사상례(士喪禮)〉와 《예기》〈분상(奔喪)〉에서 "서동에서 습질을 한다.〔襲絰于序東.〕"라고 한 데에 보이는바, 당(堂) 아래 서장(序牆)의 동쪽에서 '단(袒)'을 하여 벗었던 왼쪽 겉옷 소매를 다시 껴입고 수질(首絰)과 요질(腰絰)을 착용하는 것이다.

9 소렴할 때의 부조(扶助) : 이와 관련하여 《가례》〈상례 소렴(小斂)〉에 "드디어 소렴한다.〔遂小斂.〕"라고 하였는데, 그 원주(原註)에 "시자는 손을 씻고 시신을 드는데, 남녀가 함께 부축해 도와서 소렴상 위로 옮긴다.〔侍者盥手擧尸, 男女共扶助之, 遷于小斂牀上.〕"라고 한 내용이 보인다.

문 제주(題主)할 때의 축문에 '상향(尙饗)' 두 글자가 없음…….

답 전(奠)을 올림은 없고 술만 따르니 예(禮)의 뜻이 매우 절묘하네. 신주가 이제 막 만들어져서 혼령이 의지하기 전이니 제사를 거행할 수 없으므로 전(奠)을 올림이 없고, 축으로 고하는 내용을 그저 읽기만 할 수는 없으므로 술을 따르는 걸세. 그 의리를 어찌 정밀히 살펴 극진히 하지 않겠는가. 그러므로 전(奠)을 올림이 없어서 축문의 내용에 '상향' 두 글자가 없는 것이니, 이를 어찌 의심하겠는가.

문 화상(畫像)을 그려서는 안 됨…….

답 화상은 칠분(七分)을 얻기가 어렵고[10] 다른 사람이 되기가 십상이니, 그렇다면 그리지 않는 것이 옳다네. 기예(技藝)란 다른 시대에서 빌려오지 못하니, 후세에도 고호두(顧虎頭)[11]가 있으면 화상을 그리는 것 역시 괜찮네. 다만 적막(適莫)이 없어야만[12] 할 뿐이네. 춘옹(春

10 칠분(七分)을 얻기가 어렵고 : '칠분'이란 그림으로는 그 사람을 제대로 표현할 수 있는 것이 전체의 칠분에 불과하다는 뜻으로, '칠분을 얻음'은 그 사람의 모습을 초상으로 잘 표현하였음을 말한다. 정이(程頤)가 《역전(易傳)》을 짓고서 문인들에게 주며 "그저 칠분만 말하였을 뿐이니, 배우는 자들은 다시 스스로 자세히 살펴 궁구해야만 한다.〔只說得七分, 學者更須自體究.〕"라고 하였는데, 문인인 장역(張繹)이 그에 대한 제문을 지으면서 이 말을 인용하여 "선생의 말씀으로 문자에 드러난 것은 칠분의 마음이 있고, 단청으로 그려진 것은 칠분의 의용이 있다.〔先生有言見於文字者, 有七分之心, 繪於丹靑者, 有七分之儀.〕"라고 하였다. 《二程全書 附錄 祭文》

11 고호두(顧虎頭) : 동진(東晉)의 저명한 화가 고개지(顧愷之)이다. 무석(無錫) 사람으로, 일찍이 호두장군(虎頭將軍)을 지냈기 때문에 '고호두(顧虎頭)' 또는 '호두공(虎頭公)'으로 불렸다. 송(宋)나라의 육탐미(陸探微), 양(梁)나라의 장승요(張僧繇)와 함께 육조 시대의 3대 화가라 일컬어지며, 특히 초상화와 인물을 잘 그려 중국 회화사상 인물화의 최고봉으로 알려져 있다.

翁)[13] 및 역천(櫟泉)[14]·한정(閒靜)[15] 두 공(公)의 영정(影幀)이 없는 것은 그야말로 한 법문(法門)인 셈인데, 또한 이것을 가지고 후세 사람들에게 전부 다 예외 없이 화상을 그리지 않도록 하기란 어렵다네.

문 집을 떠나 있는 경우 기제사가 되면 망곡(望哭)해야 함…….
답 기제사란 상(喪)의 나머지로,[16] 집을 떠나 있는 경우 기일보다

12 적막(適莫)이 없어야만 : '적막이 없음'은 의리에 따라서 행할 뿐이지 오로지 고집하거나 주장함이 없다는 뜻으로, "군자는 천하의 일에 있어서 오로지 주장함도 없으며 그렇게 하지 않는다는 것도 없어서 오직 의만 따를 뿐이다.〔君子之於天下也, 無適也, 無莫也, 義之與比.〕"라고 한 공자의 말씀에 보인다. 이에 대한 《집주》에 "적(適)은 가(可)함이고, 막(莫)은 불가(不可)함이다."라고 한 사씨(謝氏)의 말이 인용되어 있다. 《論語 里仁》

13 춘옹(春翁) : 송준길(宋浚吉, 1606~1672)로, 본관은 은진(恩津), 자는 명보(明甫), 호는 동춘당(同春堂), 시호는 문정(文正)이다. 김장생(金長生)에게 수학하였으며, 대사헌, 성균관 좨주, 병조 판서 등을 역임하였다. 문묘(文廟)에 배향되었으며, 저서에 《동춘당집》이 있다.

14 역천(櫟泉) : 송명흠(宋明欽, 1705~1768)으로, 본관은 은진(恩津), 자는 회가(晦可), 호는 역천, 시호는 문원(文元)이다. 이재(李縡)의 문인이다. 사화(士禍)를 피해 아버지를 따라 옥천(沃川) 등지에서 살았다. 그 뒤 천거를 받아 충청도 도사(都事)·지평(持平) 등에 임명되었으나 모두 사퇴했다. 1764년 찬선(贊善) 때 경연관(經筵官)이 되어 정치문제를 논하다가 왕의 비위를 거슬러 파직당했다. 죽은 뒤에 복관(復官)되어 이조 판서에 추증되었다. 저서에 《역천집(櫟泉集)》·《역천소말조진(櫟泉疏末條陳)》이 있다.

15 한정(閒靜) : 송문흠(宋文欽, 1710~1752)으로, 본관은 은진(恩津), 자는 사행(士行), 호는 한정당(閒靜堂)이다. 백형(伯兄) 송명흠과 함께 이재(李縡)에게 수학하였다. 1733년(영조9)에 사마시에 합격하여 동몽교관, 종부시 주부, 형조 좌랑, 문의 현령(文義縣令) 등을 역임하였다. 저서로 《한정당집》이 있다.

16 기제사란 상(喪)의 나머지로 : 이는 삼년상을 다 끝마치고 지내는 기제사를 말한

앞서 재계한 다음 바로 해당 기일에 위(位)를 설치하고 망곡하여서 정(情)을 펴는 것을 진실로 그만둘 수가 없네. 그러나 시제(時祭)로 말하면 이는 다름 아닌 평상시 정기적으로 지내야 하는 제사이니, 재계하고 위(位)를 설치하고 망배(望拜)하는 것에 대해서는 선배들이 행한 바가 과연 어떠했는지 알지 못하겠네.

문 옛적에는 사람이 죽으면 관(冠)을 씌우지 않음…….

답 공자의 상(喪)에 관(冠)은 장보(章甫)를 사용한 것은 이미 《의례경전》에 보이는데,[17] 또 옛적에는 사람이 죽으면 관(冠)을 씌우지 않았다는 사계(沙溪 김장생(金長生))의 설(說)이 있어서 양자가 서로 부합하지 않으니, 의심할 만하네. 그러나 사계의 설은 고거한 바가 있다네.

다. 이와 관련하여 《회암집》 권59 〈답두문경(答竇文卿)〉에 "아직 장례를 치르지 않았으면 다른 제사를 지내지 않는 법이지만, 때로 혹 선대의 기일을 만나면 제사를 지내야만 하는지를 또 알지 못하겠습니다. 만약 제사를 지낸다면 또 어떤 옷을 입어야 합니까?〔未葬不當祭, 時或遇先忌, 又不知當祭否? 若祭則又何服?〕"라고 두문경이 질문하자, 주희는 "기제사란 상의 나머지이니, 제사를 지내더라도 혐의가 없을 듯하다. 그러나 정침에 이미 궤연을 설치한 이상 곧 제사 지낼 곳이 없으니, 역시 이런 경우는 잠시 정지해도 될 듯하다.〔忌者喪之餘, 祭似無嫌. 然正寢已設几筵, 卽無祭處, 恐亦可暫停也.〕"라고 대답하였다. 또한 이재(李縡)의 《사례편람(四禮便覽)》 권8 〈기일(忌日)〉에 "그저 한 분의 신위만 설치하는 것이 올바른 예이다. 대체로 기일이란 바로 상의 나머지이다.〔只設一位, 禮之正也. 蓋忌日乃喪之餘.〕"라고 하였다.

17 공자의……보이는데 : 이와 관련하여 《공자가어(孔子家語)》 권9 〈종기해(終記解)〉를 살펴보면, 공자의 상(喪)에서 습(襲)을 행할 적에 장보관(章甫冠)을 사용하였는바, 공자는 은나라 사람이기 때문에 그 습(襲)에서 은나라의 관(冠)을 사용한 것이다. 이 내용은 황간(黃榦)이 편찬한 《의례경전통해속(儀禮經傳通解續)》 권5 〈상대기(喪大記) 상례(喪禮) 보(補)〉의 '반함 습(飯含襲)' 조에도 수록되어 있다.

《가례집람》 '습(襲)' 조에서 《의례》 〈사상례(士喪禮)〉의 소(疏)를 인용하였는데, 거기에 이르기를, "'죽은 자는 관(冠)을 쓰지 않는다.'라고 한 것은, 아래에 나오는 〈기석(旣夕)〉의 기(記)에 이르기를, '모친상을 당하였을 경우 죽은 자의 머리털을 묶는 데에 계(笄)를 쓰지 않는다.'라고 하였는데, 이에 대한 정현(鄭玄)의 주(注)에 이르기를, '계(笄)를 쓰지 않는 것은 장부(丈夫)의 경우 관(冠)을 쓰지 않는 것과 똑같다.'라고 하였다. 이것을 가지고 말한다면, 살아 있을 적에 남자의 경우는 관(冠)을 쓰고 부인의 경우는 관(冠)을 쓰지 않는데 -'관(冠)을 쓰지 않음〔不冠〕'은 다른 판본에는 '계(笄)를 씀〔笄〕'으로 되어 있다네.-, 이제 죽어서는 부인의 경우 계(笄)를 쓰지 않으니, 그렇다면 남자도 관(冠)을 쓰지 않음을 안 것이다."[18]라고 하였으니, 이것이 어찌 명확한 증거가 아니겠는가. 그렇다면 이른바 '옛적'이라는 것은 다름 아닌 주(周)나라 때인데, 주나라 전에는 죽은 자에게 관(冠)을 씌웠으니, 그 관(冠)은 장보(章甫)를 사용한 것은 바로 은(殷)나라의 예(禮)일세. 공자께서는 본래 은나라 사람이기 때문에 공서화(公西華)가 치상(治喪)할 적에 삼대(三代)의 예(禮)를 겸용하였는데, 은나라의 예(禮)로써 관(冠)을 사용한 것인 듯하네. 그리고 선성(先聖)께서 송(宋)나라에 거처하실 적에 장보관(章甫冠)을 착용하셨으니,[19] 그분의 상(喪)에 장보관을 사용한 것은 또한 이 때문인 듯하네. 하지만 생각건대, 혹 이와 같더라도

18 죽은……것이다 : 이 내용은 《의례주소》 권12 〈사상례(士喪禮)〉에 대한 가공언(賈公彦)의 소(疏)에 보인다.

19 선성(先聖)께서……착용하셨으니 : 이와 관련된 내용은 《예기》 〈유행(儒行)〉 및 《공자가어》 권1 〈유행해(儒行解)〉에 보인다.

감히 단정하여서 말하지는 못하겠네.

'자로(子路)는 죽으면서도 관(冠)을 벗지 않았다.'[20]라는 설(說)로 말하면, 이는 대체로 죽음이 임박해서도 관(冠)을 벗고자 하지 않은 것이니, 아마도 이것을 가지고 '죽은 자를 습(襲)할 때 반드시 관(冠)을 사용한다.'라는 것의 증거로 삼기에는 부족할 듯하네.

《가례》와 《상례비요》에서 이미 "복건(幅巾)을 씌운다."[21]라고 언급한 이상 그저 이것을 준용해야만 할 뿐이네. 복건이 관(冠)을 대신할 수는 있지만, 곧바로 이를 두고 관(冠)이라 이를 수는 없으니, 상대적으로 관(冠)은 중하고 건(巾)은 경해서라네. 일찍이 내가 '관(冠)이라는 물건은 매우 존귀하니, 이는 잠을 잘 때 착용하는 바가 아니다.……'라고 말하였는데, 이런 사실은, 단문(袒免)에 관한 글에서 '육단(肉袒)을 한 몸에다 관(冠)을 써서는 안 되기 때문에 문(免)을 쓴다.'라는 뜻[22]을 통해서 알게 된 걸세. 그러나 이는 대강 말한 것이니, 어찌 이것

20 자로(子路)는……않았다 : 이와 관련된 내용은 《춘추좌씨전》 애공 15년(B.C.480) 조 및 《사기》 권37 〈위강숙세가(衛康叔世家)〉, 권67 〈중니제자열전(仲尼弟子列傳)〉 등에 보인다.

21 복건(幅巾)을 씌운다 : 이와 관련하여 《가례》 〈상례(喪禮) 목욕 습 전 위위 반함(沐浴襲奠爲位飯含)〉에 "시자가 습을 끝마치고, 이불로 덮는다.〔侍者卒襲, 覆以衾.〕"라고 하였는데, 그 원주에 "복건을 씌우고, 귀를 막으며, 멱목을 진설하고, 신을 신기고, 이에 심의를 껴입히고는 대대를 묶어 매듭짓고, 악수를 진설하고, 이에 이불로 덮는다.〔加幅巾充耳, 設幎目納履, 乃襲深衣, 結大帶, 設握手, 乃覆以衾.〕"라고 한 내용이 보이는데, 이 내용은 《상례비요》 〈습(襲)〉에도 똑같이 수록되어 있다.

22 단문(袒免)에……뜻 : 이와 관련된 내용은 《예기》 〈문상(問喪)〉에 "혹자가 물었다. '관을 쓴 자가 육단을 하지 않는 것은 어째서입니까?' 대답하였다. '관이란 지극히 존귀하니, 육단을 한 몸에다 쓸 수 없다. 그러므로 육단을 하는 자는 문을 해서 관을

을 가지고 너무 지나치게 미루어 '잠을 잘 때 복건을 쓸 수 있는지'의 여부를 가지고 따지기까지 할 수 있겠는가. 염습(斂襲)에 상복(上服)이나 혹 장복(章服)을 쓰면, 상복과 장복이 어찌 잠을 잘 때 착용할 수 있는 것이라 하겠는가. 아마도 이렇게 집착하여 구애되어서는 안 될 듯하네.

문 부친의 첩(妾)으로서 아들이 있는 자에 대해서는 시마복을 입음[23]…….

답 여기서 '아들이 있다.'라는 것은 그저 살아 있는 아들만 가리키는 것은 아닐세. 부친의 첩이 이미 아들을 낳았을 터이니, 그렇다면 아무리 상(殤)[24]에 미치지 못하고서 요절하였더라손 치더라도 이 역시 '아

대신하는 것이다.'〔或問曰: 冠者不肉袒, 何也? 曰: 冠至尊也, 不居肉袒之體也, 故爲之免以代之也.〕"라고 보인다. '문'이란 상중 복식의 한 가지인데, 관을 벗고 머리카락을 묶는 것으로, 보통은 오복(五服)의 범위를 벗어난 친족을 애도할 때 한다. 이와 관련하여 《가례》 〈상례(喪禮) 소렴(小斂)〉 '구괄발마문포좌마(具括髮麻免布髽麻)'에 "문이란 포를 찢거나 견을 기운 것을 이르니, 너비는 1촌으로 뒷덜미에서 앞으로 향하여 이마 위에서 교차시키고, 다시 상투에 둘러 약두를 착용하듯이 한다.〔免謂裂布, 或縫絹, 廣寸, 自項向前, 交於額上, 却遶髻, 如著掠頭也.〕"라고 설명하였다. '약두'란 머리카락이 흐트러지지 않게 감아서 동여매는 일종의 '망건'이다.

23 부친의……입음 : 이는 소위 '팔모(八母)' 중 '서모(庶母)'의 경우를 가리킨다. 이와 관련하여 《가례》 〈상례 성복(成服)〉에 "다섯 번째는 시마 석 달이다.〔五曰: 緦麻三月.〕"라고 하였는데, 그 원주에 "의복(義服)으로, 사가 서모를 위하여 입는데, 여기서 서모란 부친의 첩으로서 아들이 있는 자를 이른다.〔士爲庶母, 謂父妾之有子者也.〕"라고 설명한 구절이 보인다.

24 상(殤) : 성인이 되기 전에 요절하는 것으로, 16세~19세에 죽은 경우를 장상(長殤), 12세~15세에 죽은 경우를 중상(中殤), 8세~11세에 죽은 경우를 하상(下殤)이라

들이 있음'으로써 논해야 마땅하네. 그러니 어찌 시마복을 입지 않을 수 있겠는가. 게다가 아무리 아들이 없다고 하더라도 여군(女君)의 지위를 대신하여서 부엌에서 음식에 관한 일 등 가사를 주관하거나 함께 거처한 해가 오래된 경우는 마땅히 '함께 한 집에서 밥을 지어 먹으면 시마복을 입는다.'라고 한 예(例)[25]를 적용하여서 복(服)을 입어야 할 걸세.

경대부가 서모(庶母)를 위하여 시마복을 입지 않는 것[26]은 '존귀한 지위에 있는 사람을 존귀하게 대해 주는 의리[27]인 듯하네. 다만 우리나라의 경우는 대부와 사(士)에 그다지 분별함이 없어서 사(士)의 예(禮)도 대부에게 통용될 수 있다네. 게다가 사계(沙溪)께서 이르시기를, "우리나라의 가선대부(嘉善大夫)가 옛적 중국의 대부에 상당할 수 있겠다."[28]라고 하셨네. 그렇다면 통정대부(通政大夫 정3품 당상)부터 그

고 한다. 이를 기준으로 삼아서 각각 상복과 상기가 달라지는데, 8세가 되기 전에 죽은 경우는 복(服)을 입지 않는다. 《儀禮 喪服》

25 함께……예(例) : 이와 관련하여 《예기》 〈단궁 상(檀弓上)〉에 "종모의 남편과 외숙의 아내의 경우, 이 두 사람이 서로를 위하여 복을 입는 것에 대해 군자가 말하지 않았는데, 혹자가 말하였다. '함께 한 집에서 밥을 지어 먹고 살았으면 시마복을 입는다.'〔從母之夫、舅之妻, 二夫人相爲服, 君子未之言也, 或曰: 同爨緦.〕"라고 한 내용이 보인다. '종모'는 이모로, '종모의 남편'은 바로 '이모부'이며, '외숙의 아내'는 바로 '외숙모'이다.

26 경대부가……것 : 이와 관련하여 《의례》 〈상복(喪服)〉에 "시마 석 달은 사가 서모를 위하여 입는다.〔士爲庶母.〕"라고 하였는데, 그 전(傳)에 "대부를 비롯한 그 이상은, 서모를 위하여 입는 복이 없다.〔大夫以上, 爲庶母無服.〕"라고 설명하였다.

27 존귀한……의리 : 해당 원문은 '귀귀지의(貴貴之義)'로, '귀귀(貴貴)'는 《예기》 〈제의(祭義)〉 및 《맹자》 〈만장 하(萬章下)〉 등에 보인다.

28 우리나라의……있겠다 : 이와 관련된 내용은 《사계전서》 권36 소재 《의례문해》

아래로는 소위 '대부'를 가지고 논할 수가 없으니, 어찌 통훈대부(通訓大夫 정3품 당하)나 봉렬대부(奉列大夫 정4품) 따위의 직품(職品)과 관계(官階)를 가지고 대부로 자처하여 서모를 위해 시마복을 입지 않는단 말인가. 서모로서 자기를 자애롭게 길러 준 자에 대해서는 으레 소공을 입어 주는 법이니,[29] 아무리 예문에서 사(士)만 언급하였을 뿐이라고 하더라도 또한 대부에게도 통용할 수가 있는 걸세. '예를 적용하기가 의심스러울 때는 후한 쪽으로 따른다.〔禮疑從厚〕'[30]라는 것은 바로 이러한 경우를 가리킨다네.

문 서자에게 부친이 살아 계시는데 그 생모를 위하여 복(服)을 입음…….

답 "서자에게 부친이 살아 계시는데 그 생모의 상(喪)을 당하였다면 의리상 감히 적자가 행하는 부재모상(父在母喪)의 예(禮)와 똑같아서

〈명정(銘旌)〉의 '대부사지변(大夫士之辨)'에 보인다.

29 서모로서……법이니 : 이와 관련하여 《의례》〈상복(喪服)〉의 '소공(小功)' 조에 "대부 또는 공자의 적출인 아들이 자기를 자애롭게 길러 준 서모를 위하여 입는다.〔君子子, 爲庶母慈己者.〕"라고 하였는데, 그 전(傳)에 "대부 또는 공자의 적출인 아들이란 귀인의 아들인데, 서모를 위하여 어째서 소공을 입는가. 이는 자기를 자애롭게 길러 주었으므로 한 등급을 높여서 입어 주는 것이다.〔君子子者, 貴人之子也, 爲庶母, 何以小功也? 以慈己加也.〕"라고 하였으며, 또한 정현의 주에 "'자기를 자애롭게 길러 주었으므로 한 등급을 높여서 입어 준다.'라고 하였으면, 대부 또는 공자의 적출인 아들도 본래는 사의 예를 적용하여서 서모를 위하여 으레 시마를 입는 것이다.〔以慈己加, 則君子子, 亦以士禮, 爲庶母緦也.〕"라고 설명하였다.

30 예(禮)를……따른다 : 이 말은 《주자어류》 권89 〈예6 관혼상(冠昏喪) 상(喪)〉에서 '담(禫)'과 관련된 부분에 보인다.

는 안 되니, 마땅히 자최 부장기의 복(服)을 입어야 하고, 또한 피발하지 않아야 할 것 같다."라고 내가 전날에 과연 이렇게 말하였는데,[31] 이는 다만 범범하게 논하여 언급한 것일 뿐이고 결정지은 말이 아니니, 이것을 두고 어찌 '이를 지켜 미혹되지 않는다.'라고 이르겠는가.

이 한 가지 의절은 《가례》와 《상례비요》에서 언급하지 않은 바이기 때문에 항상 이를 의심하고 있었네. 그 뒤에 고례(古禮)를 살펴보다가 〈잡기(雜記)〉와 〈소기(小記)〉에서 장기(杖朞)의 복(服)을 입을 수 있다는 예문(禮文)을 찾아내었네.-이에 관한 설(說)은 아래에 있네.-이에 더욱더 헤아려서 잘 생각하여 비로소 전날의 견해를 바꾸었으니, 그간에 있었던 이러한 곡절을 미처 좌하(座下)가 알도록 하지 못하였다네. 지금 내가 듣기로는 그대의 서종형(庶從兄)이 그 생모를 위하여 부장기를 입는다고 하니, 이는 진실로 어리석고 비루한 내가 전날에 주장한 의론을 따른 것이지만, 〈소기〉·〈잡기〉의 예문과는 부합하지 않는다네. 아마도 예(禮)에 관한 분쟁을 이루기가 쉬울 듯하네. 그러나 이제 와서 추후해 고칠 수는 없는 노릇이고, 게다가 근래에 인가(人家)에서 이렇게 행하는 경우가 많은 이상 이는 곧 일종의 '금례(今禮 지금의 예법)'인 셈이니, 시속을 따른다고 한들 무슨 문제 될 것이 있겠는가. 비록 담제(禫祭)가 없더라도 첫 번째 기년(朞年)이 지난 뒤에 어찌 즉길(卽吉)[32]할 수 있겠는가. 마땅히 남은 기간 동안 다시 심상(心喪)을 행하여

31 내가……말하였는데 : 저자는 일찍이 제자 홍직필에게 이러한 내용으로 답한 적이 있었는데, 여기에 해당하는 서신은 본 문집 권15에 실려 있는 〈답홍백응(答洪伯應)〉 제7서이다.

32 즉길(卽吉) : '길(吉)로 나아간다'는 말로, 상복(喪服)을 벗고 길복(吉服)으로 바꾸어 입는 것, 즉 탈상을 가리킨다.

이를 통해 그 정을 펴도록 허락해야만 할 뿐이네. 그 복색은 패랭이〔平凉子〕와 포망건(布網巾)과 포심의(布深衣)의 차림이 적합할 걸세. 어떤 사람의 설(說)에 '평상시의 복색은 백포립(白布笠)과 백직령(白直領)이다.'라고 하였는데, 이는 아마도 너무 지나치게 가벼운 듯하네.

근일에 어떤 사람이 '아직 솔휵(率畜 집에 데려다가 같이 삶)하지 않았을 경우 그 아들의 복제(服制)'에 관한 문제로 찾아와서 질문하였기 때문에 가모(嫁母)를 위한 복(服)의 예(例)[33]를 인용하여 장기의 복(服)을 입어야 한다고 대답하였다네. 이는 대체로 옛날의 견해를 버린 뒤로는 '적자의 예(禮)와 똑같이 행한다.'라는 혐의가 있다는 것에 구애받지 않아서일세. 부친이 솔휵하지 않은 것이 비록 출모(出母)[34]와 똑같지 않지만, 이미 자기 집에서 솔휵이 되지 않고서 다른 사람의 처첩이 되었다면 가모와 다를 바가 무엇이 있겠는가. 비록 전부 다 똑같게 하지는 못하더라도 어찌 방조(傍照)할 수가 없겠는가. 〈소기〉와 〈잡기〉의 예문에 이미 근거할 만한 내용이 있는 만큼 '예(禮)에 명확한 언급이 없다.'라고 이를 수는 없다네. 비록 선현께서 확정된 의론을 말씀하지 않으셨지만, 설(說)을 내세워서 후세에 남겨 주는 것은 내가 감히 감당할 바가 아닐세.

○〈잡기〉에 이르기를, "첩의 상(喪)을 부군이 주관하면 연제는 그 아

33 가모(嫁母)를……예(例) : '가모(嫁母)'란 부친이 돌아가시고 개가한 친모〔父亡母再嫁〕를 이른다. 이 경우 그 아들은 강복(降服)하여 자최 장기를 입고, 가모 역시 강복하여 그 아들을 위해 자최 부장기를 입는다. 《家禮 圖 三父八母服制之圖》

34 출모(出母) : 부친에게 쫓겨난 친모〔被父離棄〕를 이른다. 이 경우 그 아들은 강복(降服)하여 자최 장기를 입고, 출모 역시 강복하여 그 아들을 위해 자최 부장기를 입는다. 《家禮 圖 三父八母服制之圖》

들을 시켜서 주관하게 한다."[35]라고 하였고, 〈소기〉에 이르기를, "서자가 부친의 집에 있으면 그 생모를 위하여 담제를 지내지 않는다."라고 하였는데, 이에 대한 주(註)에 "첩의 자식은 부친이 살아 계시면 압존이 되어서 굽힌다."라고 하였네.[36]

상기한 〈잡기〉와 〈소기〉의 글을 가지고 살펴보면, 첩의 아들로서 그 부친은 살아 계시는데 그 생모가 돌아가셨을 경우 역시 연제와 대상을 행하고, 그저 담제만 지내지 않을 뿐이네. 이미 11개월째 되는 달의 연제를 거행하게 된 이상 마땅히 장기의 복이 되어야 할 것이네. 그러나 상장을 짚고 기년복을 입는데 담제를 지내지 않는 점이 또한 의심스러울 만하네. 이것이 '적자가 행하는 부재모상의 예'와는 다른 까닭인 듯하네.

문 외손녀는 외조부와 외조모를 위하여 복(服)이 없음…….

35 첩의……한다 : 이 내용은 《예기》 〈잡기 상(雜記上)〉에 "여군(女君)의 지위를 대신한 첩의 상을 부군이 주관하면, 부군이 직접 부(祔)를 하고, 연제와 대상제에 이르러서는 모두 그 아들을 시켜서 주관하게 하니, 빈소를 차리고 제사를 지내는 것은 정실에서 하지 않는다.〔主妾之喪, 則自祔, 至於練、祥, 皆使其子主之, 其殯、祭, 不於正室.〕"라고 한 데에 보인다. 참고로 《예기금주금역(禮記今註今譯)》은 이 문장을 "부제부터 연상까지 모두 그 아들을 시켜서 주관하게 한다.〔自祔至於練祥, 皆使其子主之.〕"라고 해석하였는데, 이는 '개(皆)' 자를 '연제'·'상제'뿐만 아니라 '부제'까지 아울러 가리키는 글자로 보아야 한다는 설에 따른 것이다.

36 소기에……하였네 : 이와 관련하여 《예기》 〈상복소기(喪服小記)〉에 "서자가 부친의 집에 있으면 그 생모를 위하여 담제를 지내지 않는다.〔庶子在父之室, 則爲其母不禫.〕"라고 하였는데, 이에 대한 정현(鄭玄)의 주(注)에 "첩의 자식은 부친이 살아 계시면 압존이 된다.〔妾子父在厭也.〕"라고 하였다.

답 외손녀를 위하여 입는 복(服)은 없다네. 원래 외손을 위하여 시마복을 입기 때문에 외손녀가 출가한 경우는 등급이 낮춰져서 해당하는 복(服)이 없는 걸세.[37] 외손녀가 외조부와 외조모를 위하여 입는 복(服)이 없는 것도 서로 주고받으며 보답하는 의리 때문에 그러한 듯하네. 다만 아직 출가하지 않은 경우도 외조부와 외조모를 위하여 복(服)을 입지 않는 것은 진실로 의심스러울 만하네. 어쩌면 혹 궐문이 아닐까 싶네.

○다시 《의례》 〈상복(喪服)〉의 소(疏)를 살펴보았더니, '외친(外親)은 비록 다른 사람에게 시집갔다고 하더라도 강복하지 않는다.'라고 하였네. 여기에 근거하면, 외손녀가 외조부와 외조모에 대하여 소공을 입는 것은 남자와 똑같고, 외조부와 외조모도 외손녀가 출가했다고 하여 그 등급을 낮추어서 시마복을 안 입지 않는 걸세.

37 외손녀를……걸세 : 《가례》의 〈외족모당처당복도(外族母黨妻黨服圖)〉를 살펴보면, 외손과 외손부를 위해서 시마복을 입는다는 내용만 있고, 외손녀에 관한 내용은 보이지 않는다.

홍백응에게 답하다
答洪伯應

자부가 남편 본생가의 시부모를 뵐 때 '폐백을 드림〔奠贄〕'은 예(禮)의 올바름이 아니네. 남편 본생가의 시조부모에게도 폐백을 바치는 것은, 더더욱 터무니없이 늘려서 적용한 듯하네. 더군다나 그 시조부모가 이미 돌아가셨는데 사당에서 폐백을 바치는 예(禮)를 행하는 것은 더 말해 무엇 하겠는가. 아무리 '정(情)이 압도한 것이다.'라고 말하더라도 어찌 예(禮)로써 알맞게 절제하는 도리라고 하겠는가. 이는 몹시도 불가하다고 하겠네.

손부가 그 시조부모를 뵐 때 폐백을 드리는 것과 관련하여 명확한 예문(禮文)은 없지만 《가례》에 이르기를, "시부모보다 더 높으신 분에 대해서는 시부모를 알현하는 의절과 똑같이 한다."라고 하였으니,[38] 이것이 인용하여 증거로 삼을 만하네. 그리고 남계(南溪)가 말하기를, "'시부모를 알현하는 것과 똑같이 함'이란 그저 사배(四拜)의 예(禮)를 말한 것일 뿐이니, 어찌 모두 폐백을 쓰겠는가.……"라고 하였으니,[39] 이것이 간약하면서도 타당한 듯하네. 그런데 내 생각으로

38 가례에……하였으니 : 이와 관련하여 《가례》 〈혼례(婚禮) 부현구고(婦見舅姑)〉에 "신부가 여러 존장을 뵌다.〔婦見于諸尊長.〕"라고 하였는데, 그 원주(原註)에 "같이 사는 분 중에 시부모보다 더 높은 분이 계시면 시부모가 자부를 데리고 그분의 사실에 가서 알현시키는데, 시부모를 알현하는 예와 똑같이 한다.〔同居有尊於舅姑者, 則舅姑以婦見於其室, 如見舅姑之禮.〕"라는 내용이 보인다.

는, '집안일은 집안의 어른에게 맡긴다.'라는 의리로 논하면 시조부모께 폐백을 드리지 않는 것 역시 온당하지 않은 듯하니, 어떠할는지 알지 못하겠네.

사당 안에서 폐백을 쓰는 것은 몹시도 불가하니, 이는 산 사람과 죽은 사람에 대해서는 그 예(禮)를 달리 적용하기 때문일세.[40] "시부모가 이미 돌아가셨으면 전채(奠菜)를 행한다."[41]라는 한 의절로 말하면, 근세의 풍속에서 묘현(廟見)[42]을 거행할 때 비록 석 달이 되기를 기다리지 않더라도 전채는 마땅히 거행해야 할 것이네. 전채란 폐백을 드리는 것과는 똑같지 않으니, 실로 제전(祭奠)의 예(禮)를 사용하는 것이네. 그래서 대추와 밤과 단수(腶脩) 등을 쓰지 않고[43] 채(菜)를 쓰는

39 남계(南溪)가……하였으니 : 이와 관련된 내용은 《남계정집(南溪正集)》 권30 〈답나현도(答羅顯道)〉 제2서에 보인다.

40 사당……때문일세 : 폐백을 올리는 것은 살아 있는 사람에게만 적용되는 예법이기 때문에 돌아가신 분의 위패를 모신 사당에 폐백을 올리는 것은 안 되는 일이라고 말한 것이다.

41 시부모가……행한다 : '전채'란 채소를 위주로 하여 지내는 일종의 약식 제사인데, 이때는 보통 제비꽃〔菫〕을 사용하는 것으로 되어 있다. 이러한 전채는 신부가 시집온 지 3개월째 되는 달에 행한다. 이와 관련하여 《의례》 〈사혼례(士昏禮)〉에 "만약 시부모가 이미 돌아가셨으면, 신부가 들어와 석 달이 되어야 이에 전채를 행한다.〔若舅姑旣沒, 則婦入三月, 乃奠菜.〕"라고 하였다. 이에 대한 정현의 주에 "'전채'란 대광주리에다 푸성귀를 담아 제사를 지냄이다. 아마도 근을 쓸 것이다.〔奠菜者, 以箍祭菜也. 蓋用菫.〕"라고 하였고, 가공언의 소에 "근을 쓰는 것은 근신하며 공경한다는 의미를 취함이다.〔取謹敬.〕"라고 하였다. 이는 '근(菫)'이 '근(謹)' 자의 음과 똑같기 때문에 그러한 것이다.

42 묘현(廟見) : 신부가 처음으로 시댁의 사당에 알현하여 참배하는 예절이다.

43 대추와……않고 : 이는 신부가 시부모를 처음으로 뵐 때 드리는 폐백이기 때문에 사당에 이런 폐백을 올리는 것은 불가하다는 말이다. '신부가 시부모를 처음으로 뵘〔婦

것이 마땅하니, 대체로 올리는 채(菜)에 근(菫 제비꽃)을 쓰는 것은 그 '근(謹 삼감)'의 뜻을 취한 것일세.

見舅姑]'과 관련하여 《의례》 〈사혼례(士昏禮)〉를 살펴보면, 시부께는 대추와 밤[棗栗]을 드리고 시모께는 단수(腶脩)를 드리는데, 대추와 밤은 '일찍부터 스스로 삼가며 공경함[早自謹敬]' 또는 '일찍 일어나 엄숙히 경계해 두려워함[早起肅栗]'의 뜻을 취하였고, 단수는 '전일하고 정성스럽게 스스로 닦음[斷斷自脩]' 또는 '다스리고 단련하여 스스로 닦음[治腶自脩]'의 뜻을 취하였는바, 이는 모두 한자의 음과 뜻이 서로 유사하다는 점에 기인한 것이다. '단수'란 포를 만들 때 고기를 두들겨 생강과 계피(桂皮) 등의 양념을 넣고 길게 잘라 만든 것을 이른다. 《儀禮注疏 卷2 士昏禮》

홍백응에게 답하다

答洪伯應

창야(唱喏)의 예(禮)로 말하면, 진실로 어느 시대에 비롯하였는지 알지는 못하겠으나 이미 《구의(丘儀)》에 보이고,[44] 또 《격몽요결》에도 실려 있으니,[45] 그렇다면 아무리 《가례》와 《상례비요》에서 언급하지 않은 바라고 하더라도 또한 이것을 따른들 무슨 문제 될 것이 있겠는가. 더구나 《가례》에서 첨례(瞻禮)만 언급한 것[46]이 '그 안에 창야까지 포함하여 담고 있지는 않다.'라고 어찌 장담하겠는가. 대체로 첨례에는 반드시 읍(揖)이 있어야 하는 법이고, 읍(揖)에는 반드시 소리가 있어야 하는 법이니, 읍(揖)이 없으면 첨례가 되지 못하고, 창야가 없으면 송(宋)나라 사람이 비판한 '아읍(啞揖)'[47]인 것이네. 내 생각으

44 창야(唱喏)의……보이고 : '창야'란 '창낙(唱諾)'이라고도 하는데, 남자가 행했던 예(禮)로, 손으로 읍(揖)하면서 입으로 소리를 내어 공경을 표하는 것이다. 이와 관련하여 《가례》 〈통례(通禮) 사마씨거가잡의(司馬氏居家雜儀)〉를 살펴보면, 평상시 혼정신성할 때 남자〔丈夫〕가 행하였음을 알 수 있다. 그러나 구준(丘濬)의 《가례의절(家禮儀節)》 〈통례 사당(祠堂)〉을 살펴보면, "출입할 때 반드시 고한다.〔出入必告.〕"의 "주인과 주부는 가까운 곳에 나가는 경우 사당의 대문 안에 들어가서 첨례를 행하고 길을 떠난다.〔主人主婦近出, 則入大門瞻禮而行.〕"라는 원주(原註)에 대하여 "남자는 창야하고, 부인은 서서 절한다.〔男子唱喏, 婦人立拜.〕"라고 부연해 설명하였다. '첨례'란 바로 '읍례(揖禮)'이다.

45 격몽요결에도 실려 있으니 : 현재 《격몽요결》 및 《제의초》를 살펴보면, 모두 '창야'가 보이지 않는다.

46 가례에서……것 : 위의 주44 참조.

로는, 소위 '첨례'란 시립(侍立)하기를 한참 동안 한 다음에 물러날 뿐만 아니라 필시 읍(揖)만 하고 절은 올리지 않는 예법이라고 보네. 읍(揖)과 창야에 비록 '손을 듦'과 '소리를 일으킴'의 구분이 있지만 실제로는 한 가지 일인 걸세. 그러므로 《가례》에서 첨례만 언급한 것은, 언급하지 않은 가운데에 창야까지 포함하고 있어서 그런 듯하네. 또한 야(喏)와 창(唱)은 나누어서 두 가지로 삼을 수 없으니, 창(唱)이 비록 '부르다'라는 뜻이지만 실제로는 이 역시 읍(揖)할 때 부르는 바이니, 그렇다면 '창야(唱喏)' 두 글자를 모두 읍(揖)할 때 내는 소리로 삼는 데에 무슨 불가함이 있겠는가. 이것을 기필코 나누어서 보고자 한다면 아마도 지나치게 자질구레해질 듯하네.

이와 관련해서는 응당 사계(沙溪)의 설(說)[48]을 따라야만 하네. 글자의 뜻은 '입구를 따름〔從口〕'을 가지고 보면 읍(揖)할 때 내는 소리로 보는 것이 옳지 읍(揖)하는 형상으로 보는 것은 옳지 않으며, 역시 읍(揖)의 명칭으로 보는 것도 옳지 않으니, 하서(河西)와 허국(許國)의 설(說)[49]은 따르기가 어렵다고 하겠네.

47 아읍(啞揖) : 아무 소리도 내지 않는 채로 행하는 읍(揖)이다. 송(宋)나라 때까지만 해도 중원의 한족들은 서로 읍(揖)할 때 반드시 소리를 냈다고 한다. 이를 '창야'라고 하는데, 창야란 기를 끌어올리는 소리이다. 당시 거란, 여진, 몽고 등 이민족들은 읍(揖)할 때 전혀 소리를 내지 않았으므로 중원의 한족들은 이를 괴이하게 여겼다고 한다. 《虜廷事實 啞揖》《同春堂別集 卷3 經筵日記 10月 25日, 續集 卷8 附錄3 年譜》

48 사계(沙溪)의 설(說) : 이는 《의례문해》〈통례 사당〉의 '출입필곡'에 "소위 첨례란 바로 오늘날의 읍이며, 창야란 읍할 때 내는 소리이다.〔瞻禮, 乃今之揖也, 唱喏, 揖時之聲也.〕"라고 보이는 김장생의 말을 가리킨다.

49 하서(河西)와 허국(許國)의 설(說) : 하서(河西)는 김인후(金麟厚)이다. 김인후는 "'야'의 음은 '야'로, 창야란 읍하는 것이다.〔喏音惹, 揖也.〕"라고 하였다. 허국(許國)

내가 일찍이 듣건대 미호(渼湖) 선생께서는 '첨례'를 읍(揖)으로 보셨으니, 이는 사계의 뜻을 따르신 걸세. 허국이 이르기를, "'야(喏)' 자는 《한서》에 보인다."라고 하였으니, 그렇다면 '창야'란 자연 한(漢)나라 이전에 이미 있었던 예(禮)로 그 유래가 또한 오래된 것이네. 지금의 풍속에서 비록 이를 행하지 않더라도 예(禮)를 좋아하는 선비가 이를 행한다면 어찌 복고(復古)의 한 방도가 되지 않겠는가.

《가례》에서 시제(時祭)와 기제(忌祭)에 대해 산재를 언급하지 않은 것은, 대체로 간략하게 하는 쪽으로 따른 듯한데, 《격몽요결》에서 시제는 고례(古禮)를 따라 산재와 치재를 나누어서 말하였고, 기제 역시 산재와 치재를 말하였으니,[50] 내 생각으로는 마땅히 《격몽요결》을 따라야 한다고 보네. 만약 기제에 그저 치재 하루만을 쓸 뿐이고 산재를 행하지 않으면, 장차 기제 이틀 전에는 흉하고 더러운 일에 참여해도 된다는 말인가. 이는 아마도 불가한 듯하네. 《격몽요결》에서 언급한 시제의 재계 일수는 너무 많아서 그대로 행하기가 어려우니, 산재를 사흘 동안 하고 치재를 이틀 동안 하면 혹 괜찮다고 하겠네. '사기지의

은 명나라 사신으로, 선조 즉위년인 1567년 7월, 한림원 검토(翰林院檢討)로서 목종(穆宗)의 등극 조서를 반포하기 위하여 위시량(魏時亮)과 함께 조선으로 왔다. 허국은 "'야' 자는 《한서》에서 나왔는데, 두 손을 아래로 드리우고 읍하는 모습이다.〔喏字, 出《漢書》, 兩手垂下, 作揖之狀〕"라고 하였다. 《沙溪全書 卷25 家禮輯覽 通禮 祠堂, 卷35 疑禮問解 通禮 祠堂 出入必告》

50 격몽요결에서……말하였으니 : 이와 관련하여 《격몽요결》 〈제례장(祭禮章)〉에 "시제에는 산재를 나흘 동안 하고 치재를 사흘 동안 하며, 기제에는 산재를 이틀 동안 하고 치재를 하루 동안 하며, 참례에는 재숙을 하루 동안 한다.〔時祭, 則散齊四日, 致齊三日; 忌祭, 則散齊二日, 致齊一日; 參禮, 則齊宿一日.〕"라고 한 내용이 보인다.

(思其志意)' 한 마디가 《격몽요결》에서 '치재' 조에 실려 있지 않음은, '사기소락(思其所樂)'의 가운데에 응당 포함되어 있을 것이라고 여겨서 글을 생략하였기 때문인 듯하네.[51]

특계(特髻)에 대해 사계(沙溪)께서는 '가계(假髻)인데 머리 장식이 없는 것이다.'라고 하셨네.[52] 대체로 가계란 바로 대계(大髻)인데, 대계 역시 중국의 계(髻)의 제도이지 우리나라의 체계(髢髻)[53]가 아니네.

51 사기지의(思其志意)……듯하네 : 이는 《격몽요결》 〈제례장(祭禮章)〉에 "소위 치재란 음악을 듣지 않고, 출입하지 않고, 마음을 오로지 하여 제사 지낼 분을 생각하여, 그분이 생전에 거처하시던 것을 생각하며, 웃고 말씀하시던 것을 생각하며, 좋아하시던 것을 생각하며, 즐기시던 것을 생각함을 이른다.〔所謂致齊者, 不聽樂, 不出入, 專心想念所祭之人, 思其居處, 思其笑語, 思其所樂, 思其所嗜之謂也.〕"라고 한 부분을 두고 언급한 것이다. 이 내용은 본래 《예기》 〈제의(祭義)〉에 "안에서는 치재하고 밖에서는 산재한다. 치재하는 날에 제사 지낼 분이 생전에 거처하시던 것을 생각하며, 웃고 말씀하시던 것을 생각하며, 뜻하시던 것을 생각하며, 좋아하시던 것을 생각하며, 즐기시던 것을 생각하여, 재계한 지 사흘째에 마침내 위하여 재계했던 분을 뵙게 된다.〔致齊於內, 散齊於外. 齊之日, 思其居處, 思其笑語, 思其志意, 思其所樂, 思其所嗜, 齊三日, 乃見其所爲齊者.〕"라고 한 부분을 원용한 것이다.

52 특계(特髻)에……하셨네 : '특계'란 부인의 머리 장식으로, 가계(假髻)와 같다. '가계'란 일종의 가발로 만든 머리 장식인데, 옛날에 부녀자들이 사용하였으며, '가계(假結)'·'가계(假紒)' 등으로도 표기한다. 특계는 다른 사람의 머리카락을 가져다 서로 묶어서 이을 뿐이고 별도의 장식은 없다. 《국역사계전서 제30권 가례집람 제례 기일, 제41권 의례문해 제례 기일》 이는 《가례》 〈제례 기일〉의 "기제사 당일의 질명에 주인 이하는 변복한다.〔質明, 主人以下變服.〕"에 관한 원주에서 "주부는 특계를 하고 장식을 제거하며, 백대의와 담황피를 착용한다.〔主婦特髻去飾, 白大衣·淡黃帔.〕"라고 한 부분에 보인다.

53 체계(髢髻) : 여자들이 머리털에 덧붙여 드리는 다리나, 또는 그것으로 틀어 만든

백대의(白大衣)는 대수장군(大袖長裙)[54]의 부류인 것 같네. 담황피(淡黃帔)[55]의 피(帔)에 대해서는 제가(諸家)의 설(說)이 똑같지 않네. 어떤 사람은 이를 일러 군(裙 치마)이라 하고 어떤 사람은 이를 일러 피(被)라 하는데, 피(被)는 머리 장식이니, 《시경》에 이른바 '피지동동(被之僮僮)'[56]이 바로 이것일세. 《회통》의 '납폐(納幣)' 장에 기재된 '1품 이하는 하피(霞帔), 서민은 남청소 하피(藍青素霞帔).'라는 내용을 가지고 살펴보면 또 의복인 것 같으니, 이는 부인만 착용하는 것이 아니네. 사계께서도 이에 대하여 분명하게 단정하지 않으셨으니,[57] 마땅히 다시 자세히 살펴보아야 할 걸세.

큰머리를 말한다.

54 대수장군(大袖長裙) : 부인들이 상복(喪服)으로 입는 큰 소매의 상의와 긴 치마이다.

55 담황피(淡黃帔) : 담황색의 피(帔)인데, 여자의 복식에서 어깨에 붙이는 장식으로 보기도 하고, 혹은 치마의 일종으로 보기도 하여 이에 관한 이설이 분분하다.

56 피지동동(被之僮僮) : 이는 《시경》 〈소남(召南) 채번(采蘩)〉에 "머리꾸미개의 장중하고 단정함이여! 밤낮으로 공소에 있도다. 머리꾸미개의 점잖고 우아함이여! 잠깐 돌아가도다.〔被之僮僮, 夙夜在公. 被之祁祁, 薄言還歸.〕"라고 한 구절에 보인다. 이 시는 제후의 부인이 제사를 돕는 장면을 노래한 것이라는 설도 있고, 친잠의 예를 행하는 장면을 노래한 것이라는 설도 있다. '피(被)'에 대해 주희(朱熹)는 《집전(集傳)》에서 "머리 장식이니, 머리카락을 엮어서 만드는 것이다.〔首飾也. 編髮爲之.〕"라고 설명하였다. 이는 일종의 가발로, 다른 사람의 머리카락을 가지고 엮어서 만든 장식이다. 나중에는 뜻을 더 명확히 하기 위해 '피(髲)' 자로 표기하였다.

57 사계께서도……않으셨으니 : 이와 관련하여 《의례문해》 〈혼례 피제(帔制)〉에서 "제가의 설과 《시경》의 주석이 같지 않으니, 다시 자세히 살펴보아야 한다.〔諸家說與詩註不同, 更詳之.〕"라고 한 다음 《운회(韻會)》, 《회통(會通)》, 《태평광기(太平廣記)》, 《시경집전》 및 한유(韓愈)의 〈화산녀(華山女)〉 등을 열거한 내용이 보인다. 《沙溪全書 卷36 疑禮問解 昏禮》

홍백응에게 답하다
答洪伯應

문 서종형(庶從兄)이 그 생모의 상(喪)을 당하여 자최 부장기의 복(服)을 입었습니다. 이미 상장을 짚지 않는 기년복이면 담제(禫祭)를 지내지 않는 것이 마땅한데 연제(練祭)의 거행 여부는 아직 결정하지 못하였으니, 자상하게 가르쳐 주시기를 삼가 바랍니다.

〈잡기(雜記)〉에서 "여군(女君)의 지위를 대신한 첩의 상(喪)을 부군이 주관하면 연제는 그 아들을 시켜서 주관하게 한다."라고 이른 것[58]은 여군의 지위를 대신한 첩에 대하여 자최 장기의 복을 입는 경우를 가리켜서 말한 것일 뿐입니다. 그런데 현재, 이 상황은 그렇지 않습니다. 이미 상장을 짚지 않는 기년복이고, 또 집에서 솔휵(率畜 집에 데려다가 같이 삶)이 되어서 부친이 그 상(喪)을 주관하는 경우가 아니니, 그렇다면 〈잡기〉의 글은 연제를 거행해도 된다는 증거로 원용하기에는 부족합니다. 이것이 어떠할는지 알지 못하겠습니다.

답 이미 상장을 짚지 않는 기년복이니, 담제가 없을 뿐만 아니라 연제도 거행해서는 안 되네. 이는 여군의 지위를 대신한 첩의 경우와는 다른 점이 있으니, 〈잡기〉의 글은 적확한 증거로 삼기에 부족하네. 어찌 생각하는가. 어찌 생각하는가.

문 서종형이 그 생모의 첫 번째 기년을 지낸 뒤에는 마땅히 남은

58 잡기(雜記)에서……것 : 398쪽 주35 참조.

기한 동안 심상을 통해 못다 한 삼년상의 정을 펴야만 할 것인데 그 복색은 마땅히 부재모상(父在母喪)[59]의 대상(大祥)을 지낸 뒤와 똑같이 해야 합니까? 담제를 지내야 할 달이 되면 비록 제사를 거행하지 않더라도 또한 마땅히 변제(變制)[60]의 의절이 있어야 합니까? 아니면 두 번째 기년을 지낸 뒤에 즉길(卽吉)[61]을 합니까? 아니면 27개월의 기한을 다 채워야 합니까?

답 그 복색을 참포립(黲布笠)과 참포대(黲布帶)와 포직령(布直領)의 차림으로 하기를 마땅히 부재모상의 대상을 지낸 뒤와 똑같이 해야 할 텐데,[62] 이미 담제를 거행하지 않게 된 이상 담제를 지내야 할 달이

59 부재모상(父在母喪) : 부친이 살아 계시고 모친이 먼저 돌아가신 경우로, 이때는 부친이 상주(喪主)가 되기 때문에 자식은 압존(壓尊)이 되어서 자최 장기를 입는다. 이는 상장(喪杖)을 짚고 거상하는 기년복으로, 자최삼년 다음으로 무거운 복(服)이다. 부재모상은 13개월째가 되는 달 첫 번째 기일(忌日)에 대상(大祥)을 지내기 때문에 소상은 앞당겨서 11개월째 되는 달에 날을 가려서 지내며, 담제는 15개월째가 되는 달 하순의 정일이나 해일에 지낸다. 자식은 상기가 끝나 복을 벗었더라도 심상(心喪)을 거행하여 못다 한 삼년상의 기한을 채운다.

60 변제(變制) : '변제(變除)'와 같은 뜻이다. '변제'란 보통 '변복(變服)'과 '제상(除喪)'의 병칭으로서 사용하는 말이다. '변복'이란 삼년상의 절차 중 의복을 바꾸어 입는 상황들을 가리키는바, 그중 소상과 대상 및 담제가 대표적이다. 소상 때는 연복(練服)으로 갈아입는데, 남자는 수질(首絰)을, 여자는 요질(腰絰)을 제거하며, 대상 때는 담복(禫服)으로, 담제 때는 길복(吉服)으로 갈아입는다. 일설에 의하면 대상 때는 상복(祥服)으로, 담제 때는 담복으로 갈아입는다고 한다. '제상'이란 상기(喪期)를 다 끝마치고 상복을 완전히 벗는 것인데, 주로 대상 때를 가리킨다. 《喪禮備要 下 小祥, 大祥, 禫》《四禮便覽 卷6 喪禮4 小祥, 大祥, 禫》

61 즉길(卽吉) : '길(吉)로 나아간다.'라는 뜻으로, 상복(喪服)을 벗고 길복(吉服)으로 바꾸어 입는 것, 즉 탈상을 가리킨다.

62 그……텐데 : 이는 부재모상에서 심상(心喪)을 행하는 자가 담제를 지낼 때 입는

되었을 때 어찌 변제의 의절이 있겠는가. 심상의 복색은 두 번째 기년에 곧바로 즉길을 해서는 안 되네. 이 또한 응당 27개월이라는 달수를 기한으로 삼아서 길제를 지내야 할 달이 되기를 기다려야만 할 것이니, 그제야 비로소 즉길을 할 수 있는 걸세.

복을 이른다. 《상례비요》 〈담(禫) 담제지구(禫祭之具)〉의 소주(小注)에 "부친이 살아 계신 경우 모친을 위하여 심상을 행하는 자는 백포직령의에 참포립과 흑대를 착용한다.〔父在爲母心喪者, 白布直領衣, 黲布笠, 黑帶.〕"라는 내용이 보인다. 참포립과 흑대는 모두 '미길지복(微吉之服)'으로, 이익(李瀷, 1681~1763)의 견해에 따르면, 아들은 아직 심상이 남아 있기 때문에 원래 담제에 입도록 규정되어 있는 순길복(純吉服)을 입지 못하는 것이다. 《星湖集 卷36 答秉休問目》

홍백응의 《중용》 문목에 답하다

答洪伯應中庸問目

문 상고성신(上古聖神)[63]…….

답 〈대학장구서〉와 함께 참조해 보면 '상고성신'이란 복희씨(伏羲氏)·신농씨(神農氏)·헌원씨(軒轅氏) 등 여러 성인을 한꺼번에 가리키는 듯하니, 허 동양(許東陽)[64]이 '뒤섞어서 말하였다.'라고 이른 것이 아마도 옳을 듯하네. 아랫글의 '거성원(去聖遠)'[65]의 '성(聖)'에 이르러서는 오로지 부자(夫子)만을 가리킨 듯하네. 대체로 요임금과 순임금 이후로 잇달아 우임금·탕임금·문왕·무왕·주공·공자가 계시니, 어찌 "성인과의 거리가 멀다."라고 이를 수 있겠는가. 공자의 뒤에야 비로소 '성인의 세대와 멀어져서 그 말씀이 인멸된다.'[66]라는 근심이

63 상고성신(上古聖神) : 이 말은 주희의 〈중용장구서(中庸章句序)〉에 "대개 상고시대에 거룩하고 신령스러운 분들이 하늘의 뜻을 이어받아 지극한 준칙을 세운 때로부터 도통이 전해져 내려온 것이 유래한 바가 있었다.〔蓋自上古聖神繼天立極, 而道統之傳, 有自來矣.〕"라고 한 데에 보인다.

64 허 동양(許東陽) : 원대(元代)의 성리학자인 허겸(許謙, 1269~1337)을 이른다.

65 거성원(去聖遠) : 이 말은 주희의 〈중용장구서〉에 "증자가 재차 전하여 다시 공자의 손자 자사를 얻음에 미쳐서는 성인과 시대가 멀어짐에 따라 이단이 일어났다. 그래서 자사께서는 더욱 오래되면 더욱 그 참된 모습을 잃을까 두려워하였다.〔及曾氏之再傳而復得夫子之孫子思, 則去聖遠而異端起矣, 子思懼夫愈久而愈失其眞也.〕"라고 한 데에 보인다.

66 성인의……인멸된다 : 이는 주희의 〈육선생화상찬(六先生畫像贊)〉 중 '염계선생(濂溪先生)'에 "도가 없어진 천 년 동안 성인의 세대와 멀어져서 그 말씀이 인멸되었네.

있게 되었기 때문에 이처럼 두려워한 것일세. 아랫글의 '추본요순(推本堯舜)'[67]은 다만 '집중(執中)'을 가지고서 말하였을 뿐이니, 아마도 이것을 가지고 "'거성원(去聖遠)'의 '성(聖)'도 역시 요임금과 순임금까지 한꺼번에 가리킨 것이다."라고 이를 수는 없을 듯하네.

문 계천립극(繼天立極)[68]…….

답 이 '극(極)' 자는 다름 아닌 〈홍범(洪範)〉에 보이는 황극(皇極)의 극(極)[69]이니, 우옹(尤翁)께서 이를 이미 말씀하셨는바, 진실로 그 본지(本旨)를 얻은 것일세. 그런데 우옹께서 또 "본원(本源)에 대하여

〔道喪千載, 聖遠言湮.〕"라고 한 데에 보인다. 《晦庵集 卷85 六先生畫像贊 濂溪先生》

67 추본요순(推本堯舜) : 이 말은 주희의 〈중용장구서〉에 "자사는 이에 요와 순 이래로 서로 전해 온 뜻을 미루어 근본을 두고, 평소 부사에게 들은 말을 가지고 질정하여 다시 돌아가며 연역하고 이 책을 지어서 후세의 배우는 사람을 가르쳤다.〔於是推本堯舜以來相傳之意, 質以平日所聞父師之言, 更互演繹, 作爲此書, 以詔後之學者.〕"라고 한 데에 보인다.

68 계천립극(繼天立極) : 411쪽 주63 참조.

69 홍범(洪範)에……극(極) : '황극(皇極)'이란 《서경》 〈주서(周書) 홍범(洪範)〉에 나오는 말로 '홍범구주(洪範九疇)'라고 하는 아홉 가지 통치의 기본 강령 중 다섯 번째에 해당하는 내용이다. 황(皇)은 임금을 뜻하고 극(極)은 북극성을 뜻하는데, 북극성과 다른 여러 별과의 관계처럼 임금이 지극하고 표준이 되는 모범을 보이면 사방에서 이를 보고 바르게 따라 한다는 뜻이다. 〈홍범〉에서 "다섯 번째 황극은 임금이 극을 세움이니, 이 오복을 거두어서 여러 백성에게 복을 펴서 준다.〔五皇極, 皇建其有極, 斂是五福, 用敷錫厥庶民.〕"라고 하였다. 이에 대한 채침(蔡沈)의 주석에 "극(極)은 복(福)의 근본이며 복은 극의 효험이니, 극을 세우는 것이 복을 모으는 것이다. 인군이 위에서 복을 모음은 자기 몸을 후하게 할 뿐만 아니라 그 복을 펴서 서민들에게 주어 사람마다 보고 감동하여 교화되게 하는 것이다."라고 설명하였다.

궁극(窮極)하여서 말해 보면 역시 이를 일러 태극(太極)이라 할 수 있겠다."라고 하셨는데, 이는 아마도 미루어 나아가서 하신 말씀에 가까운 듯하네. 내가 생각건대, 마땅히 표준(表準)이라는 뜻을 주로 삼아서 보아야 할 것이니, 예컨대 《시경》에 이른바 '익익상읍 사방지극(翼翼商邑 四方之極)'[70]이 바로 여기에 해당하네.

문 허령지각(虛靈知覺)[71]…….

답 웅 물헌(熊勿軒)이 허령(虛靈)을 체(體)로 삼고 지각(知覺)을 용(用)으로 삼았는데 농암(農巖)이 이를 크게 비난하셨네.[72] 대체로 지

70 익익상읍 사방지극(翼翼商邑 四方之極) : 이 말은 《시경》 〈상송(商頌) 은무(殷武)〉에 "상나라의 도읍이 정연하니 사방의 표준이로다. 현저하고 성대한 명성이며 빛나고 밝은 신령함이니, 장수하고 편안하시어 우리 후사와 자손을 보전하셨도다.〔商邑翼翼, 四方之極. 赫赫厥聲, 濯濯厥靈. 壽考且寧, 以保我後生.〕"라고 한 데에 보인다.

71 허령지각(虛靈知覺) : 이 말은 주희의 〈중용장구서〉에 "일찍이 논하건대, 심의 허령지각은 하나일 뿐인데, 인심과 도심의 다름이 있다고 한 것은, 혹은 형기의 사사로움에서 생겨나고, 혹은 성명의 올바름에다 근원을 두어, 따라서 지각으로 삼는 것이 똑같지 않기 때문이다. 이러므로 혹은 위태로워 편안하지 못하고, 혹은 미묘하여 보기가 어렵다.〔蓋嘗論之, 心之虛靈知覺一而已矣, 而以爲有人心道心之異者, 則以其或生於形氣之私, 或原於性命之正, 而所以爲知覺者不同, 是以或危殆而不安, 或微妙而難見耳.〕"라고 한 데에 보인다.

72 웅 물헌(熊勿軒)이……비난하셨네 : 〈중용장구서〉의 "심의 허령지각은 하나일 뿐이다.〔心之虛靈知覺, 一而已矣.〕"에 대하여 정 물재(程勿齋)가 "허령은 심의 체이고, 지각은 심의 용이다.〔虛靈, 心之體; 知覺, 心之用.〕"라고 하였다. 《四書大全 中庸章句序》 이에 대해서 김창협(金昌協)은 "심이란 물건은 본디 모습도 질감도 방향도 장소도 없는 것이며 또 본디 신명하여 예측할 수 없는 것이니, 이것이 '허령' 두 글자가 성립하게 된 까닭으로서 애초에 동정과 체용의 구분이 있는 것이 아니다.……대저 심의 허령지각은 동정을 관통하고 체용을 아우른 것으로서, 허령의 체는 지각이 미발한 때에 있는

각은 본래 마음의 전체(全體)인데, 능소(能所)[73]의 구분을 가지고 말하면, 지각은 절로 체(體)와 용(用)을 겸하고 허령은 바로 지각의 허령을 말하니, 서문의 뜻은 허령과 지각을 체(體)와 용(用)으로 나누어서 말한 것이 아니네. 그러므로 나는 일찍이 농암의 설(說)을 따르고 웅씨의 설(說)을 버렸다네. 대체로 '허령지각'은 나란히 연이어 보아서 하나의 뜻으로 삼아야 할 것이니, 이 '지각'은 체(體)가 되네. 아래의 '지각'[74]은 용(用)이 되니, 이는 인심(人心)과 도심(道心)이 이미 나누

것이고 허령의 용은 지각이 이발한 때에 드러나는 것이니, 별도로 두 가지가 있는 것이 아니다.〔心之爲物, 本無體質方所, 而又自神明不測, 此虛靈二字之所以立, 而初非有動靜體用之殊者也……大抵心之虛靈知覺, 貫動靜而兼體用, 虛靈之體, 知覺之存於未發者, 虛靈之用, 知覺之見於已發者, 非有二也.〕"라고 비판하였다.《農巖集 卷19 答道以-丁亥-》'허령지각'을 심(心)의 체용(體用)으로 본 사람은 웅 물헌(熊勿軒)이 아니라 정 물재(程勿齋)로, 이 부분은 저자가 잘못 기억한 듯하다. 정 물재는 주희의 삼전제자(三傳弟子)인 정약용(程若庸)을 말한다. 자(字)는 달원(達原)으로, 이른 나이에 요로(饒魯)를 사사(師事)하여 주희의 진전(眞傳)을 얻었다고 전한다. 남송 도종(度宗) 함순(咸淳) 4년(1268), 진사(進士)에 급제하였으며, 안정서원(安定書院), 임여서원(臨汝書院), 무이서원(武夷書院)의 산장(山長)을 누차 역임하여 학자들이 물재(勿齋) 선생이라고 일컬었다. 저서에《성리자훈강의(性理字訓講義)》100편이 있다. 웅 물헌은 물헌(勿軒) 웅씨(熊氏)로, 이름은 화(禾), 자는 거비(去非)이고, 원(元)나라 사람이다. 무이산(武夷山)에서 은거하면서 거처하는 곳을 스스로 '오봉서당(鼇峯書堂)'이라 하였다. 도학(道學)으로써 자임하였고 논술한 것이 많다.

73 능소(能所) : 이는 불교 용어로 주객(主客)의 상대적 대립 관계를 나타내는 말이다. '능(能)'은 능동적인 주체(主體)로서 인식하는 주관(主觀)을 뜻하는바 사람이 하는 행위를 가리키고, '소(所)'는 '소능(所能)'과 같은 말로서 인식과 행위의 대상(對象)이 되는 피동적인 객체(客體)를 가리킨다.

74 아래의 지각 : 〈중용장구서〉에서 '소이위지각자(所以爲知覺者)'의 지각을 가리킨다.

이었기 때문일세. 체(體)는 하나인데 용(用)은 둘이니, 윗글의 '허령지각'의 '지각'을 만약 용(用)으로 간주하면 '일이이의(一而已矣)'라고 한 것이 아마도 분명하지 못할 듯하네. 용(用)이 이미 하나인데, 또 어찌 '인심'과 '도심'이라는 두 가지 마음이 있겠는가. 내 견해는 이와 같은데, 근래에 겸산(兼山)[75]과 녹문(鹿門)[76]이 모두 웅씨의 설(說)을 취하고자 하니, 알 수 없는 일일세. 《대학장구》에서의 '허령'은 바로 '지각'이고, '불매(不昧)'는 그 밝음을 거듭 펴서 말한 것이네.[77] 이 마음이 허령하기 때문에 지각하는 법이니, 만약 '텅 비었기 때문에 신령하고, 알기 때문에 깨닫는다.'라고 이른다면 지나치게 자질구레해져서

75 겸산(兼山) : 유숙기(兪肅基, 1696~1752)로, 본관은 기계(杞溪), 자는 자공(子恭), 호는 겸산이다. 김창흡(金昌翕)의 문하에서 수학하였다. 1733년 명릉 참봉(明陵參奉)으로 벼슬길에 들어가 효릉 참봉(孝陵參奉), 상의원 직장(尙衣院直長), 종부시 주부(宗簿寺主簿)를 거쳐 금구 현감으로 부임하여 선정으로 이름이 높았다. 그 뒤 임피 현령(臨陂縣令)과 전주 판관 등을 역임하였다. 저서로 《겸산집》이 있다.

76 녹문(鹿門) : 임성주(任聖周, 1711~1788)로, 본관은 풍천(豐川), 자는 중사(仲思), 호는 녹문으로, 이재의 문인이다. 1733년(영조9) 사마시에 합격, 세자익위사 세마(世子翊衛司洗馬), 시직(侍直) 및 지방관을 지내다가 공주 녹문에 은거하여 학문 연구로 여생을 보냈다. 초년에는 스승의 학설을 신봉하여 인물성동론(人物性同論)을 주장하였으나 중년에 이르러 기존의 학설을 비판하고 호락(湖洛)의 양론을 기일원론적(氣一元論的) 입장에서 종합하여 자신의 학설을 수립하였다. 저서로 《녹문집(鹿門集)》 26권이 있다.

77 대학장구에서의……것이네 : 이는 《대학》 경 1장의 "대학의 도는 명덕을 밝힘에 있으며 백성을 새롭게 함에 있으며 지선에 그침에 있다.〔大學之道, 在明明德, 在親民, 在止於至善.〕"와 이에 대한 주희의 《장구》에 "명덕이란 사람이 하늘에게 얻어서 허령하고 어둡지 않아 이로써 온갖 이치를 갖추고 만사에 응하는 것이다.〔明德者, 人之所得乎天, 而虛靈不昧, 以具衆理而應萬事者也.〕"라고 설명한 부분을 두고 언급한 것이다.

본지(本旨)를 잃어버리고 만다네.

문 인심도심(人心道心)[78]…….

답 형기(形氣)가 기질(氣質)과 똑같지 않고, 또한 인심(人心)이 기질지성(氣質之性)에 속하니, 그렇다면 인심에 과연 청탁수박(淸濁粹駁)이 있겠는가. 만약 성명(性命)에다 근원을 둔 도심(道心)을 가지고 본연지성(本然之性)에 소속시키면 심(心)과 성(性)이 구별이 없을 것이니, 이것이 옳겠는가. '생(生)' 자와 '원(原)' 자의 뜻에 대해서는 왕 노재(王魯齋)[79]가 이르기를, "'원(原)' 자는 밖으로부터 미루어 들어온 것이니, 본래 있는 것임을 알 수 있으므로 '미(微)'라고 하였다. '생(生)' 자는 사물에 느껴서 동한 것이니, 본래 없는 것임을 알 수 있으므로 '위(危)'라고 하였다."라고 하였네. 이 설(說)이 《심경》의 주(註)[80]에 실려 있으니, 살펴볼 만하네.

문 인심(人心)…….

78 인심도심(人心道心) : 413쪽 주71 참조.

79 왕 노재(王魯齋) : 송나라 때 절강성(浙江省) 금화(金華) 출신의 학자 왕백(王柏, 1197~1274)을 말한다. 자는 회지(會之)·백회(伯會), 호는 장소(長嘯)·노재, 시호는 문헌(文憲)이다. 황간(黃榦)의 제자 하기(何基)에게 배웠다. 하기(何基)·김이상(金履祥)·허겸(許謙)과 함께 금화(金華)의 네 선생, 북산(北山)의 네 선생으로 일컬어졌다. 주요 저술로는 《독역기(讀易記)》, 《독서기(讀書記)》, 《시변설(詩辨說)》, 《천문고(天文考)》, 《지리고(地理考)》 등이 있다.

80 심경의 주(註) : 이는 《심경부주(心經附註)》 권1 〈서(書) 인심도심 장(人心道心章)〉에 있는 주를 가리킨다.

답 배가 고프면 먹을 것을 생각하고 짝 없이 홀로 지내면 여자를 생각하는 것은 바로 성인도 없을 수가 없는 인심(人心)이네. 그러나 배가 고픈데 먹어서는 안 되는 것을 먹고 짝 없이 홀로 있는데 가까이해서는 안 되는 여색을 가까이한다면 이는 인심이 이미 흘러가서 인욕(人慾)이 되어버린 것이니, 어찌 '형의 팔뚝을 비틀고 처자를 끌고 옴〔紾兄臂 摟處子〕'[81]을 기다린 뒤에야 비로소 이를 일러 '인심이 흘러가서 인욕이 되어버렸다.'라고 하겠는가. 배가 고프지 않은데도 다른 사람의 재화를 노략질하고, 짝 없이 홀로 거처하지 않는데도 다른 사람의 처첩을 훔치는 것으로 말하면, 비록 악(惡)에서 곧바로 나온 듯하나 이것 역시 식색(食色)의 욕(慾)과 형기(形氣)의 사사로움에 연유하였으니, 그렇다면 어찌 '인심이 흘러간 바가 아니다.'라고 말할 수 있겠는가. 인심으로부터 말미암아 인욕이 되는데, 인욕이 세차게 일어나 걷잡을 수 없이 퍼져서 제멋대로 행동하며 못 하는 짓이 없으니, 이는 위태로운 것이 더욱더 위태로워지게 되는 까닭이네. 인심 역시 성(性)에 근본을 두고 인욕이 인심에 근본을 두기 때문에 이를 일러 "선(善)과 악(惡)이 모두 천리(天理)이다."[82]라고 하는 것이네. 이직재(李直齋)에게 답하신 우옹(尤翁)의 편지에서 이렇게 논하셨다네.[83]

81 형의……옴 : 이 말은 《맹자》〈고자 하(告子下)〉 제1장에 보인다.

82 선(善)과……천리(天理)이다 : 이 말은 《이정유서(二程遺書)》 권2상에 정호(程顥)가 "천하의 선과 악은 모두 천리이다. 악이라고 말한 것은 본래 악한 것이 아니라, 다만 지나치거나 미치지 못하면 문득 이와 같으니, 예컨대 양주와 묵적의 부류가 해당한다.〔天下善惡皆天理. 謂之惡者, 非本惡, 但或過或不及, 便如此, 如楊墨之類.〕"라고 한 데에 보인다.

83 이직재(李直齋)에게……논하셨다네 : 이와 관련된 내용은 임자년(1672) 5월 12일

문 편제(篇題)에서 '중자(中者)'……'지명(之名)'[84]…….

답 편(偏)과 의(倚) 두 글자 위에 각각 '불(不)' 자를 붙였으니, 그렇다면 편(偏)과 의(倚)가 똑같지 않은 것이네. 미호(渼湖) 김 선생(金先生)께서 말씀하시기를, "'불편(不偏)'은 위치의 측면에서 한 말로 동쪽도 아니고 서쪽도 아니고 왼쪽도 아니고 오른쪽도 아니며, '불의(不倚)'는 당체(當體)의 측면에서 한 말로 동쪽으로도 서쪽으로도 기울거나 떨어지지 않는 것이다."라고 하였고,[85] 옥실(玉室) 이공(李公)께서 말씀하시기를, "'불편'은 이(理)로써 한 말이고 '불의'는 심(心)으로써 한 말이다."라고 하였으니, 이 두 분의 설(說)이 모두 함께 뜻이 통하는데, 김 선생의 설(說)이 좀 더 훌륭한 것 같기에 나는 일찍이 이것을 따르고자 하였네. '불편'이란 다름 아닌 희로애락이 아직

에 써진 〈답이여구(答李汝九)〉에 보이는바, 《송자대전》 권90에 실려 있다. '이직재'는 이기홍(李箕洪, 1641~1708)으로, 초명(初名)은 기주(箕疇), 자는 여구, 호는 직재이다. 이지렴(李之濂)·송시열의 문인으로, 1689년(숙종15) 송시열이 제주(濟州)로 귀양 가게 되자 동문 40여 명과 함께 이를 변론하다 회령(會寧)에 유배되어 그곳에서 후진을 교육했다. 나중에 장령(掌令)에 임명되었으나 사퇴하고 연풍(延豐)에 내려가 권상하(權尙夏)와 경사(經史)를 강론하였다. 저서에 《자성편(自省編)》, 《직재집》 등이 있다.

84 편제(篇題)에서……지명(之名) : '편제'란 '편에다 적음', '편에다 적은 글'로, 통상 편명(篇名)과 대문(大文)이 시작되는 부분의 사이에 달리는 주해를 주로 지칭하는데, 해당 편의 내용을 전체적으로 요약해 서술한 일종의 해제(解題) 성격을 띤 글이 대부분이다. 여기서는 《중용장구》의 맨 첫 부분에서 '중용'이라는 제목의 바로 아래에 "중이란 편벽하지 않고 기울지 않아 지나침이나 모자람이 없는 것의 이름이다. 용이란 평상이다.〔中者, 不偏不倚無過不及之名. 庸, 平常也.〕"라고 한 주희의 주해를 가리킨다.

85 미호(渼湖)……하였고 : 이와 관련된 내용은 《미호집》 권6 〈답김백고(答金伯高)〉에 보인다.

발하기 전에 성(性)이 혼연히 마음속에 들어 있을 때 희로애락 중의 어느 한 일에도 편벽하지 않음을 이른 것이며, '불의'란 다름 아닌 동서남북 중 어느 한쪽으로도 기울지 않음을 이른 것이니, 편의(偏倚)를 '편벽되게 얽매인 병통'으로 간주해서는 안 되네. 미발일 때 어찌 말할 만한 병통이 있겠는가. 과불급(過不及)은 발한 뒤의 일로서 병통이니, 미발인 상황에서 논할 수 있는 것이 아니네. 이제 만약 편(偏)을 과(過)에 소속시키고 의(倚)를 불급(不及)에 소속시키면 미발과 이발이 뒤섞일 것이니, 이 설(說)은 몹시도 크게 착오가 있는바, 마땅히 고쳐야 할 것이네.

문 용평상(庸平常)[86]…….

답 여기에다 '지명(之名)' 두 자를 붙이지 않은 것은, 위에 이미 '중(中)'을 풀이한 곳에서 '지명(之名)'이라고 말하였는데 또 '용(庸)'에 '지명(之名)' 두 자를 붙이면 이는 '중(中)'과 '용(庸)'이 나뉘어 둘로 되는 것이네. '용(庸)'은 다만 '중(中)' 자의 위에 나아가서 그 평상(平常)의 이(理)를 말한 것이니, '중(中)'이 따로 '중(中)'이고 '용(庸)'이 따로 '용(庸)'인 것은 아니라네. '중(中)'은 진실로 미발(未發)과 이발(已發)을 겸하였는데, '용(庸)'은 오로지 이발만을 가리키는 것 같네. 그러나 사물이 아직 이르지 않았을 때 사려가 발해서는 안 되는 것은 바로 이(理)의 떳떳함이니, 그렇다면 아무리 미발일 때라도 어찌 평상을 말할 수가 없겠는가. 다만 '용(庸)' 자의 자의(字義)가 쓸용을 따르니〔從用〕, 그렇다면 용(用)은 바로 이발이네. 어찌 정자(程子)의 '불

86 용평상(庸平常) : 418쪽 주84 참조.

역(不易)'이란 훈(訓)[87]만 가지고서 그것이 이발이 된다는 사실을 알 뿐이겠는가.

문 신안 진씨(新安陳氏)[88]…….

답 신안 진씨의 설(說)[89]은 얽매이지 않고 융통성 있게 보면 아무런 문제점이 없네. 무릇 희로애락이 심(心)이 아니고서 무엇이겠는가. 진실로 성(性)이 동하여 정(情)이 된 것인데 성(性)과 정(情)을 통섭하는 것은 심(心)이네. 그렇다면 적연부동(寂然不動)은 심(心)이 성(性)을 통섭한 것이고 감이수통(感而遂通)은 심(心)이 정(情)을 통섭한 것이네.[90] 그렇다면 불편불의(不偏不倚)는 바로 심(心)에 편의(偏

87 정자(程子)의 불역(不易)이란 훈(訓) : 이는 《중용장구》 맨 처음 부분의 편제에서 "편벽하지 않는 것을 '중'이라 하고, 변하지 않는 것을 '용'이라 한다. 중이란 천하의 올바른 도이고 용이란 천하의 확정된 이이다.〔不偏之謂中, 不易之謂庸. 中者天下之正道, 庸者天下之定理.〕"라고 한 부분을 가리킨다.

88 신안 진씨(新安陳氏) : 진력(陳櫟, 1252~1334)으로, 휘주(徽州) 휴녕(休寧) 출신이다. 자는 수옹(壽翁)・정우(定宇), 호는 동부노인(東阜老人)으로, 학문은 주희를 조종으로 삼았으며, 송(宋)나라가 망하자 은거하여 책을 저술하였다. 저술로는 《백일역략(百一易略)》, 《사서발명(四書發明)》, 《서전찬소(書傳纂疏)》, 《예기집의(禮記集義)》 등이 있다.

89 신안 진씨의 설(說) : 이는 《중용장구대전》에서 '중자불편불의무과불급지명(中者不偏不倚無過不及之名)'에 관한 소주에 "'불편불의'는 미발인 중으로 심을 가지고 논한 것이니 중의 체이고, '무과불급'은 시중인 중으로 일을 가지고 논한 것이니 중의 용이다.〔不偏不倚, 未發之中, 以心論者也, 中之體也; 無過不及, 時中之中, 以事論者也, 中之用也.〕"라고 한 것을 가리킨다.

90 적연부동(寂然不動)……것이네 : '적연부동'이란 고요하여 전혀 움직임이 없는 본체〔體〕를 형용한 말이고, '감이수통'이란 감응하여 모든 이치에 통하는 작용〔用〕을 형용

倚)가 없는 것이고 미발지중(未發之中)은 바로 심(心)에 생각함이 없는 것이니, 진씨가 이른바 "심(心)으로써 논한 것이다." 역시 마땅하지 않겠는가. 나는 일찍이 생각하기를, 《중용》의 수장(首章)에서 '심(心)' 자를 말하지 않았는데, 이 절(節)에 이르러서 성정지덕(性情之德)을 말함에[91] 심(心)이 그 가운데에 포함되어 있다고 보았네. 만약 《장구》의 '미발즉성야(未發則性也)'라는 글[92]을 가지고 이를 일러 "미발처(未發處)에서는 심(心)을 말할 수 없다."라고 한다면 성(性)이 과연 심(心)에 갖추어진 것이 아니어서 이 심(心)이 지극히 정(靜)할

한 말이다. 정주 성리학에서는 양자를 각각 정(靜)과 동(動)에 배속하여 마음의 체(體)와 용(用)을 설명하는 용어로 사용한다. 원래 이 말은 《주역》 〈계사전 상(繫辭傳上)〉 제10장에 "역은 생각함도 없고 하는 것도 없어서, 고요히 움직이지 않고 있다가 느끼게 되면 마침내 천하의 일을 통하나니, 천하의 지극한 신령스러움이 아니면 그 누가 여기에 참여할 수 있겠는가.〔易, 无思也, 无爲也, 寂然不動, 感而遂通天下之故, 非天下之至神, 其孰能與於此?〕"라고 한 데서 온 말로, 정주 성리학의 중요한 이론이 되었다.

91 이……말함에 : '이 절'이란 《중용장구》 제1장의 제4절인 "희로애락이 아직 발하지 않은 것을 '중'이라 이르고, 발하여 모두 절도에 맞는 것을 '화'라 이른다. 중이란 천하의 큰 근본이고, 화란 천하의 공통된 도이다.〔喜怒哀樂之未發謂之中, 發而皆中節謂之和. 中也者, 天下之大本也; 和也者, 天下之達道也.〕"를 가리킨다. '성정지덕'이란 곧 '중화(中和)'로, 이에 대한 주희의 주해에 "'대본'이란 하늘이 명한 '성'이다. 천하의 이치가 모두 이로 말미암아 나오니, 도의 체이다. '달도'란 성을 따름을 이른다. 천하와 고금에 함께 따라 행하는 것이니, 도의 용이다. 이 부분은 성정의 덕을 말하여서 도란 잠시도 떠날 수 없다는 뜻을 밝힌 것이다.〔大本者, 天命之性, 天下之理, 皆由此出, 道之體也. 達道者, 循性之謂, 天下古今之所共由, 道之用也. 此言性情之德, 以明道不可離之意.〕" 라고 한 부분에 보인다.

92 장구(章句)의 미발즉성야(未發則性也)라는 글 : 이는 《중용장구》 제1장 제4절에 대한 주희의 주에 "희로애락은 정이고, 희로애락이 아직 발하기 전은 성이다.〔喜怒哀樂, 情也, 其未發則性也.〕"라는 부분을 가리킨다.

때의 주재가 되기에 부족할 걸세.

문　소주(小註)의 동양 허씨(東陽許氏)[93]…….

답　정자(程子)께서 "편벽하지 않음을 '중'이라 한다.〔不偏之謂中〕"라고 말씀하신 것은 주자의 불편불의(不偏不倚)가 오로지 미발(未發)만을 가리킨 것과 똑같지 않으니, 그렇다면 '불편(不偏)'이라는 두 글자는 동정(動靜)을 겸하여서 말한 것으로, 허 동양(許東陽)의 의론을 두고 그르다고 할 수 없네. 만약 보내온 편지에서 말한 대로 불편을 미발에 귀속하고 불역을 이발에 귀속하면 정자께서 '중(中)' 자를 해석하신 것이 중화(中和)의 뜻을 아우르지 못하니, 아마도 옳지 못한 듯하네.

문　방지미륙합(放之彌六合)[94]…….

93 소주(小註)의 동양 허씨(東陽許氏) : 이는 《중용장구》의 편제에 대한 소주에서 원대(元代)의 학자 허겸(許謙, 1270~1337)이 "정자가 편벽하지 않음을 중이라고 한 것은 참으로 동과 정을 겸하여 든 것이며, 주자가 편벽하지 않고 기울지 않음이라고 한 것은 오로지 발하기 전만을 가리킨 것이다.〔程子謂不偏之謂中, 固兼擧動靜; 朱子不偏不倚, 則專指未發者.〕"라고 한 것을 가리킨다.

94 방지미륙합(放之彌六合) : '육합'이란 천지(天地)와 사방(四方)을 가리킨 것으로, 곧 우주 전체를 뜻한다. 이 말은 《중용장구》의 편제에서 정자(程子)가 《중용》의 의의에 대해 "그 글이 처음에는 한 이치를 말하였고, 중간에는 흩어져서 만사가 되었고, 끝에 가서는 다시 합하여 한 이치가 되었으니, 내놓으면 육합에 가득 차고 거두어들이면 물러가 은밀한 데에 감추어져서, 그 의미가 무궁무진하니, 이는 다 진실한 학문이다.〔其書始言一理, 中散爲萬事, 末復合爲一理, 放之則彌六合, 卷之則退藏於密, 其味無窮, 皆實學也.〕"라고 언급한 데에 보인다.

답 '퇴장어밀(退藏於密)'에 대해서 말하면, 무릇 문자를 볼 때는 마땅히 본래의 글을 상고해야만 하네. 《주역》 〈계사전〉에 이르기를, "성인이 마음을 깨끗이 씻어 은밀한 데에 물러나 감춘다."[95]라고 하였으니, 그렇다면 밀(密)이란 심(心)의 체(體)와 이(理)의 근원을 가지고 말한 것이네. '방지미륙합'은 바로 '중간에는 흩어져서 만사가 되었다.'를 말한 것이고, '퇴장어밀'은 바로 '끝에 가서는 다시 합하여 한 이치가 되었다.'를 말한 것이니, 이 모두가 《중용》이라는 한 책이 이와 같음을 말한 것이네. 이제 권서(卷舒)[96]의 뜻을 가지고 겸제(兼濟)와 독선(獨善)[97]으로 간주하면 이는 밖에서 온 다른 의리를 함부로 뒤섞은 것이 되네. 경(經)을 해석하는 자는 그 무엇보다도 이런 병통을 꺼리는 법일세.

95 성인이……감춘다 : 이 말은 《주역》 〈계사전 상(繫辭傳上)〉 제11장에 점치는 의의를 말하며 "성인이 이로써 마음을 깨끗이 씻어 은밀한 데에 물러나 감추며 길흉 간에 백성과 더불어 근심을 함께하여 신으로써 미래를 알고 지혜로써 지난 일을 쌓아 두니, 그 누가 여기에 참여하겠는가. 옛날에 총명하고 예지하며 신무하여서 죽이지 않는 자일 것이다.〔聖人以此洗心, 退藏於密, 吉凶與民同患, 神以知來, 知以藏往, 其孰能與於此哉? 古之聰明叡知神武而不殺者夫.〕"라고 한 부분에 보인다.

96 권서(卷舒) : 원래 거두고 펴는 것으로 세상에 도가 있으면 나가서 경륜을 펴고, 그렇지 못하면 거두어 은둔함을 이른다. 여기서는 "내놓으면 육합에 가득 차고 거두어들이면 물러가 은밀한 데에 감추어진다.〔放之則彌六合, 卷之則退藏於密.〕"의 '방(放)'과 '권(卷)'을 가리킨다.

97 겸제(兼濟)와 독선(獨善) : '독선'은 자기 자신만 홀로 선하게 하는 것을 말하고, '겸제'는 온 천하를 함께 구제하는 것을 말한다. 이와 관련하여 《맹자》 〈진심 상(盡心上)〉에 "옛사람들은 뜻을 얻으면 은택이 백성에게 가해지고, 뜻을 얻지 못하면 몸을 닦아 세상에 드러나니, 궁하면 그 몸을 홀로 선하게 하고, 영달하면 천하를 겸하여 선하게 하는 것이다.〔古之人得志, 澤加於民, 不得志, 修身見於世, 窮則獨善其身, 達則兼善天下.〕"라고 한 구절이 보인다.

문 개실학(皆實學)[98]…….

답 실학(實學)의 실(實)은 '성(誠)' 자의 뜻으로 보는 것이 진실로 좋으니, 이 역시 아마도 이단허무(異端虛無)[99]를 상대하여서 말한 듯하네.

문 수기본심지정(守其本心之正)[100]…….

답 도심(道心)이라 말하지 않고 본심(本心)이라 말하였기 때문에 읽는 자가 어떤 경우에는 인심(人心)과 도심을 한꺼번에 가리킨다고 해석하기도 하는데, 내 생각으로는 그렇지 않다고 보네. 인심이 진실로 이(理)에 부합하는 것이 있어서 곧바로 도심에게 명령을 듣게 되는 이후의 일이니, 여기서 한창 도심을 말하고 있는데 어찌 인심을 뒤섞

98 개실학(皆實學) : 422쪽 주94 참조.

99 이단허무(異端虛無) : 이 말은 주희의 〈대학장구서〉에 "이로부터 속유들의 기송과 사장의 익힘은 그 공부가 소학보다 배가 되나 쓸데가 없었고, 이단의 허무, 적멸의 가르침은 그 높음이 대학보다 높으나 실제가 없었다.〔自是以來, 俗儒記誦詞章之習, 其功倍於小學而無用, 異端虛無寂滅之敎, 其高過於大學而無實.〕"라고 한 데서 보인다. 허무의 가르침은 노장(老莊)을 가리키고, 적멸의 가르침은 불법을 가리킨다.

100 수기본심지정(守其本心之正) : 이 말은 주희의 〈중용장구서〉에 "정(精)은 인심과 도심 두 가지의 사이를 살펴 뒤섞이지 않게 하는 것이고 일(一)은 본심의 올바름을 지켜 떠나지 않게 하는 것이니, 이에 종사하여 조금도 간단함이 없어 반드시 도심으로 하여금 언제나 일신의 주장이 되게 하고 인심으로 하여금 매양 도심의 명령을 듣게 하면, 위태로운 것이 편안하게 되고 미묘한 것이 드러나게 되어 동(動)·정(靜)과 말하고 행하는 것이 저절로 과(過)·불급(不及)의 잘못이 없게 될 것이다.〔精則察夫二者之間而不雜也, 一則守其本心之正而不離也, 從事於斯, 無少間斷, 必使道心常爲一身之主, 而人心每聽命焉, 則危者安, 微者著, 而動靜云爲, 自無過不及之差矣.〕"라고 한 데에 보인다.

어서 말할 수 있겠는가. 도심을 본심이라 한 것은 대체로 '성명(性命)에 근원을 두었음'을 보이고자 한 것이니, 소주(小註)의 호 운봉(胡雲峰)의 설(說)[101]에서 이미 이것을 언급하였네.

문 언어문자(言語文字)[102]…….

답 이는 《중용》 한 책을 위주로 말한 것이니, 도암(陶庵 이재(李縡))의 설(說)은 아마도 범연한 듯하네. 보내온 편지의 내용에서 그 위의 '추명시서(推明是書)'[103]라는 글을 가지고 증거로 삼은 것이 옳네.

문 '색은행괴(索隱行怪)'[104]에 대한 《장구》에 이르기를, "그것이 세상

101 소주(小註)의 호 운봉(胡雲峰)의 설(說) : 〈서문〉의 '수기본심지정이불리야(守其本心之正而不離也)'에 관한 소주에 "본심의 올바름이란 바로 윗글에서 이른바 '성명의 올바름에 근원을 둔 것'이다.……여기서 이른바 '성명의 올바름'이란 바로 내 마음의 올바름이다.……그 발함에야 비로소 인심과 도심의 다름이 있게 되어, 반드시 능히 도심에 전일해야 하니, 이것이 바로 본심의 올바름을 지켜 떠나지 않게 하는 것이다.〔本心之正, 卽上文所謂原於性命之正者.……此所謂性命之正, 卽吾心之正也.……於其發也, 始有人心道心之異, 必能專一於道心, 是卽守其本心之正而不離也.〕"라고 한 내용이 보인다.

102 언어문자(言語文字) : 이 말은 주희의 〈중용장구서〉에 "우리 도가 부쳐 있는 것은 언어와 문자의 사이에 지나지 않고, 이단의 말은 날로 새로워지고 달로 치성하여서, 노불의 무리가 나옴에 이르러는 더욱 이치에 가까워 참됨을 크게 어지럽혔다.〔吾道之所寄, 不越乎言語文字之間, 而異端之說, 日新月盛, 以至於老佛之徒出, 則彌近理而大亂眞矣.〕"라고 한 데에 보인다.

103 추명시서(推明是書) : 이 말은 주희의 〈중용장구서〉에 "이로부터 또 거듭 전하여서 맹씨를 얻어서 능히 이 책을 미루어 밝혀서 선성의 도통을 계승하게 되었다.〔自是而又再傳以得孟氏, 爲能推明是書, 以承先聖之統.〕"라고 한 데에 보인다.

을 속이고 이름을 도둑질할 만하기 때문이다.〔以其足以欺世而盜名〕……"라고 하였습니다. '색은'은 지(知)가 지나쳐서 선(善)을 택하지 못한 것이고 '행괴'는 행(行)이 지나쳐서 그 중(中)을 쓰지 못한 것이니, 그렇다면 비록 성인께서 취하신 바가 아니지만 또한 어찌 모조리 세상을 속이고 이름을 훔치기 위하여 한 것이겠습니까. 그 지나침이 됨을 알지 못하고서 한 것은 견식과 국량이 협소하고 기질이 편벽되었기 때문에 그러한 경우가 많으니, 어찌 모두 다 현육(衒鬻)[105]에서 나와서 그러한 것이겠습니까. 예컨대 진중자(陳仲子)[106]나 신도적(申屠

104 색은행괴(索隱行怪) : 이는 《중용》 제11장에 "공자께서 말씀하셨다. '은벽한 이치를 찾고서 괴이한 짓을 행함을 후세에 칭술하는 이가 있는데, 나는 이러한 것을 하지 않는다.'〔子曰: 素隱行怪, 後世有述焉, 吾弗爲之矣.〕"라고 한 데에 보인다.

105 현육(衒鬻) : 자기의 재주를 자랑하여 써 주기를 구하는 것이다.

106 진중자(陳仲子) : 진중자는 전중(田仲)으로, 전국 시대 제(齊)나라의 사상가이자 은사(隱士)이다. 그 선조는 본래 진(陳)나라의 공족(公族)으로, 전란을 피하여 제나라로 와서 성을 전씨(田氏)로 바꾸었다. 형의 만종록(萬鍾祿)을 의롭지 않다고 여겨 형과 어머니를 피하여 오릉(於陵)으로 옮겨가 살다가 뒤에는 장백산(長白山)에 은거하였다. 제나라의 대부나 초(楚)나라의 경상(卿相) 등 관직을 모두 사양하고 받지 않았다. 그는 성품이 지나치게 청렴하여 만종(萬鍾)의 녹(祿)을 먹고 있는 자기 형 진대(陳戴)의 녹과 집이 모두 불의한 것이라 하여 먹지도 살지도 않고 오릉에 따로 가 살면서 사흘 동안 굶다가 우물가에 벌레가 파먹은 오얏을 보고 기어가 세 입을 베어 먹고 나서야 정신이 들었을 정도로 곤궁하게 지냈는데, 하루는 자기 형 집에 왔다가 누가 산 거위를 선사한 것을 보고는 얼굴을 찌푸리며 "이 꽥꽥거리는 놈을 어디에 쓰자는 거요?"라고 하였다. 얼마 뒤 모친이 그것을 잡아 주어서 먹고 있었는데, 형이 들어와서 "이것이 꽥꽥거리던 그 거위 고기이다."라고 하자, 뛰어나가 모두 토해 버렸다고 한다. 맹자는 진중자를 두고 "제나라의 선비 중에 내 반드시 중자를 으뜸으로 꼽지만 중자가 어찌 청렴할 수 있겠는가. 중자의 지조를 채우려면 지렁이가 된 뒤에야 가할 것이다.〔於齊國之士, 吾必以仲子爲巨擘焉, 雖然仲子惡能廉? 充仲子之操則蚓而後可者也.〕"라고 혹평

狄)[107]이나 미생(尾生)[108] 등의 무리는 비록 중용(中庸)의 도(道)가 아니지만 곧바로 세상을 속이고 이름을 훔친 것으로 단정을 내린다면 이는 아마도 그 본심이 아닐 듯합니다. 오직 여기에 한정될 뿐만 아니라 예로부터 현자의 언행이 평상(平常)과 다른 것이 한없이 많은데 그 심적(心跡 심사(心事))이 어떠한가를 헤아리지 않은 채 모두 "세상을 속이고 이름을 훔치기 위하여 발한 것이다."라고 말하면 어찌 충서(忠恕)의 도(道)에 위배되지 않겠습니까. 가령 그 마음이 참으로 세상을 속이고 이름을 훔치는 데에서 나왔다고 한다면 후세의 상론(尙論)하는 선비 중 어느 누가 칭술하였겠습니까. 저는 이 부분에 대하여 끝내 석연치 못하니, 명확하게 증명해 주시는 가르침을 내려주시기를 바랍니다.

답 '색은행괴'에 대한《장구》에서 '세상을 속이고 이름을 훔침'을 가지고 말한 것은 정문(正文)의 '후세유술(後世有述)'이라는 글로 말미암아서 보아내신 걸세. 대체로 은괴(隱怪)의 지행(知行)은 칭술이 되어서는 안 되는데, 도리어 칭술이 되면 이는 허예(虛譽)인 것이네. 그러므로 이를 일러 '세상을 속이고 이름을 훔침'이라고 한 것이지, 반드시 '그 본심이 모두 다 이와 같음'을 곧바로 가리킨 것은 아니니, '족이(足

하였다.《孟子 滕文公下》

107 신도적(申屠狄) : 은(殷)나라의 현인(賢人)으로 충간(忠諫)이 받아들여지지 않자 돌을 안고 황하에 몸을 던져 자결하였다 한다.《莊子 盜跖》신도적(申徒狄)으로도 표기한다.

108 미생(尾生) : 잗다란 신의만을 굳게 지키고 변통할 줄 모르는 사람이다. 미생이 어떤 여자와 다리 아래에서 만나기로 약속했는데 여자는 오지 않고, 때마침 큰비가 내려 강물이 불어났다. 그래도 그는 떠나지 않고서 기둥을 껴안고 죽었다.《莊子 盜跖》

以)' 두 글자를 가지고 살펴보면 알 수가 있네.

진중자나 신도적이나 미생과 같은 무리는 그 행(行)의 지나침이 혹 견식과 국량의 협소로 말미암기도 하였고 혹 기질의 편벽됨으로 말미암기도 하였는데, 그 지나침이 됨을 스스로 알지도 못하고서 하는 경우이면 진실로 '세상을 속이고 이름을 훔침'으로 지목해서는 안 될 것이네. 그러나 만약 지극히 미루어 나아가 논해 보면, 저 몇몇 사람들도 역시 '세상을 속이고 이름을 훔침'이 됨을 면하지 못하니, 이는 바로 이른바 '같은 종류를 극단적으로 미루어 의(義)를 지극히 엄격하게 적용한 것'[109]이라고 하겠네.

무릇 그 실상이 없으면서 팔아먹는 것을 일러 '속임'이라 하고, 그 소유가 아닌데 취하는 것을 일러 '훔침'이라 하네. '세상을 속이고 이름을 훔친다.'라고 한 것은 모두 환롱(幻弄)하고 투절(偸竊)함을 이른 것이 아니네. 비록 진중자의 일을 가지고서 말해 보더라도 맹자께서 "어찌 청렴할 수 있겠는가."라고 하셨으니,[110] 중자는 실로 청렴함이 될 수가 없는데도 제(齊)나라에서 청렴한 선비라고 일컬었네. 그렇다면 이것이 어찌 그 실상이 없으면서 팔아먹으며 그 소유가 아닌데 취하는 자가 아니겠는가. 그 본심은 거짓으로 꾸며 대고 명예를 낚는 데에서 나오지는 않았으나 행사(行事)의 어긋나 잘못됨이 세상을 속임을

109 같은……것 : 이는 맹자가 제자 만장(萬章)에게 "네 생각에 왕도정치를 하는 자가 나온다면, 장차 지금의 제후들을 모조리 죽이겠느냐? 가르쳐도 고치지 않은 뒤에 죽이겠느냐? 자신의 소유가 아닌데 취하는 자를 도둑이라 이르는 것은, 같은 종류를 극단적으로 미루어 의(義)를 지극히 엄격하게 적용한 것이다.〔充類至義之盡也.〕"라고 한 말에 보인다. 《孟子 萬章下》

110 맹자께서……하셨으니 : 426쪽 주106 참조.

기약하지 않았으나 절로 세상을 속임에 이르렀고, 이름을 훔침을 기약하지 않았으나 절로 이름을 훔침에 이르렀으니, 아아, 이것이 또한 더욱 두려울 만한 점일세. '은괴'를 두고서 '세상을 속이고 이름을 훔친다.'라고 논척하신 것은 경계로 삼으신 바가 깊으니, 다시 무엇을 의심하겠는가. 그러나 이 역시 대강 말하였을 뿐이니, 어찌 이로 말미암아 예외 없이 자고이래로 현자의 언행 중 교격(矯激)하며 상리(常理)에 부합하지 않는 경우를 모두 다 '세상을 속이고 이름을 훔친다.'라는 죄과(罪科)에 귀속할 수 있겠는가. 만약 이렇게 한다면 이는 마음을 공평하게 하여 서서히 궁구하는 방도가 아니네.

보내온 편지의 내용에서 "가령 그 마음이 참으로 세상을 속이고 이름을 훔치는 데에서 나왔다고 한다면 후세의 상론하는 선비 중 어느 누가 칭술하였겠습니까."라고 한 것은, 아마도 그렇지 않은 듯하네. 상론하는 선비도 오히려 그 '세상을 속이고 이름을 훔침'이 됨을 알지 못하고서 칭술하니, 그렇다면 이는 참으로 세상을 속이고 이름을 훔친 것일세. 세상을 속이고 이름을 훔침이 크고 심한 경우는 다만 그 당대를 속일 뿐만 아니라 또한 후세를 속일 수가 있네. 양웅(揚雄)이 한(漢)나라와 당(唐)나라 등을 포함하여 천여 년을 거치면서도 오히려 '대유(大儒)'라고 일컬어졌으니, 주자(朱子)가 아니면 어느 누가 느닷없이 매살(埋殺 파묻어 죽임)시키겠는가. 간악함을 변별해내는 어려움이 대체로 이와 같다네.

홍백응에게 답하다
答洪伯應

문 재계할 때의 강학은, 율곡(栗谷)의 '전심상념(專心想念)'의 설(說)[111]을 가지고 살펴보면 행해서는 안 될 것입니다. 그러나 거상 중의 강학에 대해서는 주자(朱子)와 여동래(呂東萊)가 논하였는데 이를 두고 옳지 않은 것이라고 하지 않았습니다. 거상 중에도 오히려 그러한데 더구나 재계할 때는 더 말해 무엇 하겠습니까. 재계에 관한 여러 조목 가운데에 '강학을 그만둠'이라는 한 가지 절목이 없으니, 그렇다면 강학을 행하는 것이 옳습니까? 다른 사람과 강학하는 것은 장황한 일인 것 같지만 자기 혼자 스스로 독서하면 아마도 불가한 바가 없을 듯하니, 논증해 주시는 가르침을 분명하게 내려주십시오.

답 '치재(致齊)'는 매우 엄격하니, '치(致)'라는 말의 뜻은 '극(極 지극히 함)'이네. 그러니 마음을 오로지 하여 제사 지낼 분을 생각할 때 어찌 독서할 수가 있겠는가. 거상 중의 강학은 혹 그만둘 수 없다고 하더라도 또한 너무 지나치게 넓혀서는 안 되네. 삼년상을 치르는 동안에 만약 독서하지 않으면 슬픔 때문에 일을 그만둔 것이니, 이는 진실로

111 율곡(栗谷)의 전심상념(專心想念)의 설(說) : 이와 관련하여 《격몽요결》〈제례장(祭禮章)〉에 "이른바 치재란 음악을 듣지 않고, 출입하지 않고, 마음을 오로지 하여 제사 지낼 분을 생각하여, 그분이 생전에 거처하시던 것을 생각하며, 웃고 말씀하시던 것을 생각하며, 좋아하시던 것을 생각하며, 즐기시던 것을 생각함을 이른다.〔所謂致齊者, 不聽樂, 不出入, 專心想念所祭之人, 思其居處, 思其笑語, 思其所樂, 思其所嗜之謂也.〕"라고 한 내용이 보인다.

행하기가 어려운 것이네만 제사에 이르러서는 재계하는 며칠 동안 잠시 독서를 정지하는 것이 무슨 문제 될 것이 있겠는가. 정자(程子)께서 치재를 논하시며 '잠연순일(湛然純一)'이라 말씀하셨으니[112] 이는 화두(話頭)가 지극히 높아 쉽사리 행할 수가 없다네. 만약 평상시와 똑같이 독서하면 이것이 어찌 제사에 임하여 더욱 공경하고 삼가는 뜻[113]이겠는가. 산재하는 날에는 독서해도 괜찮을 것 같네.

문 《가례》의 '기제' 조에 이르기를, "이날에는 술을 마시지 않고, 고기를 먹지 않고, 음악을 듣지 않고, 참건에 소복과 소대를 착용한 채 거처하며, 저녁에는 밖에서 잔다.〔是日 不飮酒 不食肉 不聽樂 黲巾素服素帶以居 夕寢于外〕"[114]라고 하였으니, 이는 다만 기제 당일을 말한 것일 뿐으로, 재계하는 날에 술을 마시고 고기를 먹고 화려하고 성대한 복장을 제거하지 않고 밖에서 자지 않는 것은 아마도 따르기가 어려울 듯하니, 어떠할지 알지 못하겠습니다.

답 술을 마시되 어지러워질 때까지는 이르지 않도록 하며, 고기는 먹되 훈채는 먹지 않는 것[115]이 바로 재계의 예(禮)이네. 그렇다면 재

112 정자(程子)께서……말씀하셨으니 : 이와 관련하여 《주자어류》 권97 〈정자지서삼(程子之書三)〉에 "잠연히 순일하게 하는 것을 '재(齋)'라고 하고 엄숙히 경계하고 두려워하는 것을 '계(戒)'라고 한다.〔湛然純一之謂齋, 肅然警惕之謂戒.〕"라고 한 내용이 보인다.

113 더욱……뜻 : 이 말은 《예기》 〈옥조(玉藻)〉에 "군자의 용모는 한아(閑雅)하니, 존경할 분을 뵈면 더욱더 공경하고 삼가야 한다.〔君子之容舒遲, 見所尊者齊遬.〕"라고 한 데에 보인다.

114 이날에는……잔다 : 이 내용은 《가례》 〈제례(祭禮) 기일(忌日)〉에 보인다.

계하는 날에 술을 마시지 않고 고기를 먹지 않는 것은 아마도 예(禮)보다 과한 듯하네. 세속에서는 기제를 지낼 때 기일보다 앞서 행소(行素)를 하니, 이것이 비록 신도반(申屠蟠)[116]에 근본을 두어서 이루어진 것이지만 전해져 온 규례는 실로 예의(禮意)가 아니네. 내가 일찍이 듣기로 정 한강(鄭寒岡 정구(鄭逑))은 그저 당일에만 행소를 하였다고 하니, 이는 대체로 '이날에는'이라고 한 글을 주로 삼아서 그러한 것일세. 그러나 '저녁에 밖에서 잠'은 다만 이날에 할 뿐만 아니라 재계하는 날도 역시 마땅히 밖에서 자야 할 것이네. 이는 술을 마시고 고기를 먹는 것과 똑같지 않으니, 마땅히 각각의 항목을 나누어서 보아야 할 것이네. 기일에 밖에서 자는 것은 상(喪)의 나머지[117]에 애달파하는 뜻이고, 재계하는 날에 밖에서 자는 것은 제사에 임하여 정결(精潔)히 하는 의리이니, 한갓 '이날에는'이라는 글에 구애되어서 되레 재계하는 날에 내침(內寢)에 거처해서는 안 될 것이네. '재계' 조에서는 다만 '밖에서 잠'을 따로 말하지 않았을 뿐이기 때문에 사람들이

115 술을……것 : 이 내용은 《가례》 〈제례 사시제(四時祭)〉의 원주(原註)에 보인다. 이에 따르면 재계할 때는 술과 고기를 먹을 수 있다.

116 신도반(申屠蟠) : 후한(後漢) 때 사람으로 자는 자룡(子龍)이다. 그는 9세에 부친상을 당하여 정해진 예법보다 지나치게 애훼(哀毁)하였고, 상을 다 끝마친 뒤에도 십 년 넘게 술과 고기를 입에 대지 않았으며, 언제나 기일이 되면 사흘 동안 아무것도 먹지 않았다. 은거하면서 학문에 열중하여 오경(五經)에 박통하고 참위설(讖緯說)에 밝았으며, 당고(黨錮)가 일어나자 산속으로 들어가 살아 있는 뽕나무를 마룻대로 삼아 집을 짓고 살면서 하진(何進), 동탁(董卓) 등이 불러도 끝내 벼슬에 나아가지 않았다. 《後漢書 卷83 申屠蟠列傳》

117 상(喪)의 나머지 : 해당 원문은 '상여(喪餘)'로, 삼년상을 치른 뒤란 뜻인데, 주로 삼년상을 넘기고 지내는 기제(忌祭)를 이르는 말이다.

더러 이를 의심하기도 하네만 '주인솔중장부 치재어외(主人帥衆丈夫致齊於外)'[118]의 '외(外)' 자를 가지고서 살펴보면 실로 의심할 만한 것이 없네. 대체로 치재와 산재를 막론하고 재계하는 날로부터 시작하여 밖에 머물러 자는 것이 마땅하니, 이는 예방(禮防 예법)의 소재로서 혹시라도 소홀히 할 수가 없는 것일세. 재계하는 날에 이미 술을 마시고 고기를 먹는 만큼 아무리 화려하고 성대한 복장이라고 하더라도 굳이 제거할 필요는 없네. 일찍이 듣기로 효효재(嘐嘐齋) 김공(金公)[119]께서는 기제를 지내기 하루 전에 길포(吉袍)를 착용하셨다고 하니, 이것이 어떠할는지 알지 못하겠네.

118 주인솔중장부 치재어외(主人帥衆丈夫致齊於外) : 이 말은 《가례》 〈제례 사시제(四時祭)〉의 원주에 보인다.

119 효효재(嘐嘐齋) 김공(金公) : 김용겸(金用謙, 1702~1789)으로, 자는 제대(濟大), 본관은 안동(安東)으로 영의정 김창즙(金昌緝)의 아들이다. 경서와 예문(禮文)에 밝았으며, 1745년(영조21)에 경행(經行)으로 천거되어 벼슬이 공조 판서에 이르렀다.

홍백응에게 답하다
答洪伯應

문 수암(遂庵 권상하(權尙夏))께서 이르시길, "숙(叔 고모)과 질(姪)이 같은 집안으로 시집가서 며느리가 되었는데 질(姪)이 총부(冢婦)가 되고 숙(叔)이 개부(介婦)[120]가 되었으면 숙(叔)은 질(姪)을 형(兄)이라 일컫고 질(姪)은 숙(叔)을 숙(叔)이라 일컫는 것이 마땅하다."라고 하셨습니다. 수옹(遂翁)의 의도는 대체로 각각 그 높음에 맞추어서 일컫도록 하고자 한 것이나 이는 아마도 정론(定論)이 아닐 듯합니다. 제 생각으로는 숙(叔)과 질(姪)을 막론하고 남편의 집에 있으면 남편의 일족을 따라서 각각 그 호칭을 일컫고, 자기의 본가에 있으면 본래의 숙(叔)과 질(姪)의 항렬로 순서를 맞추어 각각 그 호칭을 일컫는 것이 불가함이 없을 듯합니다. 밝게 내려주시는 가르침을 받들고자 합니다.

답 한결같이 남편의 일족을 따라서 그 호칭을 일컫는 것과 각각 그 높음에 맞추어서 일컫는 것은 모두 거기에 해당하는 마땅한 의리가 있으니, 진실로 이는 결단을 내리기가 어려운 사이이네. 그러나 수옹의 설(說)이 이미 이와 같으니, 우선 이를 따른 것이 어떻겠는가.

120 개부(介婦) : 적장자(嫡長子)의 처가 아닌 며느리, 즉 중부(衆婦)를 일컫는 말이다. 환언하면, 총부(冢婦)를 제외한 그 이하의 며느리를 가리킨다.

홍백응에게 답하다
答洪伯應

문 어떤 사람에게 두 사위가 있는데 모두 한집안의 사람으로 큰사위는 숙(叔)이고 작은사위는 질(姪)입니다. 숙(叔)이 종자(宗子)로서 아들이 없이 죽어서 한창 후사를 세우는 것에 대해 의논하는데 원근의 족당 가운데에는 후사로 세울 만한 자가 없고, 다만 동서 간이 되는 이 족질(族姪)이 있을 뿐이기에 이를 그 후사로 삼고자 하는데, 그러면 부인의 형제 사이가 장차 고부 사이가 될 것이니, 크게 막히는 부분입니다. 어떻게 해야 할지 알지 못하겠습니다.

답 '숙(叔)과 질(姪)이 동서 간으로 질(姪)은 그 언니에게 장가들고 숙(叔)은 그 동생에게 장가들었는데, 숙(叔)이 대종(大宗)으로서 후사가 없기에 이 질(姪)을 양자로 들여 후사를 잇게 하여서 언니가 며느리가 되고 동생이 시모가 되는 경우'에 대한 김후재(金厚齋)의 물음에 남계(南溪 박세채(朴世采))가 대답하기를, "동생이 시모가 되고 언니가 며느리가 되는 것은 과연 인륜이 뒤바뀌어 놓인다는 혐의가 있다. 그러나 대종의 제사가 끊어짐은 그 일이 더욱 무거우니, 이것과 저것을 비교해보면 경중의 차별이 있다. 부인은 예법상 마땅히 지아비를 따라야 하는 만큼 질(姪)이 이미 숙(叔)을 부(父)라 일컬었으니, 언니도 역시 마땅히 동생을 고(姑)라 일컬어야 할 것이다."라고 하였습니다.[121]

121 숙(叔)과……하였습니다 : 이와 관련된 내용은 《후재별집(厚齋別集)》 권4 〈잡

문 언니로서 동생에게 며느리의 도(道)를 행하는 것은 과연 인륜이 도치된 것이니, 남계의 설(說)은 아마도 따르기가 어려울 듯합니다만 만약 언니가 시모가 되고 동생이 며느리가 된 경우로 말하면 차서가 이미 순하고, 또 후사를 이을 다른 곳이 없는 만큼 이것 때문에 구애되어서는 안 될 듯합니다. 어떠할는지 잘 알지 못하겠습니다.

답 대종의 제사가 끊어지는 것이 중요한 문제가 되고, 부인은 예법상 지아비를 따라야 마땅하다는 것에 대해서는 이미 남계의 설(說)이 있으니, 마땅히 이것으로 결단해야 할 것이네. 더군다나 언니가 시모가 되고 동생이 며느리가 되는 것은 동생이 시모가 되고 언니가 며느리가 되는 것에 견주어 보면 차서가 순조로우니, 아마도 굳이 구애될 필요는 없을 듯하네.

저(雜著) 남계선생어록(南溪先生語錄)〉에 보인다. '김후재(金厚齋)'는 김간(金榦, 1646~1732)으로, 호는 후재, 자는 직경(直卿), 본관은 청풍(淸風), 시호는 문경(文敬)이며, 남계 박세채, 우암 송시열의 문인이다. 학행으로 천거되어 벼슬이 우참찬에 이르렀다. 예학(禮學)에 조예가 깊어 선인들의 문집 가운데 예설을 뽑아 정리한《동유예설(東儒禮說)》을 편찬하였으며, 많은 저서를 남겼다.

홍백응에게 답하다
答洪伯應

문 우암(尤庵) 선생의 사우(祠宇)가 사손(嗣孫)의 재령(載寧) 임소에 장차 봉안되려고 합니다. 이제 막 도성으로 들어옴에 즉일로 사제(賜祭)하니, 진신장보(搢紳章甫)가 강상(江上)에서 맞이해 절을 올리기 때문에 저도 역시 이 무리를 따르고자 합니다. 다만 여차(轝次)[122]가 배위(配位)까지 함께 받들고 있는 만큼 그 사체(事體)가 서원(書院)에서 외인(外人)이 맞이해 절을 올리는 것과는 다르니, 아마도 온당치 못한 일인 듯합니다. 분묘(墳墓)는 비록 합폄(合窆)하였더라도 그 남자분 자리의 가로 나아가서 절하면 조금도 불가함이 없으니, 사판(祠版)이 분묘와 똑같지 않음이 이와 같습니다. 치제(致祭)할 때로 말하면 그저 남자분 신위만 받들어 나와야 마땅하니, 외인이 일에 참여하는 것은 아마도 구애되는 바가 없을 듯합니다. 어떨지 알지 못하겠습니다.

답 선현의 사우를 맞이해 절을 올리는 한 가지 의절과 관련하여 배위가 함께 있음을 두고 의심한 것은, 보내온 편지에서 말한 내용이 진실로 그러하나 또한 행할 만한 의리가 있으니, 옛사람이 그 스승의 부인의 상(喪)에 제문을 지은 경우가 있었네. 이는 대체로 생시에 당(堂)에 올라서 절을 올렸기 때문에 그러한 것일세. 비록 미처 당(堂)에 올라서 절을 올리지 못하였더라도 스승과 제자의 사이는 그 은혜가

122 여차(轝次) : 작은 가마로 신주를 옮기는 데에 사용한다.

무겁고, 신도(神道)가 자별하니, 마땅히 내외 두 분의 신위를 함께 받드는 아래에 첨배(瞻拜)해야 할 것 같고, 아마도 군이 혐의쩍게 여길 필요는 없을 듯하네. 이 뜻을 가지고 미루어 보건대, 우옹은 백대의 사표이시니, 어찌 배위까지 함께 받들었다고 하여서 맞이해 절을 올리는 예(禮)를 행하지 않을 수가 있겠는가. 다만 여러 부위(祔位)[123]와 함께 한 요여(要轝)에 모셨으면 몹시도 불편한 것이니, 이 경우는 어떻게 하는 것이 마땅한지 알지 못하겠네. 예(禮)에 이미 적확한 증거가 없으니, 이러한 부분은 오직 대중을 따라야 마땅할 뿐이고 홀로 다르게 해서는 안 되네. 다만 근일의 사론(士論)이 어떠한지에 대해 상세히 조사해 보되, 만약 길가에 나가서 맞이함에 국궁(鞠躬)하여 치경(致敬)하는 것에 불과할 뿐이고, 배례(拜禮)를 행하지 않는다면, 이는 전혀 말할 거리가 못 된다네.

123 부위(祔位) : 본래 소목(昭穆)의 차례에 따라 함께 모시는 신위로, 보통 조손간이 된다. 또한 조고(祖考)의 사당에 함께 모신 무후(無後)한 신위로, 결혼하기 전 일찍 죽었거나 무후한 분을 조고를 제사할 때 함께 모시는 것이다.

홍백응에게 답하다

答洪伯應

문 복(服)을 입는 동안 가묘(家廟)에 신알(晨謁)할 경우 마땅히 포대(布帶)를 착용해야 합니까? 아니면 흑대(黑帶)를 착용해야 합니까? 일찍이 듣기로 야곡(冶谷) 조공(趙公)[124]께서는 입게 된 복(服)을 보아서 선조에 똑같이 복(服)이 있는 경우는 그대로 포대를 착용하고서 신알하였다[125]고 합니다. 이것이 진실로 따를 만한 것입니까?

답 《의례문해》에서 '상중에 사당에 들어가는 경우 별도로 포대(布帶)를 갖춘다.'라고 한 뜻을 가지고 미루어 보면, 기복과 대공일 경우

124 야곡(冶谷) 조공(趙公) : 조극선(趙克善, 1595~1658)으로, 본관은 한양(漢陽)이며 박지계(朴知誡)·조익(趙翼)의 문인이다. 1623년(인조1) 학행으로 추천되어 동몽교관(童蒙敎官)이 되었고, 1636년에는 이조 정랑으로서 시폐(時弊)와 자강지책(自强之策)을 간곡히 진언하였다. 1657년 사헌부 지평으로 나가 곧 장령이 되었다가 선공감 첨정(繕工監僉正)이 되고, 이듬해 다시 장령으로 임명되었으나 곧 병들어 죽었다. 저서로는 《야곡집》 10권과 《야곡삼관기(冶谷三官記)》 등이 있다.

125 입게……신알하였다 : 이 내용은 《야곡집(冶谷集)》 권7 〈삼관기(三官記) 심관(心官)〉에 "일찍이 살펴보건대, 예(禮)를 아는 자가 복(服)을 입게 되었는데 사당에 신알해야 하면 반드시 흑대를 착용하고 이미 내려와서는 다시 소대를 착용한다. 나의 경우는 입게 된 복(服)을 보아서 선조에 똑같이 복(服)이 있는 분이면 그대로 소대를 착용하고서 신알한다. 이는 진실로 억측에서 나온 것이지만 대체로 이 역시 〈증자문〉 내용 중에 '사(士)는 시마복에도 제사 지내지 않으니, 제사 지내는 대상이 죽은 자에게 복이 없으면 제사 지낸다.'라는 의리인 것이다.〔嘗觀識禮者遭服, 而當晨謁祠堂, 則必着黑帶, 旣下還素帶, 吾則視所遭之服, 於祖先同有服者, 則仍以素帶晨謁, 是固出於臆料, 而蓋亦《曾子問》中士緦不祭, 所祭, 於死者無服則祭之義也〕"라고 보인다.

신알할 때 좁게 꿰맨 백포대(白布帶)를 별도로 갖추고 소공일 경우 별도로 소대(素帶)를 착용하고 시마복도 역시 그러한데 혹 잠깐 흑대(黑帶)를 착용해도 무방하니, 이는 나의 종전의 소견일세. 지금 편지로 보여준 조 야곡이 행한 바는 비록 질박함에 가까우나 역시 한 가지 방도일세.

문 아내가 지아비의 종조형제(從祖兄弟)를 위할 경우는 복(服)이 없는데, 그 종조형제의 아들에 대해서는 복(服)이 있으니,[126] 이는 어째서입니까?

답 옛적에는 수(嫂)와 숙(叔)의 사이에 복(服)이 없었으니,[127] 종수(從嫂)에 대해 시마복을 입는 것은 또한 국제(國制)일세.[128] 아내가 지아비의 종조형제에 대하여 어찌 복(服)이 있을 수가 있겠는가. 이는 '밀쳐서 멀리한다.'[129]라는 의리일세. 지아비의 종조형제의 아들에 대

126 아내가……있으니 : '종조형제'란 재종형제(再從兄弟)이다. 이에 관한 내용은 《가례》의 〈처위부당복도(妻爲夫黨服圖)〉에 보인다. 도(圖)를 살펴보면, 남편의 6촌 형제에 관한 부분은 빠져 있고, 그 6촌 형제의 아들을 위하여 시마복을 입는다는 내용이 보인다.

127 옛적에는……없었으니 : '숙(叔)'이란 남편의 형제이고, '수(嫂)'란 형제의 아내이다. 옛날에는 서로 복(服)이 없었는데, 나중에는 함께 사는 친족으로서 복(服)이 없을 수 없기에 복(服)을 입게 되었다.

128 종수(從嫂)에……국제(國制)일세 : '종수(從嫂)'는 사촌 형제의 아내이고 '국제(國制)'는 자기 나라의 제도이다. 〈가례집람도설(家禮輯覽圖說)〉에 실려 있는 '본종오복지도(本宗五服之圖)'를 살펴보면, 사촌 형제의 아내를 위해서는 국제에 시마복을 입는다는 내용이 보인다. 이는 《가례》의 〈본종오복지도〉에는 본래 없는 내용이다. 《沙溪全書 卷24 家禮輯覽圖說 本宗五服之圖》《家禮 圖 本宗五服之圖》

해서 복(服)이 있는 것은 아들의 도(道)가 있기 때문이네. 대체로 복(服)을 입는 방법은, 형제자매의 친함이 아니면 부친의 도(道)와 모친의 도(道)로써 복(服)을 입는 경우가 있고 아들의 도(道)와 며느리의 도(道)로써 복(服)을 입는 경우가 있네. 성인께서 예(禮)를 제작하신 뜻이 더할 나위 없이 정밀하니, 이는 의심할 만한 것이 아닐세. "부인이 남편의 복을 따르되 남편보다 한 등급을 낮춘다.〔婦從夫服 降夫一等〕"[130]라고 한 것은 바로 그 본래 복(服)이 있는 경우를 가리켜서 말한 것이네. 아내가 지아비의 종조형제에 대하여 애당초 복(服)이 없으니, 그렇다면 '남편보다 한 등급을 낮춘다.'라는 것을 어찌 논하겠는가.

129 밀쳐서 멀리한다 : 이 말은 《예기》 〈단궁 상(檀弓上)〉에 "《의례》 〈상복〉에서 형제의 자식을 자기 자식과 똑같게 하는 것은 아마도 이끌어서 가까이 나오게 하려는 것인 듯하고, 수숙 간에 복이 없는 것은 아마도 밀쳐서 멀리하려는 것인 듯하다.〔喪服, 兄弟之子, 猶子也, 蓋引而進之也; 嫂叔之無服也, 蓋推而遠之也.〕"라고 한 데에 보인다.

130 부인이……낮춘다 : 이는 본래 남조(南朝) 송나라의 경학가 유울지(庾蔚之)가 한 말로, 《통전(通典)》 권92 〈예(禮)52 흉(凶)14 오복년월강쇄(五服年月降殺)5〉의 '소공성인복오월(小功成人服五月)' 조에 실려 있으며, 《사계전서》 권24 〈가례집람도설〉의 '처위부당복도(妻爲夫黨服圖)'에도 보인다.

홍백응에게 답하다

答洪伯應

외손(外孫)의 성복(成服)하는 날이 아직 성복하지 않은 때와 똑같지 않다고 하더라도 제사를 주관하는 자가 망인(亡人)에 대하여 내구(內舅 외삼촌)와 내종(內從 외삼촌의 자식)을 막론하고, 반드시 상차(喪次 상주가 치상하는 곳)를 왕래하며 관렴을 살펴보아야만 할 것이니, 그렇다면 이미 산재(散齋)와 치재(致齋)를 잃어버린 것인바, 제사를 거행함은 아마도 온당하지 못할 듯하네. 만약 제사 지내기 사흘 전부터 상차에 왕래하지 않고, 성복하는 날 아주 이른 새벽에 자리를 마련해 놓고 먼저 성복을 행한 다음 그대로 이어서 기제사를 거행하는 것이라면 아마도 혹 괜찮을 듯하네. 일찍이 도암(陶庵 이재(李縡))의 설(說)을 보니, "시마와 소공의 상(喪)을 당하였을 때 선조의 기제사가 성복하는 날과 겹치는 경우 자기 자신은 범염(犯染)하였기 때문에 자제들을 시켜서 대신 거행하게 한다."라고 하였으니, 이렇게 행하는 것도 혹 한 가지 방도일 듯하네. 이미 제사를 거행하게 되었으면 마땅히 의절(儀節)대로 해야 할 것이니, 굳이 단헌무축(單獻無祝)으로 할 필요는 없다네. 율옹(栗翁 이이(李珥))께서 《예기》를 따르지 않으심은, 옛날과 지금은 마땅함이 서로 다르기 때문일세. 옛적에는 시제(時祭)만 있었고 기제사는 없었으니, 이 역시 오늘날의 기제사와 합하여서 논할 수는 없는 걸세.

외종(外從 고모의 자녀)의 상(喪)은 이미 등급이 낮아져서 복(服)이 없으니, 그렇다면 제사를 거행함은 마땅히 자연 평상시와 똑같이 해야 할 것이네. 상사는 죽은 자를 따르고 제사는 산 자를 따르는 법이니, 그렇다면 제사 지내는 대상이 되는 분이 망자에 대해서 지친(至親)이 됨은 진실로 논해서는 안 되는 걸세. 다만 마땅히 제사를 주관하는 자가 복(服)이 있느냐 복(服)이 없느냐를 살펴보아야 할 뿐이네. 고례(古禮)에 비록 "제사 지내는 대상이 죽은 자에게 복(服)이 없으면 제사 지낸다.〔所祭 於死者無服 則祭〕"[131]라는 글이 있더라도 지금은 이 설(說)을 따를 수가 없네. 이미 제사를 거행하게 되었으면 단헌무축(單獻無祝)으로 하는 것은 아마도 타당치 못한 듯하네.

131 제사……지낸다 : 이 내용은 《예기》 〈증자문(曾子問)〉에 보인다.

홍백응에게 답하다
答洪伯應

아무리 외친(外親)이라고 하더라도 두 정통이 없기 때문에 출계한 자가 본생가 모친 쪽의 일가를 위하여 복(服)을 입는 경우 마땅히 한 등급을 낮추어서 입어야 하니,[132] 사계(沙溪)의 의론은 대체로 이 때문에 그러한 것일세. 그 모친 쪽 일가가 그를 위하여 입을 경우도 또한 그러하다는 사실은 굳이 말을 기다리지 않고서도 알 수가 있으니, 복(服)에는 서로 보답하는 의리가 있기 때문에 그렇다네. 내형제(內兄弟 외삼촌의 아들)와 외형제(外兄弟 고모의 아들)와 양이형제(兩姨兄弟 이모의 아들)에 대해서는 모두 본래 입어야 하는 시마복을 입지 않는 것이 마땅하니, 이에 대해 다시 무엇을 의심하겠는가. 세속에 '시마복은 그 등급을 낮추지 않는다.'라는 설(說)이 있으나 이는 본래 예문(禮文)이 아닌 걸세.

132 아무리……하니 : '두 정통이 없다.'라는 것은, 만약 어떤 곳에서 적통이 되었으면 그 외 다른 곳에서는 적통을 주장할 수 없다는 것이다. 본래 출계한 자가 본생가 모친 쪽의 일가를 위하여 입는 상복에 관해서는 《의례》에 분명한 예문이 없는데, 당(唐)나라 때 《개원례(開元禮)》를 제정하며 "외친은 두 정통이 없다.〔外親無二統.〕"라고 한 정현(鄭玄)의 설(說)을 근거로 삼아 한 등급을 낮추어서 복(服)을 입는 제도를 만들었다.

홍백응에게 답하다
答洪伯應

정려(旌閭)란 다름 아닌 멀고 오랜 세월이 지난 후대까지 그 풍성(風聲)을 수립하려고 한 것이네. 아무리 '불천지위(不遷之位)'가 아니라고 하더라도 어찌 체천해 매안하였다고 하여서 그 단문(丹門)을 불살라 훼손한단 말인가. 인가(人家)의 아득히 멀고 오래된 정문(旌門)이 오늘날까지도 여전히 서 있으니, 이것은 장적(長嫡)의 집안인 것 같네. 아무리 체천하여 종(宗)을 파훼한 뒤라고 하더라도 오히려 남겨두었으니, 최장방(最長房)에게 신주를 옮길 때[133] 정문도 역시 따라서 옮겨간다는 소리는 일찍이 들어본 적이 없다네.

133 최장방(最長房)에게……때 : '최장방(最長房)'이란 '고조'를 기준으로 삼아 4대 이내의 자손 중에 항렬과 나이가 가장 높은 사람을 이른다. 봉사손(奉祀孫)을 기준으로 친진(親盡)하여 대수(代數)가 다한 신주는 최장방에게 옮겨 제사를 받들도록 하고, 이 장방이 죽으면 그다음 장방이 모셔 가는데, 자손 중에 4대손이 다 죽은 뒤에는 해당 무덤 옆에 그 신주를 매안한다.

홍백응에게 답하다
答洪伯應

그대가 보여준 재동(齋洞)에서 창수(唱酬)한 각 2편의 시를 삼가 일람해 보니, 백응(伯應)의 청경(淸警)함과 성보(城甫)[134]의 담아(澹雅)함이 모두 조격(調格)에 부합하여 읽는 사람이 기뻐할 만하네. 다만 어리석고 비루한 나에게 촉의(屬意)한 것이 정중하고, 구사한 말 중에 더러 과당한 부분이 있네. 시란 다름 아닌 말이니, 어찌하여 '비교함이 적합하지 않다.'[135]라는 오해를 살 수도 있음을 돌아보지 않는가. 부끄러우면서도 당혹스럽네.

보내줌만 있고 보답함이 없는 것은 진실로 흠결이라는 것을 알지만 정신과 의식이 어질어질하고 아찔하여 한 구(句)도 생각해 낼 수가 없으니, 이를 어이하겠는가. 대체로 금강산을 유람한 시점부터 그 뒤로 다시는 시를 짓지 못하여 풍월(風月)과 운연(雲烟)을 모두 허투루 보았을 뿐이네. 일찍이 듣기로 미옹(渼翁)[136]께서는 늘그막에 십 년 동안

134 성보(城甫) : 김종선(金宗善, 1766~1810)으로, 본관은 청풍(淸風), 자는 성보, 호는 송재(松齋)이다. 저자의 문인으로 홍직필과 절친한 사이였다. 정조의 비인 효의왕후(孝懿王后)의 조카로 척신(戚臣)의 자격으로 등용되어 벼슬이 형조 참판에 이르렀다.

135 비교함이 적합하지 않다 : 해당 원문은 '비의비륜(比擬非倫)'으로, 비교할 만한 하지도 못한 대상을 가지고 비교함을 말한 것이다. 이 말은 《예기》 〈곡례 하(曲禮下)〉에 "사람을 비교할 때는 반드시 동류로써 하여야 한다.〔儗人必於其倫.〕"라고 한 데에서 유래하였다.

시를 끊으셨다고 하니, 삼가 탄식하여 "이 노인의 역량은 미칠 수가 없다."라고 여겼다네. 그런데 이제 내가 음영을 사절하는 것은 오로지 선배를 본받으려는 요량 때문은 아닐세. 질병이 고질이 되는 바람에 무릇 사색에 관계된 것이라면 몹시도 조식(調息)하는 데에 방해가 되어서 긴절한 문자조차 지을 수가 없거늘 더군다나 그저 그런 중요하지 않은 짤막하고 간단한 시의 경우는 더 말해 무엇 하겠는가. 끊어 버리기를 기약하지 않더라도 저절로 끊어져 버린 것이라네. 황폐함이 이미 오래되었기에 무디고 껄끄러워 글을 이루기가 어려우니, 비록 잠시나마 주부자(朱夫子)께서 약속을 파하고 시를 지으셨던 옛일을 본받고자 하더라도 그렇게 할 수가 없다네. 부디 바라건대 이를 너그럽게 용서해 주시게. 계(髻)에 관한 설(說)은 다음과 같이 기록하여 보여 주네.

그대가 논한 부인의 머리 모양에 관한 제도는 그 무엇보다도 고찰해 확정하기가 어렵다네. 이른바 '족두리(簇頭里)'란 어느 시대에서 비롯하였는지 알지 못하겠으나 일찍이 살펴보건대, 관서(關西) 지역의 한 선비가 편지로 미호(渼湖)께 여쭙기를, "족두리는 중화의 제도가 아닙니다. 그러나 적확한 증거가 없습니다."라고 하였는데, 미호께서도 역시 이에 대하여 자세하게 답하지 않으셨네. 무신년(戊申年)에 절목(節目)을 내려서 널리 알릴 때 주상의 하교에 "화하(華夏)를 써서 만이(蠻

136 미옹(渼翁) : 김원행(金元行, 1702~1772)으로, 자는 백춘(伯春), 호는 미호(渼湖) 또는 운루(雲樓), 시호는 문경(文敬), 본관은 안동이다. 당숙인 김숭겸(金崇謙)에게 입양되어 종조부 김창협(金昌協)의 손자가 되었다. 이재(李縡)의 문인으로, 저서에 《미호집》이 있다.

夷)를 바꾼다.〔用夏變夷〕"라고 하신 말씀이 있었네.[137] 성상의 학문이 고명하시어 틀림없이 근거한 바가 있으실 터이니, 마땅히 이를 따라야만 할 걸세.

화관(花冠)이란 한(漢)나라 때나 진(晉)나라 때 출현한 듯하나 아직 자세히 알 수는 없네. 옛적에 민 노봉(閔老峰)[138]이 중국에서 화관을 사서 돌아왔는데, 우옹(尤翁)께서 기천(沂川) 홍공(洪公)[139]에게 보내어 서로 더불어 이 제도를 행하셨네. 비록 이것이 옛 제도는 아니지만 역시 중화의 제도이네. 《주례》에 형(刑)을 받은 사람의 머리카락을 깎은 것을 '피(髲)'라고 하였으니,[140] 피(髲)란 다름 아닌 체(髢 다리〔月

137 무신년(戊申年)에……있었네 : '무신년'은 1788년(정조12)이다. 이해 10월, 정조는 당시 여자들의 머리 복식인 '다리'를 얹는 것을 금지하면서 '용하변이(用夏變夷)'라는 말을 언급하였다. 《正祖實錄 12年 10月 3日》《承政院日記 正祖12年 10月 3日, 4日, 5日》

138 민 노봉(閔老峰) : 민정중(閔鼎重, 1628~1692)으로, 자는 대수(大受), 호는 노봉, 본관은 여흥(驪興)이다. 송시열의 문인으로, 대표적인 노론(老論) 계열의 대신이다. 1649년(인조27) 정시 문과에 장원으로 급제하였으며, 1658년(효종9)에 동래 부사(東萊府使)에 제수되어 부임하였다. 함경도 관찰사, 대사헌, 한성부윤, 이조·호조·공조 판서 등을 거쳐 좌의정까지 올랐다. 저서로는 《노봉집(老峯集)》 등이 있으며, 시호는 문충(文忠)이다.

139 기천(沂川) 홍공(洪公) : 홍명하(洪命夏, 1607~1667)로, 본관은 남양(南陽), 자는 대이(大而), 호는 기천, 시호는 문간(文簡)이다. 1630년(인조8) 생원이 되고, 1644년 별시 문과에 을과로 급제하여, 대사간·병조 판서·좌의정·우의정 등을 역임하였다. 성리학(性理學)에 조예가 깊고, 글씨에도 뛰어났다. 순조 때 여주의 기천서원(沂川書院)에 배향되었으며, 저서에 《기천집》이 있다. 시호는 문간(文簡)이다.

140 주례에……하였으니 : 이와 관련하여 《주례주소》 권8 〈천관 총재(天官冢宰) 퇴사(追師)〉에 대한 가공언(賈公彦)의 소(疏)에 "'피체'라고 말한 것은 머리를 깎음이니, 천한 자나 형을 받은 자의 머리를 깎아 취하여서 '다리'로 만듦을 이른다.〔言髲髢者,

子〕)일세. 《시경》에서는 또 '불설체야(不屑髢也)'[141]라고 하였네. 그러나 옛적의 피체(髲髢)는 오늘날의 체계(髢髻)와 똑같지 않네. 한사(漢史)에 보이는 궁중의 고계(高髻)[142]도 역시 오늘날의 체계가 아니네. 오늘날의 체계는 조 중봉(趙重峰) 선생[143]의 《동환봉사(東還封事)》[144]

鬄髮也, 謂翦鬄取賤者刑者之髮而爲髢.〕"라고 한 내용이 보인다.

141 불설체야(不屑髢也) : 이 말은 《시경》 〈용풍(鄘風) 군자해로(君子偕老)〉 제2장에 "검은 머리 구름처럼 풍성하니, 체를 할 필요가 없도다.〔鬒髮如雲, 不屑髢也.〕"라고 한 데에 보인다.

142 한사(漢史)에……고계(高髻) : '한사'는 《후한서(後漢書)》이다. '고계'는 결발(結髮)을 높게 하는 것이다. 《후한서》 권54 〈마료열전(馬廖列傳)〉에 "온 성이 높은 상투를 좋아하니 사방이 덩달아 한 자나 되고, 온 성이 넓은 눈썹을 좋아하니 사방이 덩달아 이마의 절반이나 차지하며, 온 성이 넓은 소매를 좋아하니 사방이 비단 한 필을 통째로 다 쓴다.〔城中好高髻, 四方高一尺. 城中好廣眉, 四方且半額. 城中好大袖, 四方全匹帛.〕"라고 한 내용이 보이는데, 이는 후한 시대에 지나치게 사치하는 풍조가 유행하여 당시 장안(長安)에 떠도는 말이었다.

143 조 중봉(趙重峰) 선생 : 조헌(趙憲, 1544~1592)으로, 중봉은 그의 호이고, 자는 여식(汝式), 본관은 배천(白川), 시호는 문열(文烈)이며, 율곡(栗谷) 이이(李珥)의 문인이다. 1567년(명종22) 식년 문과에 급제하고 예조 좌랑 등의 벼슬을 역임하였다. 1586년 공주 제독관(公州提督官)이 되어 동인(東人)이 이이와 성혼(成渾)을 추죄(追罪)하려는 것을 반대하고 고향에 내려가, 임지를 이탈한 죄로 파직되었다. 임진왜란이 일어나자 옥천(沃川)에서 의병을 일으켜 영규(靈圭)가 거느린 승병(僧兵)과 합세하여 청주를 탈환하였으며, 이어 전라도로 향하는 왜군을 막기 위해 금산(錦山)으로 향했으나 전공을 시기하는 관군의 방해로 의병이 대부분 흩어지자, 남은 7백 명의 의병과 함께 금산전투에서 분전하다가 모두 전사하였다. 문묘에 종향되었다.

144 동환봉사(東還封事) : 조헌(趙憲)이 1574년(선조7)에 성절사(聖節使) 박희립(朴希立)의 질정관(質正官)으로 명에 다녀온 뒤 중국의 문물제도를 조목별로 소개하며 왕에게 올린 글이다. 1622년(광해군14)에 안방준(安邦俊)이 이 상소를 정리하여 '동환봉사'라고 제목을 붙였고, 1626년(인조4)에 순천(順天) 송광사(松廣寺)에서 목판으로

에서 "우리나라 부인의 머리 모양 제도는 달자(㺚子 서북쪽 변방의 호로(胡虜)) 부인의 머리 모양 제도와 똑같다."라고 말씀한 것에 해당하네. 대계(大髻)와 가계(假髻)는 모두 주자의 《가례》에 보이네. 그러나 가계의 제도도 역시 한둘이 아닌 듯하네. 녹문(鹿門) 임공(任公)[145]의 편지 중에 "철사로 틀을 만든다.〔鐵絲爲機〕"[146]라고 말한 것은 과연 본래의 제도에 부합하는지 알지 못하겠네. 우리 집안에서도 일찍이 전에 이 계(髻)를 사용한 적이 있었네. 지금은 비록 족두리보다 더 나은 점이 있더라도 이미 시왕(時王)[147]의 제도가 있으니, 어찌 홀로 다른 제도를 써서 대동(大同)의 풍속과 달리할 수가 있겠는가. 옛적에 부인

간행하였다.

145 녹문(鹿門) 임공(任公) : 임성주(任聖周, 1711~1788)로, 본관은 풍천(豐川), 자는 중사(仲思)·경중(敬仲), 호는 녹문, 이재의 문인이다. 1733년(영조9) 사마시에 합격, 세자익위사 세마(世子翊衛司洗馬), 시직(侍直) 및 지방관을 지내다가 공주 녹문에 은거하여 학문 연구로 여생을 보냈다. 초년에는 스승의 학설을 신봉하여 인물성동론(人物性同論)을 주장하였으나 중년에 이르러 기존의 학설을 비판하고 호락(湖洛)의 양론을 기일원론적(氣一元論的) 입장에서 종합하여 자신의 학설을 수립하였다. 저서로 《녹문집(鹿門集)》 26권이 있다.

146 철사로 틀을 만든다 : 이와 관련하여 《녹문집》 권7 〈여이평서(與李平瑞)〉에 "왕년에 가체를 금할 적에, 우리 집에서 우연히 사행에서 구매해 온 '가계'라고 일컫는 것을 얻었는데, 그 만듦새가 작으면서도 매우 아담하였습니다. 이는 대개 철사나 동사로 틀을 만든 위에 다리를 입힌 것인데, 역천 형께서 이것을 보고는 '대수계'라고 하여 서로 의논하여 행하였습니다. 이것은 분명히 중화의 제도인데, 다리를 그 위에 입혔어도 만듦새가 아담하기 때문에 부녀자들도 상당히 편안하게 여기고 있습니다.〔昔年禁髢時, 鄙家偶得使行所購來所稱假髻者, 其製樣少而甚雅. 蓋以鐵絲或銅絲爲機而以髢衣之, 櫟兄見之以爲大手髻, 相議行之, 此明是華制也, 衣之以髢而製樣雅, 故婦女輩亦頗安之.〕"라고 한 내용이 보인다.

147 시왕(時王) : 당대의 왕을 말하는 것으로, 여기서는 현재, 당시를 가리킨다.

은 계(笄)만 있고 관(冠)은 없었네. 그렇다면 우옹께서 화관(花冠)을 쓰고자 하신 것도 역시 옛날과 지금은 마땅함이 다르기 때문일세.

홍백응에게 답하다
答洪伯應

바로 지금 여선달(呂先達) 광덕(光德)이 갑작스럽게 병을 앓아 일어나지 못한다[148]는 소식을 듣고서 경달(驚怛)하고 참악(慘愕)한 이 심정을 뭐라 말할 수 없네. 그는 무사로서 유자가 되기를 원하였으니, 그 뜻이 범상치가 않았네. 그러나 기(氣)가 맑은 자는 운수가 국한되는 법이니, 그가 어찌 장수할 수 있겠는가. 그 아우가 객지에서 임시로 묵고 있는 곳에서 죽었는데 지금까지 나흘이 되었는데도 아직 입관하지 못하였다고 하니, 더욱더 딱하게 여길 만하네. 뜻밖에 그 부고를 듣게 되자 병을 앓고 있는 이내 심사를 스스로 진정시킬 수가 없으니, 이를 어쩌면 좋단 말인가. 어쩌면 좋단 말인가. 좌하(座下)가 일찍이 이 사람과는 서로 면식이 있었기 때문에 이에 편지를 써서 보내어 알리는 것일세.

148 여선달(呂先達)……못한다 : '여선달(呂先達) 광덕(光德)'은 여광덕(呂光德, 1759~1797)으로, 본관은 풍천(豊川), 자는 여명(汝明)이다. 1784년 정시 무과에 급제하고 기사(騎士)의 벼슬을 지냈다. 저자의 문인으로 홍직필과 친하였다. 정사년(丁巳年) 12월 18일에 죽었다고 한다. 《近齋集 卷31 呂光德墓誌銘》 '선달'이란 조선조에서 문·무과에 급제하고 아직 벼슬하지 아니한 사람을 이르는 말인데, 조선 중기 이후에는 주로 무과에 급제하고 벼슬을 받지 못한 사람만을 지칭하였다.

홍백응에게 답하다

答洪伯應

보내온 편지에서 말한 선숙인(先淑人)의 묘소를 천장(遷葬)하는 일[149]은 효성에서 나온 것으로 인가(人家)에서 많이 행하는 것이니, 외인(外人)이 감히 끼어들어서 의논할 바가 아니네. 그러나 내가 삼가 일찍이 생각건대, 천장은 중대하고도 어려운 일이니 부득이한 경우가 아니면 행해서는 안 되는 것일세.

천장이란 대체로 난수(灤水)가 왕계(王季)의 묘를 침식한 데[150]에서 비롯한 것인데, 후세의 천장은 풍수설(風水說)이 그렇게 하도록 만든

149 선숙인(先淑人)의……일 : '선숙인'은 홍직필의 생모인 음성 박씨(陰城朴氏)로 박량흠(朴亮欽)의 따님이다. 박씨는 1793년 7월 8일 신시(申時)에 41세를 일기로 졸하였다. 그리고 동년 8월 12일 진시(辰時)에 고양(高陽) 구지도면(求知道面) 토당리(土堂里) 임좌지원(壬坐之原)에 임시로 안장하였다가 이듬해 2월 28일 오시(午時)에 같은 산 간좌(艮坐)로 이장하였다. 1802년 영평(永平) 금주산(金柱山)에 두 번째로 천장하였고 1807년 8월 26일에 양성(陽城) 승량원(升良院) 천덕산(天德山)의 북쪽 부손지원(負巽之原)에 세 번째로 천장하였다.《近齋集 卷31 淑人陰城朴氏墓誌銘 -幷序-》《梅山集 卷44 先妣墓誌追記 -庚午-, 卷50 先妣淑人陰城朴氏家狀》 저자는 1799년 1월 17일에 졸하였는바, '천장의 일'이란 1793에서 1794년까지의 일로 추정된다.

150 난수(灤水)가……데 : 주 문왕(周文王)이 선친 왕계(王季)를 난수(灤水) 가에 장사 지냈는데, 난수에 의해 무덤이 깎여나가 관이 드러났다. 이에 문왕이 "선군께서 여러 신하와 백성을 한번 보고 싶어 하시므로 하늘이 난수로 하여금 관을 드러나게 한 것이다."라고 하고, 관을 꺼내어 3일 동안 조정에 가져다 놓았다가 다시 이장하였다고 전한다.《呂氏春秋 開春論 開春》《戰國策 魏 襄王》 '난수'는 중국 회하(淮河)의 지류인 과수(渦水)의 끝에 있는 강 이름이다.

경우가 점점 많아졌네. 땅속의 일에 대해서는 아주 어두워서 제대로 알 수가 없으니, 그렇다면 새로 잡은 자리가 본래의 옛 자리보다 더 나으리라는 것을 기필하지 못한 채 한갓 이동하는 거조가 있을 뿐이네. 본래는 그 어버이의 체백(體魄)을 편안하게 해 드리고자 하였겠지만 도리어 그 어버이의 체백이 편안하지 못하게 되고야 마니, 효자의 마음이 어찌 더욱 애통하지 않겠는가.

풍수설은 경전에 보이지 않네. 《주례》에 다만 족장(族葬)의 법[151]이 있을 뿐인데, 그 당시 '장사 지낼 땅을 고르지 않음'을 두고 불효라고 하였다는 소리를 들어본 적이 없으며, 또한 '지리를 이야기하지 않음'을 두고 도(道)를 알지 못한다고 하였다는 소리를 들어본 적이 없네. 송(宋)나라 때는 옛적과의 거리가 이미 멀어진 터라 풍수설이 한창 성행하였는데, 온공(溫公 사마광(司馬光))은 풍수지리를 믿지 않아서 장사 지낼 땅을 고르지 않았으니, 온공이 어찌 효(孝)에 있어서 부족한 것이겠는가.

나는 일찍이 말하기를, "온공이 완벽한 사람이 될 수 없었던 이유는 확실하게 《자치통감》에서 위(魏)를 정통을 지닌 황제로 여기고 촉(蜀)을 비정통의 구적(寇賊)으로 여긴 데에 있지 풍수지리를 믿지 않은 데에 있지는 않다."라고 하였으니, 이 말이 바로 비웃기에 좋네. 그러나

151 족장(族葬)의 법 : 어떤 한 조상의 자손들이 그 조상 묘소를 중심으로 소목(昭穆)에 따라 좌우로 묘소를 이루는 제도를 말한다. 주(周)나라 때는 묘대부(墓大夫)가 있어서 백성의 족장을 관장하였다고 한다. 이와 관련하여 《주례》 〈춘관종백(春官宗伯) 묘대부(墓大夫)〉에 "묘대부는 온 나라 안의 무덤 지역을 관장하여 도본(圖本)을 만들고 백성으로 하여금 족장을 하도록 한다.〔墓大夫掌凡邦墓之地域爲之圖, 令國民族葬.〕"라고 하였다.

의리는 다함이 없고 시조(時措)는 마땅함이 있으니,[152] 전현(前賢)이 아직 다하지 못한 바를 후현(後賢)이 상세히 하는 것일세. 주자(朱子)께서 산릉(山陵)에 대해 의논한 장(狀)[153]과 위재(韋齋)의 묘를 누차 옮기신 것[154]은 실로 군주와 어버이를 위해 할 수 있는 모든 노력을 다 기울이는 의리에서 나온 것이고, 정자(程子 정이(程頤))께서도 역시 저 선조의 무덤이 편안하면 이 자손들이 편안하다는 것[155]과 마땅히 오환(五患)을 피해야 한다는 가르침[156]과 오색의 비단을 묻는 법[157]을

152 시조(時措)는 마땅함이 있으니 : 시기에 적절하게 조처하여 마땅함을 얻는 것을 말하는바, 이는 《중용장구》 제25장에 "성(誠)은……안과 밖을 합일하는 도(道)이다. 그러므로 이것을 자신에게서 얻으면 때에 맞게 조처하여 마땅함을 얻게 될 것이다.〔誠者……合內外之道也, 故時措之宜也.〕"라고 한 데에 보인다.

153 주자(朱子)께서……장(狀) : 이는 주희의 〈산릉의장(山陵議狀)〉으로, 송 효종(宋孝宗)의 산릉(山陵)을 모시는 일에 관해 광종(光宗)에게 올린 주의(奏議)이다. 《晦菴集 卷14 經筵留身面陳四事箚子, 卷15 山陵議狀》 〈산릉의장〉은 그 이후 중국과 조선 풍수지리에 관한 일종의 지침서가 되어서 조선의 조정에서조차 풍수를 논할 때마다 이 글이 언급되었다.

154 위재(韋齋)의……것 : 위재는 주희의 부친 주송(朱松)이다. 주희는 처음에 부친을 고향인 오부리(五夫里) 서탑산(西塔山)에 장사 지냈다가 뒤에 백수리(白水里) 아자봉(鵝子峯) 아래로 이장하였다.

155 저……것 : 이는 정이(程頤)의 〈장설(葬說)〉에 "부조와 자손은 기운이 서로 같으니 저 선조의 무덤이 편안하면 이 자손들이 편안하고 저 선조의 무덤이 위태로우면 이 자손들이 위태로운 것은 또한 당연한 이치이다.〔父祖子孫同氣, 彼安則此安, 彼危則此危, 亦其理也.〕"라고 한 데에 보인다. 《二程文集 卷11 葬說》

156 마땅히……가르침 : '오환'은 묘지를 정할 때 피해야 하는 다섯 가지의 경우로, 정이(程頤)가 묘지를 정하는 것에 대하여 말하기를, "오직 오환은 삼가지 않아서는 안 되니, 모름지기 뒷날 도로가 되지 않아야 하고, 성곽을 쌓게 되지 않아야 하고, 도랑이나 연못이 되지 않아야 하고, 귀하고 세력 있는 자에게 빼앗기지 않아야 하고,

남겨 주셨으니, 그렇다면 이제 와서 예외 없이 전부 다 온공을 따르고 정자와 주자를 따르지 않아서는 안 될 것이네. 이미 맨 처음 장사 지낼 때 제대로 삼가서 행하지 못하여 후회스러운 점이 남아 있다면 개장하는 것이 가하니, 이는 부득이하여서 그렇게 하는 경우이네만 스스로 지가(地家)의 서적을 읽는 것으로 말하면 이는 잘못된 것일세. 주자께서 이미 지술(地術)에 대하여 전혀 이치가 없는 것은 아니라고 하셨으나 일찍이 스스로 지가의 서적을 읽는 것을 가지고 인자(人子)를 가르치신 적은 없었고, 또 송 선생(宋先生)께서 이르시기를, "천하에는 이(理) 밖에 존재하는 물건이 없으니, 거대한 땅만 어찌 유독 이(理)가 없겠는가."[158]라고 하셨지만 역시 일찍이 스스로 지가의 서적을 읽는 것을 가지고 인자를 가르치신 적은 없었으니, 이것이 어찌 방기(方技)와 술수(術數)의 학문이 유자가 겸하여 익힐 만한 바가 아니기에 그러하신 것이 아니겠는가.

지금 그대가 보내온 편지의 내용에서 그 서적을 읽고 그 술수를 강구하여 자신해 의심이 없게 된 뒤에야 장지를 가려서 정하겠다고 말하였

농기구가 미쳐오지 않은 데라야 한다.〔惟五患者, 不得不愼, 須使後日不爲道路, 不爲城郭, 不爲溝池, 不爲貴勢所奪, 不爲耕犁所及.〕"라고 하였다. 《近思錄 卷9 治法》

157 오색의……법 : 묘지로 쓸 곳에 미리 다섯 가지 색깔의 비단을 묻어놓고 열흘 뒤에 그 색의 명암을 관찰하여 지기(地氣)의 좋고 나쁨을 점쳤던 방법이다. 정씨(程氏)의 집안에서는 정호(程顥)·정이(程頤) 형제의 장례 때부터 이 방법을 사용하여 묘지를 정했다고 한다. 《二程外書 卷11 時氏本拾遺》

158 천하에는……없겠는가 : 이 말은 《송자대전》 권103 〈여정장원(與鄭長源)〉에 "대체로 천하에는 이치 밖에 존재하는 물건이 없으니, 거대한 땅으로서 어찌 유독 이치가 없겠는가.〔大凡天下, 無理外之物, 則以地之大, 而豈獨無理耶?〕"라고 보인다.

는데, 이는 내가 듣고 싶은 바가 아닐세. 저 지사(地師)가 무식하여 방서(方書)의 구어(句語)조차 제대로 외지 못하는데도 사람을 속이는 것은 진실로 잘못된 것이지만 그 방서 자체부터 이미 잘못되었으니, 그렇다면 또 그 책을 도대체 어디에다 쓴단 말인가. 맹자께서 말씀하시기를, "《서경》의 내용을 모두 믿는다면, 《서경》이 없는 것만 못하다.〔盡信書 不如無書〕"[159]라고 하셨으니, 고사(古史)도 오히려 모두 다 믿어서는 안 되는데 더군다나 후세에 만들어진 지가의 서적은 더 말해 무엇 하겠는가.

내가 듣기로 지가의 서적은 대부분 주자의 의론에 가탁해 빙자하고 문식하여 견강부회하고 날조해 낸 것이라 하니, 믿을 수가 없는 것이 분명하네. 그 책의 근원에 대하여 궁구해 보았을 때 이미 믿을 수가 없는 만큼 그것을 읽는 자가 어떻게 자신하며 어떻게 의심이 없겠는가. 만약 "자신하여 의심이 없다."라고 말한다면 이는 그 설(說)에 현혹되어 그 서적 자체가 잘못되었다는 것을 알지 못하는 것이니, 이 마음이 이미 밖을 향해 내달리게 되어 절로 성현의 서적과 나날이 다달이 소원해져서 우곡(迂曲)한 길로 빠져들어 감을 깨닫지도 못하게 된다네. 그러니 어찌 깊이 근심할 만한 것이 아니겠는가.

세상에서 풍수지리를 익히고자 하는 자들은 진실로 대부분 족하(足下)와 똑같이 말하니, 나는 그때마다 비웃으면서 "의원이 자기 병을 스스로 치료할 수가 없고, 무당이 자기를 위한 굿을 스스로 할 수가 없다."라고 생각하였네. 마찬가지로 지사도 역시 스스로 길한 장지를 얻어서 자기 어버이를 장사 지낼 수가 없으니, 이 몇 가지 경우에서

159 서경의……못하다 : 이 말은 《맹자》 〈진심 하(盡心下)〉 제3장에 보인다.

살펴본다면 스스로 그 풍수지리설을 궁구해 보는 것이 과연 또한 무슨 유익함이 있겠는가.

하늘과 땅과 사람은 삼재(三才)일세. 이미 하늘과 사람의 이(理)가 있으면 또한 틀림없이 땅의 이(理)가 있을 터인데, 군자가 말하는 '땅의 이(理)'란 풍기(風氣)를 가지고 말하면 남방의 강함과 북방의 강함[160]과 같은 것이 바로 여기에 해당하고, 형세(形勢)를 가지고 말하면 주(周)나라 소공(召公)이 낙읍(洛邑)을 살펴봄[161]과 같은 것이 바로 여기에 해당하고, 영수(靈秀)를 가지고 말하면 신백(申伯)과 여후(呂侯)가 산악에서 내려옴[162]과 같은 것이 바로 여기에 해당하네. 아무리 장지를

160 남방의……강함 : 이는 《중용장구》 제10장에 보이는 말로, 자로(子路)가 강함에 대해 여쭙자, 공자가 "남방의 강함을 말하는 것이냐, 북방의 강함을 말하는 것이냐? 아니면 너의 강함을 말하는 것이냐? 너그럽고 유순하게 가르쳐 주고 무도한 자에게 보복하지 않는 것은 남방의 강함이니 군자가 이렇게 처신한다. 병기와 갑옷을 깔고 자면서 죽음도 마다하지 않는 것은 북방의 강함이니 강한 자가 이렇게 처신한다.〔南方之强與? 北方之强與? 抑而强與? 寬柔以敎, 不報無道, 南方之强也, 君子居之. 衽金革, 死而不厭, 北方之强也, 而强者居之.〕"라고 대답한 데에 보인다.

161 주(周)나라……살펴봄 : 주 성왕(周成王)이 풍(豐)에 있으면서 낙읍(洛邑)에 머무르고자 하여 소공(召公)으로 하여금 먼저 거주할 곳을 살펴보게 하였는바, 이와 관련된 내용을 담고 있는 글이 바로 《서경》의 주서(周書)에 실려 있는 〈소고(召誥)〉와 〈낙고(洛誥)〉이다.

162 신백(申伯)과……내려옴 : 신백과 여후(呂侯)는 주 선왕(周宣王) 때의 두 현상(賢相)으로, 소식(蘇軾)의 〈조주한문공묘비(潮州韓文公廟碑)〉에 "신백과 여후는 산악에서 내려왔고 부열은 죽은 뒤에 별이 되었다.〔申、呂自嶽降, 傅說爲列星.〕"라는 말이 보인다. 이는 《시경》 〈대아(大雅) 숭고(崧高)〉에 "높디높은 산악이 우뚝 하늘에 닿았도다. 이 산에서 신령을 내려 보후(甫侯)와 신백을 내셨도다. 보후와 신백 두 사람은 주 나라의 기둥이라. 사국의 번병이 되어 사국에 덕을 베풀도다.〔崧高維嶽, 駿極于天. 維嶽降神, 生甫及申. 維申及甫, 維周之翰. 四國于蕃, 四國于宣.〕"라고 한 데에서 온

가지고 말하더라도 정자께서 말씀하신 '오환의 설(說)'과 같은 것에 불과할 뿐이니, 어찌 일찍이 오늘날의 지가들이 말하는 것과 같이 '아무 파(破)[163]가 길하고 아무 사(砂)[164]가 흉하다.'라고 말씀하신 적이 있었겠는가. '아무 파(破)는 어떻고 아무 사(砂)는 어떻다.'라는 설(說)이 간혹 우연히 적중하여 공교롭게도 맞아떨어진다손 치더라도 이는 끝내 정도(正道)가 아니네. 사람 중에 천장을 도모하여 행하는 자라면 그 어느 누가 "어버이를 편안하게 해 드리기 위함이지 후세를 이롭게 하려는 것은 아니다."라고 말하지 않겠는가마는 땅속의 편안함과 길함은 헤아려 알 길이 없고, 오직 자손의 영고(榮枯)와 수요(壽夭)에서 이를 확인해 볼 뿐이니, 그렇다면 필경에는 화복을 계교하는 데로 귀결된다네. 구기(拘忌)가 너무나도 지나치고 우외(憂畏)가 너무나도 많아서 좋은 묏자리를 얻고자 하는 욕심이 점점 방자해져서 결국 그것을 막지 못하는 지경에 이르니, 이 점은 자세히 살피지 않을 수가 없네.

그러나 풍수지리설을 이미 완전하게 공격해 깨뜨릴 수가 없고, 게다가 또한 가려내기가 어려울 정도로 거의 비슷한 한두 가지의 것이 어느 정도는 있기도 하니, 그렇다면 마땅히 '예를 적용하기가 의심스러울 때는 후한 쪽으로 따른다.〔禮疑從厚〕'[165]라는 도(道)로써 대처하여 어버이를 장사 지낼 땅을 자세히 살펴서 가려내어야 할 것이네. 내가

말이다. '보후'는 곧 여후이다.

163 파(破) : 풍수지리에서 묘혈(墓穴) 안의 물이 흘러간 곳을 말한다.

164 사(砂) : 풍수지리에서 묘혈을 중심으로 하여 전후좌우에 벌여 있는 산, 물, 암석, 지형, 수목 등의 환경 조건을 말한다.

165 예(禮)를……따른다 : 이 말은 《주자어류》 권89 〈예6 관혼상(冠昏喪) 상(喪)〉에서 '담(禫)'과 관련된 부분에 보인다.

생각건대, 굳이 직접 지가의 서적을 읽을 필요는 없으니, 아무리 근세의 지사라고 하더라도 또한 어찌 조금 더 뛰어난 자가 없겠는가. 반드시 널리 찾고 두루 방문하여 이미 마땅한 사람을 찾았으면 그에게 땅을 살펴보게 하고, 또 지사 중에 명성이 있는 자를 두루 찾아내서 참조해 보고 서로 상의해야 할 걸세. 그렇다면 그 논하는 말을 들어봄에 또한 절로 알 만한 도(道)가 있을 걸세. 만약 그 땅에 대해서 칭예함이 많고 폄훼함이 적다면 마땅히 그 많은 것을 따르기를 〈홍범(洪範)〉의 복서법(卜筮法)에서 "세 사람이 점을 치면 두 사람의 말을 따른다."[166]라고 이른 것과 똑같이 해야 하니, 그렇다면 거의 괜찮을 걸세. 주자께서 지술에 대해 논하신 것으로서 그 무엇보다도 득중(得中)한 것은 〈답손경보서(答孫敬甫書)〉에 보이니, 이는 《대전(大全)》 45권(卷) 35판(板)에 실려 있다네.[167] 시험 삼아 한번 살펴보게나.

166 세……따른다 : 이 말은 《서경》 〈주서(周書) 홍범(洪範)〉에 "이 사람을 세워 복서를 하되 세 사람이 점을 치면 두 사람의 말을 따른다.〔立時人, 作卜筮, 三人, 占, 則從二人之言.〕"라고 한 데에 보인다.

167 답손경보서(答孫敬甫書)에……있다네 : 이는 《회암집》 권63 〈답손경보(答孫敬甫)〉 제6서를 가리킨다.

홍백응에게 답하다
答洪伯應

그대가 보내온 편지의 내용과 뜻을 삼가 자세히 살펴보고 다 알았네. 부형이 벼슬살이의 잘못으로 인하여 귀양 가게 되었을 경우 그 자제는 진실로 한가로이 금수를 치축(馳逐)하거나 술을 마시거나 박혁 따위의 노름을 해서는 안 되는데, 교분과 구의가 깊은 상대를 방문해 찾아보는 것까지도 역시 아울러 그만두는 것으로 말하면, 아마도 너무 지나친 처사가 아니겠는가. 농암(農巖 김창협(金昌協))과 삼연(三淵 김창흡(金昌翕)) 두 선생의 일에 대해서는 일찍이 강구해 본 적은 없네만 옛사람은 자신이 직접 귀양살이할 적에도 산수를 유관(遊觀)하는 것을 그만두지 않았네. 그러므로 동파(東坡)가 "하늘이 절서의 산을 전부 다 보게 하였네.〔天教看盡浙西山〕"[168]라는 시구를 남기게 된 것일세. 그러나 이것도 역시 일의 경중과 때의 고금이 있으니, 일률적으로 논할 수는 없다네.

168 하늘이……하였네 : 이는 소식(蘇軾)의 〈여모령방위유서보리사(與毛令方尉遊西菩提寺)〉 제1수에 "아직 사람이 풀려나 강북의 길로 돌아가지 못함에 하늘이 절서의 산을 전부 다 보게 하였네.〔人未放歸江北路, 天教看盡浙西山.〕"라고 한 데에 보인다. 《東坡全集 卷6》 이 시는 송 신종(宋神宗) 희령(熙寧) 7년(1074) 8월 27일에 모국화(毛國華)·방무(方武) 두 사람과 함께 어잠(於潛)의 서보리사(西菩提寺)를 유람하고 지은 것이다. 이보다 몇 해 앞서 소식은 왕안석의 신법을 비판하다가 탄핵을 받게 되자, 외직으로 나갈 것을 자청하여서 항주 통판(杭州通判)에 임명되었다.

홍백응에게 답하다
答洪伯應

그대가 보내온 편지에서 말한 예서(禮書)를 읽는 법의 차례에 대해서는 내가 일찍이 말해 준 바가 있었네만 역시 대강 말한 것일 뿐이니, 굳이 이렇게 한정할 필요는 없네. 먼저 《가례》를 읽어서 《의례》에 이르는 것은 지류를 따라 거슬러 올라가 근원에 닿는 것으로, 이 역시 한가지 방도일세. 그러나 〈단궁〉의 대공송(大功誦)의 글[169]을 가지고 살펴보면, 기년복을 입은 사람이 장사 지내기 전에 아무리 예서라고 하더라도 평상시와 똑같이 독송하는 것은 아마도 온당하지 못할 듯하네. '거상 중인 사람은 장사 지내기 전에는 상례를 읽고 장사 지낸 뒤에는 제례를 읽는다.'[170]라고 한 것으로 말하면, 여기서 '읽는다〔讀〕'

169 단궁의 대공송(大功誦)의 글 : '단궁'은 《예기》 〈단궁 상(檀弓上)〉을 이른다. 여기에 "대공에는 업을 그만두니, 혹자는 말하였다. '대공에는 입으로 외우는 것은 해도 괜찮다.'〔大功廢業, 或曰 : '大功誦可也.'〕"라고 하였는데, 이에 대한 진호(陳澔)의 《집설(集說)》에서 "'업'이란 몸으로 익히는 것이니, 예컨대 춤을 배우고 활쏘기를 배우고 금과 슬을 배우는 따위가 해당한다. 이를 그만두는 것은 슬픔을 잊어버릴까 염려해서이다. '송'이란 입으로 익히는 것이니, 이를 조금 잠깐 하는 것도 괜찮다. 그러나 '혹왈'이라 일컬었으니, 이 역시 아직 확정하지 못한 말이다.〔業者, 身所習, 如學舞、學射、學琴瑟之類. 廢之者, 恐其忘哀也. 誦者, 口所習, 稍暫爲之亦可. 然稱或曰, 亦未定之辭也.〕"라고 설명하였다.

170 거상……읽는다 : 이와 관련하여 《예기》 〈곡례 하(曲禮下)〉에 "거상할 때 장사 지내기 전에는 상례를 읽고, 장사 지낸 뒤에는 제례를 읽는다.〔居喪, 未葬讀喪禮, 既葬讀祭禮.〕"라고 한 내용이 보인다.

라고 말한 것은 반드시 소리 내어 중얼거리며 책을 읽는 것이 아닐세. 여기서 '독(讀)' 자는 자세히 훑어본다는 뜻으로 보는 것이 타당할 듯하네. 그렇다면 이는 '무거운 복(服)을 입는 상중에는 장사 지내기 전에 독서한다.'라는 것의 증거가 되기에 부족하니, 이렇게 보는 것이 어떠할지 알지 못하겠네.

홍백응에게 답하다

答洪伯應

그대가 물어본 '상(喪)이 났다는 소식을 추후하여 듣게 된 경우 변제(變除)[171]하는 의절'에 대해서는 우옹(尤翁 송시열(宋時烈))께서 내리신 정론(定論)이 있네. 대체로 '부음을 들은 시점〔聞訃〕'을 실제 죽은 날과 똑같다고 여겨서 이날에 제복(除服)하고자 한 것인데, 다만 실제 죽은 날인 '이제 막 죽은 때〔始死〕'와 '부음을 들은 시점'이 똑같은 달에 함께 들어 있으면, 그 실제 죽은 날을 기준으로 삼아 연상(練祥 소상과 대상)을 거행하는 것이 바로 노선생(老先生)의 본래 뜻이니, 마땅히 이를 따라야 할 걸세.

주자의 〈답증무의서(答曾無疑書)〉로 말하면, 무의가 관직에 있으면서 상(喪)을 당하였는데 어떤 일로 인하여 성복(成服)이 너무 늦어졌기 때문에 주자께서 그렇게 말씀하셨던 것일세.[172] 그런데 남계(南溪)

171 변제(變除) : 보통 '변복(變服)'과 '제상(除喪)'의 병칭으로서 사용하는 말이다. '변복'이란 삼년상의 절차 중 의복을 바꾸어 입는 상황들을 가리키는바, 그중 소상과 대상 및 담제가 대표적이다. 소상 때는 연복(練服)으로 갈아입는데, 남자는 수질(首絰)을, 여자는 요질(腰絰)을 제거하며, 대상 때는 담복(禫服)으로, 담제 때는 길복(吉服)으로 갈아입는다. 일설에 의하면 대상 때는 상복(祥服)으로, 담제 때는 담복으로 갈아입는다고 한다. '제상'이란 상기(喪期)를 다 끝마치고 상복을 완전히 벗는 것인데, 주로 대상 때를 가리킨다. 《喪禮備要 下 小祥, 大祥, 禫》《四禮便覽 卷6 喪禮4 小祥, 大祥, 禫》

172 주자의……것일세 : 이와 관련하여 《회암집》 권60 〈답증무의(答曾無疑)〉에 "편지로 말씀하신 영형의 상기는, 예에 따르면 부음을 듣고는 곧바로 성복을 해야만 하는

는 그 곡절을 제대로 살펴보지 못하고 '성복한 날에 연상을 거행함'을 설(說)로 삼아서 주장함에 몹시도 힘썼으니,[173] 수암(遂庵)께서 그 불

데, 그 당시 본래 성복한 것이 너무 늦어진 바람에 앞서 이미 잘못을 저지른 것입니다. 그러나 지금에 상제와 연제의 예는 도리어 성복한 날부터 바로 지금까지 실제 달수와 날수를 계산하여 절도로 삼아야 마땅합니다. 다만 그간의 기일에는 따로 제전을 설행해야만 비로소 인정을 다하게 되는 것입니다.〔承喩令兄喪期, 於禮聞訃便合成服, 當時自是成服太晩, 以已失之於前. 然在今日, 祥練之禮, 却當計成服之日至今月日實數爲節. 但其間忌日, 却須別設祭奠, 始盡人情耳.〕"라고 한 내용이 보인다.

173 남계(南溪)는……힘썼으니 : 이와 관련하여 박세채는 "또한 의심한 상련의 변제는, 마땅히 성복하는 날에 한꺼번에 해야 할 것이니, 이미 이에 대한 주자의 확정된 의론이 있다.〔且所疑祥練變除, 當竝行於成服之日, 已有朱子定論.〕"라고 하였다. 그리고 또 "보내오신 편지에서 말씀하신 우장께서 어떤 사람의 물음에 답하신 말씀의 뜻은 삼가 자세히 보아 다 알았습니다. 다만《대전》에서 이른바 '예에 부고를 들으면 곧 마땅히 성복해야 한다.'라는 것은 '부고를 들은 날에 곧바로 성복함'을 이른 것이 아니라 바로 '부고를 들은 때 이윽고 나흘째 되는 날에 성복해야만 한다.'라는 뜻을 이른 것입니다. 그렇다면 원근 간에 이미 부고를 들은 날이 있을 터이니, 어찌 바로 이날에 연·상 두 제사를 거행하게 하지 않고서 도리어 너무 지나치게 늦어버린 성복하는 날에 제사를 거행하게 하도록 하였단 말입니까. 이는 대체로 고례에는 날짜를 점쳐서 연상을 거행하였는데,《가례》에서는 마침내 기일에 제사를 거행하였으니, 이제 부고를 들은 날에 연상을 거행하고자 함은 또한 장차 부고를 들은 날을 가지고서 기일에다 견주어 헤아려서 제사를 거행하려는 것입니다. 그 의도가 진실로 별도로 있습니다만, 이는 이미《가례》에서 본래 정해진 기일이 아닌 데다가 또 주자께서 참작해 정하신 성복하는 날이 아닙니다. 다만 부고를 들은 날이 주가 된다는 명확한 예문이 없기 때문에 그러한 것일 뿐이니, 어떠할지 알지 못하겠습니다.〔示喩尤丈答人問辭意謹悉. 第《大全》所謂於禮聞訃, 便合成服者, 非謂聞訃之日, 卽爲成服也, 乃謂聞訃時, 旋當於第四日成服之意也. 然則遠近間, 已有聞訃之日矣, 何不令於此日行練祥兩祭, 而反令行祭於太晩成服之日耶? 蓋古禮卜日而行練祥, 家禮乃於忌日行祭. 今之欲於聞訃之日行練祥, 亦將以聞訃日, 比擬於忌日而行祭也, 其意固有所在. 但此旣非家禮元定忌日, 又非朱子酌定成服之日, 只以無明文之聞訃日爲主, 未知如何.〕"라고도 하였다.《南溪正集 卷37 答南仲輝問 -喪禮

가함을 이미 말씀하셨다네.[174]

○丁酉正月十六日-, 續集 卷12 答尹仲綱問 -喪禮○十二月十八日-》

174 수암(遂庵)께서……말씀하셨다네 : 이는 권상하가 "세속 사람 중에 크게 병을 앓아 두세 달 뒤에 성복하는 경우가 있는데, 이는 매우 잘못된 것이다. 또 성복한 날을 기준으로 삼아 연상을 거행하면, 이는 이미 그 성복 당시에 있어서 잘못된 데다가 또 연상의 날에 있어서 잘못된 것이다.〔俗人之以深疾二三月後成服者, 此失之甚也, 而又以成服之日行練祥, 則是旣失於其成服之時, 又失於其練祥之日也.〕"라고 말한 것을 가리킨다.《寒水齋集 卷17 答鄭明佐-姬柱-》

홍백응에게 답하다
答洪伯應

녹로(轆轤)로 하관함은 근세의 풍속에서 통행하는 바입니다. 그런데 본래 제후에게 해당하는 제도인 환영(桓楹)으로 말하면, 노나라의 삼가(三家)가 대부로서 이것을 행하였으니, 이미 지극히도 참람한 짓인데,[175] 더구나 사(士)인 경우는 더 말해 무엇 하겠습니까. 사계(沙溪)께서 《상례비요》에 실어 놓으신 것[176]은 아마도 온당하지 못한 듯하니,

175 본래……짓인데 : '환영'이란 하관할 때 사용하는 기구로, 나무를 비(碑)처럼 만들어서 속을 파내고 그 공간에 녹로를 설치하여 줄을 관에 매단 뒤에 그 줄을 조종하여 하관하는 장치이다. 이와 관련하여 《예기》 〈단궁 하(檀弓下)〉에 "계강자의 모친이 죽었는데, 아들 공수약이 아직 어렸다. 염습할 때 공수약의 친족 공수반이 기계를 이용하여 하관할 것을 청하자, 장차 이를 따르려 하였다. 이때 공견가가 말하였다. '옳지 않다. 우리 노나라에는 고사가 있다. 공실은 천자의 풍비에 견주고, 삼가는 제후의 환영에 견주었다. 공수반아! 너의 솜씨를 남의 모친에게 시험하려 하니, 어찌 이를 그만둘 수 없느냐? 그 솜씨를 시험하지 않는다면 누가 너를 해치는 자라도 있느냐?' 그리고서 '아!'라고 하고 한탄하였는데, 끝내 그 말을 따르지 않았다.〔季康子之母死, 公輸若方小. 斂, 般請以機封, 將從之. 公肩假曰 : '不可. 夫魯有初, 公室視豐碑, 三家視桓楹. 般! 爾以人之母嘗巧, 則豈不得以? 其毋以嘗巧者乎? 則病者乎? 噫!' 弗果從.〕"라고 한 내용이 보인다. 이에 대한 진호(陳澔)의 《집설》에서 인용된 응용(應鏞)의 설에 따르면, 제후가 천자의 풍비에 견주고 대부가 제후의 환영에 견준 것은 모두 주나라가 쇠약해져서 예법이 무너졌기 때문에 발생한 참람한 짓이다. '삼가'란 춘추 시대 노나라의 대부인 맹손씨(孟孫氏), 숙손씨(叔孫氏), 계손씨(季孫氏)를 이른다. 《論語 八佾》

176 사계(沙溪)께서……것 : 이는 《상례비요》 〈치장(治葬)〉의 '폄장지구(窆葬之具)'에서 하관할 때 사용하는 것으로 풍비(豐碑), 기둥〔柱〕, 녹로(轆轤), 동아줄〔紼〕 등 네 가지를 기재해 놓은 사실을 가리킨다.

어떠할지 알지 못하겠습니다.

고금의 예법이란 마땅한 바가 서로 똑같지 않고, 또한 예(禮)에는 위아래에 통하여 사용되는 도구가 있으니, 사옹(沙翁)께서 녹로를 《상례비요》에 실어 놓으신 것은 아마도 이 때문인 듯하네.

참최와 자최의 상(喪)에 각각 따로 여차(廬次)를 설치하는 것은, '행해서는 안 되는 일'이라고 이를 만하겠네. '자최'란 기년복을 입는 사람을 가리키는 것인가? 주인과 그 형제가 한 여차 안에서 조문을 받는데, 주인은 빈객에게 절하고 차주인(次主人)은 절하지 않는 것이 바로 올바른 예(禮)일세. 기년복과 대공복의 경우는 주인의 곁에서 엎드려서 곡하고 또한 빈객에게 절하지 않는 것이 마땅하네. 존부(尊府 존부군)께서 현재 상측(喪側)에 계시지 않는 경우 존중부(尊仲父)께서 조문을 받으실 때 마땅히 빈객에게 절해야 하고, 좌하(座下)는 비록 동시에 조문을 받더라도 절하지 않는 것이 옳다네. 만약 간혹 조문하는 자를 혼자서 만나 여차의 안이나 혹 다른 곳에서 서로 곡하면, 이때는 빈객에게 절하는 것이 마땅할 듯하네. 복(服)이 있는 사람이 장사를 지낸 뒤에 조문을 받는 것은 마땅히 빈객의 친소를 살펴보아서 대처해야 할 것이네. 그 처소는 아무리 장사 지내기 전이라고 하더라도 그때그때 당면한 상황에 따르니, 사차(私次)에서 조문을 받는다고 한들 또한 무슨 문제 될 것이 있겠는가.

홍백응에게 답하다

答洪伯應

중의(中衣)란 다름 아닌 옛적의 심의(深衣)인데, 세속에서 중단의(中單衣)[177]를 사용하는 것은 그 제도가 심의와는 똑같지 않다네. 참최의 중단의는 그 옷단을 감치거나 가선을 두르지 않는 것이 옳을 듯하네. 그러나 내가 생각건대, 최복에 받쳐 입는 심의를 이미 중단의로 대체한 이상 중단의가 바로 심의인 셈이네. 아무리 참최의 중단의라고 하더라도 역시 그 옷단을 감치거나 가선을 두르는 것이 무방하네. 게다가 내가 보건대, 인가(人家)에서 이렇게 행하는 경우가 많다네. 다시 《예의유집(禮疑類輯)》을 살펴보건대, 우암(尤庵)과 남계(南溪) 모두 참최의 중단의는 옷단을 감치어서는 안 된다는 의론이 있었네. 나는 이에 대하여 감히 내 설(說)을 자신하지 못하겠네. 다만 최복을 받쳐 안에 있는 것은 정복(正服)과 다른 점이 있으니, 아마도 굳이 옷단을 감치지 않는 제도를 따를 필요는 없을 듯하네. 출입할 때 착용하는 직령(直領)도 역시 세속의 제도인데, 이것을 심의라고 일컫는 것은 바로 세속에서 억지로 명명한 것일 뿐이네. 이 경우는 마땅히 옷단을 감치지 않아서 표출(表出)의 뜻으로 삼아야 할 것이니, 남계의 설(說)이 적합할 듯하네.

177 중단의(中單衣) : 남자의 상복이나 예복 속에 받쳐 입는, 소매가 너른 얇은 두루마기로, '중단(中單)'이라고도 한다.

외손은 이미 기년이나 대공이 아닌 이상 그 외조부와 외조모를 장사 지내기 전에 그 선비(先妣)를 제사 지내는 경우 굳이 단헌(單獻)으로 거행할 필요가 없고, 다만 마땅히 정식의 예(禮)를 제대로 갖추어서 거행해야 할 뿐이네.[178] 이는 대체로 신도(神道)로써 섬기는 것이니, 예의(禮意)가 그러한 것일세.

178 외손은……뿐이네 : 예법에 따르면, 기년이나 대공의 상복을 입는 경우는 그 장사를 지내기 전까지 기제사를 '무축단헌'의 약식으로 거행해야만 한다. 외손은 외조부와 외조모를 위하여 소공을 입으며, 외손을 위하는 경우는 시마를 입는바, 외조부모와 외손의 관계는 시마나 소공이므로 성복 직전까지만 제사를 중지하고, 성복한 뒤에는 평상시처럼 똑같이 예법에 맞는 정식의 제사를 거행해야 한다.《家禮 圖 外族母黨妻黨服圖》《栗谷全書 卷27 祭儀鈔 喪服中行祭儀》

홍백응에게 답하다

答洪伯應

문 기년복을 입는 사람이 착용하는 입자(笠子)의 끈과 망건(網巾) 장식은 근래의 풍속에서 혹 조색(皁色)을 쓰기도 하고 혹 백색을 쓰기도 하니, 마땅히 무엇을 따라야 합니까?

답 이미 흑색 입자를 착용하였으니, 끈과 망건 장식을 어찌 굳이 백색을 쓸 필요가 있겠는가. 휘양은 마땅히 백색을 써야 할 듯하네.

홍백응에게 답하다

答洪伯應

조전(朝奠)에 '침주(斟酒)'라는 글이 있고[179] '상식(上食)' 조에 "조전의 의절과 똑같이 한다."라고 하였으니,[180] 상식에 술이 있다는 사실을 알 수 있겠네. 삭전(朔奠)이 아무리 은전(殷奠)이라고 하지만[181] 이것도 역시 다만 단헌(單獻)일 뿐이니, 퇴계(退溪)가 말씀한 '전삼작(奠三酌)'의 설(說)[182]은 아마도 따라서는 안 될 듯하네.

179 조전(朝奠)에……있고 : 이는 《가례》 〈상례(喪禮) 조석곡전 상식(朝夕哭奠上食)〉 '조전(朝奠)'에 대한 원주(原註)에 "집사자는 채소, 과일, 포, 젓갈을 진설한다. 축은 손을 씻고서 분향하고 술을 따른다. 주인 이하는 재배하고 곡하여 슬픔을 다한다.〔執事者, 設蔬果脯醢, 祝盥手焚香斟酒. 主人以下再拜, 哭盡哀.〕"라고 한 부분을 가리킨다.

180 상식(上食)……하였으니 : 이는 《가례》 〈상례 조석곡전 상식(朝夕哭奠上食)〉 '식시상식(食時上食)'에 대한 원주(原註)에 "조전의 의절과 똑같이 한다.〔如朝奠儀.〕"라고 한 것을 가리킨다.

181 삭전(朔奠)이……하지만 : 이와 관련하여 《가례》 〈상례 조석곡전 상식(朝夕哭奠上食)〉에 "초하루에는 조전에 찬을 진설한다.〔朔日則於朝奠設饌.〕"라고 하였는데, 이에 대한 원주(原註)에 "찬은 고기, 어물, 면식, 미식, 국, 밥 각 1그릇이다. 예는 조전 때의 의절과 똑같이 한다.〔饌用肉魚麪米食羹飯各一器. 禮如朝奠儀.〕"라고 하였다. '은전'이란 성대하고 풍비한 전(奠)으로, 초하루의 전을 말한다.

182 퇴계(退溪)가……설(說) : 이와 관련된 내용은, "상식 때 술을 올리는 것을 삼헌의 예와 같이 합니까?〔上食時奠酌, 如三獻禮否?〕"라고 한 김취려(金就礪)의 물음에 "그저 한 번만 올리는 것이 옳습니다. 다만 삭망은 《오례의》의 주에 따라 연달아 세 번 올리는 것이 아마도 혹 마땅할 듯합니다.〔只奠一酌可也. 但朔望則依五禮儀註, 連奠三酌, 恐或爲宜.〕"라고 한 이황의 대답에 보인다. 또한 삭망전에 대한 권호문(權好文)

문 차를 올린 뒤에 밥을 조금 뜨는 것에 대하여 우암(尤庵)께서는 "《가례》에는 없으니, 마땅히 《가례》를 바른 것으로 삼아야 한다."라고 말씀하셨고,[183] 도암(陶庵)께서는 "저희 집안은 삼년상을 치르는 동안에 살아 계실 때를 형상하여 세속을 따라서 이를 행하고, 삼년상을 끝마친 뒤에는 행하지 않습니다."[184]라고 하셨습니다. 두 분의 설(說) 중에서 마땅히 어느 분의 설(說)을 주로 삼아 따라야 합니까?

의 물음에 "이미 '삭망전'이라고 말한 이상 진실로 조전과 석전의 간략함에다 견주지 않아야 마땅합니다. 세속에서 행하는 바가 고씨의 예에 맞으면 이에 올바른 것이라고 하겠습니다. 주자께서 '조전의 의절과 똑같이 한다.'라고 이르신 것은, 그저 일헌만 올리고 기타 삼헌을 올리는 절문이 없음을 이르신 것이지 찬을 진설함을 그저 조전과 똑같이 함을 이르신 것은 아닙니다. 다만 예가 인정에 연유하여 찬을 진설함에 조전이나 석전보다 더함이 있으나 그저 한 잔만 올리는 것은 궐략에 가깝습니다. 《국조오례의》의 주에 연달아 세 번 올리는 예가 있으니, 이것에 따라서 행하는 것이 마땅합니다.〔既曰朔望奠, 則固當不比於朝夕之略. 世俗所爲合於高氏禮, 斯爲得之. 朱子謂如朝奠儀者, 謂只一獻, 無其他三獻節文耳, 非謂設饌只如朝奠也. 但禮緣人情, 設饌有加於朝夕, 而只獻一杯, 近於欠略, 國朝五禮儀註, 有連奠三酌之禮, 依此行之爲當.〕"라고 한 이황의 대답에도 보인다. 《退溪集 卷28 答金而精, 卷37 答權章仲喪禮問目》

183 차를……말씀하셨고 : 해당 원문 중 '초반(抄飯)'이란 밥을 조금 뜨는 것을 말한다. 이와 관련하여 《송자대전》 권121 〈답혹인(答或人)〉에 "차를 올린 뒤에 초반하는 한 가지 의절은 우리나라 풍속인 듯하다. 《가례》에는 없으니 《가례》를 올바름으로 삼아야 할 듯하다.〔進茶後抄飯一節, 恐是東俗也. 《家禮》則無之, 恐當以《家禮》爲正.〕"라고 한 내용이 보인다.

184 저희……않습니다 : 이 말은, "삼년상을 치르는 동안의 상식에서 차를 올린 뒤에 초반하는 것이 어떠합니까?〔三年內上食, 進茶後抄飯如何?〕"라고 한 이관(李灌)의 물음에 "초반이라는 한 가지 예절은 저희 집안에서는 삼년상을 지내는 동안에는 살아 계실 때를 형상한다고 하여서 세속을 따라 이것을 행하다가 삼년상이 다 끝난 뒤에는 행하지 않습니다.〔抄飯一節, 鄙家以三年內象生隨俗行之, 三年後則不行矣.〕"라고 한 이재의 대답에 보인다. 《陶菴集 卷19 答李習之問目 -乙丑-》

답 아무리 삼년상을 치르는 동안이라고 하더라도 우제(虞祭), 졸곡(卒哭), 연상(練祥 소상과 대상) 등 정식 예법을 갖추어 지내는 제사일 경우는 초반(抄飯)을 해서는 안 되네. 그러나 상식으로 말하면, '살아 계실 때를 형상한다.'라는 의리를 취하여 초반을 하는 것이 마땅하네.

문 광중(壙中)의 명정(銘旌)은 저희 집안에서는 평소 비단을 사용하지 않고 금박으로 영구 위에다 쓰는데 매번 면례(緬禮 개장(改葬))할 때마다 보게 되면 자획이 완연하여 사라지지 않았습니다. 이는 시간이 지나면 썩어버리는 비단보다 더 낫지만, 예(禮)에서 언급하지 않은 바이니, 어떠할지 알지 못하겠습니다.

답 영구 위에다 명정을 곧바로 쓰는 것을 나는 취하지 않는다네. 대체로 이는 고례(古禮)에 없는 것일 뿐만 아니라 설만(褻慢)함에 가까울까 두렵기 때문일세. 그러나 근래의 풍속에서 이를 행하는 경우가 많네. 만약 비단이 썩어버리는 것을 싫어하기 때문에 비단을 쓰지 않는다면, 형세상 장차 세속을 따르려 할 터이니, 굳이 물어볼 필요가 없네.

홍백응에게 답하다

答洪伯應

문 현(玄)과 훈(纁) 각각 하나[185]…….

답 현(玄)과 훈(纁)에 초(綃 생사(生絲)로 짠 얇은 비단)를 쓰는 것은 진실로 근례(近例 구례와 대조적인 예)인데, 지나치게 사치스럽지도 않고 지나치게 검약하지도 않아서 실로 아무런 문제가 없네. 노(魯)나라 사람이 현(玄) 세 필과 훈(纁) 두 필을 증(贈)하였던 것[186]은 대체로 삼천량지(參天兩地)[187]의 뜻을 취하여 5의 수를 사용한 것인데, 현(玄)

185 현(玄)과……하나 : 이 말은 《가례》 〈상례(喪禮) 급묘 하관 사후토 제목주 성분(及墓下棺祠后土題木主成墳)〉 '주인증(主人贈)'에 대한 원주(原註)에 "검은 비단 여섯과 분홍 비단 넷을 쓰는데, 각각 길이가 1장 8척이다. 주인이 받들어 널 곁에 두고 재배하고 계상한다. 자리에 있는 사람들은 모두 곡하여 슬픔을 다한다. 혹 집안이 가난해서 이 숫자만큼 갖출 수 없으면 검은 비단과 분홍 비단 각각 하나씩만 써도 괜찮다.〔玄六纁四, 各長丈八尺. 主人奉置柩旁, 再拜稽顙. 在位者皆哭盡哀, 家貧或不能具此數, 則玄纁各一可也.〕"라고 한 데에 보인다.

186 노(魯)나라……것 : '증(贈)'이란 물건을 가지고 곽(槨) 안에 넣어 죽은 자를 송별하는 것이다. 이와 관련하여 《예기》 〈잡기 상(雜記上)〉에 "노나라 사람이 죽은 자에게 폐백을 드릴 적에 세 개의 현과 두 개의 훈을 사용하는데, 너비는 1척이고 길이는 온폭으로 2척이다.〔魯人之贈也, 三玄二纁, 廣尺, 長終幅.〕"라고 보인다.

187 삼천량지(參天兩地) : 하늘의 숫자는 홀수인 3이고 땅의 숫자는 짝수인 2라는 뜻인데, 이 말은 《주역》 〈설괘전(說卦傳)〉에 "옛날 성인이 《역》을 지을 적에……하늘에서 3의 숫자를 취하고 땅에서 2의 숫자를 취하여 수를 붙였다.〔昔者聖人作易也……參天兩地而倚數.〕"라고 한 데에 보인다. 주희의 《본의》에 따르면 '참천량지(參天兩地)'로 읽어야 한다.

은 기수이고 훈(纁)은 우수이네. 후세에 각각 하나씩만 사용한 것은 간약한 쪽으로 따른 듯하네.

문 조석곡(朝夕哭)과 조석전(朝夕奠)은 두 가지 일이 됨…….

답 조석곡과 조석전은, 《의례》를 살펴보면 곡(哭)과 전(奠)은 본래 두 가지 일이 되는데 《가례(家禮)》에서 이를 한 가지 일로 삼았으니, 이는 간약함을 따른 것이네. 일찍이 내가 듣기로, 임 녹문(任鹿門)[188]이 《가례》를 주로 삼아서 이것을 한 가지 일로 삼고자 하였다고 하는데, 내 생각으로는 두 가지 일로 보는 것이 결국에는 올바르다고 보이네.

대체로 조석곡이란 살아 계실 때 행하던 혼정신성을 형상한 것이네. 그리고 《예기》 〈단궁 상(檀弓上)〉에 "아침의 전은 해가 뜰 때 올리고, 저녁의 전은 해가 지기 전에 올린다.〔朝奠日出 夕奠逮日〕"라고 하였네. 만약 곡(哭)과 전(奠)을 일시에 행하는 것으로 말해 보자면, 이른 새벽 첫닭이 울 때 행하는 신성을 과연 해가 뜬 뒤에 행할 수 있겠는가. 그리고 인정(人定) 뒤에 행하는 혼정을 과연 날이 어두워지기 전에 행할 수 있겠는가. 이를 통해서 조석곡은 마땅히 조석전과 각각 별도로

188 임 녹문(任鹿門) : 임성주(任聖周, 1711~1788)로, 본관은 풍천(豐川), 자는 중사(仲思)·경중(敬仲), 호는 녹문이며, 이재의 문인이다. 1733년(영조9) 사마시에 합격, 세자익위사 세마(世子翊衛司洗馬), 시직(侍直) 및 지방관을 지내다가 공주 녹문에 은거하여 학문 연구로 여생을 보냈다. 초년에는 스승의 학설을 신봉하여 인물성동론(人物性同論)을 주장하였으나 중년에 이르러 기존의 학설을 비판하고 호락(湖洛)의 양론을 기일원론적(氣一元論的) 입장에서 종합하여 자신의 학설을 수립하였다. 저서로 《녹문집(鹿門集)》 26권이 있다.

행해야 함을 알 수 있으니, 어찌 생각하는가. 어찌 생각하는가.

우제가 만약 삭일과 겹치면 삭전(朔奠)을 설행해서는 안 되니, 이는 하루에 거듭 제사 지내지 않는다는 뜻일세. 조상식(朝上食)도 역시 설행해서는 안 되니, 이는 대체로 우제에서 이미 밥과 국을 진설했기 때문일세.

홍백응에게 답하다

答洪伯應

조부모의 상(喪)에 복침(復寢)은 반드시 기년이 되기를 기다려야만 하니,[189] 나도 일찍이 남계(南溪)의 설(說)[190]이 옳다고 여겼네. 〈상대기〉의 글[191]은 그저 그 대강만을 말하였을 뿐이어서 자세한 내용이 부족하네. 하지만 부친이 살아 계시는데 모친을 위하여 복(服)을 입는 경우 기년이 지난 뒤에 또 심상(心喪)이 있는 만큼[192] 어내(御內 여자와

189 조부모의……하니 : 예법에 따르면, 남자는 자기의 조부모를 위하여 자최 부장기를 입는다. '복침(復寢)'이란 상중에 머물렀던 여막에서 본래의 거처로 돌아오는 것으로, 《예기》〈상대기(喪大記)〉에 "담제를 마치면 부인의 시중을 받고, 길제를 마치면 복침을 한다.〔禫而從御, 吉祭而復寢.〕"라고 한 구절이 보인다. 이에 대한 진호(陳澔)의 주에 "길제는 사시의 떳떳한 제사이다. 담제를 지낸 뒤에 길제를 같은 달에 만났으면 길제를 다 끝마치고 복침을 한다. 만약 담제가 길제를 지내는 달을 만나지 않았으면 달을 넘겨서 길제를 지낸 뒤에야 비로소 복침을 한다.〔吉祭, 四時之常祭也. 禫祭後, 値吉祭同月, 則吉祭畢而復寢. 若禫祭不値當吉祭之月, 則踰月而吉祭, 乃復寢也.〕"라는 내용이 보인다. 《가례》에는 '복침'이 '대상'에 기록되어 있다.

190 남계(南溪)의 설(說) : 이는 "복침으로 말하면, 일찍이 예의를 살펴보건대, '고기를 먹는 것'보다 더 무겁습니다. 그러나 대공은 장사를 한계로 삼는 데에 불과하고, 기년복을 입는 것으로 조부모, 중자, 적손 등의 상은 그 복을 다 끝마칠 때까지 어내(御內)하지 않는 것이 불가한 점이 없습니다.〔復寢曾見禮意, 重於食肉. 然大功不過以葬爲限, 期服中如祖父母衆子嫡孫等喪, 終其服不御, 無不可者.〕"라고 한 박세채의 언급을 가리킨다. 《南溪正集 卷29 答李重賚 -癸卯-》

191 상대기의 글 : 위의 주189 참조.

192 부친이……만큼 : 이는 부재모상(父在母喪)의 경우로, 이때는 부친이 상주이기 때문에 아들은 '자최 장기'를 입어야 한다. 그러나 그 아들은 복(服)을 벗은 뒤에도

내실에서 동침함)하지 않음을 과연 기년에 그칠 수 있겠는가. 이로써 전부 다 믿을 수가 없다네. 조부모의 상(喪)을 말하지 않았지만 여러 기년복의 가운데에 포함되어 있다는 것은, 아마도 타당하지 않은 듯하네. 《가례》와 《상례비요》에서 "삼 개월이 되고서 복침한다."[193]라고 한 것은 그저 대공 이하에 대해서만 허락하였을 뿐이니, 그 뜻을 알 만하네. 그러나 장사 지낸 뒤에 복침은 방기(旁期)[194]인 경우라면 그래도 혹 괜찮지만 정통기(正統期)[195]인 경우라면 몹시도 불가하니, 어떠할지 알지 못하겠네. 전날 조고(祖考)의 상(喪)을 당하여 복(服)을 입고 있었을 적에는, 당시 연소하여 예(禮)에 대해 어두웠기에 "삼 개월이 되고서 복침한다."라고 한 예문(禮文)을 잘못 적용하였네. 나중에 그 잘못됨을 깨닫고서 조비(祖妣)의 상(喪)을 치를 때에야 비로소 예(禮)를 따라 소상(小祥)이 되기를 기다려서 복침을 하였네.

귀양살이하는 동안 거상할 때 망곡(望哭)하고 전(奠)을 설행하는 의

모친을 위해 슬퍼하며 자최삼년의 복(服)을 입었을 때와 똑같은 마음으로 근신하는 심상(心喪)을 치르는데, 이를 통해 못다 한 삼년상의 효심을 펴는 것이다.

193 삼……복침한다 : 이 말은 본래 《가례》 〈상례 대렴(大斂)〉의 "주인 이하는 각각 상차로 돌아간다.〔主人以下各歸喪次.〕"에 대한 원주(原註)에서 "대공 이하 따로 사는 자는 빈소를 차린 뒤 돌아간다. 바깥채에서 잠을 자고, 삼 개월이 되고서 복침을 한다.〔大功以下異居者, 既殯而歸. 居宿於外, 三月而復寢.〕"라고 한 데에 보인다. 이 내용은 《상례비요》 〈대렴〉에도 똑같이 실려 있다.

194 방기(旁期) : 정통이 아닌 방계 친족의 존속이나 비속을 위하여 입는 기년복, 또는 그러한 복(服)을 입는 관계를 뜻한다.

195 정통기(正統期) : '정통(正統)의 기년복'이라는 뜻으로, 직계(直系) 존속(尊屬)을 위하여 입는 기년복이다.

절에 대해서 남계(南溪)는 두 가지 설(說)을 말하였으니, 하나는 '그저 망곡만 행할 뿐이다.'라고 한 것이고, 하나는 '삭망에 전(奠)을 설행하는 것이 의(義)를 해치는 데에 이르지 않는다.'라고 한 것일세.[196] 앞의 설(說)이 더 나은 것 같으니, 회재(晦齋)가 행한 바를 따르는 것이 마땅할 듯하네.

기량(杞梁)의 처(妻)가 한 말이 이미 《좌전》에 보이니,[197] 들에서 곡하는 것은 해서는 안 되네. 남계(南溪)가 이르기를, "아무리 교외로 나가서 맞이하더라도 집에 이르러서 조문을 행하는 것이 옳다."[198]라고 하

196 남계(南溪)는……것일세 : 이와 관련된 내용은 박세채가 이점(李漸)에게 답한 글에서 "유배 중에 상을 당했을 때, 회재 선생 같은 분은 또한 아침저녁으로 자리를 진설하고 곡만 할 따름이었다. 다만 주자는 일찍이 '거처를 달리하는 형제가 시제를 행하는 것이 마땅하다.'라는 말을 했고, 또 사람 중에 지자가 기제를 설행하는 경우가 많으니, 이로써 말하면, 비록 유배 중에 삭제를 진설하여 행하더라도 아마 의를 해치는 데에 이르지 않을 것이다.〔謫中居喪, 如晦齋先生亦只朝夕設位哭而已. 但朱子曾有兄弟異居者當行時祭之說, 又人多支子設行忌祭者. 以此言之, 雖自謫中設行朔祭, 恐不至害義也.〕"라고 한 데에 보인다. 《南溪外集 卷6 答李進伯 -漸○丁卯九月二十二日-》

197 기량(杞梁)의……보이니 : '기량'은 춘추 시대 제(齊)나라의 대부(大夫)로, 이름은 식(殖)인데 장공(莊公)을 따라 거(莒)나라를 습격하던 중 용감히 싸우다가 전사하였다. 장공이 돌아올 때 남편의 영구를 맞으려고 나온 기식의 아내를 교외(郊外)에서 만나 사람을 보내어 조문하자, 기량의 아내가 그 조문을 사절하며 말하기를, "기식에게 죄가 있다면 어찌 감히 임금님의 조문를 받겠습니까? 만약 죄가 없다면 선인의 낡은 집이 있으니 천첩은 교외에서 조문을 받을 수 없습니다.〔殖之有罪, 何辱命焉? 若免於罪, 猶有先人之敝廬在, 下妾不得與郊弔.〕"라고 하였다. 이에 장공은 그 집으로 가서 조문하였다. 《春秋左氏傳 襄公23年》 기량의 처가 '기식에게 죄가 있다면 어찌 감히 임금의 조문을 받을 수 있겠는가.'라고 말한 것은, 고례에 의하면 천한 자만이 교외에서 조문을 받았는바, 기량은 대부였기 때문에 그 아내가 교외에서의 조문을 사절한 것이다.

였으니, 그렇다면 빈객뿐만 아니라 비록 복(服)이 있는 친척이라고 하더라도 역시 이렇게 해야만 할 것인데, 속습(俗習)이 이미 고질이 되어 버린 바람에 바꾸기가 어려워서 바로잡을 수가 없네.

귀양살이하는 객사가 여차(旅次)와 똑같은 만큼 여차에서 조문을 받는다는 신독재(愼獨齋)의 설(說)이 있으니, 이를 따라 행하는 것이 옳네. 하지만 또한 마땅히 그 친소(親疏)를 살펴보아서 대처해야 할 것이네.

198 아무리……맞다 : 이 말은 박세채가 이행태(李行泰)에게 답한 글에서 "예에 이르기를, '반곡하는 데에 조문함은 슬픔이 지극하기 때문이다.'라고 했으니, 아무리 혹 교외로 나가서 맞이하더라도 집에 이르러서 조문을 행하는 것이 옳을 듯하다.〔禮曰返哭之弔, 哀之至也. 雖或出郊而迎, 至家行弔, 恐得之也.〕"라고 한 데에 보인다.《南溪正集 卷48 答李泰而 -行泰 問禮○丙寅八月二十五日-》

홍백응에게 답하다
答洪伯應

종자가 성곽을 나감에 설이 되기 전에 돌아올 기약이 있다는 것을 알았지만 오히려 서운하고 섭섭한 마음이 들었는데, 이에 보내온 편지를 받아 보고서 삼가 양기가 생겨나는 이 동지에 학문하는 정황이 편안하고 좋다는 것을 살펴 알게 되니, 그립고 위안이 되는 이내 심정이야 어찌 끝이 있겠는가. 고요한 곳을 찾아 얻어서 《중용》 책을 심역(尋繹)함에 한가로이 거처하며 읽고 외어서 의취(意趣)가 자못 훌륭한 것은, 구구한 내가 몹시도 기뻐하는 바이네.

보내온 편지에서 말하기로, 심오한 뜻을 이해하기 어려움을 걱정하여 나에게 저술하여 완성된 설(說)을 이루게 하고자 하니, 이는 내가 미칠 바가 아닐세. 성명(性命)의 정심하고 미묘함은 대체로 말하기가 어렵네. 이것을 말하는 것도 오히려 어려운데 더군다나 책에다 글로써 기록하는 것은 더 말해 무엇 하겠는가. 장 무구(張無垢)의 《중용해(中庸解)》가 주자(朱子)께 배척받은 것[199]은 어긋나 잘못되었기 때문

199 장 무구(張無垢)의……것 : '장 무구'는 남송의 문신 장구성(張九成, 1092~1159)으로 무구는 호이고, 자는 자소(子韶)이며 양시(楊時)의 제자이다. 1132년(소흥 2) 진사에 급제하고 예부 시랑(禮部侍郎), 태상 박사(太常博士)를 지내다가 진회(秦檜)에게 배척당하여 유배되었다. 1155년 진회가 죽자 온주 자사(溫州刺史)로 복귀되었으나 수개월 만에 병으로 별세하였다. 그는 성질이 청렴하여 선물을 일체 받지 않기로 유명하였다. 《宋史 卷374》 이와 관련된 내용은 《회암집》 권72 〈잡저(雜著)〉에 실려 있는 '잡학변(雜學辨)'에 보인다. '잡학변'은 주희가 당대의 저명한 학자들의 학술을

일세. 나는 이미 참되고 틀림없이 보아낸 바가 없으니, 어찌 감히 자신하여서 함부로 입론하겠는가. 종전에 다만 문목(問目) 형태처럼 차기(箚記)하여서 사우(士友)에게 질정하고자 하였으나 게으르고 둔한 나머지 결행하지 못하였네. 지금은 늙은 데다가 병까지 들어서 더욱더 할 수가 없다네. 이 때문에 정성스럽게 부탁하는 뜻을 저버리고 말았으니, 좌우(左右)는 틀림없이 나를 두고서 매정하여 무미(無味)하다고 여길 것이네. 다만 삼가 알려 줄 한마디 말이 있으니, 이 연평(李延平) 선생께서 일찍이 배우는 자들에게 정(靜)한 가운데에 희로애락이 미발인 상태의 기상을 살펴보게 하셨으니,[200] 이것이 바로 도(道)에 들어가

비판한 글을 모은 것으로, 〈소씨역해(蘇氏易解)〉, 〈소황문노자해(蘇黃門老子解)〉, 〈장무구중용해(張無垢中庸解)〉, 〈여씨대학해(呂氏大學解)〉로 구성되어 있는데, 차례로 소식(蘇軾)의 《역전》에서 19조목, 소철(蘇轍)의 《노자해》에서 14조목, 장구성(張九成)의 《중용해》에서 52조목, 여희철(呂希哲)의 《대학해》에서 4조목을 뽑아서 원문을 싣고 그 아래에 반박하는 글을 수록한 것이다.

200 이 연평(李延平)……하셨으니 : 미발(未發)인 중(中)의 기상을 본다는 말이다. 이와 관련하여 《심경부주(心經附註)》 권1 〈천명지위성장(天命之謂性章)〉을 살펴보면, 이통(李侗)이 주희에게 편지를 보내면서 예전에 나종언(羅從彥)에게 배울 때의 일을 술회하여 "내가 지난날 나 선생을 따라 배울 적에 종일토록 마주 대하고 정좌하였는데, 나는 이때 앎이 없어서 물러가 방 안에 들어가 또한 다만 정좌할 뿐이었다. 그런데 선생이 나로 하여금 '고요한 가운데에 희로애락미발지위중의 미발을 어떠한 기상으로 지어 보아야 하는가?'라고 하셨으니, 이 뜻은 단지 학문을 진전함에 효력이 있을 뿐만 아니라 또한 마음을 수양하는 요점을 겸한 것이다. 원회는 우연히 마음의 병이 있어 사색할 수가 없으니, 다시 이 구 안에서 찾아 정좌하며 어떠한가를 본다면 왕왕 도움이 없지 않을 것이다.〔某曩時, 從羅先生學問, 終日相對靜坐, 某時未有知, 退入室中, 亦只靜坐而已, 先生令靜中看喜怒哀樂未發之謂中未發作何氣象, 此意不惟於進學有力, 兼亦是養心之要, 元晦偶有心恙, 不可思索, 更於此句內求之, 靜坐看如何, 往往不能無補也.〕"라고 말하고는, 주희에게도 이 문제를 궁구해 보도록 권한 내용이 나온다.

는 묘결(妙訣 비결(祕訣))일세. 대체로 정(靜)할 때 대본(大本)[201]을 제대로 확립하지 못하기 때문에 동(動)할 때마다 번번이 사리에 어그러져 온당하지 않고 서로 차이가 나고 틀리게 되니, 이는 배우는 자들이 지닌 공통된 문제점일세. 현자(賢者)가 한창 《사전(思傳)》[202]을 읽고 있으니, 모름지기 먼저 미발의 측면으로부터 실제로 존양 공부(存養工夫)를 하여서 본원(本源)인 마음을 징철(澄澈)하게 하는 터전으로 삼아야 할 것이고, 한갓 언어와 문자의 사이에서 그것을 구하지는 말아야 할 것이니, 어찌 생각하는가. 어찌 생각하는가.

책을 편저한다는 것으로 말하면, 좌하(座下)에게 있어서 아마도 너무 이른 계책인 듯하네. 그러나 우리나라 유자들의 경설(經說)을 분류해 모아서 살펴보는 것이 나의 견문을 늘어나게 하고 나의 학식을 넓히기에 충분하니, 그렇다면 연부역강한 날에 이를 하는 것이 또한 좋고 굳이 훗날을 기다릴 필요는 없네. 다만 글이 많고 일이 커서 혼자서 하기가 어렵다네. 일전에 임득여(任得汝)[203]가 찾아왔을 적에 고명(高

201 대본(大本) : '중(中)'을 가리킨다. 이와 관련하여 《중용장구》 제1장 제4절에 "기뻐하고 노하고 슬퍼하고 즐거워하는 등의 정이 발하지 않은 것을 중이라 이르고, 발하여 모두 절도에 맞는 것을 화라 이른다. 중이란 천하의 큰 근본이고, 화란 천하의 공통된 도이다.〔喜怒哀樂之未發謂之中, 發而皆中節謂之和, 中也者, 天下之大本也; 和也者, 天下之達道也.〕"라고 하였다.

202 사전(思傳) : 공자의 손자인 자사(子思)가 지은 책이라는 뜻으로 《중용(中庸)》을 말한다.

203 임득여(任得汝) : 임로(任魯, 1755~1828)로, 본관은 풍천(豐川), 자는 득여, 호는 영서거사(潁西居士)이다. 1777년(정조1) 아버지인 임종주(任宗周)가 홍국영(洪國榮)에 의해 단천(端川)에 유배되었다가 별세하자, 과거를 포기하고 학문에만 전력하였다. 학문이 높아지자 나라의 부름이 이어져서 1809년(순조9) 제용감 부봉사(濟用監

明)이 책을 보내어 서로 의논한 뜻을 대략 전달하였네. 이 벗은 학식이 정밀하고 광박하니, 이 일을 함께할 만한 사람이네. 내용을 취사선택하는 문제는 또한 내가 감히 담당할 바가 아니니, 모름지기 당세의 박아(博雅)한 숙유(宿儒)에게 나아가 시비에 대해 질정을 받아야 할 것일세. 나는 여기에서 병든 몸으로 자리보전하느라 제대로 다 읽지도 못한 책을 속지고각(束之高閣)하였다네. 한 해가 다 끝나 가는 무렵에 더욱 더 마음의 갈피를 잡을 수가 없으니, 이를 어이하면 좋겠는가. 답하는 서찰을 직접 쓰고 싶지 않은 것은 아니지만 눈이 어지럽고 손이 떨리니, 어떻게 지면에 글자를 채워 넣겠는가. 또 이에 문장을 불러서 대신 쓰게 하니, 매우 죄송하고 매우 죄송하네. 그러나 평소 해서나 초서의 재주도 부족하여 설령 내가 손수 써서 보냈더라도 아마도 산문(山門)의 안색(顔色)이 되기에 부족하여 임천(林泉)을 더럽혀 버릴 듯하니, 생각해도 참으로 우습네. 나머지 많은 내용은 우선 남겨두네. 말미에 격식을 갖추지 못하네.

副奉事)로 출사하였다. 1811년에 신녕 현감에 제수되고 이후 외직을 역임하며 선정을 베풀었으나 1819년 충원 현감 시절 모함을 입고 진천으로 귀양을 갔다. 이듬해 해배가 되자, 이후 일체의 세상사를 등지고 두문불출하면서 오로지 학문과 후학 육성에 진력하였다.

이성석 전 에게 답하다
答李聖錫 遷

명덕(明德)에 관한 설(說)은, 보내오신 편지에서 "'허령불매(虛靈不昧)'는 성(性)을 가리키지 않음을 알 수 있다. '심통성정(心統性情)'은 본래 명덕을 위하여 마련해 놓은 것이 아니니, 이로써 명덕을 해석하기에는 부족하다."라고 하신 말씀이 실로 비루한 저의 견해와 서로 부합합니다만 유독 '존칭(尊稱)'이라는 두 글자에서 아직 부합하는 점이 있지 않습니다. 피차간에 쟁론하는 것이 많지 않으니, 여기서 부합하면 부합하지 않는 바가 없을 것입니다.

'존칭'이라고 하는 것이 비록 처음 듣는 것 같으나 선유(先儒)가 이미 태극(太極)을 가지고 이(理)의 존호(尊號)로 삼았으니, 그렇다면 지금 명덕을 가지고 심(心)의 존칭으로 삼음에 무슨 불가한 점이 있겠습니까.

대체로 범범하게 심(心)을 말하면 그저 주재(主宰)를 이른 것일 뿐으로, 그것이 '광명(光明)한 물사(物事 물건)'가 됨을 볼 수 없습니다. 그러므로 명덕을 가지고 일컬었습니다. 이 심(心)의 허령불매한 덕(德)을 칭찬하여서 명명하였으니, 그렇다면 어찌 '존칭'이라 말할 수 없겠습니까. 족하(足下)께서 비록 "주자께서 어찌 '심지존칭(心之尊稱)'을 가지고 《장구》에서 시원스레 해석하지 않으셨단 말인가."라고 말씀하셨으나 주자께서는 《장구》에서 애당초 '심(心)' 자를 노출하지 않으셨으니, 그렇다면 '심지존칭'을 가지고 곧바로 그것을 가리킬 수 있겠습니까.

주자의 뜻은 대체로 "이미 '허령불매'를 말하였으면 그것이 심(心)이 됨을 알 수 있고, 이미 이 심(心)인데 심(心)이라 말하지 않고 명덕이라 말하였으면 그것이 심(心)의 존칭이 됨을 알 수 있다."라고 여기신 것입니다. 《어류》에서 '명덕'을 가지고 사람의 표덕(表德)에 비유하였으니,[204] 표덕이 바로 자(字)인 이상 이는 존칭과 똑같은 뜻입니다. 그렇다면 '명덕'을 가지고 심(心)의 존칭으로 삼는 것은 실로 애당초 주자의 뜻이었던 겁니다.

전날 제가 드린 말씀에서 "명덕의 덕(德)은 귀신의 덕(德)과 서로 똑같다."라고 한 부분은, 대체로 '신(神)' 자의 지위를 가지고서 말한 것입니다. 천지에 있어서는 음양(陰陽)의 영활(靈活)함이 신(神)이 되고, 사람에게 있어서는 심(心)의 영활함이 신(神)이 되니, 귀신의 덕(德)과 심(心)의 덕(德)은 실제로는 하나입니다. '심(心)' 자 아래에 비록 한 '지(之)' 자가 있더라도 이는 '인(仁)' 자를 '심지덕(心之德)'으로 해석하는 것[205]과 똑같지 않고 그저 심(心)의 재능(才能)·기량(伎倆)을 말한 것일 뿐입니다. '귀신'의 아래에다 비록 '지위(之爲)' 자를 붙여 놓았더라도[206] 주자께서 일찍이 귀신과 덕(德)을 나누어서 형이하

204 어류에서……비유하였으니 : 이와 관련된 내용은 《주자어류》 권74 〈역(易)10 상계 상(上繫上)〉 '제칠장(第七章)'에 "명덕이란 표덕과 똑같다.〔明德如表德相似.〕"라고 보인다.

205 인(仁)……것 : 이는 주희의 주해를 두고 언급한 것으로, 주희는 《논어집주》 〈학이(學而)〉에서 "인이란 사랑의 이치이자 마음의 덕이다.〔仁者, 愛之理, 心之德也.〕"라고 하였고, 또한 《맹자집주》 〈양혜왕 상(梁惠王上)〉에서 "인이란 마음의 덕이자 사랑의 이치이다.〔仁者, 心之德, 愛之理.〕"라고 하였다.

206 귀신(鬼神)의……놓았더라도 : 이는 《중용장구》 제16장에서 공자가 "귀신의 덕

와 형이상으로 삼았던 후씨(侯氏)의 설(說)을 배척하셨으니,[207] 그렇다면 요 쌍봉(饒雙峰)이 "덕(德)은 그저 귀신일 뿐이다."라고 말한 것이 참으로 잘 보아 낸 것입니다. 이것을 예증으로 삼는다면 심(心)과 덕(德)은 나눌 수가 없습니다. 주자의 설(說)에 "하늘에게 얻어서 광명하고 정대한 것을 명덕이라 한다."라고 하였는데, 이것이 성(性)·심(心)을 나누어 말한 아래에 있으니,[208] 그렇다면 명덕을 가지고 심(心)·성(性)을 합한 것으로 여겨서 말씀한 것입니다. 이는 《장구》와 조금 다릅니다. 심(心)·성(性)에 빈주(賓主)의 구분이 없으니, 마땅히 《장구》를 올바른 것으로 삼아야 합니다.

지경(持敬)의 방법은 정이(程頤)·사양좌(謝良佐)·윤돈(尹焞) 세 분

이 성대하다.〔鬼神之爲德, 其盛矣乎!〕"라고 한 부분을 두고 언급한 것이다.

207 주자께서……배척하셨으니 : '후씨'는 후중량(侯仲良)으로, 이와 관련된 내용은 대전본 《중용혹문》 권하 제4조에 다음과 같이 보인다. 일찍이 후중량이 "귀신은 형이하인 것으로 성(誠)이 아니며, 귀신의 덕(德)은 성(誠)이다.〔鬼神, 形而下者, 非誠也, 鬼神之德則誠也.〕"라고 말하였는데, 이에 대해 주희는 "이제 후씨는 바로 귀신과 그 덕을 쪼개 두 가지 물건으로 삼고서 형이상과 형이하로 말하였다. 얼핏 보면 좋은 듯하지만, 경문과 사리로 자세히 궁구하면 이는 너무나도 잘못되었다.〔今侯氏, 乃析鬼神與其德爲二物, 而以形而上下言之. 乍讀如可喜者, 而細以經文事理求之, 則失之遠矣.〕"라고 말하여 후씨의 견해를 비판하였다.

208 주자의……있으니 : 이와 관련된 내용은 《주자어류》 권14 〈대학(大學)1 강령(綱領) 경상(經上)〉의 '명명덕'에서 "하늘이 인과 물에게 부여한 것을 '명'이라 하며, 인과 물이 받은 것을 '성'이라 하며, 일신을 주재하는 것을 '심'이라 하며, 하늘에게 얻어서 광명하고 정대한 것을 '명덕'이라 한다.〔天之賦於人物者謂之命, 人與物受之者謂之性, 主於一身者謂之心, 有得於天而光明正大者謂之明德.〕"라고 한 부분에 보인다. 이는 《대학장구》 제1장의 대전본 소주(小註)에도 보인다.

선생의 설(說)에 완비되어 있습니다.[209] 이것을 놓아두고서 별다른 방법이 다시 없으니, 무슨 의혹이 있겠습니까. 공부자(孔夫子)의 신신요요(申申夭夭)[210]가 비록 정제엄숙(整齊嚴肅)[211]과 똑같지 않은 듯하나 실제로 정제엄숙하지 않은 적이 없습니다. 본 장(章)의 《집주》에 인용된 정자(程子)의 설(說)에 "지금 사람들은 한가로이 지낼 때 게으르거나 방사(放肆)하지 않으면 반드시 지나치게 엄하다."[212]라고 하셨는데,

209 지경(持敬)의……있습니다 : '지경'이란 '경'을 잡아 지녀서 지킴이다. 이와 관련하여《대학혹문(大學或問)》경(經) 1장에, 경(敬)을 또 어떻게 공부해야 하는지 물은 데에 대한 주희의 대답에 "정자는 이에 대해서 '일을 주장하여 다른 데로 나감이 없다.'라고 말씀하신 적이 있고, '외면을 정제하고 엄숙히 한다.'라고 말씀하신 적이 있다. 그 문인 사씨의 설에는 또 이른바 '항상 또렷이 깨어 있게 하는 방법'이 있고, 윤씨의 설에는 또 이른바 '이 심을 수렴하여 어떠한 한 물건도 용납하지 않는다.'라는 것이 있다. 이 몇 가지 설을 살펴보면 그 힘쓰는 방법을 알 수 있다.〔程子於此, 嘗以主一無適言之矣, 嘗以整齊嚴肅言之矣. 至其門人謝氏之說, 則又有所謂常惺惺法者焉. 尹氏之說, 則又有所謂其心收斂, 不容一物者焉. 觀是數說, 足以見其用力之方矣.〕"라고 한 내용이 보인다.

210 공부자(孔夫子)의 신신요요(申申夭夭) : '신신'은 용모가 활짝 펴진 것을 형용한 말이고, '요요'는 얼굴빛이 온화한 것을 형용한 말이다. 이와 관련하여《논어》〈술이(述而)〉에 "공자께서 한가로이 계실 적에 그 모습이 신신하시며 요요하셨다.〔子之燕居, 申申如也, 夭夭如也.〕"라고 한 구절이 보인다.

211 정제엄숙(整齊嚴肅) : 마음이 분란한 것을 검속하여 가지런하고 엄숙하게 한다는 뜻으로 정이(程頤)가 말한 수양법의 핵심이다. 이와 더불어 '주일무적(主一無適)'과 '거경(居敬)'을 통한 함양을 강조하였다.

212 지금……엄하다 : 이는 원래 정이(程頤)의 말로,《논어》〈술이(述而)〉4장 장하주에 "이것은 제자가 성인에 대해 잘 형용한 부분이다. 신신(申申)이라는 글자만으로는 다 설명할 수 없으므로 다시 요요(夭夭)라는 글자를 놓은 것이다. 지금 사람들은 한가로이 지낼 때 게으르거나 방사(放肆)하지 않으면 반드시 지나치게 엄하다. 지나치게 엄할 때 이 네 글자를 놓을 수 없으며, 게으르거나 방사할 때도 이 네 글자를 놓을 수 없으니,

'엄려(嚴厲)' 위에 '태(大)' 자를 가하셨으니, 그렇다면 그 뜻을 알 수 있습니다. 성인은 이런 때 다만 지나치게 엄하지 않을 뿐입니다. 주자께서 말씀하시기를, "정숙(整肅)하기만 하면 바로 화락(和樂)함이다."[213] 라고 하셨으니, 성인을 제대로 잘 관찰한 자가 아니면 이러한 말을 할 만하지 못합니다. 걸음걸이의 모양은 진실로 마땅히 진중해야 할 것인데, 한결같이 진중할 수는 없는 상황이 있으니, '아버지가 부르시거든 급히 달려가고 추창(趨蹌)하지 않는다.'[214]와 같은 따위가 바로 여기에 해당합니다. 엄숙하고 위엄이 있고 단정하고 공경함은 부모를 섬기는 도가 아니니,[215] 그렇다면 자식이 아버지의 부름에 달려갈 때 느린

오직 성인은 곧 중화(中和)의 기상이 절로 있는 것이다.〔此弟子善形容聖人處也. 爲申申字說不盡, 故更著夭夭字. 今人燕居之時, 不怠惰放肆, 必太嚴厲, 嚴厲時, 著此四字不得, 怠惰放肆時, 亦著此四字不得. 惟聖人, 便自有中和之氣.〕"라고 한 데에 보인다.

213 정숙(整肅)하기만……화락(和樂)함이다 : 이와 관련하여 《논어》 〈술이(述而)〉 제4장에 관한 대전본 소주에 "단지 심신을 다잡을 수 있으면 자연스레 화락하게 되니, 따로 별개의 화락함이 있는 것이 아니다. 정숙하기만 하면 자연스레 화락하게 된다.〔但得身心收斂則自然和樂, 不是別有一箇和樂. 纔整肅則自和樂.〕"라고 한 내용이 보인다. 이는 본래 《주자어류》 권34 〈논어16 술이편(述而篇) 자지연거 장(子之燕居章)〉에 실려 있다.

214 아버지가……않는다 : 이는 《예기》 〈옥조(玉藻)〉에 "아버지가 명하여 부르시거든 빨리 대답하고 느리게 대답하지 말며, 손에 잡은 일이 있거든 던져 버리고, 입에 음식이 있으면 뱉어 버리고 급히 달려가야지 종종걸음으로 가지 말아야 한다.〔父命呼, 唯而不諾, 手執業則投之, 食在口則吐之, 走而不趨.〕"라고 한 데에 보인다.

215 엄숙하고……아니니 : 이는 《예기》 〈제의(祭義)〉에 "효자로서 깊은 사랑이 있는 자는 반드시 온화한 기운이 있으며, 온화한 기운이 있는 자는 반드시 화열한 얼굴빛이 있으며, 화열한 얼굴빛이 있는 자는 반드시 유순한 용모가 있다. 효자는 옥을 잡은 듯이 공경하며 가득히 담긴 그릇을 받들 듯이 삼가되 그 공경하고 성실함이 동동하고 촉촉해서 받든 것을 감당하지 못할 듯이 하며 장차 손에서 놓칠 듯이 한다. 엄숙하고

걸음으로 서서히 추창해서야 되겠습니까. 그러나 그 달려감이 비록 빠르더라도 의상을 뒤집어서 입는 지경[216]에는 이르지 않았으니, 그렇다면 또한 '정제하지 않았다.'라고 이를 수 없으며, 그 달려갈 때를 당하여 일심으로 어버이의 명(命)을 공경함을 주로 삼았으니, 그렇다면 또한 '엄숙함이 아니다.'라고 이를 수 없습니다.

"문을 나갔을 때는 큰손님을 뵙듯이 한다."[217]라고 한 것은, 대체로 평상시에 공경하고 삼가다가 문을 나갔을 때 이르러서 더욱더 공경하고 삼감을 말한 것입니다. 그러므로 정자께서 말씀하시기를, "문을 나갔을 때 이와 같음을 보면 이보다 앞서 하는 것을 알 수 있다."[218]라고

위엄이 있고 단정하고 공경함은 부모를 섬기는 도가 아니고 성인의 도이다.〔孝子之有深愛者, 必有和氣; 有和氣者, 必有愉色; 有愉色者, 必有婉容. 孝子如執玉, 如奉盈, 洞洞屬屬然, 如弗勝, 如將失之. 嚴威儼恪, 非所以事親也, 成人之道也.〕"라고 한 데에 보인다.

216 의상을……지경 : 이는 《시경》 〈제풍(齊風) 동방미명(東方未明)〉에 "동방이 아직 밝지 않았거늘, 의상을 허둥지둥 뒤집어서 입노라. 넘어지고 엎어지거늘, 공소로부터 부르도다.〔東方未明, 顚倒衣裳. 顚之倒之, 自公召之.〕"라고 한 데서 온 말이다.

217 문을……한다 : 염옹(冉雍)이 '인'을 묻자 공자가 답하기를, "문을 나갔을 때는 큰손님을 뵙듯이 하고 백성에게 일을 시킬 때는 큰 제사를 받들듯이 하며, 자신이 하고자 하지 않는 것을 남에게 시키지 말아야 하니, 이렇게 하면 나라에 있어서도 원망함이 없으며 집안에 있어서도 원망함이 없을 것이다.〔出門如見大賓, 使民如承大祭. 己所不欲勿施於人, 在邦無怨, 在家無怨.〕"라고 하였는데, 주희는 주해에서 큰손님을 만나는 듯하고 큰 제사를 받들 듯이 하는 것을 '경'으로 보았고, 싫은 것을 남에게 시키지 않는 것을 '서'로 보았다. 《論語集註 顔淵 第2章》

218 문을……있다 : 이는 《논어》 〈안연(顔淵)〉 제2장에 대한 《집주》의 장하주에 보이는바, 그 내용은 다음과 같다. 혹자가 묻기를, "문을 나가고 백성을 부릴 때는 이렇게 하는 것이 옳겠지만 문을 나가지 않고 백성을 부리지 아니할 때는 어찌해야 합니까?〔出門使民之時, 如此可也, 未出門使民之時, 如之何?〕"라고 하니, 정자가 말하기를, "이것

하였습니다. 문을 나가기 전이 엄연하게 무언가를 생각하는 것처럼 해야 하는 때[219]이니, 그렇다면 정제엄숙을 어찌 유독 문을 나간 뒤에야 비로소 말할 수 있겠습니까. 정제엄숙과 주일무적을 함께 말한 것[220]은 내면과 외면이 서로 함께 길러지도록 하고자 한 것입니다. 정제엄숙은 진실로 활협(闊狹)이 있지만 - 예컨대 공자께서는 몸을 굽히고 숨을 죽여 조심한 때가 있었고,[221] 그 모습이 태연자약하셨고 얼굴빛이 화기가 넘치셨을 때가 있었기 때문에 '활협'이라 말한 것입니다.-주일무적은 그러하지 않은 때가 없습니다. 만약 경(敬)에 조금이라도 그쳐서 간단함이 있으면 어찌 "철두철미(徹頭徹尾)하고 성시성종(成始成終)하다."[222]라고 말하겠습니까. 그러므

은 엄연하게 무언가를 생각하는 것처럼 해야 하는 때이다. 심중에 가지고 있는 뒤에야 밖에 나타나니, 문을 나가고 백성을 부릴 때 그 공경함이 이와 같음을 보면 이보다 앞서 공경함을 알 수 있고, 문에 나가고 백성을 부린 뒤에야 이 공경함이 있는 것은 아니다.〔此儼若思時也. 有諸中而後, 見於外, 觀其出門使民之時, 其敬如此, 則前乎此者敬可知矣. 非因出門使民然後, 有此敬也.〕"라고 하였다.

219 엄연하게……때 : 이 말은 《예기》 〈곡례 상(曲禮上)〉에 "공경하지 않음이 없으며, 엄연하게 무언가를 생각하는 듯이 하며, 말을 안정되게 하면 백성을 편안히 할 수 있을 것이다.〔毋不敬, 儼若思, 安定辭, 安民哉.〕"라고 한 데에 보인다.

220 정제엄숙과……것 : 이와 관련하여 《대학혹문》 경 1장에 "정자는 이에 대해서 '일을 주장하여 다른 데로 나감이 없다.'라고 말씀하신 적이 있고, '외면을 정제하고 엄숙히 한다.'라고 말씀하신 적이 있다.〔程子於此, 嘗以主一無適言之矣, 嘗以整齊嚴肅言之矣.〕"라고 한 내용이 보인다. 정이는 마음이 분란한 것을 학자의 공통된 병폐로 지적하며 "마음을 전일하게 하는 데에는 다른 방법이 없고, 오직 외면을 가지런하고 엄숙하게 하면 마음이 전일하게 된다.〔一者無他, 只是整齊嚴肅則心便一.〕"라고 하였다. 《近思錄 卷4 存養》

221 공자께서는……있었고 : 이와 관련하여 《논어》 〈향당(鄕黨)〉 제4장에 "옷자락을 잡고 당에 오르실 적에 몸을 굽히시며, 숨을 죽이시어 숨을 쉬지 않는 것처럼 하셨다.〔攝齊升堂, 鞠躬如也, 屛氣似不息者.〕"라고 한 내용이 보인다.

로 말하기를, "'날이 어두워지면 들어가서 편하게 쉰다.'라고 한 것이 경(敬)이 됨을 알면 경(敬)을 아는 것이다."[223]라고 하였으니, 이 말이 참으로 의미가 있습니다. 배우는 자는 흉중에 어떠한 한 물건도 용납하지 않음[224]이 진실로 마땅하나 성인께서 순임금의 음악인 소를 들으시고는 고기 맛을 잊으심[225]과 같은 것에 이르러서는 어찌 '한 물건을 용납함'을 가지고 논할 수 있겠습니까. '문소(聞韶)' 아래에 '학지(學

222 철두철미(徹頭徹尾)하고 성시성종(成始成終)하다 : 이는 경(敬)의 일관성을 말한 것으로, 주희는 "'경' 자 공부야말로 곧 성문의 제일의이니, 위와 아래, 앞과 뒤를 관통하여 경각이라도 간단해서는 안 된다.〔敬字工夫, 乃聖門第一義, 徹頭徹尾, 不可頃刻間斷.〕"라고 하였으며, "'경'이란 성학의 시종을 이루는 것이다.〔敬者, 聖學之所以成始成終者也.〕"라고 하였다. 또한 "'경' 자란 철두철미의 공부이다.〔敬字, 是徹頭徹尾工夫.〕"라고 한 말도 보인다.《朱子語類 卷12 學6 持守, 卷17 大學4 或問吾子以爲大人之學一段》

223 날이……것이다 : 이는 "날이 저물어서 편안히 쉬는 것이 바로 경이니, 날이 저물어서 편안히 쉬는 것이 태만함이 아닌 것을 알아야 비로소 경의 이치를 논할 수 있다.〔嚮晦入宴息, 乃敬也, 知嚮晦宴息之爲非怠惰, 乃可論敬之理矣.〕"라고 한 장식(張栻)의 말에 보인다.《心經附註 卷2 禮記1 禮樂不可斯須去身章 原注》'날이 저물어서 편안히 쉬는 것'은《주역》〈수괘(隨卦䷐) 상전(象傳)〉의 말을 인용한 것이다. 수괘는 못을 상징하는 태(兌)가 위에 있고 우레를 상징하는 진(震)이 아래에 있으므로, 못 가운데 우레가 있는바, 이는 군자가 그 마땅한 때에 따라서 휴식하는 상(象)이라 한다.

224 흉중에……않음 : 이는 "경이란 이 마음을 수렴하여 어떠한 한 물건도 용납하지 않음을 이른다.〔敬者, 其心收斂不容一物之謂.〕"라고 한 화정 윤씨(和靖尹氏) 윤돈(尹焞)의 말에 보인다.

225 성인께서……잊으심 : 이는《논어》〈술이(述而)〉 제13장에 "공자께서 제나라에 계실 적에 순임금의 음악인 소를 들으시고는 석 달 동안 고기 맛을 잊으시며 이르셨다. '음악을 만든 것이 이렇게 아름다울 줄은 생각하지 못했다.'〔子在齊聞韶, 三月不知肉味, 曰 : 不圖爲樂之至於斯也.〕"라고 한 데서 온 말이다.

之)' 두 글자가 있으니,[226] 배움이란 수개월이 걸려야지만 비로소 익숙해지는 법입니다. 석 달이라는 시간을 어찌 '몹시도 좋아함'을 가지고 논할 수 있겠습니까. 이는 '좋아하는 것이 있음'[227]과 절로 똑같지 않습니다. 소(韶)란 진선진미한 것[228]으로 만일 공자께서 뜻을 실현하여서 중국에서 행하셨다면 음악은 마땅히 소무(韶舞)를 사용하셨을 것이니, 이것이 어찌 대사(大事)가 아니겠습니까. 그래서 석 달 동안 이것을 배우느라 고기 맛을 잊어버린 것조차 스스로 알지 못한 것입니다. 혹 "마음이 제자리에 있지 않으면 먹어도 그 맛을 제대로 알 수 없는 법이다."[229]라고 한 것을 가지고 의심한다면, 주자께서 말씀하시기를, "또한

226 문소(聞韶)……있으니 : 《논어》 〈술이〉 제13장과 관련된 내용이 《사기》 권47 〈공자세가(孔子世家)〉에는 "공자는 제나라 태사와 음악에 관해 담론하고 소의 악곡을 듣고 소를 배우느라 석 달 동안 고기 맛을 알지 못하니, 제나라 사람이 이를 칭찬하였다.〔與齊太師語樂, 聞《韶》音, 學之, 三月不知肉味, 齊人稱之.〕"라고 되어 있다. 이 때문에 주희의 《집주》에 "《사기》에는 '삼월' 위에 '학지' 두 글자가 있다.〔史記, 三月上有學之二字.〕"라고 설명하였다.

227 좋아하는 것이 있음 : 이는 《대학장구》 전(傳) 7장에서 '정심'을 풀이하여 "이른바 몸을 닦음이 그 마음을 바룸에 있다는 것은 마음에 분노하는 바가 있으면 그 바름을 얻지 못하며, 두려워하는 바가 있으면 그 바름을 얻지 못하며, 좋아하는 바가 있으면 그 바름을 얻지 못하며, 걱정하는 바가 있으면 그 바름을 얻지 못한다.〔所謂修身在正其心者, 身有所忿懥, 則不得其正; 有所恐懼, 則不得其正; 有所好樂, 則不得其正; 有所憂患 則不得其正.〕"라고 한 부분에 보인다.

228 소(韶)란 진선진미한 것 : 이는 《논어》 〈팔일(八佾)〉 제25장에 "공자께서 소를 평하기를 '지극히 아름답고 지극히 선하다.'라고 하며, 무를 평하기를 '지극히 아름답지만 지극히 좋지는 못하다.'라고 하였다.〔子謂韶, 盡美矣, 又盡善也. 謂武, 盡美矣, 未盡善也.〕"라고 한 데에 보인다. 소는 순임금의 음악이고, 무는 무왕의 음악이다.

229 마음이……법이다 : 이는 《대학장구》 전 7장에 "마음이 제자리에 있지 않으면 보아도 보이지 않으며, 들어도 들리지 않으며, 먹어도 그 맛을 제대로 알 수 없는 법이

이런 때가 있으니, 일삼는 바의 일이 커서 음식이 그 마음을 빼앗을 만하지 못한 것이다."[230]라고 하셨으니, '시(時)' 자와 '대(大)' 자를 깊이 완미하면 성인의 뜻을 볼 수 있습니다. 주공(周公)께서는 삼왕(三王)의 덕을 겸비하시어 그분들이 하셨던 네 가지 일을 시행할 것을 생각하시되, 하늘을 우러러보며 생각하여 밤을 새우셨던 것[231]은 대체로 정성스럽게 이를 구함을 말한 것이니, 꼭 '하루 십이 시진 동안 계속 이렇게 함'을 이른 것은 아닙니다. 또한 그 밤낮으로 우러러 생각하심은 바로 이발(已發)일 때의 일이니, 그 미발(未發)일 때로 말하면, 마땅히 성성(惺惺)・적적(寂寂)[232]의 경계가 있어서 아무리 이발 이후라

다.〔心不在焉, 視而不見, 聽而不聞, 食而不知其味.〕"라고 한 데에 보이는데, 주희의 주에 "마음이 보존되지 못함이 있으면 그 몸을 검속할 수 없다. 이 때문에 군자는 반드시 이를 살펴서 경하여 마음을 곧게 하니, 그러한 뒤에야 이 마음이 항상 보존되어서 몸이 닦아지지 않음이 없는 것이다.〔心有不存, 則無以檢其身, 是以君子必察乎此, 而敬以直之, 然後此心常存, 而身無不修也.〕"라고 하였다.

230 또한……것이다 : 이 내용은 《주자어류》 권34 〈논어(論語)16 술이편(述而篇)〉 '자재제문소 장(子在齊聞韶章)'과 《논어집주》 해당 장 장하주의 대전본 소주에 보이는데, 해당 원문의 '소사지사(所事之事)'는 '소사지사(所思之事)'로 되어 있다.

231 주공(周公)께서는……것 : 주공은 무왕을 도와 주나라를 건국하고 건국 초기의 주나라를 반석 위에 올려놓았는바, 본문의 내용은 《맹자》 〈이루 하(離婁下)〉에서 이런 주공을 설명하면서 "주공은 우왕・탕왕・문왕 등 세 왕의 덕을 겸비하여서 그분들이 행한 이 네 가지 일을 시행할 것을 생각하시되, 부합하지 않는 것이 있으면 하늘을 우러러보며 생각하여 밤을 새우셨고, 다행히 터득하시면 그대로 앉아서 날이 새기를 기다리셨다.〔周公思兼三王, 以施四事, 其有不合者, 仰而思之, 夜以繼日, 幸而得之, 坐以待旦.〕"라고 한 말을 원용한 것이다.

232 성성(惺惺)・적적(寂寂) : 정신을 차려서 어두워지는 잘못이 없게 하며, 마음이 고요하고 고요하여 어지럽게 일어나는 잡념이 없게 하는 것이다. 원래 "성성하면서도 적적하고 적적하면서도 성성해야 한다.〔惺惺寂寂, 寂寂惺惺.〕"라는 불교 선종(禪宗)의

고 하더라도 편안하여 능히 생각하고[233] 동(動)하여도 역시 정(定)한 것[234]입니다. 그러니 어찌 중인(衆人)의 잡다하고 요란함과 같겠습니까. 공자께서 진리를 터득하지 못하면 발분하여 먹는 것도 잊어버리셨던 것[235]에 대하여 주자께서 이미 "'순임금의 음악인 소를 들으시고는 석 달 동안 고기 맛을 잊으신 것'과 그 뜻이 똑같다."라고 말씀하셨으니, 그렇다면 굳이 다시 변별할 필요가 없고, 맹자께서 기뻐서 잠을 이루지 못하셨던 것[236]은 나라를 위하여 그 제대로 된 인재를 얻음을 기뻐한 것으로 지공무사한 마음입니다. 이는 그 마음의 텅 비어 밝은〔虛明〕

용어에서 나온 것인데, 송유(宋儒) 사양좌(謝良佐)가 "경은 항상 깨어 있게 하는 방법이다.〔敬是常惺惺法.〕"라고 말한 뒤로부터 유가(儒家)에서 경(敬)을 해석하는 하나의 핵심 용어가 되었다. 《상채선생어록(上蔡先生語錄)》 권중(卷中)에 이 말이 나오는데, 《심경부주(心經附註)》 권1 〈경이직내장(敬以直內章)〉에서도 이를 인용하여 소개하고 있다.

233 편안하여 능히 생각하고 : 이 말은 《대학》 경문 1장의 "그칠 데를 안 뒤에 정함이 있으니, 정한 뒤에 능히 고요하고, 고요한 뒤에 능히 편안하고, 편안한 뒤에 능히 생각하고, 생각한 뒤에 능히 얻는다.〔知止而后有定, 定而后能靜, 靜而后能安, 安而后能慮, 慮而后能得.〕"라고 한 데에 보인다.

234 동(動)하여도……것 : 이 말은 정호(程顥)가 정성(定性)에 대한 질문에 "이른바 정이란 동하여도 정하고 정하여도 정하여, 보내고 맞이함이 없고 내외가 없다.〔所謂定者, 動亦定, 靜亦定, 無將迎, 無內外.〕"라고 대답한 데에 보인다. 《近思錄 卷2 爲學》

235 공자께서……것 : 이와 관련된 공자의 일은 《논어》 〈술이(述而)〉에 "진리를 터득하지 못하면 발분하여 먹는 것도 잊어버리고, 진리를 터득하면 즐거워서 걱정도 잊어버린 가운데, 늙음이 장차 이름을 알지 못한다.〔發憤忘食, 樂以忘憂, 不知老之將至.〕"라고 보인다.

236 맹자께서……것 : 이는 전국 시대 노나라에서 악정자(樂正子)에게 정사(政事)를 맡기려고 하자, 맹자가 "내가 그 소식을 듣고 기뻐서 잠을 이루지 못했노라.〔吾聞之, 喜而不寐.〕"라고 말한 것을 가리킨다. 《孟子 告子下》

곳에 감응(感應)이 올바른 것이니, 어찌 마음에 치우치거나 얽매이는 것이 있게 되는 병통〔有所之病〕[237]을 가지고 이것을 의심할 수 있겠습니까. 정이천(程伊川)의 문호에 눈이 석 자나 쌓였던 것[238]은 대체로 이때 정자께서 미발의 기상을 체인하고 있었기 때문에 눈을 감고 계셨던 것이고, 제자들이 그 곁에서 시립한 것은 예(禮)이기 때문에 명하여 물러나게 하지 않았는데, 창호(窓戶)의 눈이 이미 많이 쌓임을 깨닫지 못하였고 또한 유초(游酢)와 양시(楊時)가 여전히 그 곁에 있었음을 생각하지 못하였으니, 그 당시의 일을 통해서 이러한 부분을 상상해 볼 수가 있는데, 다만 마땅히 사도(師道)의 엄격함을 살펴보아야 할 뿐이고 사람이 곁에 있음을 잊어버린 것을 가지고 마음을 제대로 보존하지 못하였는지 의심해서는 안 될 것입니다.

이연평(李延平)께서 사람을 부를 적에 그 사람이 오지 않더라도 전

237 마음에……병통 : 이는 마음의 네 가지 병통인 '사유소(四有所)'를 말하는바, 《대학》의 "마음에 분치하는 바가 있으면 그 바름을 얻지 못하며, 공구하는 바가 있으면 그 바름을 얻지 못하며, 호요하는 바가 있으면 그 바름을 얻지 못하며, 우환하는 바가 있으면 그 바름을 얻지 못한다.〔所謂脩身在正其心者, 身有所忿懥, 則不得其正, 有所恐懼, 則不得其正, 有所好樂, 則不得其正, 有所憂患, 則不得其正.〕"라고 한 부분을 가리킨다.

238 정이천(程伊川)의……것 : 송(宋)나라 유초(游酢)와 양시(楊時)가 처음 정이(程頤)를 뵈었는데, 정이가 눈을 감고 오랫동안 명상에 잠겨 있었다. 두 사람은 스승을 공경한 나머지 물러간다고 말씀드릴 수가 없어 그대로 모시고 있었다. 얼마 후 정이가 눈을 떠 두 사람을 보고는 "자네들 아직도 여기에 있었는가. 이제 나가게."라고 하였다. 두 사람이 그제야 나오니, 문밖에 눈이 한 자나 쌓여 있었다〔門外雪深尺餘〕고 한다. 이후 '창전입설(窓前立雪)', 또는 '정문입설(程門立雪)'이라 하였는데, 제자의 예를 갖추어 스승을 찾아가 가르침을 받으려는 정성을 뜻한다. 《二程全書 卷29》《宋史 卷428 道學列傳 楊時》

에 부르던 것보다 소리를 지르지 않고, 일어나서 벽으로 나아가 벽에 있는 글자를 본 것[239]은 이 선생께서 평소 덕성을 함양하여 아주 조금이라도 기력을 소비하지 않으신 것이 대체로 이와 같은 것입니다. 만약 부른 사람이 조금 더 먼 곳에 있고 보려는 글자가 가장 높은 벽에 있으면 또한 어찌 변통하는 도리가 없겠습니까.

머리의 모양은 진실로 마땅히 곧아야 할 것이나 한결같이 곧게만 유지할 수 없는 상황이 있으니, 예컨대 좌우에 볼 만한 것이 있으면 돌아다보는 것이 바로 여기에 해당합니다. 목소리의 모양은 진실로 마땅히 고요해야 할 것이나 한결같이 고요하게만 유지할 수 없는 상황이 있으니, 예컨대 노하여 사람을 꾸짖을 때 큰소리를 지르는 것이 바로 여기에 해당합니다. 공자께서는 수레 안에 계실 경우가 아니면 혹 안으로 돌아다봄이 있기도 하셨고[240] 주자께서는 다른 사람과 말씀할 적에 왕왕 큰소리를 지르셨으니, 이는 모두 바로 그 상황에 맞추어

239 이연평(李延平)께서……것 : 이는 주희가 그 스승 이통을 두고 "보통 사람들은 사람을 불러서 오지 않으면 반드시 소리를 지르나, 선생은 불러서 오지 않더라도 전에 부르던 것보다 소리를 지르지 않았다. 또 보통 사람들은 앉은 곳 벽에 글자가 있으면 머리를 들어 한 번 보는데, 선생은 그렇지 않아서 앉아 있을 때는 보지 않고, 보고자 하면 반드시 일어나 벽 아래에 나아가서 보았으니, 그 사물에 휩쓸리지 않는 것이 대개 이러하였다.〔叫人不至, 則聲必厲, 先生叫之不至, 聲不加於前也. 又如坐處壁間有字, 須起頭一看, 若先生則不然, 方其坐時, 固不看也, 若是欲看, 則必起就壁下視之.〕"라고 말한 데에 보인다. 《朱子語類 卷103 羅氏門人 李愿中》《延平答問 附錄》

240 공자께서는……하셨고 : 이는 《논어》 〈향당(鄕黨)〉에서 공자의 수레 타는 예절을 말하면서, "수레 안에서는 안을 돌아보지 않으시고, 말을 빨리 하지 않으시고, 손가락으로 가리키지 않으셨다.〔車中不內顧, 不疾言, 不親指.〕"라고 한 부분을 가지고 말한 것이다.

서 그러한 것입니다. 그러니 마땅히 연평 선생의 일과 각각의 항목으로 구별해서 보아야 할 것이고 모순으로 논할 수 없는 것입니다.

일은 진실로 피일시 차일시(彼一時此一時)[241]가 있지만, 경(敬)은 어찌 '반드시 경(敬)해야만 함'과 '굳이 경(敬)할 필요가 없음'이 있겠습니까. 머리의 모양을 곧게 유지할 때 경(敬)하고 안을 돌아다볼 때도 역시 경(敬)하며, 목소리의 모양을 조용하게 유지할 때 경(敬)하고 큰소리를 지를 때도 역시 경(敬)합니다. 그러므로 말하기를, '무불경(毋不敬)'[242]이라 하였고, '경작소(敬作所)'[243]라 하였으니, 어찌 참으로 그러하지 않겠습니까.

수많은 말들은 제거해 버리고 시험 삼아 한번 세 분 선생의 말씀에 의거하여 착수해 공부해 보십시오. 그렇다면 응당 무한한 좋은 소식이 있을 것이니, 굳이 이처럼 수고롭고 분주하며 지리멸렬하여 도리어 마음을 다스리는 도(道)를 해칠 필요가 없습니다. 어찌 생각하십니까.

이(理)・기(氣)에 관한 의론은 '어려운 것을 골라서 묻는 것'[244]이라고

241 피일시 차일시(彼一時此一時) : 이는 《맹자》 〈공손추 하(公孫丑下)〉에 보이는 맹자의 말로, '그때는 그때고 지금은 지금이다.'라는 뜻이다. 시간이 똑같지 않아 상황에 변화가 있음을 뜻하는 말이다.

242 무불경(毋不敬) : 이는 《예기》 〈곡례 상(曲禮上)〉에 맨 처음으로 나오는 말이다.

243 경작소(敬作所) : 이는 《서경》 〈주서(周書) 소고(召誥)〉에서 소공(召公)이 성왕(成王)에게 고한 말로, "왕은 공경을 처소로 삼아야 하니, 덕을 공경하지 않으면 안 됩니다.〔王敬作所, 不可不敬德.〕"라고 한 데에 보인다.

244 어려운……것 : 이와 관련하여 유정부(游定夫)가 정이(程頤)에게 "음과 양의 헤아릴 수 없음을 신(神)이라고 한다.〔陰陽不測之謂神.〕"라는 《주역》 〈계사전(繫辭傳)〉의 말을 묻자, 정이가 "그대는 의심스러워서 묻는 것인가, 아니면 어려운 것을 골라서

할 만하겠으며 아마도 또한 '발설하기를 너무 일찍 한 것'[245]인 듯합니다. 그러나 이미 물어보셨으니, 감히 대답하지 않을 수가 없습니다. 〈태극도설(太極圖說)〉의 '음(陰)·양(陽)은 한 태극(太極)이다.'[246]는 '한번 음(陰)하고 한번 양(陽)하게 하는 것을 일러 도(道)라 한다.'[247]

묻는 것인가?〔賢是疑了問, 是揀難底問?〕"라고 힐난하고는 바로 대답해 주지 않은 고사가 전한다.《近思錄 卷3 致知》 유정부는 정이의 문하생이었던 유초(游酢, 1053~1123)로, 사양좌(謝良佐)·여대림(呂大臨)·양시(楊時)와 함께 '정문 사선생(程門四先生)'으로 일컬어지는데, 건안 유씨(建安游氏)로 칭해지기도 한다. 정부는 그의 자이다.

245 발설하기를……것 : 이와 관련하여《근사록》권2〈위학(爲學)〉에 "사현도가 이천을 뵙자 이천이 '요즘 무슨 일을 하는가?'라고 물었다. 사현도가 '천하에 무엇을 생각하고 무엇을 근심하겠습니까?'라고 대답하자, 이천이 말하기를 '이것이 이러한 이치가 있으나 그대가 발설하기를 너무 일찍 한다.'라고 하였다. 이천은 참으로 사람을 단련시킬 줄 알았으니, 이렇게 말을 마친 뒤에 또 공부를 잘하라고 말하였다.〔謝顯道見伊川, 伊川曰 : 近日事如何? 對曰 : 天下何思何慮? 伊川曰 : 是則是有此理, 賢卻發得太早在. 伊川直是會鍛煉得人, 說了, 又道恰好着工夫也.〕"라는 내용이 보인다. '사현도'는 정자의 제자 사양좌(謝良佐, 1050~1103)이다.

246 음(陰)·양(陽)은 한 태극(太極)이다 : 이는 주돈이(周敦頤)의〈태극도설(太極圖說)〉에서 "오행은 하나의 음양이고 음양은 하나의 태극이니, 태극은 본래 무극이다.〔五行一陰陽也, 陰陽一太極也, 太極本無極也.〕"라고 한 데에 보인다. 이에 대해 주희는 "음양은 자리가 다르고 동정은 때가 다르지만 모두 태극에서 벗어나지 않으니 정추와 본말이 피차가 없다.〔陰陽異位, 動靜異時, 而皆不能離乎太極, 精粗本末, 無彼此也.〕"라고 설명하였다.《近思錄 卷1 道體》

247 한번……한다 : 이는《주역》〈계사전 상(繫辭傳上)〉제5장 첫 번째 절에 "한번 음하고 한번 양하게 함을 도라 이르니, 도를 계속하는 것이 선이고, 도를 갖추고 있는 것이 성이다.〔一陰一陽之謂道, 繼之者善也, 成之者性也.〕"라고 한 데에 보인다. 이에 대해 주희는 "도는 음에 갖추어져 있고 양에 행해진다. 계는 그 발함을 말한 것이고 선은 화육의 공을 이르니, 양의 일이다. 성은 그 갖추고 있음을 말한 것이고 성은 물이 받은 것을 이르는데, 물이 태어나면 성이 있어 각기 이 도를 갖추고 있음을 말한 것이니,

와 똑같은 뜻입니다. '도(道)도 또한 기(器)이고 기(器)도 또한 도(道)인 것이다.'[248]라고 한 정자(程子)의 설(說)을 가지고 살펴보면 이(理)와 기(氣)의 선후를 나눌 수 없지만, 형이상(形而上)과 형이하(形而下)가 절단된 부분을 가지고 살펴보면 이(理)와 기(氣)도 역시 선후가 있다고 이를 만합니다. 그러므로 주자께서 어떤 경우에는 '기(氣)가 없는 이(理)는 아직 있지 않았다.'[249]라고 하시고, 어떤 경우에는 '먼저 이 이(理)가 있고서 이 기(氣)가 있는 것이다.'[250]라고 하셨으니, 이

음의 일이다.〔道具於陰而行乎陽. 繼, 言其發也, 善, 謂化育之功, 陽之事也; 成, 言其具也, 性, 謂物之所受, 言物生則有性而各具是道也, 陰之事也.〕"라고 설명하였다.

248 도(道)도……것이다 : 도(道)는 형이상(形而上)을 뜻하고, 기(器)는 형이하(形而下)를 뜻한다. 정이(程頤)의 말에 "형이상을 도라 하고, 형이하를 기라 하니, 모름지기 이렇게 말해야 하지만, 기도 또한 도이고, 도도 또한 기인 것이다.〔形而上爲道, 形而下爲器. 須著如此說, 器亦道, 道亦器.〕"라고 하였다. 이에 대하여 주희는 "도는 사물의 이치를 가리키기 때문에 형이상이라 하고, 기는 사물의 형체를 가리키기 때문에 형이하라 한다. 그러나 실상은 도가 기에 붙어 있어서 애당초 서로 떨어지지 않는다.〔道者, 指事物之理, 故曰形而上; 器者, 指事物之體, 故曰形而下. 其實, 道寓於器, 本不相離也.〕"라고 설명하였다. 주희는 또 "태극은 형이상의 도이고, 음양은 형이하의 기이다. 그러므로 그 드러난 것으로 보면 동정이 때가 똑같지 않고, 음양이 자리가 서로 같지 않으나, 태극이 있지 않은 곳이 없고, 그 은미한 것으로 보면 공허하고 광막하여 아무런 조짐이 없으나, 동정과 음양의 이치가 이미 그 가운데 다 갖추어져 있다."라고 설명하였다.《近思錄 卷1 道體》

249 기(氣)가……않았다 : 주희는 이와 기의 관계를 설명하며 "천하에는 이가 없는 기도 없고 기가 없는 이도 없다. 기로써 형체를 만듦에 이 또한 부여하였다.〔天下未有無理之氣, 亦未有無氣之理, 氣以成形, 而理亦賦焉.〕"라고 하였다.《朱子語類 卷1 理氣 6條, 卷94 太極圖 24條》

250 먼저……것이다 : 이와 관련하여 《주자어류》 권95 〈정자지서(程子之書)1〉에 "대체로 이가 기에 대하여 비록 똑같으나 필경 먼저 이 이가 있고 난 뒤에 이 기가

두 가지 설(說)이 비록 똑같지 않지만 하나는 유행(流行)으로 말하였고, 하나는 원두(源頭)로 말하여서 말에 각각 해당하는 바가 있으니, 어찌 하나만을 고집하여 다른 하나를 폐기할 수 있겠습니까.

'역(易)에 태극이 있으니, 태극이 양의(兩儀)를 낳는다.'[251]라고 한 것으로 말하면 비록 이를 두고 '양의가 생겨나기 전에 태극이 있다.'라고 하더라도 괜찮습니다만, 그 선후를 나눔은 '오늘 이 이(理)가 있고 내일 이 기(氣)가 있다.'라고 이른 것은 아니니, 어찌 '한 개의 태극이 올연히 독립해 있다.'라고 말할 수 있겠습니까.

주자께서 또 말씀하시기를, '만일 산하대지가 전부 다 함몰해버리더라도 결국에 이(理)는 여기에 있다.'[252]라고 하셨으니, 그렇다면 여기에서 '이(理)가 기(氣)보다 앞섬'으로 말하지 않을 수가 없을 뿐입니다. 무릇 동(動)하고 정(靜)하는 것은 기(氣)이고, 동(動)하게 하고 정(靜)하게 하는 것은 이(理)입니다. 이(理)가 동(動)·정(靜)이 있기 때문에 기(氣)가 동(動)·정(靜)이 있으니, 이(理)와 기(氣)는 하나이면서 둘이고 둘이면서 하나입니다.[253]

있는 것이다.〔蓋理之與氣雖同, 畢竟先有此理而後有此氣.〕"라고 한 내용이 보인다.

251 역(易)에……낳는다 : 이는 《주역》 〈계사 상〉에 "그러므로 역에 태극이 있으니, 태극이 양의를 낳고 양의가 사상을 낳고 사상이 팔괘를 낳으니, 팔괘가 길흉을 정하고 길흉이 큰 사업을 낳는다.〔是故易有太極, 是生兩儀, 兩儀生四象, 四象生八卦, 八卦定吉凶, 吉凶生大業.〕"라고 한 데에 보인다.

252 만일……있다 : 이와 관련하여 《주자어류》 권1 〈이기 상(理氣上) 태극천지 상(太極天地上)〉의 호영(胡泳)의 기록에 "또한 예컨대 만일 산하와 천지가 모두 함몰되더라도 필경 이는 되레 다만 여기에 있을 뿐이다.〔且如萬一山河天地都陷了, 畢竟理却只在這裏.〕"라고 한 내용이 보인다.

253 이(理)와……하나입니다 : 이 말은 《주자어류》에 "성은 태극과 같고, 마음은 음

이(理)는 진실로 정의(情意)와 조작(造作)이 없지만[254] 기(氣)가 행해지는 데에서 볼 수가 있습니다. 그러므로 만상(萬象)이 삼연(森然)한 가운데에 충막(冲漠)하여 조짐이 없는 것이 존재하니,[255] 어찌 '볼 수가 없다.'라고 이르겠습니까. 주자께서 말씀하시기를, "정(情)으로 말미암아 성(性)을 알고 지류로 말미암아 본원을 안다."[256]라고 하셨으니, 이 말씀이 참으로 그렇습니다.

추뉴(樞紐)와 근저(根柢)의 비유[257]는 다만 조화(造化)의 합벽(闔

양과 같다. 태극은 단지 음양 속에 있으니, 음양을 떠날 수 있는 것이 아니다. 그러나 태극을 논하면 태극은 자체로 태극이고, 음양은 자체로 음양이다. 오직 성과 마음이 또한 그러하니, 이른바 '하나이면서 둘이고, 둘이면서 하나이다.'라는 것이다.〔性猶太極也, 心猶陰陽也. 太極只在陰陽之中, 非能離陰陽也. 然至論太極自是太極, 陰陽自是陰陽. 惟性與心亦然, 所謂一而二, 二而一也.〕"라고 한 데에 보인다.《朱子語類 卷5 性情心意等名義》

254 이(理)는……없지만 : 이와 관련하여《주자어류》권1〈이기 상(理氣上) 태극천지 상(太極天地上)〉에 "대체로 기는 응결하고 조작할 수 있지만, 이는 정의도 없고 계탁도 없고 조작도 없다. 다만 이 기가 응결하여 모인 바로 그 속에 이가 곧 있는 것이다.〔蓋氣則能凝結造作, 理卻無情意, 無計度, 無造作, 只此氣凝聚處, 理便在其中.〕"라고 하였다.

255 만상(萬象)이……존재하니 : 이는 정이천(程伊川)이 사람의 성(性)에 이(理)가 본래 갖추어져 있음을 말한 것으로,《근사록》권1〈도체(道體)〉에 "충막하여 조짐이 없을 적에 만상이 삼연히 이미 갖추어져 있으니, 응하지 않았을 때가 먼저가 아니고 이미 응했을 때가 뒤가 아니다.〔冲漠無朕, 萬象森然已具, 未應不是先, 已應不是後.〕"라고 한 내용이 보인다.

256 정(情)으로……안다 : 이와 관련하여《주자어류》권95〈정자지서(程子之書)1〉에 "정을 통해서 성을 아는 것은 지류를 통해서 근원을 아는 것과 흡사하다.〔因情以知性, 恰似因流以知源.〕"라고 한 내용이 보인다.

257 추뉴(樞紐)와 근저(根柢)의 비유 : 이와 관련된 내용은〈태극도설〉에 "무극이면

闢)과 품휘(品彙 품류, 만물)의 발육(發育)이라는 측면에 나아가 말한 것일 뿐이니, 주자께서 말씀하신 "큰 추뉴이고 큰 근저이지만 실제로 추뉴와 근저의 형상은 없다."[258]라고 한 것이 바로 여기에 해당합니다. 이제 이것을 살피지 않고 말하기를, "문이 있고 난 뒤에야 비로소 '추뉴'를 말할 수 있고 나무가 없을 때는 본근을 보지 못한다."라고 하여서 이것을 가지고 이(理)가 기(氣)보다 앞서지 않는다는 증거로 삼고자 하면, 이는 유형의 물(物)을 가지고 무형의 묘(妙)를 찾는 것으로, 몹시도 구애되어 변통하지 못하는 것입니다.

만일 '성(誠)이란 이 한 편의 추뉴이다.'라고 말하면, 《중용》이라는 책이 이루어지기 전에 '성(誠)이 없다.'라고 이를 것입니까. 만일 '경(敬)이란 만사의 본근이다.'라고 말하면 일용(日用)이 이르기 전에 '경(敬)이 없다.'라고 이를 것입니까. 이는 아마도 그렇지 않을 듯합니다.

태극이 동(動)하여 양(陽)을 낳고 정(靜)하여 음(陰)을 낳는 것[259]으

서 태극이다.〔無極而太極.〕"라고 한 구절에 대해 "상천의 일은 소리도 없고 냄새도 없으나 실로 조화의 추뉴이고 만물의 근저이다. 그러므로 '무극이면서 태극이다.'라고 하였으니, 태극 이외에 다시 무극이 있는 것은 아니다."〔上天之載, 無聲無臭, 而實造化之樞紐品彙之根柢也. 故曰無極而太極, 非太極之外復有無極也.〕"라고 한 주희의 해설에 보인다.

258 큰……없다 : 이와 관련된 내용은 《성리대전서(性理大全書)》 권1 〈태극도(太極圖)〉의 '무극이태극(無極而太極)'에 관한 소주에 보인다.

259 태극이……것 : 이는 〈태극도설〉에 "태극이 동하여 양을 낳아 동이 극에 달하면 정하고, 정하여 음을 낳아 정이 극에 달하면 다시 동하니, 한 번 동하고 한 번 정함이 서로 그 뿌리가 되어, 음으로 나뉘고 양으로 나뉨에 양의가 확립되었다.〔太極動而生陽, 動極而靜, 靜而生陰, 靜極復動, 一動一靜, 互爲其根, 分陰分陽, 兩儀立焉.〕"라고 한 데서 나온 말이다.

로 말하면, 여기서 이 '생(生)' 자는 중점을 두고 보아서는 안 됩니다. 대체로 무(無)로부터 유(有)가 되기 때문에 이를 일러 '생(生)'이라고 한 것이지 사람과 물(物)이 태(胎)나 알로 태어나는 것과는 똑같지 않습니다. 태극이란 본연(本然)의 묘이고, 동(動)·정(靜)이란 태극이 타는 기틀이니,[260] 사람과 말로 비유한 것[261]은 다만 '그것을 탔다.'라는 뜻을 취한 것일 뿐입니다. 그런데 이제 말하기를, "사람과 말은 서로 떨어지는 때가 있지만 이(理)와 기(氣)는 서로 떨어지는 때가 없으니, 원래 서로 똑같지 않은바, 비유가 마땅함을 잃었다."라고 한다면, 또 위 단락에서 언급한 추뉴(樞紐)와 근저(根柢)의 설(說)과 똑같이 의심하는 것입니다. 만약 그대가 하신 말씀대로라면, 태극에 사람처럼 머리는 둥글고 눈은 가로로 나 있으며 음양에 말처럼 갈기와 네 발굽이 있고 난 뒤에야 될 것이니, 이는 그야말로 어불성설입니다.

무릇 비유하는 설(說)을 볼 때는 다만 마땅히 그 대의(大意)를 살펴보아야 할 뿐이지 분명하고 확실하게 서로 맞아떨어지기를 교묘하게 구해서는 안 되니, 고인(古人)이 "독서할 때는 의심할 줄 알아야 한다."[262]라고 한 말씀은 이를 두고 이른 것이 아닙니다. 태극이 이(理)

260 태극이란……기틀이니 : 이는 〈태극도설해(太極圖說解)〉에서 "대개 태극이란 본연의 묘이고 동정이란 탄 바의 기틀이다.〔蓋太極者, 本然之妙也; 動靜者, 所乘之機也.〕"라고 한 데에 보인다.

261 사람과……것 : 이와 관련된 내용은 "다만 이에 동정이 있으나 이는 볼 수가 없고 음양으로 말미암은 뒤에 안다. 이가 음양의 위에 타고 있는 것은 마치 사람이 말을 타는 것과 똑같다.〔只是理有動靜, 理不可見, 因陰陽而後知. 理搭在陰陽上, 如人跨馬相似〕"라고 한 주희의 말에 보인다.《朱子語類 卷94 周子之書 太極圖》

262 독서할……한다 : 이는 "배우는 자는 먼저 의심할 줄 알아야 한다.〔學者先要會

이고 성(性)이 곧 이(理)이니, 그렇다면 태극과 성(性)이 마땅히 똑같지 않은 점이 없어야 할 것이나 끝내 또한 똑같지 않은 점이 있습니다.

대체로 '성(性)' 자는 심(心)을 따르고 생(生)을 따르니, 그렇다면 사람과 물(物)이 태어날 때 품수한 것입니다. 태극은 애당초 일물(一物)조차 전혀 없을 때 그 이(理)가 이미 갖추어져 있는 것입니다. 그러므로 이를 두고 '조금이라도 성(性)을 말할 때는 곧 성(性)이 아니다.'[263]라고 이른다면 괜찮지만 이를 두고 '조금이라도 태극을 말할 때는 곧 태극이 아니다.'라고 이른다면 이는 불가합니다. '성(性)'이라는 명칭에는 '기질지성(氣質之性)'이 있지만 '태극'이라는 명칭에 어찌 '기질지태극(氣質之太極)'이 있겠습니까. 이것을 가지고 논해 보면 알 수 있을 것입니다. 악(惡) 역시 성(性)이라고 이르지 않을 수 없는 만큼[264]

疑.〕"라고 한 정이(程頤)의 말을 원용한 것이다. 《近思錄 卷3 致知》

263 조금이라도……아니다 : 조금이라도 성을 말할 때는 곧 기질을 뒤섞어서 말한 것이기 때문에 곧 성이 아니라고 한 것이다. 이는 《이정유서》 권1 〈단백전사설(端伯傳師說)〉과 《근사록》 권1 〈도체(道體)〉에 "생을 성이라 이르는 것은 '인물이 태어나기 이전의 정한 상태' 이상은 성을 말할 수가 없으니, 조금이라도 성을 말할 때는 곧 이미 성이 아니다.〔蓋生之謂性, 人生而靜以上, 不容說, 才說性時, 便已不是性也.〕"라고 한 정호의 말에 보인다.

264 악(惡)……만큼 : 이는 《근사록》 권1 〈도체(道體)〉에 "낳는 것을 성이라고 이르니, 성은 바로 기이고 기는 바로 성이라는 것은 생을 이른다. 사람이 태어날 때 받은 기품은 이치상 선악이 있기 마련이나 성 가운데에 원래 이 두 물건이 상대하여 나온 것은 아니다. 어릴 때부터 선한 사람이 있고 어릴 때부터 악한 사람이 있으니, 이는 기품에 그러함이 있어서이다. 선은 진실로 성이지만, 악도 성이라고 하지 않을 수 없다.〔生之謂性, 性卽氣氣卽性, 生之謂也. 人生氣稟, 理有善惡, 然不是性中元有此兩物相對而生也. 有自幼而善, 自幼而惡, 是氣稟有然也. 善固性也, 然惡亦不可不謂之性也.〕"라고 한 정호의 말에 보인다.

이는 기질지성(氣質之性)입니다. 그러나 태극의 경우는 '악(惡) 역시 태극이라고 이르지 않을 수 없다.'라고 이를 수가 없으니, 이는 태극과 성(性)이 끝내 분별이 있는 것입니다.

태극은 진실로 기(氣)를 타고서 행하는데, 만약 기(氣)의 선(善)·악(惡)을 보고서 '태극에 선(善)·악(惡)이 있다.'라고 이른다면 이는 천명지성(天命之性)[265]이 매우 더럽혀지고 어지러워진 것으로, 장차 이(理)와 기(氣)를 일물(一物)로 삼아 전전해 차질하여 양씨(揚氏)의 선악혼설(善惡混說)[266]로 귀결될 것이니, 크게 두려워할 만합니다. 천(天)과 인(人)은 진실로 한 이(理)인데 정자께서 말씀하시기를, "인욕에 따라서 동하면 망이 된다."[267]라고 하셨습니다. 천(天)이면 무망(無妄)이고 인(人)이면 망(妄)이니, 천(天)과 인(人)이 똑같지 않은 곳으로, 견강부회하여 말할 수 없습니다. 천(天)은 오로지 도(道)만을 말하는 천(天)과 형체의 천(天)이 있으니, 예컨대 《중용》의 '천명지위성(天

265 천명지성(天命之性) : 이는 《중용》 수장에 "하늘이 명하신 것을 성이라 이른다.〔天命之謂性.〕"라고 한 부분에 보이는 말이다.

266 양씨(揚氏)의 선악혼설(善惡混說) : 서한(西漢)의 양웅(揚雄)이 주장한 '본성은 선과 악이 혼합되어 있다는 설〔性善惡混合說〕'을 가리킨다. 《양자법언(揚子法言)》 〈수신(脩身)〉에 "사람의 성은 선과 악이 혼재되어 있어 그 선을 닦으면 선인이 되고 그 악을 닦으면 악인이 된다.〔人之性也善惡混, 脩其善則爲善人, 脩其惡則爲惡人.〕"라는 내용이 보인다.

267 인욕에……된다 : '망(妄)'이란 위망(僞妄)으로, 불성(不誠)을 뜻한다. 이는 "천리에 따라서 동함이 무망이 되니, 인욕에 따라서 동하면 망이 되는바, 무망에 내재한 뜻이 참으로 크도다.〔動以天, 爲无妄, 動以人欲則妄矣, 无妄之義, 大矣哉!〕"라고 한 정이(程頤)의 말씀을 원용한 것이다. '무망'이란 곧 지성(至誠)으로, 진실무망(眞實無妄)의 '성(誠)'이다. 《伊川易傳 卷2 周易上經 无妄》《近思錄集解 卷2 爲學》

命之謂性)'의 천(天)은 바로 형체의 천(天)으로, 삼연옹(三淵翁)께서 '큰 형각(形殼)으로 도리를 포괄한 것'[268]이라고 하셨습니다. 이미 형체로 보았으면 어찌 이(理)로 이(理)를 명한다는 혐의가 있겠습니까. 《서경》에 '상제강충(上帝降衷)'[269]이라 하였으니, 상제는 주재(主宰)를 이릅니다. 주재로 보면 또한 어찌 이(理)로 이(理)를 내려준다는 혐의가 있겠습니까.

삼가 보내오신 편지의 내용을 살펴보니, 문사(文辭)가 도도(滔滔)하고 분방하여 지나치게 넓고 끌어다 씀이 적절하지 못합니다. 그리고 의난처(疑難處)는 대부분 언설에만 집착하다 본뜻을 놓쳐 말에 따라 자의대로 해석을 만들어내어서 구구절절 구애되고 유체함을 면하지 못하였으니, 아마도 작은 병통이 아닌 듯합니다. 부디 지금부터 마음을 텅 비우고 뜻을 겸손하게 가져서 묵은 것을 씻어내 버리고 새로운 것을 맞이하여 한 건 한 건을 제대로 이해하여 자기 자신에게 절실히 체인(體認)하십시오. 그러면 오래됨에 자연히 응당 의혹이나 의심 따위가 깨끗이 풀려서 통하게 될 것입니다. 어찌 생각하십니까. 어찌 생각하십니까.

268 큰……것 : 이 말은 《삼연집(三淵集)》 권35 〈만록(漫錄)〉에 보인다.

269 상제강충(上帝降衷) : 이 말은 《서경》 〈상서(商書) 탕고(湯誥)〉에 "훌륭하신 상제가 하민에게 충을 내려주어서 순히 하여 떳떳한 성을 소유하였으니, 능히 그 도에 편안하게 하는 이는 군주인 것이다.〔惟皇上帝降衷于下民, 若有恒性, 克綏厥猷, 惟后.〕"라고 한 데에 보인다.

지은이 **박윤원(朴胤源)**

1734년(영조10) 5월 5일에 서울 사직동(社稷洞)에서 태어나 1799년(정조23) 1월 17일에 향년 66세로 별세하였다. 자는 영숙(永叔), 호는 근재(近齋), 본관은 반남(潘南)이다. 59세이던 1792년 12월 12일에 선공감의 가 감역관(假監役官)으로 임명되었으나 신병(身病)으로 정장(呈狀)하여 동월 17일에 체직되었다. 65세이던 1798년에 원자를 위한 강학청이 설치되자, 좌의정으로 있었던 이병모(李秉模)가 박윤원을 서연관으로 천거하여 1월 17일에 원자궁 요속으로 뽑혀 아뢰어졌지만 끝내 나아가지 않았고 학문 연구에 전념하였다. 낙론(洛論)의 정통을 계승한 인물로서 성리학과 예학(禮學)에 대한 조예가 상당하였다. 그의 연원은 김원행(金元行), 이재(李縡), 김창협(金昌協), 송시열(宋時烈), 김장생(金長生)까지 소급되며, 다시 문하의 홍직필(洪直弼)에게 학문을 전수함으로써 임헌회(任憲晦), 전우(田愚)로 이어지는 19세기 낙론의 정통 학맥을 형성하였다. 사후 1845년(헌종11) 1월에는 대사헌으로 추증되었고, 1863년(철종14) 11월 16일에는 '문헌(文獻)'이라는 시호를 받았다. 저서로 《근재집》과 《근재예설(近齋禮說)》이 있다.

옮긴이

김창효(金昌孝)

1956년 전남 장흥에서 태어났다. 고려대학교 행정학과를 졸업하였다. 민족문화추진회 국역연수원 연수부 및 일반연구부를 졸업하였으며, 현재 해동경사연구소 선임연구원으로 재직하고 있다. 번역서로는 《도곡집》, 《매산집》, 《노주집》(공역)이 있다.

이영준(李泳俊)

1983년 목포에서 태어났다. 고려대학교 한문학과를 졸업하고 동대학원 국어국문학과에서 석사학위를 취득하고 박사과정을 수료하였다. 한국고전번역원 부설 고전번역교육원의 연수과정과 전문과정을 마쳤다. 현재 성신여자대학교 고전연구소 선임연구원으로 재직하고 있다. 번역서로는 《조선왕조실록》(공역)이 있다.

※ 각 권별 옮긴이는 권13 김창효, 권14 · 15 이영준이다.

권역별거점연구소협동번역사업 연구진

연구책임자 신영주(성신여자대학교 한문교육과 교수)
공동연구원 김용재(성신여자대학교 한문교육과 교수)
류준경(성신여자대학교 한문교육과 교수)
성백효(해동경사연구소 소장)
연 구 원 김형석 연석환
이영준 이정은
김성은
윤 문 윤은숙

근재집 4
박윤원 지음 | 김창효 · 이영준 옮김
2025년 12월 31일 초판 1쇄 발행
편집 · 발행 학자원
등록 2011.4.6 제2011-14호
주소 (05355) 서울시 강동구 천호대로 1121
전화 02-6403-1000 | 팩스 02-6338-1001 | 이메일 hakjaone@daum.net

값 40,000원
ISBN 979-11-6247-393-1 94810
979-11-6247-313-9 (세트)